本书出版得到国家社会科学基金重大项目"从'大缓和'到'大衰退'的西方宏观经济学理论与政策的大反思"（14ZDB123）、马克思主义理论研究和建设工程重大项目"防范和化解经济金融风险"（2015MZD033）、北京市社会科学基金重点项目"开放视角下的中国货币政策框架的重构"（14JGA002）的资助。

智库丛书
National Think Tank Series

国家发展与战略丛书
人大国发院智库丛书

中国新常态宏观经济：
机制变异与理论创新

Chinese Macroeconomy under the "New Normal":
Mechanism Transformation and Theoretical Innovation

刘元春 等 著

中国社会科学出版社

图书在版编目（CIP）数据

中国新常态宏观经济：机制变异与理论创新 / 刘元春等著 . —北京：
中国社会科学出版社，2016.5
（国家发展与战略丛书）
ISBN 978 - 7 - 5161 - 8064 - 8

Ⅰ.①中…　Ⅱ.①刘…　Ⅲ.①中国经济—宏观经济—研究
Ⅳ.①F123.16

中国版本图书馆 CIP 数据核字（2016）第 084394 号

出 版 人　赵剑英
责任编辑　王　茵
特约编辑　王　称
责任校对　王佳玉
责任印制　王　超

出　　　版　中国社会科学出版社
社　　　址　北京鼓楼西大街甲 158 号
邮　　　编　100720
网　　　址　http://www.csspw.cn
发 行 部　010 - 84083685
门 市 部　010 - 84029450
经　　　销　新华书店及其他书店

印　　　刷　北京君升印刷有限公司
装　　　订　廊坊市广阳区广增装订厂
版　　　次　2016 年 5 月第 1 版
印　　　次　2016 年 5 月第 1 次印刷

开　　　本　710×1000　1/16
印　　　张　30.5
插　　　页　2
字　　　数　437 千字
定　　　价　108.00 元

目　录

第一部分　总论

第二部分　新常态与中国宏观经济政策框架的重构

第三部分 后危机时代现代宏观经济理论的创新与进展

第一部分　总论

第 一 章

总 论

　　自 1993 年十四届三中全会提出要建立市场经济宏观调控体系以来，作为社会主义经济体系中重要的一环，中国宏观调控的机制和理论一直在不断地完善和创新。金融危机后，国际经济环境的变化以及国内经济结构的变异给我国经济带来了前所未有的挑战和困难，中国开始告别以高储蓄、高投资、高出口、高污染与高能耗为特征的"旧常态"，逐渐步入"三期叠加"的"新常态"。在中国经济从高速增长向中高速过渡的新常态阶段，过去仅仅用三驾马车作为实施主体的宏观调控体系已经远不能满足中国经济的需要，在此情况下，如何厘清新形势下中国宏观经济运行机制的变异、如何适应新的环境、创新宏观调控理论机制和手段以及丰富宏观调控工具的使用等都是中国宏观经济学亟待解决的重要问题。

◇◇一　后危机时代中国宏观经济新常态的出现

　　中国经济发展进入新常态的判断不仅具有坚实的事实基础，更具有相应的理论支撑，这一新常态的出现与金融危机后世界经济的变化紧密相关，但又有异于西方国家普遍意义的增速下降与结构调整之处，要充分认识中国当前宏观形势的本质，必须结合我国经济发展的具体特点理解这一中国特色的新常态。

　　首先，中国经济近期出现的几大典型事实证明了我国经济已经迈入了新阶段：一是在 GDP 增速逐季回落的过程中中国物价水平保持稳定，同时就业水平却没有出现恶化，这一典型事实证明了中国 GDP 回落并非短期周期波动的产物，而是阶段性潜在 GDP 增速回落的产物；二是在外贸增速和贸易顺差增速大幅度回落的过程中，制造业和贸易品行业出现萧条，但服务业与非贸易品行业却依然保持相对强劲的发展势头，这一典型事实证明在外部不平衡逆转的引导下中国经济内部结构正发生巨大的革命性变化；三是在整体经济景气指数下滑的过程中，刘易斯拐点的到来导致劳动力成本并没有回落，反而在民工荒不断蔓延中保持较高的增速，这一典型事实说明中国传统的经济增长源泉已经发生变异；四是在微观领域持续出现"融资难""贷款难"和"融资期限错配"等问题的同时，金融领域的宏观流动性却在持续攀升，在实体经济利润持续下滑的同时，金融机构的财务绩效却保持高位增长，这一典型事实说明中国金融错配风险依然处于全面释放与缓解的前夜。

其次，中国经济新常态不仅具有坚实的事实基础，同时还有相应的理论支撑。自 2010 年以来，中国宏观经济指标在本轮调整中呈现出几个新现象：一是随着 GDP 增速逐季回落，CPI 却保持相对稳定，没有出现整体性通缩；二是随着 GDP 增速跌破 8% 的水平，就业水平并没有恶化，反而在服务业的不断发展中有所改善；三是很多金融企业的财务指标依然不错，但总体金融风险却在持续上扬，局部风险存在恶化的可能。传统的周期理论和发展理论都不能很好地解释这三大新现象，但潜在经济增长理论与结构理论的新发展却能够充分说明这三大新现象在现阶段出现的原因，即中国经济增长速度回落的主导因素不是传统的总需求不足，而是潜在增速的回落；不是传统的周期性波动，而是结构性的趋势下滑。因此，当前中国经济处于旧的稳态经济增速向新的稳态经济增速转换的"大过渡期"，在这个大过渡期，潜在增速不仅会出现趋势性回落，同时还存在短期的易变性。这也决定了中国经济"新常态"不仅具有"过渡期长""增速趋势性回落明显"等特征，同时也具有"增速波动性加剧"以及"结构易变"等特征。

中国经济"新常态"在本质上是一个从传统的稳态增长向新的稳态增长迈进的一个"大过渡时期"，与发达国家近年来所言的"危机后经济恢复的缓慢而痛苦的过程"具有很大的差别。第一，它不是一个重返危机前繁荣状态的恢复过程，而是在全面结构性改革进程中重构新的增长模式和新的发挥源泉的过渡过程；第二，它是一个潜在经济增长在波动中逐步回落的过程，而不是马上就要步入新的稳态增长路径，因此它不是一个增速不变的常态，而是一个增速变化的常态；第三，它不仅是一个"去杠杆""去产能"的危机救助过程，更为重要的是，它是一个结构问题在不断凸显中得到重构的过程，一个风险在不断暴露中得到缓释的过程，因此中国的新常态的主题词是"改革""结构调整"，而不是"危机救助"；第四，它不仅是房地产周期、全球化周期、存货周期以及固定投资周期叠加的产物，同时也是"增长速度的换挡期、结构调整的阵痛期与前期刺激政策消化期"叠加的产物，因此，中国"新常态"更具有复杂性；第五，它不仅是一个外部经济结构失衡与金融结构失衡的调整过程，更是一个经济系统与社会系统、社会经济系统与宏观治理系统之间失衡的改革与大重构的过程。因此中国的新常态结构性改革的主题不是发达国家的局部调整，而是全面改革与全面结构优化。

◇二　新常态下中国宏观经济运行机制的变异

新常态下各类数据证实中国宏观经济运行机制出现了重大变异，宏观调控已经步入攻坚的新阶段：（1）通缩压力的加剧说明在结构性因素持续发力的过程中周期性因素开始发力，"新常态"的下行周期已经开启；（2）虽然中央和地方已经放松了房地产政策，但房地产在分化中所显示的总体恶化，说明房地产周期性调整力量依然十分强劲，未来房地产周期的持续展开将给经济形势带来持续压力；（3）反腐倡廉已经步入关键期和深化期，重构中的官僚体系和政商关系将在一段时期内给传统经济动员模式带来持续冲击；（4）大改革的深化，特别是财税体系的改革使财政政策和产业政策的传统传导机制发生了变异，传统模式下的宽松财政政策和产业政策可能面临阶段性的挑战；（5）债务的累计已经使国有企业、部分投融资平台以及民间融资难以为继，"借新还旧"的逆转不仅导致局部风险大幅度上扬，同时也使资金运作模式发生阶段性变异，货币政策的传导机制已今非昔比；（6）平均利润的大幅度回落，已经使部分企业步入"盈亏"临界点，企业运行模式将出现大幅度变化，经济下滑带来的生活愉快政治外溢效应将大幅度显化，从而约束宏观经济政策选择的空间。

宏观经济运行机制的变异给我国宏观调控体系带来了一系列挑战，但新常态也并不是只有困难、挑战和风险，还孕育着大量的新增长基础和新发展机遇。

（一）新常态带来的挑战

新常态下外需疲软、内需回落、房地产调整及深层次结构变动等因素给我国实体经济、金融发展及宏观调控体系带来了一系列挑战。

1. 新常态对实体经济的挑战

对于宏观经济来说，中国当前的经济增速放缓具有长期化趋势，增速"破七"将呈大概率出现。

（1）从增长动力来看，支撑中国过去30多年高增长的几大动力源泉均不同程度地减弱。首先，由于官员考核不再以 GDP 论英雄，再加上十八大以来反腐败持续推进，以往地方官员推动经济增长的强大激励明显减弱。其次，人口老龄化正在快速推进，劳动力数量将继续减少，人口红利不复存在。最后，新的改革都是硬骨头，故推进较为困难，长期中才有改革红利，短期内甚至可能是负红利，体制改革红利大不如前。此外，目前的中国不同于1978年的中国，2014年中国人均GDP超过7000美元而1978年只有155美元，因此亚当·斯密所说的"从低收入迈向高收入的自然增长过程"中的追赶效应大幅减弱；另一个非常重要的原因是，虽然美国主导的低成本能源革命和以大数据、物联网、云计算等为标志的第三次信息化浪潮有可能推动美国未来几年进入新繁荣周期，但是由于美国很可能要加大知识产权保护力度（美国筹建跨大西洋自贸区TTIP和跨太平洋自贸区TPP的举动就是重要信号），中国未必能享受到此次技术进步带来的好处。

（2）从需求角度来看，各类价格指标的回落不仅表明了通货紧缩压力正在加剧，同时也说明了有效需求不足开始大幅度抬头，成为与结构性因素相并行的经济下滑因素。一是CPI连续8个月下滑，于2015年1月跌破"1%"，仅为0.8%，创出五年来新低（2009年11月以来），2月虽然因为春节因素有所增加，达到1.4%，但仍在低位运行；二是PPI连续36个月为负增长（自2012年3月以来），并于2015年2月创下-4.8%的新低；三是标志宏观总需求与总供给的关系的GDP平减指数开始进入零增长阶段，物价水平的负增长也指日可待。

（3）从总供给角度来看，增速也将持续回落。一是由于产能过剩、利润下滑、需求疲软等原因，PPI持续36个月负增长，2015年1—2月工业增加值仅为6.8%，创2009年以来的新低，3月虽有所反弹，但第一季度工业增加值可能在7%—7.5%。二是由于建筑业景气状况一般滞后于房地产6—12个月，2014—2015年的房地产下滑必定使建筑业告别高增长年代，并于2015年出现加速下滑。三是目前第三产业的景气指数仅为53.7%，已经回落到2009年第二季度的水平，2015年第三产业增加值增速也将出现持续回落。

2. 新常态对金融业的挑战

新常态对金融领域的影响比对实体领域更为强烈、更为复杂，使金融

业出现大量的新问题、新现象和新规律，并给传统的金融政策带来了前所
未有的挑战。

（1）与实体经济的持续低迷形成了十分鲜明的对比，金融业在危机救
助政策的刺激下，出现快速的扩张。无论中央银行的资产负债总量还是社
会融资总量都以大大快于名义 GDP 增长的速度快速扩张，导致社会流动性
以及金融资产步入前所未有的发展阶段。但与此同时，金融对于实体经济
的渗透性却在弱化，金融资源自我循环、金融侵蚀实体经济利润等现象日
益严重。

（2）在宏观流动性十分充裕的同时，微观流动性却长期处于紧张状态，
小微企业和涉农企业的"融资难"与"融资贵"的问题在宏观流动性不断
扩张中不仅没有得到缓解，反而愈演愈烈，传统的资金投放渠道堵塞严重，
导致资金投放渠道发生重大变异。

（3）在总量快速扩张的同时，金融结构发生重大的变革，在表外金融、
网络金融以及监管套利等多重因素的作用下，传统的银行贷款在社会融资
总量中的占比出现了快速下滑，银行业的脱媒现象十分严重，新的融资模
式呈现井喷式的发展。

（4）在新的金融产品和融资模式的作用下，中国的整体债务率、杠杆
率不仅没有下降，反而出现大幅度的持续攀升，导致系统性风险快速上扬。

（5）在实体经济的利润率下滑和房地产景气逆转的双重作用下，资金
困局十分严重，"借新还旧"的资金运转模式十分普遍，局部行业和局部区
域的风险存在恶化的可能。

（6）在各种监管指标的约束下，银行季末"冲时点"的现象愈演愈烈，
导致货币供给和资金市场的月度波动幅度不断加大，个别时点上风险恶化
的概率加大。

（7）居民储蓄等短期资金在银信政和表外融资创新的作用下大规模流
向中长期投资领域，使中国金融短借长贷的期限错配问题日益严重，系统

性风险持续上升。

（8）在房地产泡沫和投机活动的作用下，大量资金在金融领域打转，金融服务于社会创新、产业升级以及实体生产消费的能力大幅度下降。

3. 新常态对宏观调控体系的挑战

实体经济和金融领域的变化增大了宏观调控体系所要应对的挑战，这主要表现在以下几大方面：

一是新常态下宏观经济调控框架的变化。对中国经济新常态的充分认识，让我们意识到传统的宏观调控框架需要有比较大的变革。凯恩斯主义逆周期调控难以成为中国新常态时期宏观调控的核心理论基础，需求导向的强刺激政策不是当下宏观经济政策框架的合理选择，传统遵循新古典主义宏观调控方式也已经不能够满足新的需要；数字教条、总量调整、分类治理式的政策工具，也严重制约了我国宏观调控创新的空间；同时，"三驾马车"实施主体的重要性也在发生着变化。从现实的情况看，过去我们过分强调宏观调控在经济运行中的作用，使得我们对宏观调控概念和对象的界定都比较宽泛，不仅包括总量平衡，还包含着结构调整和优化目标，并且在宏观调控的过程中形成了多样化的政策工具，在政策实施的主体上表现为很多部门参与的宏观调控，导致政策在实施过程中问题频发。随着市场化过程的深入，国家更多地强调政府要简政放权，让市场在资源配置中发挥决定性作用，国家对市场决定性作用的强调，使得宏观调控体制建立的基础环境发生变化，经济体制和经济活动的关系也发生了深刻的变化。市场经济环境下，要更加重视市场的自动调节，充分发挥"看不见的手"的重要作用，这对我们传统宏观调控的框架提出了挑战，使之不得不做出与新框架相适应的调整和转变。

二是对市场决定性作用与政府干预边界问题的讨论。多大程度上依靠市场的力量，是社会主义体制下有待深入探讨的问题。一直以来我们基于宏观调控的基础目标，强调宏观调控的科学化、宽泛化和微观化，逐渐形成了对象宽、工具泛、主体多的宏观调控体系，固化以及强化了体制中的非市场因素，事实证明过多的干预并没有在经济波动中发挥积极的作用，而新形势下我们对市场经济的强调，体现了政府简政放权的决心。与此同时，直接减弱政府行政干预的方式，也使得国家对经济的控制能力下降。政府对市场决定性作用的强调，并不代表政府完全不干预，只是手段和程度发生了极大的变化，这使得我们如何界定好市场与政府的边界问题，成为面临的一个重大难题。

三是复杂形势下宏观调控方式创新的挑战。上文提到了传统的遵循新古典主义的宏观调控方式，数字教条、总量调整、分类治理式的政策工具亟待创新和完善，新形势要求我国的宏观调控方式、方法必须张弛有度、稳中求进，在适应改革需要的同时，要与国际宏观经济形势相协调。政府对市场自动调节作用的强调，使得我们未来宏观调控手段的创新和发展将更多地作用于稳定经济方面，而这需要更加稳定的宏观调控体制机制做基础。

四是互联网金融的发展对中央银行的挑战。互联网金融虽然没有办法影响中央银行的垄断地位，但却会冲击中央银行货币政策的有效性。互联网金融发展所带来的金融多样化工具、管控难度的加大、传导链条的复杂化、影子银行的隐患等都对我们未来货币政策的有效性提出了极大的挑战。

（二）新常态蕴含的机遇

全球金融危机的爆发以及中国经济发展基本面的变化给中国经济带来了前所未有的挑战和困难，但需要明确的是，"新常态"并不是只有困难、挑战和风险，正如 2014 年中央经济工作会议所言，"经济发展进入新常态，没有改变我国发展仍处于可以大有作为的重要战略机遇期的判断，改变的是重要战略机遇期的内涵和条件；没有改变我国经济发展总体向好的基本面，改变的是经济发展方式和经济结构"。因此，中国经济"新常态"还孕育着大量的新增长基础和新发展机遇。

第一，大改革与大调整的机遇。这场全球金融危机不仅暴露了世界经济面临巨大的结构性问题，同时也宣告了中国镶嵌在传统世界经济格局中的高投资与高出口的增长模式走到了尽头。与此同时，中国社会各界已然发现，新权贵阶层带来的各种腐败、高投资带来的高能耗与高污染、两极分化带来的社会经济冲突以及过度管制带来的创新不足已经成为中国实现国家富强、人民富足和民族复兴的最大绊脚石。人民深深认识到，大改革和大调整是重构中国社会经济发展基石的核心和唯一选择。这种"大改革"与"大调整"的共识的达成是"新常态"带给中国经济下一轮发展的最大礼物。这种共识在世界结构性改革浪潮中给予了中国大改革与大调整最好的机遇期。

第二，大消费、大市场与构建"大国经济效应"的机遇。虽然自2008年以来中国经济增速持续低迷，但依旧保持世界第一的经济增速使中国经济在世界经济格局中的地位发生巨大的变化——2010年中国GDP总量超过日本而成为第二大经济体，2011年中国制造业超过美国成为名副其实的"世界工厂"，2014年中国按照购买力平价测算的GDP超过美国。在这些变化的同时，世界各国惊奇地发现，中国在GDP上台阶的同时，其市场份额和消费规模也大幅度提升，中国需求成为世界需求最为重要的决定因素。"大国经济效应"开始全面显现。一是在市场上出现全面的规模效应和范围效应，生产效率的提升大幅度对冲了各种成本的上升，从而使中国在世界市场上所占的份额并没有下降。二是消费开始上台阶，中国消费规模依然按照平均每年13%的速度增长，中国需求的扩张使中国采购成为世界经济稳定的核心因素，中国开始从"世界工厂"转向"世界市场"。三是中国的"世界工厂"开始与中国的"世界市场"相对接，在内外贸一体化的作用下中国经济的稳定性和抵抗世界经济波动的能力大幅度提升。

第三，"大纵深"与构建多元增长极的机遇。虽然到2014年年底，中国各类产业结构的指标已经标志着中国经济开始向后工业化阶段转化，工业化红利开始衰竭。但是，一定要看到中国经济纵深的厚度和宽度，即"长三角""珠三角"以及"京津地区"虽然开始全面转向服务业驱动，但广大的中西部和东北地区人均 GDP 依然不足 5000 美元，工业化依然处于高速发展的中期阶段。这不仅为东部产业升级提供了有效的腾挪空间，也为中西部加速发展提供了契机。因此，中国产业的梯度大转移不仅大大延缓了中国工业化红利消退的速度，同时通过构建多元化的增长极使中国空间布局更科学。

第四，"大人才"与构建第二次人口红利的机遇。刘易斯拐点的到来和老年化社会的逼近意味着中国传统的人口红利开始消退。但必须注意的是，目前"招工难"和"用工贵"问题主要凸显在农民工领域。21 世纪以来大规模的高校扩招是农民工供求失衡的核心原因之一。因此，中国就业格局是"大学生就业难"与"民工荒"相并存。每年高达 700 多万大学生毕业的压力已经使大学生就业起薪与农民工平均工资开始拉平。而这恰恰是中国从人口大国迈向人力资源强国的关键，因为这说明大规模受过高等教育的人群已经为中国产业升级准备了大规模高素质、低成本的产业后备大军。以大学生和人力资源为核心的第二次人口红利开始替代以农民工和低端劳动力为核心的传统人口红利。

第五，"大创新"与构建技术红利的机遇。仔细梳理中国技术创新发展的各类指标，我们会惊奇地发现，在粗放式发展模式走到尽头的同时，中国创新发展模式已经崭露头角：一是专利申请数大幅度提升，于 2013 年达到 257.7 万，同时增速为 15.9%，占世界总数的 32.1%，居世界第一位；二是 R&D 经费投入突破低水平阀值，于 2013 年达到 GDP 的 2.08%，增速高达 15%，进入高速度、中等强度阶段；三是技术市场活跃程度大幅度提升，2013 年技术市场交易额达到 7469 亿元，增速达到 16%；四是高技术产品出口大幅度增长，总额达到 6603 亿美元，占出口总额的 30%；五是国外发表的科技论文在 2013 年已接近 30 万篇，迈入世界科技论文大国的行列；

六是中国拥有世界最庞大数量的科学技术研究人员。上述这些参数说明，只要进一步进行科技体制改革和鼓励各类创新创业活动，中国技术创新红利必将逐步实现。"中国制造"开始向"中国创新"转型，从劳动力密集型制造业向知识密集产业过渡。

第六，大升级与构建升级版中国经济的机遇。在市场、技术、人力等多方面的作用下，中国经济开始出现全面升级的势头：一是在人均 GDP 接近 8000 美元时，消费开始出现大幅度升级，开始从过去 30 年的以吃穿住行为主体的工业化消费转向以高端制成品和服务消费为主的后工业化消费；二是产业在需求拉动下，开始大幅度由制造业转向服务业、由劳动密集型产业转向知识与技术密集型产业。中国升级版经济的雏形开始显现。

第七，大开放与中国经济全球布局的机遇。中国经济实力的全面提升以及 2008 年全球金融危机带来的全球经济格局的变化给予了中国前所未有的进一步大开放和全球布局的机遇。一是中国开始从"商品输出时代"转向更为高级的"资本输出时代"，对外的 FDI 高速增长，海外并购突飞猛进，其平均增速超过 30%，对外投资总量于 2014 年已突破 1000 亿美元；二是以区域性自由贸易区的构建全面强化中国开放的板块效应；三是以"一带一路"为核心展开中国空间战略与开放战略全面对接，并通过互联互通打造中国新的国际合作格局；四是以金砖银行、亚洲基础设施投资银行、丝路基金等国际金融机构的构建，打破欧美一统国际金融的格局。这些拓展有效扩张了中国资源配置的空间以及盈利模式，必将把中国发展带入新阶段。

◇三　新常态下中国宏观经济政策框架的重构

这种具有中国特色的新常态不仅有别于中国过去十多年高速增长的"旧常态"，同时也不同于发达国家现在经历的结构转换。把握新常态蕴含的机遇，有效解决"新常态"面临的问题和挑战，将各种战略机遇转化为真正的增长和发展，不仅要求我们超越传统的宏观调控理论与政策体系，还要积极寻求现有宏观政策框架的转变。

（一）新常态的宏观调控体系需打破传统教条

对传统宏观政策框架的突破集中体现在打破以下宏观调控领域的"旧教条"和"洋教条"：

1. 要打破凯恩斯主义教条，抛弃"只要经济下滑，就采取逆周期的需求刺激政策"的传统观念，将"新常态"时期的宏观政策框架的理论基础从传统的逆周期刺激理论转向新结构改革理论。按照凯恩斯主义教条，只要经济下滑，最好的方法就是启动宽松的货币政策和财政政策进行总需求的刺激。但这种教条却忽视了凯恩斯逆周期刺激理论成立的基础：经济下滑的核心因素是周期的短期波动。如果经济回落的核心因素是结构性的，是由于全要素生产率、生产要素供给逆转等因素引起的潜在经济增长速度下滑而导致的，那么简单采取逆周期的调整方法不仅不能防止经济增速的持续回落，反而会成为经济波动和经济扭曲的新源泉。这也是 2010 年中国宏观经济在下滑中波动加剧的核心原因之一。因为结构性问题引起的潜在增速的趋势性下滑需要启动结构性改革政策，通过制度调整、结构优化、要素重构来构建新的经济增长动力。这决定了凯恩斯主义的逆周期调控理论就不能成为中国"新常态"时期宏观调控的核心理论基础，需求导向的强刺激政策就不能成为当前宏观经济政策框架的合理选择。而建立在新潜在经济增长理论和新结构理论基础上的结构性改革政策框架就成为当前必然的选择。

2. 在打破凯恩斯教条的同时，还需要超越新古典主义的教条，通过强调主动有为、底线管理、"微调"与"预调"，以避免陷入"无为而治"的陷阱之中。"新常态"时期的增速下滑很大程度上是由于结构性因素导致的趋势性下滑，因此应当避免凯恩斯主义的全面宽松的强刺激。这种观念已经成为大家的共识，但很多学者却将这个逻辑极端化，把中国经济的下滑完全归结到潜在经济增长速度下滑之上，主张应当通过不刺激的无为而治来实现市场的自我调节，避免政府这只"看得见的手"成为"捣乱之手"。这种逻辑的极端化忽视了中国经济下滑虽然主导因素是阶段性的结构因素，但短期因素和周期性因素也不能忽视。按照目前的计量测算，中国增速回落的70%多是结构性的，但依然有20%是周期性的，同时这些因素在不同时期具有较大的易变性。这种特性就决定了中国宏观经济政策在"新常态"时期既不能简单跟随凯恩斯主义，也不能盲从新古典主义。因此，如何区分经济增速下滑的结构性因素和周期性因素就是中国"新常态"时期宏观经济政策定位面临的最大难题。新结构改革理论表明，在一个实际增速与潜在增速都存在易变性的时期，区分结构性因素与周期性因素最好的办法就是底线管理，即一方面要守住失业的底线和通胀底线，另一方面还要守住风险底线。因为，没有明显的失业、没有普遍的通货膨胀或通货紧缩、局部风险不演化为系统性风险是经济在潜在水平附近相对健康运行的标志和显示器。抓住这些底线，在很大程度上就抓住了宏观经济潜在水平的大致区间和经济运行的合理区间。所以，在"新常态"时期中国宏观调控的方法论一方面需要强调在面对趋势性回落过程中保持定力，切忌草率地启动刺激政策来治理结构性的回落；但另一方面还需要强调"主动作为、底线管理、区间调控"，在经济可能触及底线时，主动采取"微刺激"，并将"微调"与"预调"常态化。

3. 在结构性改革中，必须超越"华盛顿共识"与"休克疗法"的教条，在强化市场化制度改革的同时，强化转型秩序的重要性。全面结构性改革是重构经济增长动力和市场活力的核心，这是"新常态"时期的第二个共识。这个共识使很多学者采取了"拿来主义"，将20世纪80年代发达国家提供的结构性改革药方教条化，把"华盛顿共识"与"休克疗法"中的"快速私有化""快速自由化"和"快速宏观平衡"转化为中国版的"快速去国有化""快速去管制"和"不刺激"。认为中国结构性改革要成功不仅要抛弃凯恩斯主义的需求管理刺激政策，更为重要的是，必须通过快速的去国有化、快速的去管制化以及快速的自由化来重构市场在资源配置中的核心作用，完全抛弃政府和国有企业在资源配置中的作用。但这种"洋教条"的中国化却忽视了这样一个事实，即过去30年很多转型国家的实践证明了"华盛顿共识"与"休克疗法"在结构改革中的失败，证明了没有法治有为的强政府，公平统一的大市场也是无法建立的，证明了经济秩序和社会秩序依然是转型的关键。因此，在"新常态"时期，中国结构性改革的方向应当是通过建立"法治有为的强中央"来打破以往政令不出中南海的困境，通过"公平统一的大市场"来克服市场碎片化的难题，通过"低度广泛的大福利"来跨越中等收入陷阱。

4. 突破"数字教条"，一方面在面对结构性趋势下滑面前保持战略上的平常心态和定力；另一方面在短期大幅度波动面前，强化"底线管理"的重要性，在战术上将"微调"与"预调"常态化。在"旧常态"框架中有"保8"与"保7"的增速教条，但在"新常态"框架中，由于潜在增长速度既有趋势性的下滑，也有短期冲击下的波动，因此短期合意的增长速度是难以先验判断的，需要在不断试错中进行探索。这也决定了我们只能通过各种宏观先行参数和一致参数来大致判断经济增长的合意区间，通过政策小幅微调带来的宏观反应来判断政策方向的对错。因此，"大刺激"与"大紧缩"在"新常态"时期将很少启用，宏观经济政策的"微调"与"预调"将常态化。

5. 打破"调控"与"被调控"的两分法，将改革与调整贯彻到底。"旧常态"体系中，宏观经济是政府调控的对象，政府的核心功能就是选择政策工具来调节市场，调控者与被调控者是严格对立和分离的，但在"新常态"中，由于结构性问题不仅融合在宏观经济运行体系之中，同时也大量侵蚀在调控主体之中。因此，传统的改革者与调控者都是被改革与调整的对象，在这种大改革时期，传统工具的重构和创新将是经济运行的重要保证。

6. 重视结构性问题引发的系统性风险，利用宏观审慎监管弥补传统货币政策的缺口。本轮世界金融危机带来的最大的宏观政策理论创新就是认识到传统宏观经济政策不能防范系统性金融风险，因此必须建立宏观审慎监管框架作为宏观调控的"第三只手"。对于中国目前杠杆率过高、金融风险持续攀升、房地产泡沫可能逆转的环境中，强化宏观审慎监管的作用显得尤为重要。

7. 突破宏观调控仅专注于总量调整的教条，强化"总量稳定、结构优化、精准发力"。体制的转换导致传统宏观调控的总量渠道堵塞，按照传统的总量取向调控方式进行宏观经济政策的组合，不仅不能达到调整总量的目标，反而会加剧结构问题和深层次的风险。因此，在大过渡期必须强化"定向宽松"与"定向收紧"相组合的结构政策。其最具有代表性的就是，目前货币政策在保持总量稳健的基础上，对"三农"和小微企业实行定量宽松，对房地产、产能过剩行业进行定向紧缩。

8. 突破传统宏观调控分类治理的教条，强化综合治理的导向。在"旧常态"中，由于经济与社会、宏观与微观运行都比较平稳，因此每个领域的政策工具与目标是各自匹配、各自独立实施的。但这种模式在"新常态"中将面临巨大的挑战，因为社会、经济、宏观、微观的制度基础和运行体系都面临重大调整，都将出现强烈的外部性，因此单一领域的工具对应单一的目标是无法达到预期目标的，全面改革与全面调整就需要各领域的多种工具相互配合，进行综合治理。其最具代表性的就是"宏观政策要稳、微观政策要活、社会政策要托底"。

（二）新常态的宏观政策框架要及时做出转变

除了打破传统教条外，在新的历史机遇和挑战下，中国宏观调控体系还需要及时根据新的经济形势做出相应调整。

（1）必须充分认识经济的新常态，重新定位宏观调控的作用。2010 年以来，我国宏观经济指标表现的新特征表明，我国经济增长速度回落的主导因素不是传统总需求不足，而是潜在的增速的回落；不是传统的周期性波动，而是结构性的趋势下滑。所以，当前中国经济处于旧的稳态经济增速向新的稳态经济增速转换的大过渡时期，这个阶段中国经济新常态不仅具有过渡期长、增速趋势性回落明显等特征，同时也具有增速波动性加剧以及结构易变等特征。在对经济新常态准确把握的前提下，需要重新定位宏观调控在经济中的作用。在中国的经济体制和经济结构发生深刻变化的今天，对市场经济体制的肯定和推崇，体现了我们全面改革和接轨国际经济的决心，所以我们宏观调控必须要尊重市场这只"看不见的手"的作用，更多作为经济的狩猎人，在市场经济调节失灵或经济遭受重大冲击短期无法恢复的情况下发挥作用。需要注意的是，我们是社会主义条件下的市场经济体制，在一些特殊的、市场机制调节不能覆盖的领域，我们仍然需要充分发挥宏观调控的积极作用。

（2）治理"新常态"的宏观调控的理论基础必须从传统的凯恩斯主义向结构性调整理论转换。经济下滑的性质是选择宏观调控方法及其理论基础的标准。如果经济下滑是周期波动的产物，那么选择以凯恩斯主义为核心的逆周期宏观经济调控就具有合理性。但如果经济回落的核心因素是结构性的，那么简单采取逆周期的调整方法不仅不能防止经济增速的持续回落，反而会成为经济波动和经济扭曲的新源泉。因此，从原理来看，周期性波动需要逆周期性政策来进行调控，而结构性问题和经济增速的阶段性下滑却需要启动结构性改革政策，通过制度调整、结构优化、要素重构来构建新的经济增长动力。因此，鉴于目前中国经济增速回落的主导型因素是结构性的，凯恩斯主义的逆周期调控理论就不能成为宏观调控的核心理论基础，需求导向的强刺激就不能成为当前宏观经济政策框架的合理选择。建立在新潜在经济增长理论和新结构理论基础上的结构性改革政策框架就成为必然的选择，一方面通过改革来重构经济增长的动力机制，强化总供给、总需求对于价格机制反应的灵敏度，另一方面通过化解深层次结构问题，创造新阶段的增长源。

（3）重新定位财政功能的政策，不过分强调政府对经济的控制力。计划调节和政策财政在经济活动中覆盖范围过大、干预的力度过大，不利于发挥市场在资源配置中的决定性作用，我们需要对财政政策的功能进行重新定位。在控制力方面，经济全面深化改革以来，虽然中央政府对宏观经济目标可控性在削弱，但是计划经济时代延续至今的对可控性的追求，仍然制约着我们宏观调控的创新发展。从欧美日本较为完善的宏观调控的经验来看，完善的宏观调控体制机制和合理的预期管理，将会淡化国家对可控性的执着，增强宏观调控的效果。在对我国经济形势和国际环境的充分判断下，健全我国宏观调控，加强法律体系基础，完善财政政策、货币政策和政府间协调的机制化，重点强调货币政策的预期管理，发挥和扩大财政政策当中自动稳定器的作用，不断完善我国宏观调控的体制机制设计，将使得我们政府干预边界的问题得到解决。

（4）宏观经济调控的方法论不仅需要强调定力，同时还需要强调底线管理。目前社会各界对于中国"新常态"现象基本达成了共识，但理论思潮却从传统的周期性调整快速转向另一个极端——把中国经济增速的下滑完全归结到阶段性结构因素之上，而没有看到目前中国不仅处于"增长速度的换挡期、结构调整的阵痛期与前期刺激政策消化期"的叠加期，同时也处于"房地产周期、全球化周期、存货周期以及固定投资周期"的叠加期。这决定了在此叠加期中依然面临着大量的周期性问题。但是，如何区分经济增速下滑的结构性因素和周期性因素却是一个理论和实践中的大难题。在一个实际增速与潜在增速都存在易变性的时期，区分结构性因素与周期性因素最好的办法就是底线管理，即一方面要守住失业的底线和通胀底线，另一方面还要守住风险底线。因为，没有明显的失业、没有普遍的通货膨胀或通货紧缩、局部风险不演化为系统性风险是经济在潜在水平附近相对健康运行的标志和显示器。抓住这些底线，在很大程度上就抓住了宏观经济潜在水平的大致区间和经济运行的合理区间。所以在"新常态"时期，中国宏观调控的方法论一方面需要强调在面对趋势性回落过程中保持定力，切忌草率地启动刺激政策来治理结构性的回落，但另一方面还需要强调"底线管理、区间调控"，在经济可能触及底线时，"微刺激"将成为常态化。

最后，重视货币政策、财政政策和社会政策的有效组合，强调社会政策托底的作用。对于目前整体的宏观调控政策，除了货币政策、财政政策之外，还需要注重它们与社会政策的有效组合。当前经济增速的下滑，可能导致社会问题需要社会政策托底，以便从根本上提高社会对经济增速下滑的容忍度，降低社会对刺激政策的依赖，为改革创造良好的环境。全面深化改革的过程中，经济增速可能会在短期内出现显著下滑，并进而影响到社会稳定。但是调结构、促改革的方向不能够动摇，因此不能频繁地改变宏观经济政策的基本定位。现阶段我国宏观调控在保持定力、稳中求进，我们看到身前的阴影不要害怕，那是因为身后有阳光。在艰难中前行，更有利于中国宏观调控体系不断地完善和健全。

本书各章作者分别为：第一章，陈雨露、刘元春；第二章，郭豫媚、陈彦斌；第三章，栗亮、刘元春；第四章，丁守海、许珊；第五章，于泽；第六章，陈彦斌、郭豫媚、陈伟泽；第七章，吕冰洋、陈志刚；第八章，贾俊雪；第九章，杨继东、江艇；第十章，冯俊新、李时宇；第十一章，范志勇、杨丹丹；第十二章，范志勇、罗嗥一、韦祎；第十三章，范志勇、赵勇；第十四章，赵勇；第十五章，刘元春、杨丹丹；第十六章，栗亮；第十七章，刘元春、宋鹭。

第二部分　新常态与中国宏观经济政策框架的重构

第 二 章

中国潜在经济增长率的估算及
其政策含义:1979—2020

◇一 引言

在经历长达 30 多年的高速增长后中国经济已进入新常态，集中体现在近三年的经济增长率大幅放缓。2014 年的经济增长率已降至 7.4%，与金融危机前 2007 年的 14.2% 相比下降了近一半。有观点认为，潜在增长率的下降是当前中国经济增长放缓的核心原因。这种观点的主要依据是，如果只是需求疲软，那么会同时表现出经济衰退和物价下降；而经济增长率从 2010 年第一季度的 12.1% 回落到 2014 年第四季度的 7.3% 的同时，CPI 却保持了相对稳定的状态。这种观点据此认为当前增长放缓的核心原因是潜在经济增长率出现下滑。然而，度量价格总水平的常用指标除了 CPI 之外还有 PPI（贺力平等，2008）。2012 年以来 CPI 基本稳定在 1%—3%，但是 PPI 却已经连续 34 个月为负，这表明当前中国经济具有周期性放缓的典型特征。

那么，当前中国经济增长究竟是潜在经济增长率的放缓还是周期性放缓？为了更加严谨和清晰地理解中国经济增长率放缓的内涵，本章采用附加人力资本的增长核算模型对 1979—2020 年中国潜在经济增长率进行估算与预测。潜在经济增长率的计算方法主要有两类，一类是生产函数法，另一类是滤波法。本章所采用的增长核算法即是以生产函数法为核心的一种核算方法，这种方法不仅可以克服滤波法对于数据起点和终点的选取十分敏感的问题，而且可以考察资本、劳动力、人力资本和 TFP 等经济增长动力对潜在经济增长率的贡献，并根据这些因素的未来走势预测潜在经济增长率（中国人民银行营业管理部课题组，2011）。因此，生产函数法被广为采纳，已成为估计潜在经济增长率的常用研究方法，王小鲁和樊纲（2000）、刘丹鹤等（2009）以及陈彦斌和姚一旻（2010，2012）等均采用了该方法。

本章的计算结果表明，2012—2014 年中国潜在经济增长率出现了放缓，但下降幅度有限，因此当前经济增长的放缓主要是周期性放缓；2015—2020年中国潜在经济增长率将进一步下滑至 6.3% 的低位。这两个计算结果的政策意义是，由于中国面临潜在通胀风险，因此只能谨慎使用货币政策来治理当前存在的萧条；由于中长期内的现实增长率与潜在增长率会保持一致，因此宽松货币政策将无法阻止经济增长率的下滑，故不应持续使用。本章对当前与未来潜在经济增长率所做的定量计算，不但有助于从理论上认清当前中国宏观经济所处的真实状态，而且可以为宏观调控政策特别是货币政策如何定位提供科学决策依据。

◇二 模型、计算方法与数据处理

（一）增长核算模型及估算方法

本章采用标准的附加人力资本的增长核算模型对 1979—2014 年中国潜在经济增长率进行估算。延续主流文献中的通常假设，本章取中国总量生产函数为柯布—道格拉斯形式，即 $Y_t = A_t K_t^{\alpha} (H)_t^{\beta}$，$H = E \cdot L$，其中 Y 是产出，K

是总资本存量，H 是附加人力资本的劳动，E 是人力资本（教育）存量，L 是劳动力存量，A 度量除资本、人力资本和劳动外所有对总产出有影响的因素（全要素生产率 TFP）。参数 α 和 β 分别是资本产出弹性和附加人力资本的劳动的产出弹性，假定生产函数规模报酬不变，即满足 $\alpha + \beta = 1$。

在上述设定下，可通过以下四步计算得到 1979—2014 年潜在经济增长率。第一步，对前面所设定的生产函数取对数，得到其计量形式如下（1）式，并用已经处理好的数据估计（1）式，对规模报酬不变的假设进行 Wald 检验（其零假设为 $\alpha + \beta = 1$）。

$$\ln Y_t = c_0^1 + \alpha \ln K_t + \beta \ln H_t + \varepsilon_t \tag{1}$$

如果检验结果在所设定的显著性水平上不能拒绝原假设，则可进行下一步计算。

第二步，将（1）式两边同除以 $\ln H_t$ 得到如下（2）式，并对（2）式进行估计从而得到资本产出弹性 α 和 β（等于 $1-\alpha$）的估计值。

$$\ln (Y_t / H_t) = c_0^2 + \alpha \ln (K_t / H_t) + \sigma_t \tag{2}$$

第三步，将生产函数转化为增长率的形式可得如下（3）式，将第二步所得 α 和 β 代入（3）式，并根据已有增长率数据即可计算得到 TFP 增长率和 TFP 水平值。

$$\frac{dA_t}{A_t} = \frac{dY_t}{Y_t} - \alpha \frac{dK_t}{K_t} - \beta \frac{dH_t}{H_t} \tag{3}$$

于是可根据已有数据及各因素对经济增长的贡献率进行增长核算。

第四步，为提高估算精准度，借鉴陈彦斌和姚一旻（2012）的做法对人力资本存量、劳动力和 TFP 的时间序列数据进行 HP 滤波得到上述变量的趋势值及趋势增长率 [（4）式中带 "～" 的变量即为 HP 滤波后的趋势增长率和潜在经济增长率]。

$$\frac{d\tilde{Y}_t}{Y_t} = \alpha \frac{dK_t}{K_t} + \beta \frac{d\tilde{H}_t}{H_t} + \frac{d\tilde{A}_t}{A_t} = \alpha \frac{dK_t}{K_t} + \beta \left(\frac{d\tilde{E}_t}{E_t} + \frac{d\tilde{L}_t}{L_t} \right) + \frac{d\tilde{A}_t}{A_t} \qquad (4)$$

然后根据（4）式利用资本存量增长率、人力资本存量、劳动力和 TFP 的趋势增长率以及 α 和 β 的估计值计算得到潜在经济增长率。

（二）对未来潜在经济增长率的预测方法及相关设定

本章将预测 2015—2020 年的中国潜在经济增长率。首先，采用类似于 Perkins and Rawsk（2008）、Lee and Hong（2010）和 Wilson and Stupnytska（2007）的方法将对潜在经济增长率的预测分解为对资本、劳动力、人力资本和 TFP 四大增长动力的预测。然后，借鉴 Perkins and Rawsk（2008）、Maddison（2007）、张延群和娄峰（2009）的预测思想，分析资本、劳动力、人力资本和 TFP 历史运动轨迹并以此对其未来走势进行预测和设定。

按照陈彦斌和姚一旻（2012）的设定以及本文对未来资本、劳动力、人力资本和 TFP 变化趋势的判断，将未来中国经济的基准情形设定如下：（1）中国资本积累速度不断加快的趋势将会终止，资本存量增长率将在 2015—2020 年回落到 1979—2000 年 9.6% 的水平。（2）未来潜在就业人数的变化趋势采用陈彦斌和姚一旻（2012）的设定，即 2015—2020 年潜在就业人数增长率将由 2015 年的 0.23% 逐步降为 2020 年的 −0.21%。（3）人力资本存量变化趋势采用陈彦斌和姚一旻（2012）的设定，即 2015 年人力资本存量增长率为 0.73%，2016—2020 年年平均增长率为 0.65%。（4）TFP 增长率在 2000—2014 年已大幅下降至历史最低水平 1%，预计未来难以出现明显改观，同时考虑到未来中国 5—10 年内仍将是赶超型新兴市场国家，TFP 增长率进一步显著下降的可能性不大，故假定 2015—2020 年 TFP 增长率将保持在 1%。

同时，本章进一步设定了偏离基准情形的乐观情形和悲观情形，以考察未来潜在经济增长率的上下限。乐观情形与基准情形的异同是：（1）资本存量增长率较基准情形提高 1 个百分点；（2）潜在就业人数与基准情形相同；（3）人力资本增长率保持在 1979—2014 年的平均水平；（4）TFP 增长率保持在 1979—2014 年的平均水平。悲观情形与基准情形的异同是：（1）资本存量增长率较基准情形下降 1 个百分点；（2）潜在就业人数较基准情形下降 0.05 个百分点；（3）人力资本增长率与基准情形相同；（4）TFP 增长率较基准情形下降 0.3 个百分点。

（三）数据来源与数据处理

1. 产出。使用经 GDP 平减指数调整后的实际 GDP，数据来自历年《中国统计年鉴》。

2. 资本存量。资本存量的估算方法采用盘存永续法，需要基期资本存量、投资额、投资价格指数和折旧率。本章以 1978 年为基期，故根据 1978 年资本存量、折旧率、各年名义固定资产形成总额和固定资产形成总额指数（1978＝100）即可计算得到各年资本存量。基期 1978 年的资本存量数据来自 Hsueh and Li（1999）。折旧率选取 5%，与王小鲁和樊纲（2000）等研究相一致。1979—1990 年固定资本形成总额和固定资本形成总额指数来自《中国国内生产总值核算——历史资料：1952—2004》，1991—2013 年来自 2014 年《中国统计年鉴》。2014 年资本存量根据 2013

年资本存量、国家统计局公布的 2014 年固定资产实际增长率和折旧率计算得到。

3. 劳动力数量。劳动力数量参照已有文献的做法采用历年从业人员数。1978—1990 年的从业人员数据沿用王小鲁和樊纲（2000）的处理方法，1990—2013 年数据来自 2014 年《中国统计年鉴》。2014 年从业人员数根据 2013 年年末从业人员数、国家统计局公布的 2014 年城镇新增就业人数以及作者估算的农村新增就业人数计算得到。农村新增就业人数的估算方法是取 2008—2013 年农村从业人员数增加额的平均值。

4. 人力资本存量。本章采用劳动力人均受教育年限作为人力资本的度量方法。1978—1998 年劳动力人均受教育年限由王小鲁和樊纲（2000）的人力资本存量除以就业人数得到。1999—2010 年人均受教育年限的计算方法与刘丹鹤等（2009）的方法相同，所需数据来自历年《中国劳动统计年鉴》。2011—2014 年数据人力资本存量采用陈彦斌和姚一旻（2012）的估算值。

◇ 三 计算结果

（一）增长核算结果：1979—2014 年

对（1）式进行 OLS 回归后，LM 检验显示残差存在二阶自相关。故采用广义差分法对（1）式进行重新估计，并对估计结果进行 Wald 检验（零假设为 $\alpha + \beta = 1$）。检验结果显示 F 值为 2.84，故在 10% 的显著性水平上不能拒绝原假设 $\alpha + \beta = 1$。通过 Wald 检验后，对（2）式进行 OLS 回归，LM 检验表明残差存在一阶自相关。故采用广义差分法重新对（2）式进行估

计，估计结果如下：①

$$\ln (Y_t/H_t) = -251.19 + 0.52 \ln (K_t/H_t) + ar \qquad (1)$$
$$(-0.002) \quad (3.2^{***}) \quad (23.1^{***}) \quad \bar{R}^2 = 0.99$$

由上述估计结果可得资本的产出弹性 α 为 0.52，附加人力资本的劳动的产出弹性 β 为 0.48。将上述结果代入（3）式即可计算得到 TFP 增长率及其对经济增长的贡献率。

表 2—1 给出了 1979—2014 年的中国增长核算情况。表 2—1 的计算结果表明，资本积累是中国经济增长长期以来的主要推动力。从增长率来看，资本存量的增长率远快于劳动力、人力资本和 TFP 的增长率。在总时间段 1979—2014 年，资本增长率高达 12.24%，不仅远高于其他三个要素的增长速度，而且高于 GDP 增长率。从贡献率来看，资本对经济增长的年均贡献率达到 68.8%，高于附加人力资本的劳动和 TFP 的贡献率之和。2008 年金融危机之后，在政府"4 万亿元"投资计划以及其他一系列扩大内需的刺激措施的影响下，资本的增长率和贡献率更是达到了历史新高。2008—2011 年资本年平均增长率达到了 18.62%，对经济增长的贡献率高达 101%。2012—2014 年资本增长率虽然有所放缓，但由于投资刺激计划的后续影响，其增长率和贡献率依然处于较高水平。

表 2—1　　　　　　　　　1979—2014 年中国增长核算情况　　　　　　单位：%

指标	变量	总时间段	子时间段				
		1979—2014	1979—1989	1990—1999	2000—2007	2008—2011	2012—2014
年均增长率	GDP	9.73	9.54	10.00	10.51	9.65	7.58

---

① 括号中的数字为 t 值。*、＊＊和＊＊＊分别表示在 10%、5% 和 1% 水平上显著。

续表

指标	变量	总时间段	子时间段				
		1979—2014	1979—1989	1990—1999	2000—2007	2008—2011	2012—2014
年均增长率 （贡献率）	资本	12.24	8.29	11.06	14.22	18.62	16.94
		(68.8)	(48.6)	(62.2)	(70.8)	(101.06)	(116.88)
	劳动力	1.65	3.52	1.31	0.67	0.36	0.30
		(9.3)	(19.7)	(7.7)	(3.3)	(1.80)	(1.87)
	人力资本	1.64	3.29	0.83	0.83	1.45	0.73
		(9.9)	(20.6)	(5.4)	(4.2)	(7.06)	(4.59)
	TFP	1.73	1.90	3.19	2.35	-0.96	-1.77
		(11.8)	(10.4)	(24.6)	(21.7)	(-9.95)	(-23.36)

（二）潜在经济增长率的估算结果：1979—2014 年

表 2—2 给出了 1979—2020 年的中国潜在 GDP 增长率的估算与预测。计算结果表明，1979—2014 年的潜在增长率经历了一个先上升后下降的过程。1979—2011 年，潜在经济增长率保持逐步上升的态势，由 1979—1999 年的 9.67% 上升到 2000—2007 年的 9.87%，2008—2011 年又进一步上升至 10.8%。此后，潜在经济增长率出现回落，2012—2014 年潜在经济增长率已降至 9.37% 的低位。

本章尤其关注 2012—2014 年的潜在经济增长率。表 2—2 显示，2012—2014 年潜在经济增长率与 2000—2007 年和 2008—2011 年相比均出现了下滑但下降幅度有限，降幅分别为 0.5 个和 1.45 个百分点。潜在增长率下降较为缓慢的直接原因是影响潜在增长率的因素如资本存量、劳动和人力资本在短期内都不会迅速下降。首先，资本是存量而投资只是流量，即使投资增长率从金融危机前的 24% 下降到 2012—2014 年的 18%，也不会导致中国庞大的资本存量出现增长率的大幅下降。其次，在人口老龄化的影响下中国劳动力数量从 2012 年开始步入下降通道，但是 2012 年、2013 年和 2014 年分别仅减少了 345 万人、244 万人和 371 万人，与 9. 15 亿的劳动力总量相比微不足道。最后，人均受教育年限的不断延长表明中国的人力资本存量是在逐年提高而不是下降。

表 2—2　　　　**1979—2020 年中国潜在 GDP 增长率的估算与预测**　　　单位:%

	1979—1989	1990—1999	2000—2007	2008—2011	2012—2014	2015—2020		
						基准	悲观	乐观
潜在 GDP	9. 67	9. 74	9. 87	10. 82	9. 37	6. 31	5. 47	7. 87
资本	8. 29	11. 06	14. 22	18. 62	16. 94	9. 61	8. 42	10. 61
潜在劳动力	3. 45	1. 42	0. 65	0. 40	0. 35	-0. 08	-0. 10	-0. 08
人力资本	2. 74	0. 95	0. 81	0. 98	0. 99	0. 66	0. 66	0. 89
TFP	2. 38	2. 82	1. 73	0. 42	-0. 13	1. 01	0. 79	1. 93

相比之下，2012—2014 年中国现实经济增长率下降幅度则大得多。[①] 2012—2014 年的平均经济增长率由 2000—2007 年的 10.5% 和 2008—2011 年的 9.7% 大幅下滑至 7.6% 的低位，降幅分别达 2.9 个和 2.1 个百分点。这主要是因为拉动中国经济增长的三驾马车中最关键的投资和出口出现疲软。投资方面，2008—2011 年全社会固定资产投资年平均增长率为 22.9%，其中 2009 年增长率高达 30%。2012 年和 2013 年全社会固定资产投资增长

---

① 本书所说的现实增长（actual growth）是现实中所观察到的经济增长率，这是与潜在增长相对应的概念。而实际增长（real growth），是与名义增长相对应的。为避免混淆，本书采用现实增长的说法。

率分别降至 20.3% 和 19.1%，2014 年又进一步下滑至 15.7%。① 出口方面，2000—2007 年中国出口增长率高达 24.8%，受金融危机的影响，2008—2011 年出口增长率大幅回落至 8.7%，2012—2014 年出口增长率进一步回落，2014 年出口增长率仅为 4.9%。出口疲软除了中国经济体量十分庞大这一因素之外，另一重要原因是全球性经济增长趋缓而缺乏熊彼特理论所说的推动长波经济增长的主导力量——科技革命。②

综上所述，虽然潜在经济增长率的确出现了放缓但下降幅度有限，而现实经济增长率则出现了大幅下降，其幅度大于潜在经济增长率。经计算，2012—2014 年产出缺口已达到 -1.8 个百分点，因此 2012 年至今的经济增长放缓主要还是由总需求不足的周期性因素引起的。

（三）潜在经济增长率的预测结果：2015—2020 年

表 2—2 还预测了 2015—2020 年的中国潜在经济增长率。预测结果表明，2015—2020 年潜在经济增长率将出现显著下滑。在没有出现重大经济波动的基准情形下，2015—2020 年的潜在经济增长率将大幅降至 6.31%，这分别比 2008—2011 年和 2012—2014 年的潜在增长率下降了 4.51 个和 3.06 个百分点。即使在乐观情形下，潜在经济增长率也将比 2008—2011 年和 2012—2014 年下降 2.95 个百分点和 1.5 个百分点，至 7.87%，而在悲观

---

① 投资增长率下滑主要有三个方面的原因：一是房地产投资的周期性调整与持续低迷大幅拉低了全社会固定资产投资增长率；二是金融资源错配、劳动力成本提高、产能过剩和资源环境压力加剧等深层次因素导致制造业投资增长率出现趋势性放缓；三是在地方债务高企、融资成本上升、地方政府考核体系转变以及反腐败等多重因素的影响下地方政府投资积极性下降。

② 目前，以 IT 和互联网技术为代表的第三次科技革命已经逐渐结束而新的科技革命尚未出现，不管是低碳技术、3D 打印机技术还是机器人技术都还没有形成新一轮科技革命。

情形下更是将降低 5.35 个百分点和 3.9 个百分点，降至 5.47%。①

◇◇四　政策含义

上述定量测算的政策含义可以归纳为短期和中长期两点：短期内，经济增长的周期性放缓抑制了通货膨胀，但由于中国面临着潜在通胀风险，因此需谨慎使用货币政策来治理当前萧条；中长期内，由于潜在经济增长率将进一步放缓，现实经济增长率也将不可避免地下降，因此不应持续使用宽松货币政策来应对经济增长率的下滑。

（一）当前货币政策定位

2008 年金融危机爆发以来中国为刺激经济增长采取了高货币投放式的货币政策，货币供应量因而出现了快速上涨。2008—2013 年年均 M2 增长率达到了 18.5%，比 2000—2007 年 16.4% 的增长率水平约高出了 2 个百分点。货币大量投放的结果是中国 M2 与 GDP 之比迅速由 2008 年的 153% 上升至 2013 年的 195%，不仅超过了美国和 OECD 等发达国家，也大大高于巴西和印度等新兴经济体。即使是自 2008 年以来实施了三次大规模量化宽松货币政策的美国其年均 M2 增长率也仅为 6.8%，2013 年年末 M2 与 GDP

---

① 已有研究对未来 5—6 年中国经济增长率的预测区间为 5%—7%，本书的预测结果在该预测区间之内。其中较为乐观的有：世界银行（2012）预计 2016—2020 年中国经济增长率将达到 7%，Eichengreen et al.（2011）预计 2011—2020 年年均增长率在 6.1%—7%，张延群和娄峰（2009）预计 2016—2020 年经济增长率将达到 6.7%，Kuijs（2005）对 2016—2020 年的预测值为 7%。较为悲观的有：Perkins and Rawsk（2008）对 2016—2025 年的预测值为 5%—7%，Wilson and Stupnyska（2007）对 2015—2020 年的预计则仅为 5.4%。

之比更是仅为66%。

有观点认为货币数量论已经过时，货币增长率与通货膨胀间已不存在稳定关系，因此提出应对当前经济增长率下滑货币政策可以更为宽松而不必担心通胀风险。本书认为引起中国货币数量论失效的因素是短期因素，未来中长期中这些因素的消失将会引发通胀风险。2008年以来，持续扩张的房地产和地方投融资平台吸收了大量的流动性，降低了货币流通速度，所以过剩的流动性暂时还没有引发高通胀，但是房地产和地方投融资平台的扩张是不可持续的，一旦发生逆转，大量流动性将被释放从而引发通胀风险。就房地产而言，美国、日本和东南亚国家房地产泡沫破裂的历史经验已表明，房地产市场的快速扩张、房地产价格的上涨不可持续。尽管中国房地产并不会像上述国家一样彻底崩溃，但是随着经济增长的放缓以及人口老龄化的到来，房地产市场将进入周期性调整，以更为平稳的方式发展。就地方债务而言，地方债务由于需要用地方政府收入进行偿还，其规模本身就受到了一定约束。而随着偿债高峰的到来，地方政府债务进一步扩张的空间进一步减小。财政部数据显示2014年需要偿还负有有偿责任的债务占债务总余额的比重高达22%，这意味着2014年地方政府的偿债规模达到2.38万亿元左右，而2013年地方政府财政收入总额仅为6.9万亿元。[①]更重要的是，在房地产市场低迷的情况下地方政府此前偿债所高度依赖的土地出让金将会大量减少，从而加重地方政府偿债压力并进一步制约地方债务规模的扩张。

通过更为细致的数据对比可以发现，虽然经济增长的周期性放缓等负向冲击在一定程度上抑制了通货膨胀甚至使经济具有陷入通缩的趋势，但潜在通胀压力实际上并不小，因此应谨慎使用货币政策来应对当前经济增长率的下滑。2010年第一季度至2014年第四季度，中国经济增长率已由

---

① 资料来源：中诚信国际发布的《2014年地方政府信用分析报告》。

12.1%下滑至7.3%而 PPI 则由5.3%下滑至 −2.7%，均出现了大幅的下降，其中 PPI 已连续34个月为负。并且，2014年大宗商品价格指数和原油价格也大幅下跌。然而，在多种因素拉低物价水平的情况下 CPI 依然保持在2%的水平，仅由2010年的3.3%下滑至2014年的2.0%。相比之下，历史上经济增长率从1995年的10.9%下降至1999年的7.6%时，CPI 迅速由17.1%的高位降至 −1.4%，经济直接陷入通缩。这表明当前确实存在潜在的通货膨胀压力。此外，尽管2014年 CPI 仅为2.0%，但食品类居民消费价格指数仍然达到了3.1%。当前中国居民的恩格尔系数还较高而且贫富差距悬殊，因此从居民特别是低收入人群的角度来看，3.1%的食品类居民消费价格指数也意味着通货膨胀压力并不小。①

（二）未来货币政策定位

随着未来潜在经济增长率的进一步下滑，中长期内现实增长率也会继续放缓。潜在增长率的估算方法虽然有多种，但无论哪种算法计算出的潜在增长率都是穿过现实增长率的一条光滑曲线。因此，短期内现实经济增长率可能会偏离潜在增长率，表现为经济过热或经济萧条，但在长期来看将与潜在增长率一致。经济学中所说的长期并没有严格的时间长短定义，只要价格得到充分调整就可以称为长期。按照这一逻辑，延续2012—2014年的增长率下滑期，未来5—10年可以认定为长期。结合目前状况和对未来的预测可以看出，2015—2020年的现实经济增长率将随潜在经济增长率下滑至6.3%左右。

需要注意的是，西方经济学教科书中在凯恩斯理论框架下提出的扩张性货币政策是针对经济增长的周期性下滑的。然而未来中国经济增长率主

---

① 2013年中国城镇居民恩格尔系数为35%，农村居民恩格尔系数为37.7%。

要是随潜在增长率的下降而下降，故教科书中所述的一定时期内使用扩张性货币政策应对萧条的标准结论对当前中国经济而言是失效的。因此，中长期内由于潜在经济增长率将进一步放缓，现实经济增长率也将不可避免地下降，故不应持续使用宽松货币政策来应对经济增长率的下滑。

从中长期视角来看，应对当前与未来经济增长放缓主要有两条对策。第一，落实"积极财政政策与稳健货币政策"的政策组合，财政政策的"积极"重在减税而非重走扩大政府投资的老路，货币政策的"稳健"重在保持定力而非名为稳健实为扩张的冲动。这样的政策组合虽然不能根治但可以有效缓解增长率下滑问题。短期内以减税为核心的积极财政政策有助于稳增长，而稳健货币政策有助于控制通胀，两者的协调配合不但可以缓解萧条，还可以稳定利率以刺激投资。此外，以减税为核心的积极财政政策虽然是短期政策，但长期来看可以降低总供给曲线从而可以进一步缓解萧条。第二，积极推进改革和培育创新能力释放改革红利和技术进步红利，虽然两者都是硬骨头，但这才是推动中国长期经济增长的根本动力。

◇五　结论

本章使用附加人力资本的增长核算模型对 1979—2014 年中国经济增长进行了核算，并在此基础上估算了 1979—2020 年中国潜在经济增长率。得出主要结论有以下两点：

第一，预测结果表明 2012—2014 年中国潜在经济增长率为 9.4% 而现实经济增长率仅为 7.6%，产出缺口达 −1.8 个百分点，故当前经济增长放缓主要还是由总需求不足的周期性因素引起的。尽管经济增长的周期性放缓等负向冲击在一定程度上抑制了通货膨胀甚至使经济具有陷入通缩的可能性，但必须注意到潜在通胀压力实际上并不小，因此仍应谨慎使用货币政策来应对当前经济增长率的下滑。

第二，未来中长期内现实经济增长率将随潜在经济增长率的下降而下降，预计2015—2020年经济增长率将降至6.3%。中长期内，宽松货币政策除了进一步制造通货膨胀外并不能拉高潜在经济增长率，因此不应过度依赖宽松货币政策来刺激经济，应在"积极财政政策与稳健货币政策"的政策组合下通过进一步推进经济体制改革的方式来应对未来经济增长的下滑。

第三章

经济波动的变异与中国宏观
经济政策框架的重构

◇一 引言和文献综述

自 2007 年美国出现次贷危机以来，中国宏观经济运行呈现出以下新特征：（1）贸易波动加剧，如 2007—2012 年中国月度出口额和进口额的波动幅度[①]分别为 2001—2006 年的两倍和四倍。（2）资本大进大出较为猛烈，以 FDI 为例，经济危机后的 2008 年、2009 年年增长率高达 30%—40%，而最近又呈现迅速下降趋势。（3）全要素生产率对经济的驱动作用放缓，TFP 值开始步入下滑区间（杨向阳、童馨乐，2013）。（4）市场结构出现了较大变异，尽管目前国有企业利润率呈现下降趋势，但是国有部门利润占比仍然上升较快。[②]（5）结构问题开始凸显，产能过剩局面日益严峻。国际市场扩张速度的下降使得过去以出口促平衡的战略面临挑战，产能过剩成为制约经济发展的巨大阻碍，这导致总供给对于价格机制反应极不灵敏。

---

① 此处以方差衡量。

② 2012 年在规模以上工业企业中，国有及国有控股企业实现利润 14163 亿元，同比下降 5.1%；集体企业实现利润 819 亿元，同比增长 7.5%；股份制企业实现利润 32867 亿元，同比增长 7.2%；外商及港澳台商投资企业实现利润 12688 亿元，同比下降 4.1%；私营企业实现利润 18172 亿元，同比增长 20%。

（6）金融结构发生革命性变化，信贷量不断缩减，直接融资占比明显增长。根据中国人民银行 2013 年第一季度统计数据，人民币贷款只占同期社会融资规模的 44.7%。以上宏观经济表现出的变化亟须制定相应的政策调控框架。目前，我们应当思考的两个问题是：首先，中国近年来经济波动的来源是否已经发生变异；其次，这些变异是否意味着中国传统的宏观经济政策框架将出现大范围的失灵，中国宏观经济框架是否需要全面重构。下面我们按照经济波动—政策匹配的思路对相关文献进行综述。

国外关于经济波动的理论可以按照不同学派的观点进行划分。传统凯恩斯主义将经济波动划分为总需求和总供给冲击（Blanchard O. J.、D. Quah，1989），以罗伯特·卢卡斯为代表的货币经济周期理论把经济波动的根源归为货币存量的随机变化，而实际经济周期理论（Kylland、Prescott，1982；Plosser，1983 等）将经济波动的冲击归为供给层面的技术冲击。近年来，在经济周期理论基础上发展起来的新凯恩斯主义（以 Gali、Gertler、Christiano 等为代表）将名义价格、名义工资纳入进来，此时货币等名义变量的冲击变得逐渐重要起来，扩展了经济周期理论中只局限于研究实际变量的结论。

关于政策目标和工具的匹配，"丁伯根法则"（Tinbergen，1952）认为为实现某个既定目标，必须有一个有效的工具，为实现相互独立的不同目标，必需的有效工具个数至少要等于目标个数。如果一个政策体系包含的目标个数多于工具个数，将至少有一个目标无法完全实现。但是，如果一个政策体系包含的工具个数多于目标个数，那么实现这一组目标的途径就不止一条。尽管如此，由于工具的有效性和独立性，"丁伯根法则"并不是充分的政策指针。蒙代尔（1962）提出经济政策理论的问题是：如何将政策工具分配给政策目标，或者如何将"价格"分配给"市场"。需要遵循的原则是，政策工具分配给政策目标的方式或规则，必须确保这种政策规则设计的动态政策体系是一个稳态系统，哪个政策工具对特定目标具有最直接的影响，该政策工具就应当用来实现这个特定政策目标，即"有效市场划分原则"。

目前国内研究经济波动的文献主要是在传统凯恩斯主义 AD – AS 的框架和新凯恩斯主义的框架下进行的。如按照第一类框架的分析，中国的经济波动来源可以分为总需求冲击（李春吉、范从来，2010）、总供给冲击（龚敏、李文溥，2007）和混合冲击（高士成，2010）。而在新凯恩斯主义框架下的研究将更多的冲击类型包括到模型中，使得结论并不如 AD – AS 模型的结论那样统一。如李春吉、孟晓宏（2006）发现消费偏好冲击和技术冲击对经济波动具有较明显的影响；孙稳存（2007）考虑到利率和货币量的综合货币政策指标，认为中国经济波动的主要来源是货币政策缺乏独立性而造成的货币政策冲击；许伟、陈斌开（2009）将银行信贷引入动态一般均衡模型，发现技术冲击解释了大部分产出、消费的波动，信贷冲击有一定的解释能力，而货币冲击的效应不明显；陈晓光、张宇麟（2010）认为政府消费冲击是一个重要的波动源；王燕武、王俊海（2011）引入偏好冲击、加成冲击、政府支出冲击和利率冲击，发现来自供给方的冲击对中国经济波动具有重要作用。

由于考察时间范围和研究方法的不同，不同学者对于我国宏观经济调控政策的取向也有不同观点。如李春吉、孟晓宏（2006）认为启动需求特别是刺激消费需求对于经济稳定增长的意义高于技术进步对于经济稳定增长的意义。龚敏、李文溥（2007）认为我国的宏观经济政策应该转向建立在自主创新基础上和竞争战略基础上的供给管理。王燕武、王俊海（2011）研究的模拟结果显示供给方的冲击对我国经济波动具有重要作用，因此应该适时强调供给管理。

综合以上文献，可以发现目前已有文献的缺陷主要体现在：（1）基于动态—一般均衡模型的研究多数没有考虑到开放经济条件，得到的结论只局限于国内经济变量，导致了模型与现实的严重不符；（2）少数考虑到外部冲击的文献将外部冲击等同于贸易方面的冲击，忽视了金融要素的作用；
（3）以上文献的数据选取多为 2009 年以前，这有可能忽视金融危机后中国
经济结构所呈现的新特征；（4）多数文献以分析表面的经济波动为主，对
于政策方面的挖掘不够深入。

本章试图克服以上缺陷，做出以下改进：首先，利用 1996—2011 年的
季度数据，引入国际资本流动、进口、出口等活动，充分描述开放经济的
特征；其次，利用利率和货币增长率作为综合货币政策指标，更贴近中国
的货币政策调控现实；再次，结合"金融加速器"，充分凸显金融要素的作
用，此时中国与世界经济的联系不仅仅局限于贸易渠道的传导，而是拓展
到金融渠道；最后，根据波动源的变异对宏观经济政策框架的重构提出
建议。

◇◇二 模型设定

首先假设一小型开放经济，包括家庭部门、国外部门、国内中间品部
门、资本生产部门、国内最终产品部门、进口产品最终品部门、政府部门。
模型的作用机制（见图 3—1）是：家庭通过消费国内最终品和进口最终品
获得效用，并向国内中间品部门提供劳动和资本。由于家庭提供异质性劳
动，因此家庭可以决定其工资水平。政府部门充当金融中介的作用，以无
风险利率吸收居民存款的同时提供债券，之后以风险加成利率贷款给国内
中间品部门，同时进行政府购买并制定货币政策。国内中间品部门利用本
国的劳动、资本以及国外资本从国内资本生产部门购入资本品，进行中间
品的生产，并将产品以完全竞争价格卖给国内零售部门。本国的资本品生
产部门通过本期投资，生产出下一期可供国内中间品部门利用的资本品。
最后，国内最终部门和进口最终品部门分别从国内中间品部门和国外部

门购入中间品，并加工转化为最终品，提供给消费和投资部门。此外，最终产品部门可以决定其垄断竞争价格，最终品部门的利润因家庭产权制而属于居民利润收入。

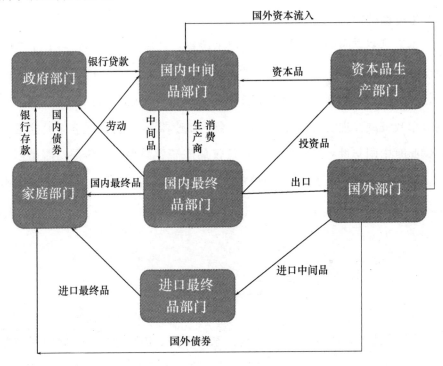

图 3—1 模型的作用机制

模型包含的各部门设定如下：

（一） 家庭部门

家庭部门代表性消费者的效用包含消费惯性的作用，[①] 当期效用依赖于当期消费 C_t、上一期消费 C_{t-1}、当期提供的劳动 L_t、当期的货币现金量 M_t^c，

———————————

① 原因参考 CEE（2005）。

货币现金量用当期价格转化为实际现金余额。消费惯性参数由 b 表示，σ_l 表示劳动供给弹性。实际现金余额的设定与劳动的设定类似，ψ_M 表示实际现金余额在效用中的相对比重。ξ_t^c、ξ_t^l 分别表示消费偏好和劳动供给冲击。总效用贴现值为：

$$U_t = E_0 \sum_{t=0}^{\infty} \beta^t \left[\xi_t^c \ln \ (C_t + bC_{t-1}) \ - \frac{\xi_t^l}{1+\sigma_l} \ (L_t)^{1+\sigma_l} + \frac{\psi_M}{1+\sigma_m} \ (\frac{M_t^c}{P_t})^{1+\sigma_m} \right]$$

代表性消费者的总消费 C_t 又可以划分为对国内的消费 C_t^H 和对国外的消费 C_t^F，γ 是对国内消费占总消费的比例，$(1-\gamma)$ 是对国外消费占总消费的比例。ρ 表示国内消费品和国外消费品之间的替代弹性。

$$C_t = \left[\ (\gamma)^{\frac{1}{\rho}} \ (C_t^H)^{\frac{\rho-1}{\rho}} + \ (1-\gamma)^{\frac{1}{\rho}} \ (C_t^F)^{\frac{\rho-1}{\rho}} \right]^{\frac{\rho}{\rho-1}}$$

最优化上式可以得到国内外消费的比例和国内总价格指数 P_t，P_t^H 和 P_t^F 分别表示国内最终品价格和进口最终品的本币价格：

$$\frac{C_t^H}{C_t^F} = \frac{\gamma}{1-\gamma} \ (\frac{P_t^H}{P_t^F})^{-\rho}$$

$$P_t = \left[\gamma \ (P_t^H)^{1-\rho} + \ (1-\gamma) \ (P_t^F)^{1-\rho} \right]^{\frac{1}{1-\rho}}$$

同时，代表性消费者面临如下预算约束，W_t 表示名义工资，Π_t 表示家庭由于拥有零售部门得到的利润收入，S_t 表示名义汇率，B_{t+1} 和 B_{t+1}^* 分别表示家庭在 t 期末持有的国内和国外债券,[1] i_t 和 i_t^* 分别表示国内和国外的无风险债券收益率。Φ_t 表示由于不完全资本流动，国内居民从国外获得借款需要支付的风险升水部分。M_t^d 表示居民的货币存款，与国内债券相同，每一期获得无风险收益率 i_t。本国经济中的货币供应量由 M_t 表示，且 $M_t = M_t^c + M_t^d$。[2]

---

　① 尽管目前中国居民尚未被允许持有国外债券，但是可以把政府的国外资产看作是居民的国外债券持有。

　② 相当于 M2 的概念。

$$C_t = \frac{M_t^c}{P_t} - \frac{M_{t+1}^c}{P_t} + \frac{W_t}{P_t}L_t + \Pi_t - \frac{B_{t+1} - i_{t-1}B_t}{P_t} - \frac{M_{t+1}^d - i_{t-1}M_t^d}{P_t} -$$

$$\frac{S_t B_{t+1}^* - S_t \Phi_{t-1} i_{t-1}^* B_{t-1}^*}{P_t}$$

同 D. Filiz Unsal（2011），假定 $\Phi_t = \frac{\Phi_B}{2} exp\left(\frac{S_t B_{t+1}^*}{P_t Y_t} - \frac{SB^*}{PY} \right)^2$，$\Phi_t \leqslant 1$。

家庭最优化一阶条件如下，λ_t 表示拉格朗日乘数：

$$\lambda_t = \frac{\xi_t^c}{C_t - bC_{t-1}} - E_t\left(\frac{\beta b \xi_{t+1}^c}{C_{t+1} - bC_t} \right)$$

$$\lambda_t \frac{W_t}{P_t} = \xi_t^l L_t^{\sigma^l}$$

$$\frac{-\lambda_t}{P_t} + \beta E_t \left[\frac{\lambda_{t+1}}{P_{t+1}} + \xi_{t+1}^m \left(\frac{M_{t+1}^c}{P_t} \right)^{\sigma_m} \right]$$

$$\frac{\lambda_t}{P_t} = \beta E_t\left(\frac{\lambda_{t+1} i_t}{P_{t+1}} \right)$$

$$\frac{\lambda_t S_t}{P_t} = \beta E_t\left\{ \left(\frac{\lambda_{t+1} S_{t+1}}{P_{t+1}} \right) \left[i_t^* \left(\Phi_t + B_{t+1}^* \Phi_t' \right) \right] \right\}$$

由于每一个家庭为国内中间品部门提供差异化劳动，因此具有一定的垄断能力，家庭 j 可以制定工资水平 $W_{j,t}$。在每个工资水平上，家庭可以无弹性地提供劳动供给。假设家庭的劳动供给为 l_t（j），国内中间品部门对家庭劳动需求为：

$$L_t = \{\int_0^1 \left[l_t (j) \right]^{\frac{1}{\mu^W}} dj\}^{\mu^W}$$。μ^W 表示工资加成。国内中间品部门对家庭 j 的

劳动需求为：l_t（j）$= \left(\frac{W_{j,t}}{W_t} \right)^{\frac{\mu^W}{1-\mu^W}} L_t$。假设（1—$\theta_w$）比例的家庭能够时在每一期调整工资水平时使其达到最优水平，而 θ_w 比例的家庭不能及时调整工资水平至最优，只能根据以下规则进行调整：$W_{j,t} = \pi_{t-1}^{\gamma_w} \left(\pi_t^T \right)^{1-\gamma_w} \xi_t W_{j,t-1}$，

$\pi_t = \frac{P_t}{P_{t-1}}$。$\pi_t$ 表示通货膨胀，π_t^T 表示货币当局的通胀目标，ξ_t 表示技术进

步，后文会进一步说明。

家庭 j 通过下式最优化其选择的工资水平：

$$\max_{W_{new,t}} E_t \sum_{s=0}^{\infty} (\beta\theta_w)^s \left\{ -\frac{\xi_{t+s}^l}{1+\sigma_l} \left[l_{t+s}(j) \right]^{1+\sigma_l} + \lambda_{t+s} (\pi_t\pi_{t+1}\cdots\pi_{t+s-1})^{\gamma_w} \right.$$
$$\left. (\pi_{t+1}^T\pi_{t+2}^T\cdots\pi_{t+s}^T)^{1-\gamma_w} (\zeta_{t+1}\cdots\zeta_{t+s}) W_{new,t}l_{t+s}(j) \right\}$$

最优化上式，并对数线性化一阶条件得到下式，[①] 其中，变量的小写字母形式加 "^" 表示变量的对数稳态偏离率：

$$\Xi = \theta_w \hat{w}_{t-1} + \left[\sigma_l\mu^w - \Xi (1+\beta\theta_w^2) \right] \hat{w}_t + \beta \Xi \theta_w E_t \hat{w}_{t+1} -$$

$$\Xi \theta_w (\hat{\pi}_t - \hat{\pi}_t^T) + \beta \Xi \theta_w (E_t \hat{\pi}_{t+1} - \rho_\pi \hat{\pi}_t^T) + \gamma_w \Xi \theta_w (\hat{\pi}_{t-1} - \hat{\pi}_t^T) -$$

$$\gamma_w\beta \Xi \theta_w (\hat{\pi}_t - \rho_\pi \hat{\pi}_t^T) + (1+\mu^w) \hat{\lambda}_t - \pi (1-\mu^w) \hat{l}_t - (1-\mu^w) \hat{\varepsilon}_t^l = 0$$

$$\Xi = \mu^w 6_l - \frac{(1-\mu^w)}{(1-\beta\theta_w)(1-\theta_w)}$$

（二）国外部门

假设国内进口最终品部门从国外以价格 $P_{w,t}^F$ 进口产品，并以零售价格 P_t^F 在国内销售。商品价格以本币定价，P_t^{F*} 表示进口商品的国外价格，一价定律成立，则有 $P_{w,t}^F = S_t P_t^F$。

国外对本国的贸易品需求为：$C_t^{H*} = \left[\left(\frac{P_t^{H*}}{P_t^*} \right)^{-x} Y_t^* \right]^\varpi (C_{t-1}^{H*})^{1-\varpi}$，

$P_t^{H*} = \frac{P_t^H}{S_t}$。$Y_t^*$ 表示国外实际产出，P_t^* 表示国外价格水平，C_{t-1}^{H*} 项表示国外需求存在惯性，P_t^{H*} 表示本国商品的国外价格，P_t^H 表示本国商品的零售价格。国外价格水平可以近似表示成：$P_t^* = \left[\gamma^F (P_t^{H*})^{1-\rho^F} + (1-\gamma^F) (P_t^{F*})^{1-\rho^F} \right]^{\frac{1}{1-\rho^F}}$。

[①] 具体过程可向作者索要。

（三）国内中间品部门

国内中间品部门进行生产，需要向本国和国外借入资本，并将产品卖给国内零售部门。假设国内中间品部门由当期存活至下一期的概率为 l_t。在第 t 期，国内中间品部门利用上一期得到的资本 K_t、劳动 H_t 生产出本国产出 Y_t，生产技术为：$Y_t = (u_t K_t)^\alpha (\xi_t H_t)^{1-\alpha}$。$\xi_t$ 表示劳动增进的技术进步。u_t 表示资本利用率。其中，劳动投入 H_t 由家庭普通劳动 L_t 和企业家才能 $L_{e,t}$ 组合得到，$H_t = L_t^\Omega L_{e,t}^{1-\Omega}$。$P_{w,t}$ 表示国内中间品的零售价格，Q_t 表示资本的实际市场价格，P_t^I 表示投资的价格，δ_t 表示折旧率。δ_t 可以写为资本利用率 u_t 的函数：$\delta_t = \delta + \frac{\tau}{1+\varepsilon} u_t^{1+\varepsilon}$。给定 K_t、Z_t，国内中间品部门选择劳动供给 L_t、$L_{e,t}$ 和资本利用率 u_t 以得到最大利润，一阶条件如下：

$$(1-\alpha)(1-\Omega)\frac{Y_t}{L_t} = \frac{W_t}{P_{w,t}}$$

$$(1-\alpha)\Omega\frac{Y_t}{L_t^e} = \frac{W_t^e}{P_{w,t}}$$

$\alpha \frac{Y_t}{u_t} = \delta'(u_t) K_t \frac{P_t^I}{P_{w,t}}$，$W_t^e$ 表示企业管理者的工资。

国内生产部门在进行生产决策的同时，也需要进行资本购买决策。在 t 期末，国内生产部门需要购买资本以在 $t+1$ 期进行生产。国内生产部门的资本来源包括自身净资产、国内债券、国内居民货币存款和国外的资本流入：$Q_t K_{t+1} = N_{t+1} + \frac{B_{t+1} + M_{t+1}^d}{P_t} + \frac{D_{t+1}^F S_t}{P_t}$，$D_{t+1}^F$ 表示第 t 期末国外资本流入。国内生产部门对资本的需求依赖于预期边际收益和预期边际成本。资本边际收益 R_t^K 为总资本价值与工资支出的差额与资本价值的比：

$$R_{t+1}^K = \frac{N_{t+1} + \frac{B_{t+1} + M_{t+1}^d}{P_t} + \frac{D_{t+1}^F S_t}{P_t} - \frac{W_{t+1}}{P_{t+1}} H_{t+1}}{Q_t K_{t+1}} = \frac{\frac{P_{w,t+1}}{P_{t+1}}\alpha\frac{Y_{t+1}}{K_{t+1}} - \frac{P_{t+1}^I}{P_{t+1}}\delta_{t+1} + Q_{t+1}}{Q_t}$$

资本边际成本依赖于本国和国外的借贷条件。在 BGG 模型中，国内生产部门的个体冲击 ξ_t 属于私人信息，贷款方不能完全观察到这一信息。为了完全了解这一私人信息，贷款方不得不支付监管成本，同时要求获得竞争性收益。这就决定了企业家需要向国内金融中介和国外贷款方支付风险升水，这一风险升水恰好弥补了贷款方的监管成本。和 BGG 模型相同，国内和国外的金融风险升水可以写为国内生产部门净资产的函数：

$$\chi_t (.) = \chi_t (\frac{Q_t K_{t+1}}{N_{t+1}}) \quad \chi' (.) > 0, \ \chi (1) = 1$$

$$\chi_t^* (.) = \chi_t^* (\frac{Q_t K_{t+1}}{N_{t+1}}) \quad \chi^{*\prime} (.) > 0, \ \chi^* (1) = 1$$

由于国外贷款方需要更高的监管成本，因此假设 $\chi_t^* (.) \geqslant \chi_t (.)$。在均衡条件下，资本预期边际收益等于加权的预期边际成本，权数为 α_{fa}：

$$E_t R_{t+1}^k = \alpha_{fa} * \chi_t (\frac{Q_t K_{t+1}}{N_{t+1}}) \ E_t \ [i_t \frac{P_t}{P_{t+1}}] +$$

$$(1 - \alpha_{fa})^* \chi_t^* (\frac{Q_t K_{t+1}}{N_{t+1}}) \ E_t \ [i_t^* \frac{P_t^*}{P_{t+1}}]$$

定义国内中间品部门在 t 期的资本市值与债务的差值 V_t：

$$V_{t+1} = R_t^k Q_t K_{t+1} - [\chi_t (\frac{Q_t K_{t+1}}{N_{t+1}}) \ E_t \ (i_t \frac{P_t}{P_{t+1}})] \frac{B_{t+1} + M_{t+1}^d}{P_t} -$$

$$\{\chi_t^* (\frac{Q_t K_{t+1}}{N_{t+1}}) \ E_t \ [i_t^* \frac{P_t^*}{P_{t+1}^*}]\} \frac{S_t D_{t+1}^F}{P_t}$$

则净资产表示为：$N_{t+1} = l_t V_{t+1} + \frac{W_t^e}{P_t}$。国内中间品部门存活率 $l_t = l \xi_t^N$，净资产冲击 ξ_t^N 通过企业存活率作用于净资产 N_t，可以理解为金融稳定性的度量。在 t 期退出行业的国内中间品部门总消费为 $C_t^e = (1 - l_t) V_{t+1}$。假设国内中间品部门消费与家庭消费偏好相同，则有：

$$C_t^e = [(\gamma)^{\frac{1}{\rho}} (C_t^{eH})^{\frac{\rho-1}{\rho}} + (1 - \gamma)^{\frac{1}{\rho}} (C_t^{eF})^{\frac{\rho-1}{\rho}}]^{\frac{\rho}{\rho-1}}, \ \frac{C_t^{eH}}{C_t^{eF}} = \frac{\gamma}{1 - \gamma} (\frac{P_t^H}{P_t^F})^{-\rho},$$

C_t^{eH} 和 C_t^{eF} 分别表示国内中间品生产部门退出行业后对本国最终产品和进口最终产品的消费。

（四）资本生产部门

假设资本生产部门处于完全竞争市场，是价格接受者。在 t 期末，资本生产部门从企业购买折旧后的资本，通过投资，生产出新的资本，并在 $t+1$ 期卖给国内中间品部门。生产技术如下：

$$K_{t+1} = (1-\delta_t) K_t + \left[\frac{I_t}{K_t} - \frac{\psi_I}{2} \left(\frac{I_t}{K_t} - \delta \right)^2 \right] K_t，$$ 调整成本为 $\frac{\psi_I}{2} \left(\frac{I_t}{K_t} - \delta \right)^2$。

总投资由国内投资品 I_t^H 和进口投资品 I_t^F 的 CES 函数表示：

$$I_t = \left[(\gamma_i)^{\frac{1}{\rho_i}} (I_t^H)^{\frac{\rho_i-1}{\rho_i}} + (1+\gamma)^{\frac{1}{\rho_i}} (I_i^F)^{\frac{\rho_i-1}{\rho_i}} \right]^{\frac{\rho_i}{\rho_i-1}}$$

与消费函数类似，γ_i 表示国内投资品占总投资的份额，$(1-\gamma_i)$ 表示进口投资品占总投资的份额，ρ_i 表示国内投资品与进口投资品的替代弹性。同时，有以下两式成立：

$$\frac{I_t^H}{I_t^F} = \frac{\gamma_i}{1-\gamma_i} \left(\frac{P_t^H}{P_t^F} \right)^{-\rho_i}$$

$P_t^I = \left[\gamma_i (P_t^H)^{1-\rho_i} + (1-\gamma_i)(P_t^F)^{1-\rho_i} \right]^{\frac{1}{1-\rho_i}}$，$P_t^I$ 为投资品价格指数。

资本生产者最大化利润流：

$$\max_{I_t} \sum_{t=0}^{\infty} E_0 \left\{ \beta^t \lambda_t \left\{ Q_t \left[K_t - (1-\delta_t) K_{t-1} \right] - \frac{P_t^I}{P_t} I_t \right\} \right\}$$

得到如下一阶条件：$Q_t = \dfrac{1}{1 - \psi_I \left(\dfrac{I_t}{K_t} - \delta \right)}$

（五）国内最终品部门

国内最终产品部门处于垄断竞争市场，以竞争性价格 $P_{w,t}$ 从国内中间品部门购买产品，在加工获得差异化商品后，以零售价格 P_t^H 卖给家庭部门、国内中间品部门、资本制造部门和国外。由于零售商品存在差异性，国内零售部门具有垄断能力，可以制定最终产品的价格。令 $Y_t^H(i)$ 表示国内商品零售商 i 生产的最终商品，最终产品总产出为：

$Y_t^H = [\int_0^1 Y_t^H(i)^{\frac{1}{\mu_t^H}} di]^{\mu_t^H}$，$\mu_t^H$ 表示国内零售部门的价格加成。

同时有 $Y_t^H(i) = [\frac{P_t^H(i)}{P_t^H}]^{\frac{\mu_t^H}{1-\mu_t^H}} Y_t^H$，$P_t^H(i)$ 表示零售商 i 制定的价格，

P_t^H 表示国内最终品部门的价格指数，$P_t^H = [\int_0^1 P_t^H(i)^{\frac{1}{1-\mu_t^H}} di]^{1-\mu_t^H}$。价格决策与工资决策类似，采用 Calvo（1983）定价模式，在每一期，只有 $(1-\theta_H)$ 比例的国内零售商能够最优化价格，θ_H 比例的零售商按照以下规则决定其价格：

$P_t^H(i) = \pi_{H,t-1}^{\gamma_H}(\pi_t^T)^{1-\gamma_H} P_{t-1}^H(i)$，$\pi_t^H = \frac{P_t^H}{P_{t-1}^H}$。

此外，允许自由调整价格的零售商在每一期将根据利润最大化的原则最优化价格 $P_{new,t}^H$：

$\max\limits_{P_{new,t}^H} E_t \sum\limits_{s=0}^{\infty} (\beta\theta_H)^s \lambda_{t+s} \{Y_{t+s}^H(i) [(\pi_{H,t}\pi_{H,t+1}\cdots\pi_{H,t+s-1})^{\gamma_H} (\pi_{t+1}^T \pi_{t+2}^T \cdots \pi_{t+s}^T)^{1-\gamma_H} P_{new,t}^H - MC_{t+s}^H(i)]\}$ MC_t^H 表示国内最终品的名义边际成本。国内最终品总价格指数：

$P_t^H = \{\int_0^{\theta_H} [P_{t-1}^H(\pi_{t-1}^H)^{\gamma_H}(\pi_t^T)^{1-\gamma_H}]^{\frac{1}{1-\mu_t^H}} + \int_{\theta_H}^1 (P_{new,t}^H)^{\frac{1}{1-\mu_t^H}}\}^{1-\mu_t^H}$，对数线性化一阶条件，得到国内最终品部门的菲利普斯曲线：

$$\hat{\pi}^{H_t} - \hat{\pi}^{T_t} = \frac{\beta}{1+\beta\gamma_H}\ (E_t\hat{\pi}^{H_{t+1}} - \rho_\pi\hat{\pi}_t^T)\ + \frac{\gamma_H}{1+\beta\gamma_H}\ (\hat{\pi}_{t-1}^H - \hat{\pi}_t^T)\ -$$

$$\frac{\gamma_H\beta\ (1-\rho_\pi)}{1+\beta\gamma_H}\hat{\pi}_t^T + \frac{(1-\theta_H)\ (1-\beta\theta_H)}{\theta_H\ (1+\beta\gamma_H)}\ (m\hat{c}_t^H + \hat{\mu}_t^H)$$

（六）进口最终品部门

进口最终品部门从世界市场上购买同质商品，通过加工转化为差异化商品，并销售给国内消费者和投资者。进口最终品部门以价格 $S_t P_t^{F*}$ 从国外购买同质商品，以本币定价，以价格 P_t^F 进行零售。与本国商品最终品部门定价模式类似，价格粘性指标用 θ_F 表示。不能调整价格的进口最终品零售商以以下规则制定价格：$P_t^F\ (i)\ = \pi_{F,t-1}^{\gamma_F}\ (\pi_t^T)^{1-\gamma_F}P_{t-1}^F\ (i)$，$\pi_t^F = \frac{P_t^F}{P_{t-1}^F}$。令 $\gamma_t^{F(i)}$ 表示进口最终品部门生产商 i 生产的最终商品，最终进口商品总产出为：

$$Y_t^F = [\int_0^1 Y_t^F\ (i)^{\frac{1}{\mu_t^F}}di]^{\mu_t^F}$$

μ_t^F 表示进口最终品部门的价格加成。同时有 $Y_t^F\ (i)\ = [\frac{P_t^F\ (i)}{P_t^F}]^{\frac{\mu_t^F}{1-\mu_t^F}}$ Y_t^F，$P_t^F\ (i)$ 表示进口商品零售商 i 制定的价格，P_t^F 表示进口商品最终品部门的价格指数，$P_t^F = [\int_0^1 P_t^F\ (i)^{\frac{1}{1-\mu_t^F}}di]^{1-\mu_t^F}$。

允许自由调整价格的进口部门零售商在每一期将根据利润最大化原则最优化价格 $P_{new,t}^F$：

$\overset{\max}{P_{new,t}^F}E_t\sum_{s=0}^{\infty}(\beta\theta_F)^s\lambda_{t+s}\ \{Y_{t+s}^F\ (i)\ [\ (\pi_{F,t}\pi_{F,t+1}\cdots\pi_{F,t+s-1})^{\gamma_F}\ (\pi_{t+1}^T\pi_{t+2}^T\cdots$
$\pi_{t+s}^T)^{1-\gamma_F}P_{new,t}^F - MC_{t+s}^F\ (i)]\}$ 对数线性化一阶条件，得到进口最终产品部门的菲利普斯曲线：

$$\hat{\pi}_t^F - \hat{\pi}_t^T = \frac{\beta}{1 + \beta\gamma_F} (E_t\hat{\pi}_{t+1}^F - \rho_\pi\hat{\pi}_t^T) + \frac{\gamma_F}{1 + \beta\gamma_F} (\hat{\pi}_{t-1}^F - \hat{\pi}_t^T) -$$

$$\frac{\gamma_F\beta (1 - \rho_\pi)}{1 + \beta\gamma_F}\hat{\pi}_t^T + \frac{(1 - \theta_F) (1 - \beta\theta_F)}{\theta_F (1 + \beta\gamma_F)} (\hat{mc}_t^F + \hat{\mu}_t^F)$$

（七）政府部门与货币政策

政府部门承担金融中介的作用，同时制定货币政策。政府部门每期的支出应该等于贷款的收益与支付给居民存款利率的差再加上通货膨胀税的和。由于本章假设本国债券与存款的收益率是相同的，因此，政府部门预算可以写为：

$$\frac{i \left[\chi_t (\frac{Q_t K_{t+1}}{N_{t+1}}) - 1\right] (M_{t+1}^d + B_{t+1}) + (M_{t+1} - M_t)}{P_t} = G_t$$

1994 年之后，随着中国利率市场化的开始，货币当局由货币增长率的数量型工具逐步向利率规则的价格型工具转变，尽管过程缓慢，但是已经取得了初步进展。[①] 本章利用利率和货币增长率作为混合货币政策工具，α_i 表示权数。具体货币规则如下式：

$$\hat{im}_t = \rho^{im}\hat{im}_{t-1} + (1 - \rho^{im}) \left[\hat{\pi}_t^T + \right.$$

$$\tau_{\pi im} (E_t\hat{\pi}_{t+1} - \rho_\pi\hat{\pi}_t^T) + \tau_{yim}\hat{y}_t\left.\right] + \varepsilon_t^{im}$$

$$\hat{im}_t = \alpha_i\hat{i}_t + (1 - \alpha_i)\hat{\mu}_t$$

ε_t^{im} 表示代表利率上升的货币政策冲击。

---

① 见 http：//www.hprc.org.cn/gsyj/jjs/hyyxs/201211/t20121120_ 204510_ 1. html，改革开放以来中国货币政策的演变、效应及趋势。

（八）市场出清条件

本国最终产品和进口最终产品满足市场出清条件，这里假设政府购买只限于国内最终产品而不包括进口最终商品：

$$Y_t^H = C_t^H + C_t^{eH} + I_t^H + C_t^{H*} + G_t$$

$$Y_t^F = C_t^F + C_t^{eF} + I_t^F$$

◇◇ 三　模型估计

（一）参数设定

关于模型中的参数，可以用以下三类方式得到：第一类由经验数据或参考其他文献得到；第二类利用现实数据计算得到；第三类利用贝叶斯估计得到。

第一类参数包括国内消费替代弹性 ρ，贴现率 β，劳动供给弹性 σ_l，现金货币余额弹性 σ_m，普通劳动占总劳动供给的比 Ω，稳态折旧率 δ，每一期企业稳态存活率 i，资本存量占总产出的份额 α，稳态资本利用率 u，投资的替代弹性 ρ_i。关于消费替代弹性 ρ 和投资替代弹性 ρ_i，本章采用 Harun Alp、Selim Elekdag（2011）的设定。关于贴现值，本章参考王君斌、王文甫（2010）、陈昆亭、龚六堂、邹恒甫（2004），选择为 0.98。关于稳态折旧率，本章参考王君斌、王文甫（2010）、黄赜琳（2005）等，选择季度折旧率为 0.025，即每年的折旧率大概为 0.1，与大多数文献差异不大。关于每期企业稳态存活率，本章参考 BGG 模型。关于资本占国民收入份额，国内研究结果有很大不同，如郭庆旺、贾俊雪（2005）认为是 0.31，李宾、曾志雄（2009）

认为是 0.37，王君斌、王文甫（2010）认为是 0.5，陈昆亭、龚六堂、邹恒甫（2004）认为是 0.8，黄赜琳（2005）认为是 0.503。本章采用了以上研究的折中值。关于效用函数中劳动、现金货币余额的参数，普通劳动占总劳动的份额，本章参考 Harun Alp、Selim Elekdag（2011）。关于消费品和投资品的替代弹性，本章根据经验选择相同的替代弹性。具体值如表 3—1。

表 3—1　　　　　　　　　　　校准的参数值

ρ	1
β	0.98
σ_l	1
σ_m	1
Ω	0.99
δ	0.025
i	0.9728
α	0.35
u	0.98
ρ_i	1

第二类参数包括稳态的本国产品消费占本国总消费的比，稳态资本存量与产出的比、稳态净资产与资本存量价值的比（杠杆率），本国融资占总资本存量价值的比，国外融资占总资本存量价值的比，稳态投资与产出的比，稳态本国投资品占总投资的比，稳态进口投资比占总产出的比，稳态通货（流通中现金货币）占总产出的比，稳态国外债券需求与总产出的比，稳态国外对本国最终品的需求与产出的比，稳态本国消费与产出的比。关于资本存量的测算，基于永续盘存法，本章参考了李宾、曾志雄（2009），同时为了与李宾、曾志雄（2009）一致，本章将与资本存量有关的变量同时调整到以 2000 年价格为基年价格。对于投资，Holz、Carsten A.（2006）投资采用新增固定资产投资额这一指标，何枫（2003）、张军（2003）采用

了固定资本形成总额，本章采取了 Holz、Carsten A.（2006）的做法。关于资本杠杆率，本章参考孙天琦（2008），通过资产负债率，计算出稳态资本杠杆率为 2.58。关于企业的国外融资，本章将国外融资看作是 FDI 投资。同时，本章将本国对国外债券的购买量看作是国际收支中资本与金融项目的借方。进口消费品和投资品的测算如下：按照进口货物分类，将进口商品的 21 类产品中的第 5 类矿产品，第 15 类贱金属及其制品，第 17 类车辆、航空器、船舶及有关运输设备，第 19 类武器、弹药及其零件、附件的总和看作是进口投资品，以及其余 17 大类进口商品看作是进口消费品。本章对于稳态比值的计算主要根据可得时间范围内各个时间点比值的平均值，各个稳态比值如表 3—2 所示。

表 3—2 稳态参数

$\dfrac{C^H}{C}$	0.5089	$\dfrac{I^H}{I}$	0.8642
$\dfrac{K}{Y}$	2.23	$\dfrac{I^F}{Y}$	0.2174
$\dfrac{N}{QK}$	0.3873	$\dfrac{M^c}{Y}$	0.4732
$\dfrac{M^d+B}{PQK}$	0.6	$\dfrac{B^*S}{PY}$	0.1273
$\dfrac{D^FS}{PQK}$	0.0127	$\dfrac{C^{H*}}{Y}$	0.3053
$\dfrac{I}{K}$	0.11787	$\dfrac{C}{Y}$	0.3709

第三类参数利用贝叶斯估计得到，即给定先验分布，进行 MH 抽样，估计得到后验分布。本章选定的观测变量包括 $\{y,c,i,\pi\}$。其中时间序列长度为 1996 年第一季度至 2011 年第四季度。季度国民生产总值 y 首先要经过 GDP 平减指数进行平减，再经过季节调整，取对数之后，用 HP 滤波过滤之后才能用于估计模型，消费变量 c 的处理与产出 y 类似。利率变量选择银行同业间加权平均利率，并减去平均值。通货膨胀率选择居民消费价格

指数的变化率，也需减去平均值。本章的 GDP 平减指数来源于世界银行数据库，产出和消费的季度数据来源于 IFS 数据库，利率和通货膨胀的季度数据来源于国泰安金融数据库。由于本模型中利率和通货膨胀都为大于 1 的值，因此在选择实际数据时应该注意相应的调整。估计参数的先验分布如表 3—3 中的第二列和第五列。估计参数先验分布的选择需要满足自身经济含义的约束，根据经验进行选择。

表 3—3　　　　　　　　　模型中参数的先验分布和后验分布特征

参数	先验分布均值	后验分布均值	置信区间（90%）	先验分布类型	后验分布标准差
b	0.600	0.3363	0.3107 0.3207	beta	0.2500
ψ_M	0.100	0.0999	0.0658 0.1336	gamm	0.2000
Φ_B	1.996	2.2021	2.0438 2.3537	gamm	0.5000
μ^W	1.150	0.8168	0.7984 0.8341	gamm	0.2350
γ^W	0.500	0.9411	0.9025 0.9747	beta	0.2500
θ^W	0.500	0.5832	0.5395 0.6272	beta	0.2000
X	1.030	0.8147	0.7353 0.8911	gamm	0.3500
ω	0.500	0.3385	0.3223 0.3534	beta	0.1205
τ	1.000	1.0930	1.0289 1.1623	gamm	0.3050
ε	1.000	0.7877	0.5281 1.0450	gamm	0.5050
θ_H	0.500	0.1233	0.0814 0.1582	beta	0.2050
γ^H	0.500	0.5286	0.4951 0.5550	beta	0.2000
γ^F	0.500	0.6354	0.6176 0.6538	beta	0.2000
θ_F	0.500	0.8986	0.8658 0.9318	beta	0.2500
ρ^{im}	0.700	0.8089	0.7753 0.8521	beta	0.2000
$\tau_{\pi im}$	1.400	1.4738	1.4436 1.5066	gamm	0.2000
τ_{yim}	0.250	0.4406	0.4137 0.4651	gamm	0.2000
α_i	0.500	0.6765	0.5742 0.7753	beta	0.2000

表3—4 　　　　　　　　AR（1）过程参数的先验分布和后验分布特征

参数	先验分布均值	后验分布均值	置信区间（90%）	先验分布类型	后验分布标准差
ρ_c	0.800	0.8182	0.8032 0.8349	beta	0.1000
ρ_l	0.800	0.8611	0.8339 0.8898	beta	0.1000
ρ_ξ	0.800	0.8880	0.8353 0.9376	beta	0.1000
ρ_{p*}	0.800	0.8263	0.8106 0.8444	beta	0.1000
ρ_{i*}	0.800	0.7936	0.7677 0.8169	beta	0.1000
ρ_n	0.800	0.8757	0.8514 0.9004	beta	0.1000
ρ_{y*}	0.800	0.8074	0.7850 0.8359	beta	0.1000
ρ_{pF*}	0.800	0.8643	0.8423 0.8821	beta	0.1000
$\rho_{\pi T}$	0.800	0.8518	0.8419 0.8597	beta	0.1000
$\rho_{\mu H}$	0.800	0.7054	0.6851 0.7266	beta	0.1000
$\rho_{\mu F}$	0.800	0.8390	0.8211 0.8606	beta	0.1000
ρ_{DH}	0.800	0.7701	0.7484 0.7912	beta	0.1000
ρ_G	0.800	0.8811	0.8629 0.9002	beta	0.1000

表3—5 　　　　　　　　冲击的先验分布和后验分布特征

参数	先验分布均值	后验分布均值	置信区间（90%）	先验分布类型	后验分布标准差
ε^c	0.100	0.0453	0.0344 0.0570	invg	lnf
ε^l	0.100	0.0475	0.0310 0.0637	invg	lnf
ε^ξ	0.100	0.0147	0.0119 0.0170	invg	lnf
ε^{p*}	0.100	0.0383	0.0239 0.0525	invg	lnf
ε^{i*}	0.100	0.0297	0.0197 0.0386	invg	lnf
ε^n	0.100	0.1258	0.0673 0.1833	invg	lnf
ε^{Y*}	0.100	0.0661	0.0246 0.1098	invg	lnf
ε^{pF*}	0.100	0.0406	0.0230 0.0563	invg	lnf
$\varepsilon^{\pi T}$	0.100	0.0357	0.0240 0.0481	invg	lnf
$\varepsilon^{\mu H}$	0.100	0.0192	0.0148 0.0232	invg	lnf
$\varepsilon^{\mu F}$	0.100	0.0563	0.0217 0.0960	invg	lnf
ε^{DF}	0.100	0.0578	0.0267 0.0959	invg	lnf
ε^G	0.100	0.0920	0.0257 0.1809	invg	lnf
ε^{im}	0.100	0.0884	0.0244 0.1812	invg	lnf

从表 3—4 和表 3—5 中可以发现，参数的先验分布均值和后验分布均值差距不大，先验分布选择得比较合理。表 3—4 中的后验分布显示，关于泰勒规则中利率和货币增长率加权的权数为 0.6765，加权工具的平滑参数为 0.8089，通胀缺口的参系数为 1.4738，产出缺口的参系数为 0.4406。由此可以得出，中国货币当局利用货币政策调整经济时，大概有 30% 的可能性利用利率工具，70% 的可能性利用货币增长率工具，央行仍然看中比较传统的货币增长率工具，这一结论和中国的货币政策现实十分相符。

（二）模型与现实经济的匹配

要评价 DSGE 模型是否能够充分刻画现实经济的变量特征的一种方法就是将模型中变量的矩特征与现实经济中的矩特征进行对比。见表 3—6，可以看到本模型模拟的产出、消费、就业、工资等变量的矩特征和现实数据差距不大，因此本模型对现实经济具有一定的解释能力。

表 3—6　　　　　　　　　　　模型与现实经济变量的矩

变量	模型数据标准差	现实数据标准差	模型数据与产出的相关系数	现实数据与产出的相关系数
y	0.0972	0.0101	1.0000	1.0000
c	0.0592	0.0473	0.2840	0.5203
l	0.1348	0.0058	0.8033	-0.6093
w	0.0705	0.0331	-0.3917	-0.4620
i	0.2887	0.0357	0.2617	0.1005
re	0.2192	0.0344	0.4358	0.0953
pi	0.0535	0.0290	0.5159	0.3306

◇四 模型的动态特征和波动来源分析

(一) 脉冲响应函数分析

为了计算模型变量的动态特征,我们在这一部分给出脉冲响应函数。脉冲响应函数 (Impulse Response Function) 是将 DSGE 模型转化成 VAR 形式,从而描述在每一时期内,其他变量和早期变量不变的情况下,任意一个外生冲击的变化对内生变量的影响。本章中的外生冲击共包括以下四种途径:

(1) 需求冲击

$$\log\ (\xi_t^c/\xi^c)\ =\rho_c\log\ (\xi_{t-1}^c/\xi^c)\ +\varepsilon_t^c$$

$$\log\ (\xi_t^l/\xi^l)\ =\rho_l\log\ (\xi_{t-1}^l/\xi^l)\ +\varepsilon_t^l$$

(2) 供给冲击

$$\log\ (\mu_t^H/\mu^H)\ =\rho_{\mu^H}\log\ (\mu_{t-1}^H/\mu^H)\ +\varepsilon_t^{\mu^H}$$

$$\log\ (\mu_t^F/\mu^F)\ =\rho_{\mu^F}\log\ (\mu_{t-1}^F/\mu^F)\ +\varepsilon_t^{\mu^F}$$

$$\log\ (\xi_t^N/\xi^N)\ =\rho_N\log\ (\xi_{t-1}^N/\xi^N)\ +\varepsilon_t^N$$

$$\log\ (\xi_t/\xi)\ =\rho_\xi\log\ (\xi_{t-1}/\xi)\ +\varepsilon_t^\xi$$

(3) 政策冲击

$$\log\ (\pi_t^T/\pi^T)\ =\rho_{\pi^T}\log\ (\pi_{t-1}^T/\pi^T)\ +\varepsilon_t^\pi$$

$$\log\ (G_t/G)\ =\rho_G\log\ (G_{t-1}/G)\ +\varepsilon_t^G$$

此外,政策冲击还包括货币政策冲击 ε_t^{im}。

(4) 国外部门冲击

$$\log\ (i_t^*/i^*)\ =\rho_{i*}\log\ (i_{t-1}^*/i^*)\ +\varepsilon_t^{i^*}$$

$$\log\ (Y_t^*/Y^*)\ =\rho_{Y*}\log\ (Y_{t-1}^*/Y^*)\ +\varepsilon_t^{Y^*}$$

$$\log\ (P_t^*/P^*)\ =\rho_{P*}\log\ (P_{t-1}^*/P^*)\ +\varepsilon_t^{P*}$$

$$\log\ (P_t^{F*}/P^{F*})\ =\rho_{PF*}\log\ (P_{t-1}^{F*}/P^{F*})\ +\varepsilon_t^{PF*}$$

$$\log\ (D_t^F/D^F)\ =\rho_{DF}\log\ (D_{t-1}^F/D^F)\ +\varepsilon_t^{DF}$$

以上 AR（1）过程的冲击项都服从均值为零的白噪声过程。

下面分析不同冲击下的脉冲响应函数。这里我们只考虑了 12 个内生变量，包括产出、消费、劳动、工资、本国居民对国外债券的需求、投资、实际汇率、通货膨胀率、名义利率、企业的国内融资、资本收益率、资本价格。

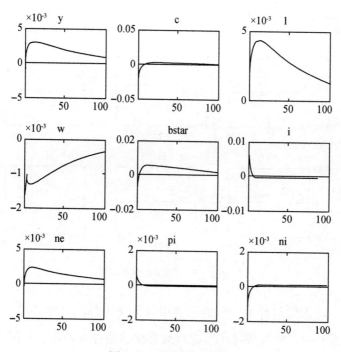

图3—2　消费偏好冲击

首先考虑需求冲击，即消费偏好冲击和劳动偏好冲击。见图3—2，消费偏好的冲击对产出、消费和投资都有增加的作用。马文涛、魏福成（2011）认为消费增加会挤出投资，进而导致产出下降。在马文涛、魏福成（2011）的模型建构中，认为家庭既是消费的主体，又是投资的主体，因而会产生投资挤出效应。而根据本文的模型，投资生产部门是独立的，消费的增加会刺激需求，进而会增加投资品的生产，相对来说，由于消费惯性，消费的增加反而不那么明显。同时，消费偏好的冲击会刺激国内消费者向国外的债权融资。对于劳动供给冲击，图3—3显示，劳动偏好冲击除了对劳动有明显的增加作用外，在短期内会降低工资水平。

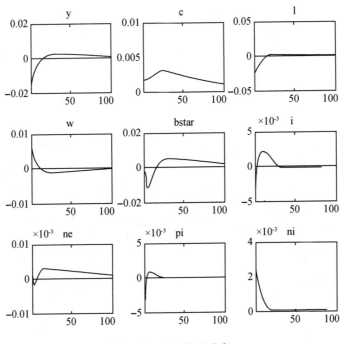

图3—3　劳动供给冲击

其次，考虑供给冲击，包括国内中间品生产部门技术冲击、净资产冲击、国内最终品价格加成冲击、进口最终品价格加成冲击。从图3—4中可以看到，除了工资、本国居民对国外债券的需求，技术冲击在短期内对大部分经济变量都有比较明显的提升作用。根据经济增长理论，技术冲击是经济增长最重要的来源之一。短期内技术水平的提升会导致劳动力被替代、劳动需求减少、工资下降。同时，由于国内经济处于增长时期，本国居民会减少对国外债券的需求，转而购买国内债券。净资产冲击，可以看作是对本国金融环境好坏的描述。当国内金融环境良好时，企业净资产会增加，反之亦然。如图3—5所示，净资产的增加通过杠杆作用会增强企业的融资能力，国内生产部门会增加国内融资获得更多的资本，导致资本需求增加、资本价格上升。因此，净资产冲击会增加投资品的生产、国内融资量、资本价格。由于冲击是暂时的，而将资本转化为最终消费品是需要生产周期的，这就解释了净资产冲击对于产出、消费等其他经济变量的抑制作用。图3—6中国内最终品价格加成冲击会抑制消费和产出，进而会导致劳动力需求下降。同时，投资品的生产与资本价格的路径相似，但后者的波动幅度大于前者，这一结果与资本生产部门的一阶条件一致。考虑进口最终品价格冲击，如图3—7所示，由于本文模型中国内产出不包括进口最终品，因此，当进口最终品价格上升时，国内居民会用更多的国内消费品来替代进口产品，这时产出、消费、就业的变化正好和图3—6相反。

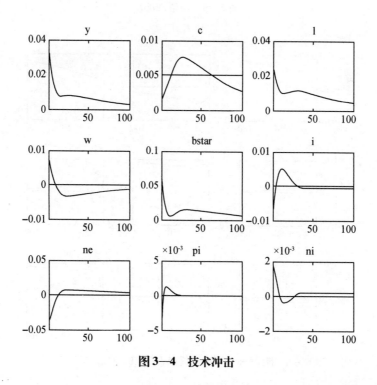

图3—4　技术冲击

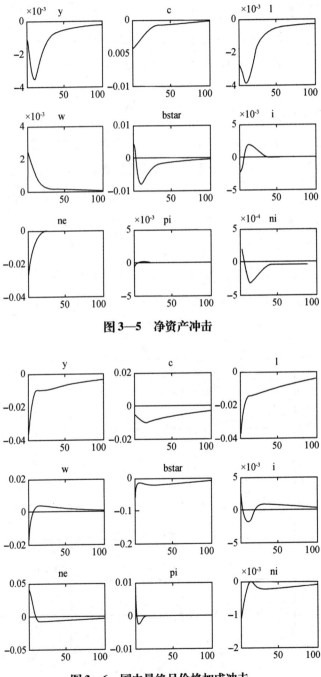

图3—5 净资产冲击

图3—6 国内最终品价格加成冲击

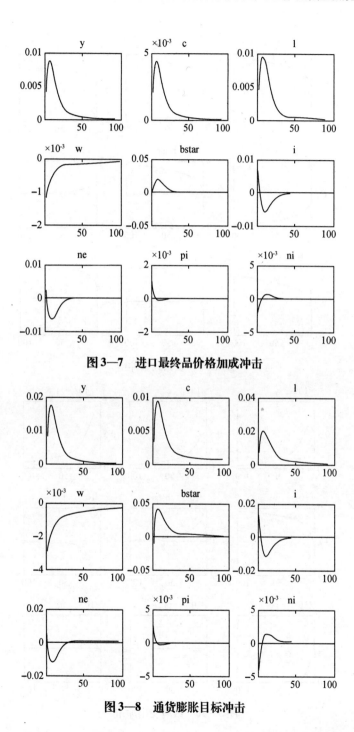

图3—7　进口最终品价格加成冲击

图3—8　通货膨胀目标冲击

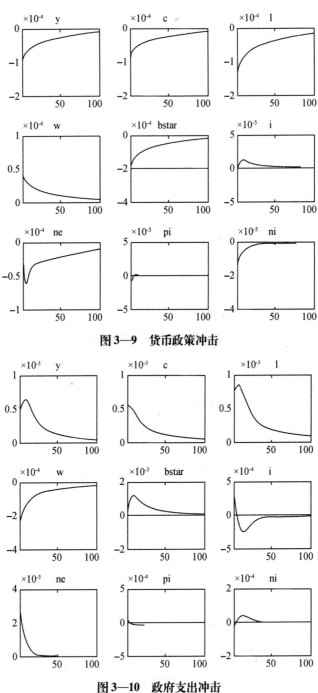

图3—9 货币政策冲击

图3—10 政府支出冲击

接下来考虑三种政策冲击：目标通货膨胀率冲击、货币政策冲击、政府购买冲击。由于本章假定目标通货膨胀率是随时间变化的，因此会受到货币当局意愿的影响。如图3—8所示，当央行可承受的通货膨胀目标提高时，本国的产出、消费、就业都会增加，同时，通货膨胀和名义利率也会升高。但是在一定程度上增加了融资成本，因此对投资会有负向作用。综合来看，适度提高央行的通货膨胀目标对于拉动经济、提高消费福利是有利的。尽管如此，这一冲击对于金融市场的发展有一定的消极影响，如降低了企业的内部融资水平、减少了资本收益率和资本价格。从金融危机的特殊背景出发，适度提高目标通货膨胀率却是十分适用的。货币政策冲击主要是指由于调整利率、货币供给量、存款准备金率等引起的货币政策的扩张或紧缩。假定面对紧缩的货币政策冲击，如图3—9所示，产出、消费、就业、对国外债券的需求都会随之出现下降趋势。这与王君斌、郭新强、蔡建波（2011）的观点基本一致。[①] 通货膨胀率和名义利率也会出现下降的趋势，但是持续时间比较短。政府支出冲击如图3—10所示，政府支出增加会增加本国的产出、消费和就业，但是对投资有一定的"挤出效应"。

国外部门冲击主要包括国外产出冲击、国外总物价冲击、国外出口产品价格冲击、国外利率冲击、国外资本流入冲击。将这五类冲击进行进一步划分：前三类冲击可以理解为国际经济周期传导的贸易渠道，后两类冲击可以理解为国际经济周期传递的金融渠道。如图3—11所示，正向的国外产出冲击会提高国内产出、消费和就业，同时降低国内通货膨胀。图3—12显示国外总物价冲击对国内变量的作用几乎和图3—11完全相反。从图3—13来看，国外出口产品价格冲击也会导致本国产出、消费、就业的上升，但是幅度远小于国外产出冲击的情况。图3—14中国外利率的上升会导致产出、消费和就业的下降，但是同时会抬升本国的名义利率。此外，国外利率的增长还会导致本国的资本价格上升。图3—15中，国外资本流入的正向冲击对本国产出、消费和就业有明显的正向作

---

① 王君斌、郭新强、蔡建波（2011）考虑的是扩张性的货币政策，可以与本章内容进行反向对比。

用，同时会减少国内生产部门的国内融资，降低本国的资本价格。

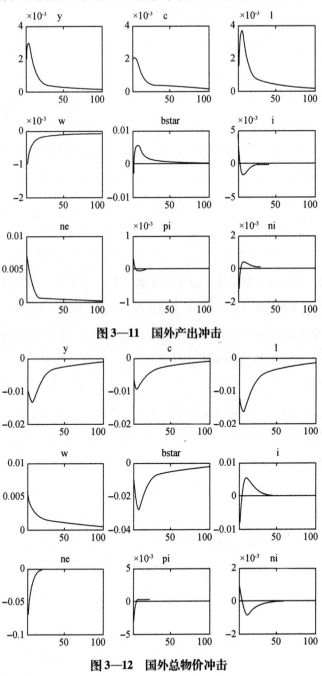

图 3—11　国外产出冲击

图 3—12　国外总物价冲击

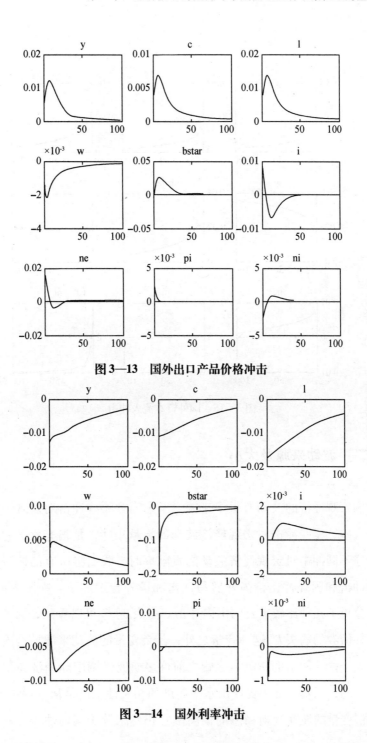

图 3—13 国外出口产品价格冲击

图 3—14 国外利率冲击

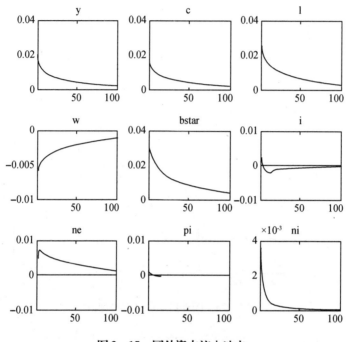

图3—15 国外资本流入冲击

（二）波动来源及大小

中国宏观经济的波动有很多来源，考虑究竟哪些冲击对宏观经济的波动贡献大些、哪些冲击对宏观经济波动的贡献小些，是很有意义的现实分析。考虑不同冲击对宏观经济波动的贡献率时，我们将所有的冲击类型分为国内冲击和国外冲击，国外贸易冲击和国外金融冲击。在国内冲击中，我们又分析了几种比较重要的国内冲击。由表3—7可以看到，除了本国居民对国外债券的购买 b^* 这一变量之外，其余变量的波动来源均是国内冲击的贡献大于国外冲击的贡献。尽管之前许多研究强调国际经济周期对国内变量的影响，以及实证中美产出水平高度的相关性，但是从本章结果来看，中国经济变量的波动（对稳态的偏离率）仍然来源于国内冲击，表现出极大的"内向型特征",并且最主要的波动来源是国内技术冲击和国内最终品加成冲击。对于国外冲击部分,除了投资、实际汇率、资本价格这三个变量以外,其余变量受到国外冲击的来源大部分是通过金融渠道。与传统的研究国际经济周期的贸易传导机制不同,本章研究结果显示中国目前受到的国外冲击多归于金融渠道的传导。此外,还有一个值得注意的结论,如表3—7中最右侧一列,即通过利率途径作用的货币政策冲击几乎对所有变量的波动不产生任何影响,而通货膨胀目标冲击却对宏观经济的波动具有较大的影响。

表3—7 波动来源分类

变量 (%)	国内冲击	国外冲击		部分国内冲击		
		金融 渠道	贸易 渠道	通货膨胀 目标冲击	技术 冲击	国内最终品 价格冲击
y				11.26	20.34	22
c	50.42	38.76	10.82	5.65	14.46	18.51
l	55.88	31.76	12.36	9.16	16.16	22.03
w	53.53	39.02		2.24	17.32	25.27
b*	36.77		9.32	9.3	9.75	13.36
i	66.8	4.2	28.99	40.63	8.96	1.87
re	52.02	9.32	38.67	3.75	18.46	17.75
pi	63.66	26.67	9.67	2.26	10.51	38.97
ni	61.76	19.25	19	32.51	5.98	3.83
mb	67.51		12.7	20.02	22.57	11.95
r_k	77.44	18.03	4.53	3.42	9.13	48.32
q	66.18	4.79	29.04	40.76	9.12	1.96

◇五 结论和政策建议

本章通过建立包含金融加速器的七部门 DSGE 模型，利用混合型货币政策工具，模拟了中国经济，并估计了中国宏观经济的波动来源及其大小，得出如下结论：

（一）中国宏观经济波动中大概 60% 来源于国内经济变量的冲击，其中最主要的来源是以 TFP 技术冲击和国内最终品价格加成冲击为代表的供给冲击。TFP 的提高会引起中国经济明显的正向增长，而国内最终品价格加成的增加会削弱市场力量稳定经济的作用，导致产出的下降。从经济增长理论来看，TFP 无疑是一国经济长期增长最主要的来源，这一结论对中国同样适用。国内最终品价格加成反映的是国内最终产品市场的垄断程度。对中国来说，垄断力量的加剧会增加经济下行的风险。目前来看，中国垄断行业主要是国有企业占主导，特别是 2008 年全球金融危机以来，"4 万亿"投资计划使"国进民退"的趋势愈演愈烈，这造成了市场的低效性，对中国经济稳定增长造成了一定威胁。

（二）在本章所考察的国外冲击中，以国外利率冲击和国外资本流入冲击为代表的金融渠道的冲击对中国宏观经济的影响已经大于贸易要素对宏观经济的影响，其中国外资本流入冲击对中国经济波动的影响尤为显著。目前中国的资本流入主要以 FDI 为主，随着中国资本项目的开放，更多形式的国外资本会进入中国，可以预见，国外资本流入对中国汇率政策、货币政策都会产生巨大的影响，这一冲击将会成为中国经济不容忽视的波动源。

针对以上结论，本章对中国目前的宏观经济政策框架调整提出以下建议。

首先，以 2007 年全球经济危机为例，国外冲击通过贸易渠道和金融渠道的传导在很大程度上影响了国内经济。但是，与一些学者观点相反，如孙工声（2009），王义中、金雪军（2009）等，本章认为尽管国外冲击会很大程度上影响国内经济，但是国内冲击仍然占据主导地位（约占60%）。因此，宏观经济政策不能盲目强调外部均衡，而是应该灵活协调兼顾对内对外经济政策，不可顾此失彼。

其次，有效需求不足的局面在我国已经发生逆转，产能过剩和生产效率偏低逐渐成为制约我国经济的主要因素。而目前对于TFP的测算大多数是建立在"索罗余差"法的基础之上的，即把TFP的波动来源近似为技术生产率的变动。但是应该注意的问题是，TFP的变动不仅仅来源于生产率水平的变化，而且更深层次地反映了一国市场调节效率和生产要素的资源配置效率。面对我国当前局面，最突出的问题是国有企业的垄断行为和地方政府的地方保护行为。因此，我们可以预见到，单纯以技术创新为主体的"供给管理"并不是保持经济长期平稳运行的有效方法。推进"供给管理"更加根本的做法是制度层面的改革，完善宏观经济政策实施的制度基础。

最后，鉴于近年来中国金融环境出现的巨大变革，数量型工具调控的负面效应开始显现。增强利率的市场化水平和汇率的浮动区间已经成为对内和对外政策的共同诉求。在此情况下，宏观经济政策应着重加强价格型工具的市场化程度。

面对中国宏观经济波动出现的变异，我们提出未来宏观经济政策调控框架应该按照以下思路进行重构，即完成着重以外为主向兼顾内外协调，需求管理向需求、供给管理并举，数量型工具向市场化价格型工具三方面的转变。短期内宏观经济调控的目标在于熨平经济波动，但是长期来看，应该着重制度方面的深层结构改革，从本质上改善效率的扭曲。

第 四 章

中国宏观调控目标的演进与优化

◇一 宏观调控四大目标之间的 矛盾与发达国家的选择

宏观调控目标存在"神秘的四角",为协调彼此之间的矛盾,以美国为首的发达国家设置了以稳定物价为核心的相机抉择的目标体系,即先设定通胀率的中长期目标,在正常的经济运行区间内,以稳定物价为首要目标,只有当经济脱离安全范围时,才运用灵活的调控手段刺激经济增长并扩大就业。

(一) 宏观调控目标"神秘的四角"

一般认为,宏观调控有四大目标,即经济增长、充分就业、物价稳定和保持国际收支平衡。就中国而言,十六大也明确将它们列作宏观调控的目标体系。但这四个目标很难同时实现,它们彼此联系又互相制约,经常出现"鱼与熊掌不可兼得"的取舍困境,西方经济学称之为"神秘的四角"。宏观调控就是要在"神秘的四角"中找到一个最佳均衡点,尽量对各目标做到平衡兼顾。

维系合适的经济增长速度,是任何一个国家经济正常运转的必备条件,它与就业目标休戚相关。众所周知,劳动需求是一种引致性需求,只有经济总量保持一定的增速，才能产生必要的就业增量，因此经济增长与充分就业目标之间具有很大的相容性，甚至从一定意义上讲，充分就业目标会捆绑经济增长目标。比如，人们通常认为中国每年必须创造超过1200万个的就业机会，才能化解新增就业压力，而要做到这一点，经济增速必须保持在7%以上。在2008年金融危机爆发时，我国就业出现了很大的压力，政府随即启动了4万亿元投资计划，很多人认为它就是为了保900万新增就业目标。现在奥巴马政府更是将就业目标放在很重要的位置，从经济班子的人选可以窥见一斑，不管是白宫前经济顾问萨默斯还是新上任的美联储主席耶伦，都是以研究就业问题而见长的经济学家。可以说，政府在决定经济增长目标时通常是以就业为先行指标的，目前量化宽松政策不敢过快地退出，一个重要原因就是美国新增就业指标没有达到预期的水平。

"神秘的四角"中最核心的冲突就是经济增长与物价稳定目标之间的矛盾。高的经济增长率，必然伴随着对生产要素的强劲需求，甚至会伴随着货币超发。无论如何，都会先引发要素物价上涨（如工资上涨），进而传递到产品价格上。第一代菲利普斯曲线就反映了这种关系，它揭示了工资上涨率与通货膨胀率之间的对应关系。第二代菲利普斯曲线将工资上涨率转换成失业率，揭示了失业率与通货膨胀率之间的替代关系，从实质上讲，还是反映了经济增长对物价的压力。第三代菲利普斯曲线就直接反映了这种矛盾，按它的预测，过快的经济增长速度（相对于潜在增长率）必然引发通货膨胀压力；反之亦然。这种此消彼长的取舍，很令决策者挠头。经济增长和物价稳定是一对矛盾体。李克强曾在《求是》杂志上发文称，那种只要增长速度、不顾物价稳定，或者只要物价稳定、不顾增长速度的极端做法都容易做到，难的是二者兼得。在保持经济平稳较快地发展的同时，还要保持物价水平的基本稳定，才是人们想要的结果。

（二）发达国家以稳定物价为首的相机抉择的目标体系

美国是一个注重实用的国家，在宏观调控目标中最典型的表现就是，它并不固守某个单一的规则，而是遇到什么问题就下什么药，以解决问题为基本宗旨，这可以看作是一种相机抉择的规则。但它也并非严格意义上的随波逐流，而是有一条内在的主线的，那就是大凡经济在安全运行范围内时，要以稳定物价为首要目标，只有当超越安全边界时，才动用灵活的调控政策将增长率、失业率等指标扳回到正常的轨道。可以说，以稳定物价为主线兼顾经济增长等其他目标，是美国宏观调控目标体系的最重要特征。实践中政府通常会设定一个中长期的通胀率目标，正如有些学者指出的，这种做法，是一种以规则为基础的灵活机制，当经济运行基本正常时，宏观调控就以通胀率目标为核心来进行，但当经济遇到较大的冲击并且实现严格的通胀率目标需要付出高昂的经济增长（及就业）代价时，又会允许短期灵活性的存在（吴汉洪，2001）。它不失为协调四大目标冲突的一种好办法。回顾自1929年大危机以来美国历次宏观调控实践，概莫如此。

20世纪30年代的大危机使美国面临严峻的经济衰退和失业问题，1933年失业率一度突破25%，美国理所当然地把刺激经济增长、促进充分就业定为宏观调控的主要目标，在此背景下，凯恩斯主义的国家干预政策顺理成章地登场。

1961年肯尼迪执政之后，针对国内经济的低增长和高失业的状况，政府又制定了以充分就业为主要目标的扩张性财政政策和货币政策，这种罕见的双松政策组合也带来了严重的问题，那就是财政赤字和通货膨胀压力。这个问题在约翰逊执政时期非但没有得到缓解，还在黄油加大炮的政策推动下愈演愈烈，这迫使美联储实行紧缩性货币政策以稳定物价。1961—1969

年，联邦基金利率从 1.95% 一路提高到 8.21%。从此，应对通胀问题常态化。20 世纪 70 年代两次石油危机，美国 GDP 增速大幅下降，失业率高企，就是在这种情况下，美国政府也还是把遏制通胀作为最重要的目标，在此基础上，再考虑经济增长和充分就业。

整个 70 年代，对滞胀问题的解决无力，使凯恩斯主义陷入困境。里根政府采纳了供给学派和货币学派的观点，实行大幅度减税，同时紧缩银根，企图通过改善供给结构来实现经济增长与物价稳定的两全，在里根的第一任期内效果尚可，但第二任期由于高赤字、高利率等问题，调控效果受到了很大的影响。

1993 年克林顿执政后采取了经济刺激计划，短期内减税、增加政府投资，同时辅以以高科技产业为中心的产业政策，货币政策则保持中性，力求物价稳定。结果出现了"高增长、低通胀、低失业率"的黄金十年，各目标良好地兼容。

2000 年小布什执政不久，"9·11"事件爆发，加上网络经济破灭，美国经济出现衰退迹象，美国政府过度担忧经济前景，做出过度反应，再次实施扩张性的财政政策（扩大军费开支和社会福利支出）和货币政策的双松组合，自 2000 年起又连续 14 次降息，至 2000 年 6 月联邦基准利率降至 1% 的历史低点。这极大地刺激了流动性过剩，房地产投机盛行，为后来的次贷危机埋下祸根。到小布什的第二个任期时，经济形势已经恢复，宏观调控又转向了稳定物价目标，并试图削减赤字，从 2004 年 6 月开始，美联储又以每次 0.25 个百分点的速度连续 17 次调高联邦基准利率，到 2006 年年底达到 5.25%。利率的大幅上扬，成为导火索，引爆了次贷危机，冲击程度超过预期。此后，小布什把烂摊子扔给了奥巴马。

面对来势汹涌的次贷危机引发的经济衰退和失业浪潮，美国政府再次将调控目标锁定于经济复苏和促进就业，2008 年 10 月奥巴马政府出台了 7000 亿美元紧急救助方案，2009 年 2 月又出台了 7870 亿美元经济刺激计划。相较于小布什，奥巴马新政更为详尽，为了促进就业复苏，奥巴马实施了减税和增加投资措施。与此同时，美国实行量化宽松货币政策，通过超发货币来力促本币贬值，以刺激出口。时隔六年后，至 2013 年美国经济基本复苏，就业也有较大的增长（虽还低于预期水平），美国各大股指也不断地创出新高，经济似乎已走出阴影，在此背景下，美联储提出将渐进地退出 QE，再次回到了稳定物价的目标。

根据历轮调控实践，美国经济运行的安全区间是，经济增速约 2%，失业率在 4% 之内，只要在这个安全区间内，稳定物价就是首要目标。

与美国类似，欧洲宏观调控也是以稳定物价为首要目标，并在经济运行遇到较大冲击时兼顾经济增长和就业目标。以进入 21 世纪后的调控实践为例，2000—2004 年欧元区经济增长乏力，各国纷纷实施扩张性的财政政策和货币政策以刺激经济，前者以减税和增加政府支出为主，后者则是连续性的降息，从 2001 年开始，欧洲央行连续 7 次降息，截至 2003 年 6 月，基准利率已下调到 2%。在 2005 年经济复苏后，欧洲央行迅速调转矛头，采取紧缩性的货币政策，以应对可能出现的通胀压力。从 2005 年 12 月开始欧洲央行连续 8 次加息，至 2007 年 6 月基准利率回升到 4% 的高位，通胀率也回到了 2% 以内的合理区间。

日本自 1985 年广场协议后陷入了日元升值所引起的衰退，为此，日本政府采取了宽松货币政策，以挽回经济颓势，并于 1986 年 11 月和 1987 年 2 月先后两次调整法定利率，由原先的 5% 降低到历史低点 2.5%，同时广义货币增长率在 1987 年也由 8% 增长到 12%。流动性过剩加剧了股票和房地产的投机，其价格在短短几年内上涨 3 倍。为了防止物价和资产价格过快上涨，1989 年日本当局又重新执行紧缩性货币政策，并将法定利率提高到 4.25%。1990 年海湾危机爆发，为防止石油价格上涨可能引发的通胀，日本当局又进一步采取了预防性的紧缩性货币政策，将法定利率提高到 6%，导致资产价格暴跌，日本经济陷入了 90 年代的持续衰退。直至 2001 年小泉上台时，经济低迷、失业率高企，小泉政府开始进行大规模的经济改革特别是结构性改革，处置不良资产、理顺市场机制的作用渠道。在货币政策方面，为防止通货紧缩，又重新启动了扩张性政策，1999—2004年，利率始终维持在零利率的水平。对此，日本央行强调，只有确认日本物价止跌反弹，且恢复到正常水平时，才放弃零利率政策。直到2006年，日本央行在确信经济已经企稳后，才放弃了5年多的超宽松货币政策。

总的来看，在稳定物价这一核心目标方面，欧洲执行得相对坚决，而美国和日本带有一定的相机性，且存在这样那样的问题，尽管格林斯潘倡导的先发制人和连续微调政策发挥了较大的稳定物价的效力，但源于对华尔街利益的过度袒护，美联储只注重稳定一般商品的价格，而忽视了资产价格的稳定，这是导致次贷危机爆发的一个重要原因。日本对通胀问题的过度谨慎、对投机性资产价格的纵容以及20世纪90年代资产价格破灭，也反映了在政策取向上与美国类似的特点。

◇◇二　中国宏观调控目标的历史沿革与约束条件的变化

鉴于自身的特殊国情，中国宏观调控设置了以经济增长为核心的相机抉择的目标体系，即先设定经济增长的中长期目标，当物价运行于合理范围内时，以经济增长为首要目标，只有当物价出现异常波动时，才运用非常规的调控手段来稳定物价。应该讲，在改革后的很长一段时间内这种目标处理办法是符合经济社会发展需要的，但今天中国宏观调控的约束条件正在发生变化，特别是微观传导机制和要素市场的变化可能会对传统的目标平衡方法构成挑战。

（一）中国以经济增长为核心的相机抉择的目标体系

改革初期，中国经济百废待兴，基础弱、底子薄的问题很突出，要想让国民收入的各个分配主体（包括财政、企业、居民）增加收入，只能靠把蛋糕做大，经济增长成为国家发展中最为迫切的问题。从1984年我国有初步意义上的宏观调控开始，这基本上成为共识，也构成历轮宏观调控的主线。今天，一个默认的共识就是，如果经济增速低于7%，那么，很多问题就可能会爆发出来。

实际上，中国强调经济增长目标还有一个重要原因，那就是就业压力。中国是一个人口大国，就业压力一直很大。就近年来的情况来看，每年城镇新增就业岗位要达到1200万以上才能满足新增劳动力的就业需求。如前所述，创造新增就业岗位主要靠经济增长来实现。而对于中国来讲，要创造一个新增就业岗位，对经济增长的要求远远大于西方发达国家，其原因就在于，在中国的产业结构中，服务业所占的比重还比较小，在相当程度上，就业仍是通过工业部门来实现的。发达国家则正好相反，它们已处于后工业化时期，不论是产值还是就业，服务业在国民经济中的比重都很高。据统计，2009年，OECD国家服务业占GDP的比重平均达到73.6%，最高的是英国，超过了78%；最低的是日本，也超过70%；而中国截至2012年年底只有44.6%。至于服务业的就业比重，发达国家也普遍超过70%，而中国目前只有36.1%。一般而言，工业部门的就业弹性普遍小于服务业（丁守海，2009）。既然相对于发达国家来说，中国的就业在更大程度上依赖于就业弹性较小的工业部门，那么，同样的就业目标就只能靠更强劲的经济增长来实现了。反过来讲，西方国家可以在较小的经济增长率下实现既定的就业目标，实践中可以看到，近年来欧美国家的经济增长率维持在2%左右的较低水平，也没有出现大的失业问题。另一方面，欧美国家拥有良好的社会保障体系，失业对个人的冲击并没有想象的那么严重，这也强化了整个社会对失业的承受能力，但对中国来讲，由于社会保障体系的不完备，社会对失业的承受能力弱。这些因素都强化了中国对高就业的依赖，并进一步形成了对经济增长的路径依赖。

中国宏观调控以经济增长为主线，一个典型的表现就是在每一次的国家发展战略部署中都会规划中长期的经济增长目标，而通胀目标则没有这个殊荣。比如，党的十八大报告提出到2020年实现全面建成小康社会的目标，为此提出了倍增的目标，即2020年国内生产总值比2010年翻一番。这个目标要求中国年均增长速度要达到7%。这可以视作一个长期目标。又如，在每一次五年规划编制中，也会涉及经济预期目标的问题，其中，在十二五规划下，2011—2015年的经济增长年预期目标大约为7%。这可以算是中期目标。此外，每年两会期间政府部门也会宣布当年的经济增长目标，比如2013年定为7.5%。这又可以视作短期目标。从长、中、短三个维度全面规划经济增长目标，足见它在国家宏观调控体系中的位置，说它居于核心位置，应该毫不为过。

但中国的宏观调控也不是遵循单一规则的，与西方国家类似，它也属于相机抉择的类型，即当物价运行在安全空间时，以经济增长为调控的主线，物价一旦脱离安全的轨道，比如发生恶性通胀或出现通货紧缩时，则将调控目标立即转向稳定物价。从改革后七轮宏观调控的实践来看，大体是符合这个规律的。

第一轮是1979—1981年。当时出现了改革后的第一轮经济过热，就运用计划经济体制下的直接调控手段进行干预。到1981年经济增速降为5.26%。

第二轮是1984—1986年。也是经济过热导致物价的大幅飙升，1985年居民消费价格指数达到9.3%。当时采用了双紧的财政政策与货币政策，由于运用得还不够娴熟，成效不大。到1986年物价指数仍维持在6.5%的较高水平。

第三轮是 1987—1990 年。1987 年的经济增速达到 11.57%，物价也在闯关，1988 年 CPI 达到 18.8%，投资和消费需求膨胀催生了新中国成立后最严重的通胀问题。国家为了治理经济过热，稳定物价，加大了财政政策和货币政策的力度，使二者松紧搭配相互协调。虽然仍然以抑制通货膨胀为主要目的，但提出了"实行总量控制的同时，突出结构性调整"的任务。1990 年经济增速降到 3.83%，是改革以来的最低点。虽然物价调控成效显著，但"一刀切"使经济出现了硬着陆。

第四轮是 1993—1996 年。在 1992 年小平同志南方谈话以及十四大召开之后，我国经济再次出现过热的势头，投资与消费需求急速膨胀，1993 年的经济增速达到 13.5%，与之相伴的是日益严重的通货膨胀和金融秩序的混乱，1994 年 CPI 指数达到 24.1%。鉴于之前硬着陆的教训，本轮调控以适度从紧的货币政策和财政政策为主，分步骤、分阶段地推进，避免了经济的大起大落，实现了经济的软着陆。1996 年 CPI 指数降为 8.3%，但经济增速仍维持在 9.6% 的较好水平。

第五轮是 1998—2002 年。1997 年，亚洲金融危机爆发，在此冲击之下，从 1998 年开始出现了经济减速和改革以来的第一次通货紧缩。而且这一时期，我国正处于体制转轨的深化期和调整期，国企下岗职工增多，社会有效需求不足。为遏制经济下滑势头，国家采取了需求干预管理，并采取了积极财政政策和稳健货币政策相互搭配的组合。经过长达四年的调控，经济增长速度由 1998 年的 7.83% 平稳上升到 2002 年的 9.1%，同时也有效地扭转了通货紧缩的局面。

第六轮是 2003—2007 年。2003 年，我国彻底走出了通货紧缩的阴影，经济增速重新回到两位数的时代，虽然经济运行出现了局部过热之争，但基本上还算平稳。宏观调控采取了财政和货币"双稳健"的政策组合。中国经历了改革以来持续时间最长、稳健特征最明显的一次中性调控。

第七轮是 2008—2012 年。2008 年年初，中国借鉴美联储的先发制人策略，着手准备防止经济过热，确定了稳健的财政政策和从紧的货币政策的调控思路，但9月突如其来的金融危机打破了这一部署，世界主要经济体陷入严重衰退，中国也受到了巨大的冲击，东南沿海很多出口导向型工厂关闭，大批农民工失业返乡。政府出于对经济衰退与失业的担忧，与2001年的美国当局类似，采取了稍显过度的干预措施，财政政策导向从年初的稳健转为积极，货币政策则从从紧转向适度宽松，打出的组合拳力度很大。在财政政策方面，出台4万亿投资计划。在货币政策方面，中国人民银行从2008年9月25日起，连续四次下调存款准备金率，并五次下调存贷款基准利率，其中，仅11月27日一次基准利率就下调了1.08个百分点，力度之大，实属罕见。除此之外，还取消了实行将近一年的商业银行信贷额度控制。在如此猛烈的调控下，经济迅速企稳，2008年当年的经济增速成功维持在9.6%的高位，2010年又重返10.4%。但带来的问题也很严重，与2001年美国小布什政府防止"9·11"事件带来经济衰退以及日本在20世纪90年代防止广场协议带来升值衰退时所采取的过激干预后果类似，中国也出现了严重的流动性过剩问题，大量资金流向非实体经济领域特别是投机性领域，不仅触发了严重的通货膨胀压力，也蓄积了大量的资产泡沫。财政赤字、地方债务以及银行系统的风险，对接任的新一届政府领导班子构成了很大的挑战，并迫使进行结构性改革，这场自2013年以来启动的改革背景，与2001年日本小泉内阁时期有一定的相似性。从目前来看，调控的效果还可以，但在长期内究竟如何，还要假以时日。

我们简单总结一下，如果不包括自2013年以来的这一轮变革，改革以来的7轮宏观调控中有4轮是以遏制过热、稳定物价为主旨的，有两轮是以保增长为目的的，还有一轮是中性的。虽然在数量上前者略微占据优势，但这绝不意味着中国宏观调控是以稳定物价为核心目标的，因为从时间跨度上看，历轮物价调控都是在经济严重过热、物价出现了严重问题的非常时期才不得不启动的，它具有非常规性，不具有连续性，更不是调控的常态，持续时间也短。其中最有代表性的就是 1988 年价格闯关所引发的治理整顿。历数每一次的价格调控周期，持续时间都在 1—2 年，一般不会超过 3 年，物价压下来之后又立即回到经济增长的主题上。而在两轮保增长的调控周期中，持续时间都不少于 4 年。

（二）中国宏观调控约束条件的变化

1. 微观主体与传导机制的变化

宏观调控都有一个传导机制的问题，调控信号必须通过某一渠道影响到各个微观主体的行为，才可能达到预期的目标。就以货币政策为例，不管是以货币供应量还是以利率为中介目标，最终都是通过影响微观主体（如企业）的资金成本来对其行为（如投资）产生引导作用的，其中最核心的就是价格机制的传导。所以，美国从克林顿政府时期开始就将货币政策的中介目标从货币供应量逐渐地过渡到利率，因为相较于前者，利率的作用来得更直接。这里有个前提，那就是微观主体必须关心这些信号并对其做出灵敏的反应，否则调控传导机制就会失效，调控目标也会落空。20 世纪 90 年代日本政府实施宽松货币政策，但当时企业已经呆滞，80 年代的过度投资使产能严重放大，他们对低利率信号失去了兴趣，不会再争取资金来进行实业方面的投资，经济陷入了流动性陷阱，过剩资金只能流向投机性领域，所以调控并没有达到目的。小泉内阁上台的时候，银行又成了一个呆滞的主体，泡沫经济的破灭严重挫伤了银行的信贷积极性，只有重塑这个主体，才能疏通调控政策（如窗口指导）对银行乃至企业行为的传导渠道，他们从处理不良资产入手，通过税收优惠等举措，加速了重建银行的过程。

反观中国，这个问题要更复杂一些。中国企业分体制内和体制外两个部分，传统上，体制内企业能够获得更多的调控资源，特别是金融资源，所以，政府在实施调控政策时第一个想到的就是以国有企业为载体，通过影响它们的行为来对经济运行施加影响。比如，在 2008 年金融危机爆发的时候，信贷扩张就主要是输送给了国企。但源于体制上的弊端，国有企业对价格信号的反应未必很灵敏，这会在相当程度上削弱政府当初的调控意图。而对于体制外企业来说，正好相反，它们对价格信号的反应灵敏，但又很难得到调控资源。应该讲，很多时候宏观调控的效果之所以差强人意，微观主体的缺失是一个重要的原因。

与微观主体缺失相伴随的就是，政府对经济的直接干预。这违背了西方国家宏观调控的基本原则，政府不能作为一个独立的利益主体，既踢球又当调解员。实际上，从 1984 年开始，在历轮宏观调控中，政府利用行政手段直接干预经济的行为就屡见不鲜。比如，在 20 世纪 90 年代末的国企改革中，政府直接勒令国有企业，哪些员工可以下岗哪些员工不能下岗，以此来阻止下岗职工的泛滥。另一个例子就是在物价飞涨的时期，政府直接下令冻结物价，或者叫约谈企业。越俎代庖的结果不是过犹不及就是矫枉过正。正如哈耶克所指出的，任何一个政府都将无法准确地获知微观领域的信息并及时作出最有效的决策。

正因为如此，宏观调控的传导机制可能是扭曲的，尽管从表面上看结果似乎是一样的。经济过热本来应该通过提高利率来降低企业的投资冲动，减少对要素的旺盛需求，降低要素价格的上涨压力，进而平抑物价。但实践中，只要发改委一道文件就将价格控制住，表面上价格是稳定了，但实际上暗流涌动，只要政府一松手，价格就会报复性反弹。前几年房地产调控，就见证了这种情况。

今天这种情况可能会有所改变，特别是党的十八届三中全会召开后，人们又重新认识到合理划分政府与市场边界的重要性，强调政府向服务型职能的转换以及市场机制在资源配置中的决定性作用，同时要深化经济体制改革、加快完善市场体系和宏观调控体系。可以预见，这将有助于培育出符合市场规则的微观主体，价格对经济增长的反应也会更快，而不会轻易为行政机制所干扰和掩盖。

2. 要素市场的变化

经济增长与物价之间的矛盾主要是通过要素市场来传递的，比如，经济过热先引起要素（如资本和劳动）供求的紧张关系及价格上涨压力，再通过成本加成定价机制迫使最终产品价格上涨，所以，要素市场的情况会对宏观调控目标之间的关系产生重要影响。而近年来，中国要素市场特别是劳动力市场正在发生一场微妙的变革。一直以来，中国农业部门滞留着大量的剩余劳动力，并为工业部门提供了源源不断的廉价劳动供给，因此，被视作具有劳动力无限供给的典型特征。这种情况一致持续到 21 世纪初，但从 2003 年年底开始，沿海地区一些企业特别是制造业企业开始遭遇招工难，在原来的低工资水平下，很多企业招不到人或招不足人。2004 年这一现象逐步扩散，从沿海城市向内陆城市扩散，从劳动力输入省份向传统的输出省份扩散，并最终引发了一场全国性的民工荒现象。值得一提的是，民工荒并不是一个暂时现象，自 2004 年爆发以来至今已持续十余年，且呈愈演愈烈之势。富士康内迁郑州招不足工人，要通过技校的实习生来解决缺工问题；每一年开春之后各地展开的劳动力争夺战，都是真实的写照。

从民工潮到民工荒的持续转变，是不是意味着中国劳动力市场发生了与以往不同的变化？对此，人们展开了激烈的争论，以蔡昉（2010）为代表的一些学者认为，中国劳动的剩余格局正在终结，并开始穿越刘易斯拐点。这个观点引起了很大的争议，不少学者则认为，中国的劳动剩余格局并没有发生根本性的变化。但是，即便在劳动剩余格局不变的前提下，源于劳动供给曲线的特殊形态，中国仍可能会出现劳动力供给的相对不足，就是说，劳动剩余与劳动供给不足完全有可能是并存的（丁守海，2011）。简单地说，不管中国是否正在穿越刘易斯拐点，传统意义上的劳动力无限供给的格局正在终结，劳动力条件开始转向有限供给。对于这一点，目前学术界已基本达成共识。在未来一段时间，劳动力的供给潜力可能还会继续收窄，它不仅表现在农村劳动力的供给方面，还会反映在全口径的劳动年龄人口上。据统计，2012 年中国 15—59 岁的劳动年龄人口总数为 9.37 亿，比上年减少 345 万。这种绝对数量下降的趋势多年来还是第一次。

要素市场的收紧在其他一些要素方面也会有所体现。就以土地为例，多年来随着工业化、城市化的推进，耕地被大量侵占。据不完全统计，仅 1997—2003 年，耕地面积就从 19.5 亿亩锐减为 18.5 亿亩。作为一个人口大国，我国一直把粮食安全问题放在很高的战略位置，18 亿亩红线是一道不可逾越的硬杠杠。但另一方面，经济发展对土地的旺盛需求丝毫没有减弱。据估计，未来几年内我国经济发展的用地缺口至少在 1 亿亩以上。如何弥补这个缺口是各地经济发展过程中面临的棘手问题。在不得已的情况下，国土资源部甚至于 2005 年 10 月下发了《关于规范城镇建设用地增加与农村建设用地减少相挂钩试点工作的意见》，它试图通过与土地增减挂钩来解决土地矛盾。实践中，就是先把农民的宅基地收走，然后恢复为耕地，再按占补平衡的原则，在其他地块划走相同面积的耕地，转作建设用地，以满足经济发展的需要，这也引起了很大争议。根据《全国土地利用总体规划纲要 2006—2020 年》，到 2020 年全国要通过土地整理和复耕的方式来补充土地 5500 万亩。但即便如此，也只能解决土地缺口的一半。

当然，还有其他一些要素比如能源和环境，随着经济的不断发展，供求矛盾也会越来越突出。关于能源紧张、环境成本的呼声越来越高。这些不再赘述。

要素市场的上述变化会带来什么影响？我们认为，它们可能会对宏观调控各目标之间的关系产生冲击，并加剧经济增长与物价稳定之间的矛盾。就以劳动力市场的变化为例，在过去劳动力无限供给条件下，即便经济过热（相对于潜在的水平），也只会引起资本要素的需求缺口和资本品价格的上涨，而不会引起劳动要素的需求缺口以及工资上涨。在改革后至民工荒爆发之前的 20 多年时间里，尽管我国经济迅速发展，工业部门对劳动力的需求持续扩张，但农民工工资基本维持不变，就足以说明这一点。其结果是，经济过热只会通过资本品价格传导到最终产品价格上，对通货膨胀的冲击力度有限。这时，比较容易兼顾经济增长与物价稳定这两个目标。但是，当劳动力条件转向有限供给后，经济过热就不仅会引起资本需求缺口和资本品价格上涨，还会引起劳动要素的需求缺口和工资上涨。民工荒爆发后，农民工工资进入上涨的快车道也说明了这一点。在这种情况下，经济过热就会同时通过资本品价格和工资同时向最终产品施加压力，经济增长与物价稳定之间的矛盾就会加剧，兼顾二者之间的平衡就会变得更困难。

◇三 约束条件变化对经济增长与物价 稳定之间平衡关系的冲击检验

我们以劳动力市场为例，基于第三代菲利普斯曲线的检验发现，从 2005 年之前的劳动力无限供给条件转向有限供给后，产出缺口从原来只能引起资本品价格的变化转向能同时引起资本品价格和工资的变化，对最终产品价格的冲击也明显地强化了。这说明，经济增长与物价稳定之间的矛盾开始加剧。

（一）模型设置与数据说明

经济增长对物价的影响可以用第三代菲利普斯曲线来加以反映。从原理上讲，经济增长对物价的影响是先通过产出缺口（实际产出水平与潜在产出之差）来影响要素需求缺口，再通过后者影响要素价格，最后再通过成本加成定价机制对最终产品价格施加影响。所以，我们要检验两层关系：

一是产出缺口对要素价格（此处即工资）的影响变化。如果前面的推测是正确的，那么，在劳动力条件从无限供给转向有限供给后，产出缺口对工资的冲击应该会从无到有地显现出来。二是产出缺口对最终产品价格的影响变化。在劳动力条件转向有限供给后，它对最终产品的冲击程度也应该强化。为检验这两层关系，需要设置相应的模型。

　　我们将借鉴 Gordon（1996）三角模型来检验产出缺口的价格效应，其影响因素包括：①需求。它反映在产出缺口上，但从产出缺口到价格调整可能存在一定的时滞，这既可能源于合同价格的交错调整也可能源于原材料等存货的缓冲，因此还应引入产出缺口的滞后指标。②外生供给冲击。这个指标在不同模型下的设置办法不同，下文会具体进行阐释。③价格变化率的滞后指标，引入它们是为了控制价格自身的惯性调整力量以及那些系统性的遗漏变量的干扰。

$$\pi_t = \alpha_0 + \sum_{j=1}^{P} \alpha_j \pi_{t-j} + \sum_{j=0}^{Q} \beta_j S_{t-j} + \sum_{j=0}^{J} \left(\gamma_j + \phi_j D \right) gap_{t-j} + \varepsilon_t \qquad (1)$$

　　下标 t 代表时间，我们以 1992 年第三季度至 2012 年第二季度中国宏观季度数据为样本。被解释变量 π 为价格变化率，它分两种情况：①如果考察产出缺口对要素价格（工资）的影响，则此处被解释变量为工资指数。我们用各个季度单位从业人员的总薪酬除以从业人员数得到平均工资，再计算出季度环比工资指数 ω。②如果考察产出缺口对最终产品价格的影响，被解释变量采用工业品出厂价格指数 PPI。参照陈彦斌（2008）的做法，我们用季度内各月环比指数连乘就可以得到季度环比。对于 2010 年之前的环比 PPI，可以先从中经网数据库查阅到月度同比 PPI，再与 2010 年的月度环比指标结合，推算出月度定基指数和环比 PPI。

　　解释变量 S 为外生供给冲击信号，它也分两种情况：①如果考察产出缺口对要素价格（工资）的影响，考虑到在中国特殊国情下，农村劳动力在工业各个部门的劳动供给中占有重要的位置，而农村劳动力的劳动供给决策在相当程度上取决于工业工资对务农收益的相对差额（Lewis，1954），反过来，务农收益会对工业工资产生连锁压力，因此引入务农收益的指数 *agr* 作为冲击指标。从中经网数据库可查阅到自 1996 年第一季度以来农村家庭人均现金收入中家庭经营收入，以它作为农业收益的代理指标，并计算季度环比指数。②如果考察产出缺口对最终产品价格的影响，则结合 Gordon (1996) 所提供的框架范围，同时，借鉴丁守海（2012）处理办法，用北海布伦特原油期货价格指数来表示。通过 Wind 资讯网先获得每日期货价格，再计算季度平均值，进而算出季度环比指数。

gap 为产出缺口，在两类模型中都要用到这一核心指标。在计算产出缺口时首先遇到估算方法的问题，而各种方法都有它的优势和劣势，为了保证其可靠性，我们借鉴丁守海（2012），同时使用 HP 滤波、BK 滤波、CF 滤波、卡尔曼滤波四种经典的方法来分别估测，再对这四种方法的检验结果进行比较。在估测时，首先要用到季度 GDP 数据。我国自 1992 年开始进行季度 GDP 核算工作，但又于 2004 年和 2007 年进行了调整。1992—2005 年的季度 GDP 数据从《中国季度国内生产总值历史资料 1992—2005》中获得，2005 年之后的数据则取自中经网数据库。根据国家统计局公布的季度 GDP 同比增长率和名义 GDP 可以推算出以 1992 年为不变价的季度实际 GDP，再用 Cencus X12 方法对季度实际 GDP 进行调整。

交叉变量 $D \times gap$ 用来比较不同劳动力条件下产出缺口价格效应的变化趋势。时期的划分体现在哑元变量 D 上。我们以劳动力条件已明显转向有限供给的 2005 年为分水岭（因 2005 年之后农民工工资上涨趋势已日渐明朗）：在 2005 年第一季度之前的样本作为基准期样本，D 均取 0；其后的作为比较期，D 均取 1。两个时期产出缺口对价格变化率的影响差异表现在系数 ϕ 上，如果 $\phi > 0$，则说明相对于基期，比较期产出缺口的价格影响力出现了强化；反之亦然。

关于上述各滞后项滞后阶数的选择问题，多数研究表明，产出缺口对价格的滞后影响一般认为不会超过一年，所以滞后期大多在四个季度之内

（比如 Gali & Gertler，2000；陈玉宇、谭松涛，2005）。我们也参照这个办法，对产出缺口的滞后阶数选择四期，但是对于被解释变量以及攻击冲击的滞后阶数，为了不过度损耗模型自由度，我们参照陈彦斌（2008）的做法，滞后阶数只取一阶。

（二）产出缺口对工资指数的影响变化①

表4—1 工资指数方程的回归结果（被解释变量：ω）

	HP 滤波	BK 滤波	CF 滤波	卡尔曼滤波
常数项	3.921 (2.776)	−1.620*** (0.473)	11.250 (6.980)	8.820 (5.671)
ω_{t-1}	0.596*** (0.121)	0.581*** (0.138)	0.633*** (0.206)	0.607*** (0.175)
agr	−2.161 (1.440)	−1.962 (1.535)	−2.583 (1.999)	−3.285 (2.600)
agr_{t-1}	0.299 (0.872)	0.438 (0.404)	0.359 (0.720)	0.331 (0.526)
gap	1.125** (0.470)	2.258 (1.941)	−0.934 (0.595)	−6.217 (5.250)
gap_{t-1}	−0.630* (0.271)	−18.620 (13.973)	2.223 (1.500)	4.558 (2.970)
gap_{t-2}	5.300 (4.299)	1.395 (0.841)	0.167* (0.070)	−2.239 (2.000)

---

① 模型中各变量由于都是指数变量，应能满足平稳性条件，ADF 检验证明了这一点。结果略。

续表

	HP 滤波	BK 滤波	CF 滤波	卡尔曼滤波
gap_{t-3}	2.193	− 3.893	6.392	− 16.295
	(1.359)	(2.262)	(5.958)	(9.143)
gap_{t-4}	− 5.484	− 0.330**	− 10.837	0.482
	(5.021)	(0.128)	(6.920)	(0.515)
$D \times gap$	− 4.093	7.532***	3.589	1.958
	(3.888)	(2.002)	(2.490)	(1.300)
$D \times gap_{t-1}$	− 0.292	5.385	5.230***	5.607**
	(0.165)	(7.208)	(2.111)	(2.111)
$D \times gap_{t-2}$	− 0.798	− 3.205	− 0.854	1.113***
	(0.530)	(1.944)	(1.332)	(0.383)
$D \times gap_{t-3}$	0.096***	− 0.203	0.439**	− 5.223
	(0.022)	(0.484)	(0.180)	(3.900)
$D \times gap_{t-4}$	8.623	2.099	− 8.091	− 1.972
	(5.195)	(1.570)	(10.302)	(1.603)
调整 R^2	0.913	0.918	0.899	0.920
AR（p）	否	否	AR（2）	否
LM 检验的 p 值	0.551	0.299	0.186	0.123
回归残差 ADF	− 5.174***	− 6.260***	− 3.782**	− 4.293**

注：LM 检验的原假设为模型的残差序列不存在序列相关性。AR（p）为否表示原残差不存在序列相关，无须进行残差序列修正；否则，需进行 AR（p）过程修正，其中 p 为残差自相关的阶数。*、**、*** 分别表示在 10%、5%、1% 的显著性水平上拒绝单位根原假设。下同。

从表 4—1 可见，当把四种滤波方法所得到的产出缺口代入工资指数方程中时，ω_{t-1} 的系数均显著为负，约为 0.6，说明工资波动具有较强的惯性力量。但对于外生冲击来说，各模型中 agr 及 agr_{t-1} 的系数均不显著，说明农业收益并未对非农部门工资产生明显影响。这可能与中国工农业部门的收益差距过大有关，对农村劳动力来说，务工所得的工资可能要比务农收益高出数倍甚至十余倍，在此情形下，农业收益难以直接牵动工业工资的波动（丁守海，2011）。

gap_{t-j}、$D \times gap_{t-j}$ 是我们最关心的变量，利用前面所讲的计算方法，从它们的系数可以估测出在四种估测方法下基期和比较期产出缺口对工资指数的影响。为方便起见，我们将最终的测算结果进行了归纳，合并到表4—2中。

表4—2　　　　　　　　　　产出缺口对工资指数影响变化的总结

		当期影响	滞后1期	滞后2期	滞后3期	滞后4期	总影响
HP 滤波	基期	1.125	−0.63				0.495
	比较期	1.125	−0.63		0.096		0.591
BK 滤波	基期					−0.33	−0.33
	比较期	7.532				−0.33	7.202
CF 滤波	基期			0.167			0.167
	比较期		5.23	0.167	0.439		5.836
卡尔曼滤波	基期						
	比较期		5.607	1.113			6.72

其中，总影响是将各个滞后期的影响加总后得到的结果。从表4—2可以看出，在HP滤波方法下，基期（对应于劳动力无限供给条件），产出缺口对工资指数的总影响系数是0.495，说明1个百分点的产出缺口会使工资指数上升0.495个百分点。到比较期（对应于劳动力有限供给条件），这一影响略升至0.591。在BK滤波方法下，基期产出缺口对工资指数的总影响系数为−0.33，说明在基期，产出缺口非但没有使工资指数增加，反而使之下降，只不过程度很小。在比较期产出缺口的总影响系数大幅上升，达到

7.202。在 CF 滤波方法中，产出缺口的总影响系数为 0.167，比较期的总影响系数为 5.836，影响的扩大趋势非常明显。在卡尔曼滤波方法中，基期产出缺口的总影响不显著，而在比较期总影响系数达到 6.72。总的来说，在上述四种滤波方法中除 HP 滤波方法不太明显外，其余三个模型都能验证自 2005 年之后产出缺口对工资指数的影响明显强化。至于 HP 滤波方法，诸多研究证明，它对产出缺口估测的准确性和可信度要次于其他三种方法（杨天宇等，2010；丁守海，2012），因此我们更倾向于采信其他三种滤波方法下所得出的结论，即接受产出缺口对工资指数的影响强化的结论。

（三）产出缺口对产品价格指数的影响变化

表 4—3　　　　　价格指数方程的回归结果（被解释变量：PPI）

	HP 滤波	BK 滤波	CF 滤波	卡尔曼滤波
常数项	− 3.131	1.095	− 2.173	0.592 * * *
	(2.622)	(1.168)	(3.790)	(0.161)
PPI_{t-1}	0.705 * * *	0.681 * * *	0.723 * * *	0.811 * * *
	(0.116)	(0.096)	(0.198)	(0.205)
s	0.231	0.635	0.321	0.327
	(0.162)	(0.922)	(0.280)	(0.266)
s_{t-1}	0.106 * *	0.095 * * *	0.117 * * *	0.122 * * *
	(0.038)	(0.020)	(0.026)	(0.030)
gap	5.370 * * *	− 1.267	1.700 * *	− 0.226
	(1.123)	(3.189)	(0.390)	(0.150)
gap_{t-1}	11.518	3.017 * * *	− 1.862	2.669 * * *
	(9.490)	(0.626)	(2.052)	(0.347)
gap_{t-2}	− 0.921	− 1.066 *	0.909	0.625
	(0.604)	(0.431)	(0.882)	(0.350)
gap_{t-3}	− 0.233 * *	2.205	− 5.935	− 0.357 * * *
	(0.053)	(1.276)	(4.178)	(0.102)

续表

	HP 滤波	BK 滤波	CF 滤波	卡尔曼滤波
gap_{t-4}	2.015	−0.483	2.271	−6.206
	(1.230)	(0.919)	(1.505)	(3.553)
$D \times gap$	−0.089***	6.334	0.861	0.800***
	(0.021)	(3.615)	(0.777)	(0.173)
$D \times gap_{t-1}$	−1.228	−2.295	1.325**	1.010**
	(0.676)	(1.732)	(0.409)	(0.372)
$D \times gap_{t-2}$	−2.183	1.460***	−0.200***	−3.036
	(1.352)	(0.276)	(0.059)	(2.118)
$D \times gap_{t-3}$	0.939	−0.839	−2.205	−1.127
	(0.651)	(0.667)	(1.411)	(0.030)
$D \times gap_{t-4}$	3.213	4.198	−6.014	0.991
	(2.189)	(2.227)	(5.030)	(0.653)
调整 R^2	0.915	0.936	0.909	0.925
AR（p）	AR（2）	否	否	否
LM 检验的 p 值	0.198	0.465	0.390	0.531
回归残差 ADF	−6.390***	−4.226***	−5.271***	−3.277**

　　类似于前面的处理方法，我们利用核心解释变量 gap_{t-j}、$D \times gap_{t-j}$ 的系数先识别出基期和比较期产出缺口各滞后变量对产品价格指数的影响，再把各滞后期的影响加总起来得出总的影响，并进行比较。结果归纳于表4—4中。

表4—4　　　　　　　　　　产出缺口对产品价格指数影响变化的总结

		当期影响	滞后1期	滞后2期	滞后3期	滞后4期	总影响
HP滤波	基期	5.37			−0.233		5.137
	比较期	5.281			−0.233		5.048
BK滤波	基期		3.017	−1.066			1.951
	比较期		3.017	−1.066	1.46		3.411
CF滤波	基期	1.7					1.7
	比较期	1.7	1.325	−0.2			2.825
卡尔曼滤波	基期		2.669		−0.357		2.312
	比较期	0.8	3.679		−0.357		4.122

从表4—4可以看出，在HP滤波方法下，基期（对应于劳动力无限供给条件），产出缺口对价格指数的总影响系数是5.137，就是说1个百分点的产出缺口会使价格指数上升5.137个百分点。到比较期（对应于劳动力有限供给条件），这一影响变为5.048，影响程度出现了略微的下降。在BK滤波方法下，基期产出缺口对工资指数的总影响系数为1.951，在比较期总影响系数升至3.411。在CF滤波方法中，基期产出缺口的总影响系数为1.7，到了比较期，总影响系数为2.825，影响扩大了1.125。在卡尔曼滤波方法中，基期产出缺口的总影响系数为2.312，而比较期总影响系数为4.122，扩大了1.81。可见，在上述四种滤波方法中，除HP滤波方法外，其余三个模型都能证明自2005年之后产出缺口对产品价格指数的影响出现了明显的强化趋势。同样，由于HP滤波方法的可信度不足，我们更倾向于接受其他三种滤波方法所得出的结论。

◇◇四　结论与启示

由于经济增长与物价稳定之间的矛盾加剧，中国过去以较低的通胀代价来实现经济增长的做法将难以为继，这对传统的以经济增长为核心的相机抉择的调控目标体系提出了挑战。减少对经济增长目标的依赖，同时为解决就业问题而加快经济结构的转换与升级，是未来一段时间内调控目标优化的重点。

（一）本章结论的简要小结

西方经济学教科书一般将宏观调控的目标概括为经济增长、物价稳定、充分就业和国际收支平衡。在中国，十六大报告也明确将这四个目标列入宏观调控的目标体系。然而，这四个目标之间存在冲突，特别是经济增长与物价稳定之间。如何寻找一个最佳的平衡点，是各国宏观调控面临的一个长期任务。

本章首先回顾了美欧日等发达国家宏观调控的实践，指出它们解决宏观调控各个目标之间冲突的办法，即先设定一个通胀率的中长期目标，当经济运行于安全区间时，以稳定物价为首要目标，只有在经济脱离安全范围的非常时期，才启动灵活调控手段来保增长和促就业。尽管从本质上讲，这种目标体系的管理办法也带有相机抉择的特点，但它是以稳定物价为核心的，物价调控是常态目标。

反观中国，通过回顾改革以来七轮宏观调控的实践我们可以发现，与发达国家相反，中国平衡各目标之间冲突的办法是，先设定一个经济增长率的中长期目标，当物价运行于可接受范围内时，以经济增长为首要目标，只有在物价出现剧烈波动的非常时期，才启动相应措施来稳定物价。当然，这也是一种相机抉择的目标管理办法，但它是以经济增长为核心的，保增长是常态目标。

改革以来，除少数经济过热的年份外，中国均能较好地兼容经济增长与物价稳定这两个目标，从一定意义上讲，它是以较小的物价稳定的代价，实现了经济增长目标。然而，今天这种情况正在遭遇挑战，这主要源于近年来中国宏观调控约束条件所出现的新的变化，其中最值得关注的就是劳动力市场所出现的变化，进入 21 世纪以来，中国劳动力无限供给格局正在走向终结，并转向有限供给。

上述变化所带来的直接影响就是，经济增长与物价稳定之间的矛盾会加剧。其内在的机理是，在过去劳动力无限供给的条件下，产出缺口只会引起资本要素的价格变化，而不会引起劳动要素的价格变化；但在劳动力条件转向有限供给后，产出缺口既会引起资本要素的价格变化，也能引起劳动要素的价格变化，在成本加成定价机制下，对最终产品价格的冲击力度肯定会加剧。我们基于第三代菲利普斯曲线，利用季度的宏观数据证明了上述结论。经济增长与物价稳定目标之间的矛盾加剧，将使中国宏观调控目标体系的平衡变得更为困难。

（二）启示与建议

（1）降低对经济增长目标的依赖，主动调低经济增长预期，在更大程度上兼顾物价稳定目标。经济增长与物价稳定之间的冲突加剧，说明中国经济增长的代价将越来越大，对价格的冲击会进一步强化。自 2008 年 4 万亿元投资计划以来，我国物价压力一直居高不下，在这种背景下，如果继续谋求高的增长目标，稳定物价的目标将会渐行渐远。唯一的解决办法就是，至少在短期内要主动下调经济增长预期，摆脱传统上对高增长依赖的做法。实践中我们已经看到了这一演进趋势。十二五规划期间年均经济增长预期已经从十一五的 9% 下调为 7%。自 2012 年起连续两年的经济增长目标都调整为 7.5%。

（2）在调低经济增长预期的同时，为应对可能出现的就业压力，还要进一步推动国民经济的结构转换与升级，通过促进服务业和新兴产业的发展，降低就业目标对高增长的依赖，为调低经济增长目标创造条件。我们认为，宏观调控并非只从总量的角度对国民经济进行需求管理，它还应从结构的角度对国民经济进行产业干预。就拿美国来说，在里根和克林顿执政时期分别采纳了供给学者的观点，而减税政策都是带有产业区别性的，所以供给的改善必然会从产业结构转换的角度体现出来。

在日本战后宏观经济的管理过程中，产业政策的运用更是达到极致。就中国而言，不少学者认为，在宏观调控的目标体系中应该加入结构性目标。党的十八大也明确提出要"改善需求结构，优化产业结构"。不管从理论上讲是否可以把结构优化的目标纳入宏观调控的目标体系中，一个很现实的问题是摆在我们面前的，那就是，如果调低经济增长的预期，就业怎么办？尽管中国出现了民工荒，但就业问题犹如高悬之剑，丝毫容不得马虎。或许，2013 年上半年的经济数据能提供答案。2013 年上半年我国经济增长速度为 7.6%，比上一年同期降低了 0.2 个百分点，虽然经济放缓，但就业仍呈良好的增长势头：上半年城镇新增就业就达到 725 万，比上年同期增加了 31 万，预计全年能超额完成年初所制定的 900 万新增就业目标。在这一过程中，服务业的快速发展发挥了关键作用。目前中国服务业还有很大的发展空间，特别是与网络经济相关的一些新兴服务业的发展空间很大。只有提高国民经济的就业弹性，挖掘好服务业的就业海绵功能，才能彻底摆脱就业对高增长的路径依赖，才能为物价调控腾出更大的空间。

第 五 章

中国货币政策的理论基础重构与未来实践

中国的货币政策在过去 30 年对稳定经济、促进增长发挥了积极的作用。但是，在执行过程中还存在着很多问题。首先，在实际执行中，央行对货币总量的控制并不理想。近几年货币总量增长率目标值与实际值的对比可参见表 5—1。从表 5—1 可以看出，1994 年公布货币总量目标以来，控制情况一直不太理想。当然，目前货币政策目标是一个数值目标，要严格达到不太可能。为衡量货币政策达到目标的情况，可利用现有的目标值构造货币政策目标区间。参考 Geiger（2006）的做法，以目标值上下浮动 1 个百分点构成目标区间，如果原目标为区间，那么保持不动。根据这一标准，M2 仅有 6 次达到目标，而且在某些年份，货币增长率与目标值相差甚远。这种状况的结果是，不考虑此次金融危机的影响，1994 年至 2007 年，M2 的周期性部分和实际 GDP 周期部分高度正相关，利用 HP 滤波方法计算周期部分后，其相关系数为 0.60，利用 BP 滤波计算周期部分后，其相关系数达到 0.82，呈现明显的顺周期特征。

表 5—1　　　　　　近几年我国货币总量目标的完成情况　　　　　单位:%

年份	M1 增长率		M2 增长率	
	目标值	实际值	目标值	实际值
1994	21	26.2	24	34.5
1995	21—23	16.8	23—25	29.5
1996	18	18.9	25	25.3

续表

年份	M1 增长率		M2 增长率	
	目标值	实际值	目标值	实际值
1997	18	16.5	23	17.3
1998	17	11.9	16—18	15.3
1999	14	17.7	14—15	14.7
2000	15—17	16	14—15	12.3
2001	13—14	12.7	15—16	14.4
2002	13	16.8	13	16.8
2003	16	18.7	16	19.6
2004	17	13.6	17	14.6
2005	15	11.8	15	17.6
2006	14	17.5	16	16.9
2007	—	21	16	16.7
2008	—	9.06	16	17.82
2009	—	32.35	17	27.68
2010	—	21.19	17	19.72
2011	—	7.9	16	13.6
2012	—	6.5	14	13.8
2013	—	9.3	13	13.6

资料来源：Geiger（2006），历年《中国货币政策执行报告》。

其次，在货币供给量不稳定的情况下，金融对于实体经济的支持作用发挥得还不够充分。在 M2 的各组成部分中，企业存款的比重一直保持了持续上升的态势，特别是 2010 年之后出现了一个大幅跳跃。在 2013 年，这一情况更为明显。截至 2013 年 12 月，企业存款余额较同年 1 月增长了 13.3%，而同期的居民存款增速为 11.4%。在企业存款大幅攀升的情况下，企业定期存款增速尤其迅猛，12 月比 1 月增长了 14.9%。定期存款的增加意味着货币企业内部大量沉积，而没有发挥购买原材料、促进流通的作用。这就导致金融对于实体经济的支持不足，出现了较为严重的金融空转。

针对这些问题，我们可以责备商业银行没有发挥好自己的职能，对实体经济支持不够，也可以认为是企业的预算软约束导致其对金融价格信号反应不灵，即因为一些体制问题货币政策传导渠道不通畅。我们当然也可以责备财政政策在货币政策执行过程中出现了干扰，导致货币政策与财政政策的协调不足，削弱了货币政策的效果。除了上述这些可能的原因以外，本章通过梳理中国货币政策实践发现，中央银行自身货币政策设计也存在一些原则性问题，导致了货币政策在执行过程中出现了结果不理想、似是而非的情况。因此，未来我国的货币政策在更为复杂的金融环境下需要重新设立理论基础和实践框架。

◇一 中国的货币政策实践与背后的理论共识

（一）改革开放以来货币政策实践

货币政策调控框架是指为完成一国货币政策调控目标而实行的一系列货币政策框架制度安排，主要包括货币政策最终目标、中介目标、操作目标和货币政策工具等。

1984年银行体制改革以后，中国人民银行开始专门行使中央银行职能。此后，我国的货币政策调控目标和调控方式发生了几次较大的转变。以1998年为界，1998年年初我国取消了贷款规模限额控制和扩大公开市场操作业务，货币政策经历了从直接调控向间接调控转变的过程。之后，货币政策中介目标、调控手段都逐步有所完善。从中介目标的角度来看，我国的货币政策经历了从关注贷款规模到货币总量再到二者兼顾的过程。其中，1998 年后的十年，为了控制通货膨胀，贷款规模指导又一次站上了政策舞台。此外，随着表外贷款规模的逐步扩大，中央银行于 2012 年开始统计社会融资规模，以便将信托贷款、委托贷款等表外银行贷款业务纳入监管视野。总体而言，无论是贷款规模、货币总量还是社会融资规模，央行在中介目标上基本关注的都是数量目标。从调控工具来看，存款准备金、中央银行再贷款等都是数量型工具，公开市场业务也更多指向了数量型中介目标。

价格调控方面，1996 年以来我国一直在稳步推进利率市场化改革，并按照先批发、后零售，先长期、后短期的顺序，逐步放开相关利率。1996年以来，中央银行先后放开了银行间同业拆借市场、质押式回购市场的交易利率，同时实现了国债、政策性金融债的市场化发行，我国银行间市场批发性质的资金成本基本实现了市场化定价。此后，央行又于 2004 年对存贷款利率的管理体制进行了改革，实现了存款管上限、贷款管下限的阶段性目标。2007 年，中国人民银行主导推出了上海银行间同业拆借 Shibor，并将其作为货币市场基准利率加以培育。2012 年期间，中国人民银行分别将贷款利率的下浮区间逐步从贷款基准利率的 0.9 倍扩大至 0.7 倍，将存款利率的上浮区间从存款基准利率扩大至 1.1 倍。此后，最终于 2013 年全面取消了贷款利率管制。目前，虽然央行仍然公布贷款基准利率，但商业银行的贷款利率已经实现了市场化自主定价。总体看来，我国采用的是管住零售端的存贷款利率、放开批发性质的银行间市场利率，通过直接调整存贷款利率来影响整个社会的投融资成本。放开贷款利率管制后，目前可使用的价格型工具仅余存款基准利率一种。我国的货币政策调控框架演进过程可参见表 5—2，利率市场化的历史进程图可参见图 5—1。

表5—2　我国货币政策策略演进

政策工具		改革开放前30年 （1948—1978）	改革开放后20年 （1979—1997）	间接调控初期 （1998—2000）	间接调控深化期 （2001—2007）	间接调控混合期 （2007 至今）
	主要工具	信贷现金计划	信贷现金计划 中央银行贷款	中央银行贷款 利率政策 公开市场操作	公开市场操作 存款准备金 利率政策	公开市场操作 存款准备金 利率政策 窗口指导
	辅助工具	信贷政策 利率政策 行政手段	利率政策 信贷政策 再贴现 公开市场操作 特种存款	存款准备金 再贴现 指导性信贷计划 信贷政策 窗口指导	中央银行贷款 再贴现 信贷政策 窗口指导	中央银行再贷款 再贴现 信贷政策
操作目标			贷款规模到基础货币	基础货币（监测流动性）	基础货币 短期利率	基础货币 短期利率
中介目标		四大平衡	贷款规模到货币供应量	货币供应量 （监测利率、汇率）	货币供应量 长期利率	贷款规模 货币供应量 社会融资总量
最终目标		发展经济 稳定物价	从发展经济、 稳定物价到稳定货币、 并以此促进经济增长	稳定货币、 并以此促进经济发展	稳定货币、 并以此促进经济发展	稳定货币、 并以此促进经济发展

资料来源：根据《中国货币政策传导机制研究》（戴根有主编，2005）和央行网站资料整理。

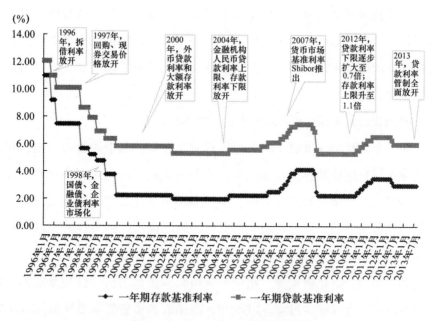

图5—1　利率市场化历史进程图

资料来源：根据人民银行资料整理。

（二）我国现行货币政策调控框架及其主要特点

目前，我国实施的是多目标制的货币政策调控模式，最终目标主要是稳定币值，并以此促进经济增长，充分就业和国际收支平衡也是关注的目标之一。从中介目标来看，我国目前主要盯住货币供应量、新增人民币贷款和社会融资总量等数量型目标，操作目标则主要为基础货币投放和短期利率管制。

从货币政策调控工具来看，我国的货币政策调控工具主要可分为数量型工具和价格型工具，其中价格型工具主要是存贷款利率管制，其作用场所在于面向居民、企业的零售资金市场。数量型工具主要包括准备金率调整、中央银行再贷款等，其直接作用场所在银行间市场。此外，公开市场操作也是我国货币政策调节的重要工具之一。虽然公开市场操作本质上既可以作为数量型工具，也可以作为价格型工具，但是由于我国的操作目标是盯住流动性、兼顾价格，因此可以将其归类于数量型工具，其作用领域也在于银行间市场。

我国货币政策现行调控框架有两个基本特点：

第一个是利率双轨制。即中央银行对于存贷款利率的管制和银行间市场利率市场化定价并存。长期以来，我国一直施行的是对存贷款利率进行直接调整的利率调控模式。同时，由于利率市场化改革逐步推动，银行间市场包括货币市场、债券市场、票据市场以及网下同业市场等金融同业间的市场利率则基本全部为市场化定价。

第二个是贷款规模指导。我国的货币政策经历了从关注贷款规模到货币总量再到二者兼顾的过程。1998 年，我国取消了贷款规模管制。2007 年之后，为控制通货膨胀，贷款规模指导又重新站到了政策舞台之上。目前，主要通过窗口指导，以及与银行资产产量状况、资本充足率挂钩的差别准备金率调整，对银行的放贷行为进行监督指导。

在一般意义上，货币政策调控路径主要为中央银行通过政策工具调整银行间市场基准利率，之后银行间市场基准利率通过利率期限结构传递到零售端的存贷款利率。但是，我国的货币政策执行模式与一般框架有着明显不同。数量型的货币政策工具指向银行间市场，同时，零售端的存贷款利率因为管制，也逆向指向了银行间市场。在这样的双重挤压下，银行间市场的各种融资手段就无法体现交易者真实的交易动机，进而也就很难反映真实的价格信号。

（三）中国货币政策实践背后的理论共识

从上述的实践来看，我国货币政策背后的理论是 20 世纪 80 年代的货币主义修正版本的凯恩斯主义。这里需要澄清的一个概念是，一些观点认为货币主义是对凯恩斯主义的反革命，因此，货币主义修正版本的凯恩斯主义就成为一个矛盾的概念。实际上，凯恩斯主义在诞生的早期主要关注了财政政策对总需求的控制，认为货币的影响很小，可以忽略。在货币主义诞生后，经过激烈斗争，凯恩斯主义接受了其观点，认为货币是一个非常重要的影响总需求的因素。因此，弗里德曼才认为宏观经济学没有原理上的分歧，仅仅是实证方面在数量上的分歧。当然，货币主义除了认为货币很重要以外，还有一些其他的方面，这些方面有些是与凯恩斯主义不太兼容的，并开启了后来的新古典革命。所以，对于货币主义的评价需要一分为二，它既补充了凯恩斯主义，也埋下了挑战凯恩斯主义的种子。① 因此，货币主义修正版本的凯恩斯主义是一个可以成立的理论概括，其主体是凯恩斯主义，同时又吸收了货币主义关于货币量的理论，具体内容可以分为以下两个方面。

首先，政府需要积极介入宏观经济管理。我国货币政策不断地实施和修正表明我们认为总需求管理很重要，是能够用于经济波动管理的有效工具。这是凯恩斯主义的基本观点，即市场存在失灵，需要政府利用宏观政策介入。与之相对的新古典主义认为市场自身具有很强的调节能力，可以很快地自我修复，因此，宏观政策无效。

其次，货币量是政府影响总需求的一个重要工具。货币主义坚持认为货币量是政府控制的外生变量，中央银行可以通过货币政策工具控制基础货币或者说高能货币，基础货币与货币乘数双重决定了整个社会的货币供给量。通过货币供给量的变化就可以影响社会的利率，利率的改变就会导

---

① 随着经济理论的发展，这些对凯恩斯主义的挑战也逐渐被纳入凯恩斯主义的框架，例如理性预期和一般均衡等。但是，我国当前的货币政策并不符合融合了新古典主义的新凯恩斯主义，或者称为新新古典综合，而是停留在 20 世纪 80 年代的货币主义修正版本的凯恩斯主义。

致投资、消费等总需求因素发生变化，从而影响经济。在这个理论的基础上，维持固定货币增长率的弗里德曼规则就是一个最优的选择。由于我国当前还设定货币增长目标，关键的是并将这作为中央银行的考核指标之一，[①] 可以说，我国当前的货币政策是目前极为罕见的还保留货币主义遗毒的政策。

货币主义修正版本的凯恩斯主义强调了中央银行可以控制货币供给量，所以对于经济体来说，货币是一个外生的政府控制变量。由于这与我国的实际货币供给过程相矛盾，必然导致按照这样虚幻的理论设计的政策效果不佳，甚至会有反向影响。下面通过分析中国实际的货币供给过程，说明我国当前的货币政策传导机制，在此基础上提出未来的货币政策改革方向。

◇二 中国货币性质与货币政策传导渠道反思

(一) 货币供给内生性

上面描述当前央行相信的货币主义理论中假设的外生货币供给过程从其逻辑本身来看是没有任何问题的。但是问题恰恰在于这仅仅是一个纯逻辑的推理。这个推理本身与货币的历史发展和当代中央银行供给货币的行为是矛盾的，因此，才会产生依据这个理论导致的货币政策实施是效果不佳的。

首先，外生货币理论中货币的性质与货币发展历史是矛盾的。分析货币最关键的问题是定义货币。这一点非常困难。现代经济学理论仍无法达成统一的观点。定义货币的思路是从其执行的功能入手，凡是能够执行同

---

① 一些央行，例如欧央行，也关注货币增长率，但不是约束性指标，仅仅是一个信息变量，同时还不是十分重要的信息变量。

一功能的资产都被称为货币。一般来说，货币的职能包括支付功能、交易媒介、财富储藏和计价单位。不同的理论从不同的基础功能入手定义货币。新古典理论假定货币的出现是为了解决物物交换中出现"需求双重巧合"的困难，因此其基本职能是交易媒介，其他职能都是从这个基本职能中派生的。在这个假设下，货币是一个对于经济不产生实际影响的外生变量，即货币面纱论。宏观经济学中的新古典综合（IS-LM 模型）学派则采用了另一种分析思路，认为货币的基本职能是财富储藏。这两种观点在本质上都是外生货币理论。之所以这么说，是因为在这两个理论中，货币与实体经济至少在长期中是可以分离的，即古典二分法成立（Wray，1990）。例如，我们在分析投资增加的时候可以与货币供给分析相分离。在货币供给不变的情况下，投资支出上升会导致货币需求上升，从而提高利率。另一方面，如果货币供给增加，那么超额货币供给就会降低利率。货币和实体经济的分离就意味着货币是一个外生于经济的变量。正如上一节假设，这个变量由中央银行控制。

但从历史上看，上述两种货币职能的分析都与实际情况不太吻合。从各种可得的历史证据来看，货币最本质的职能是支付手段，是为了清算债务而出现的工具（Graziani，2003）。按照马克斯·韦伯的说法：

当今社会，货币具有既作为有规定的支付手段又作为一般交换媒介这两种特殊职能。从历史过程上看，规定支付手段的职能比一般的交换媒介的职能出现得更早一些。在这个阶段上，货币还没有进入交换的事实是：许多物品从一个经济单位到另一个经济单位发生的价值转移，必须要有支付手段但并不需要交换。从史料上看，酋长之间的部落聘金、妆奁、赠与、损害赔偿和罚款、杀人赔偿金等等，这些都必须以某种标准媒介物来进行支付。第二个阶段交换媒介的出现，是因为出现了新的情况：以前只有属民对酋长的支付，现在出现了酋长对属民的支付。这种支付还包括领主以赠与的方式付给臣仆的工资和将军对士兵类似薪饷的支付。[①]

同样根据历史资料,凯恩斯也不同意上述两种分析货币职能的思路。他认为:

> 计算货币是表示债务、物价与一般购买力的货币,这种货币是货币理论中的原始概念。……货币本身是交割后可清付债务契约和价目契约的东西,而且也是储存一般购买力的形式。它的性质是从它与计算货币的关系中得来的,因为债务和价目首先必须用计算货币表示。仅仅在现货交易中用作方便的交易媒介的东西可能接近于货币,因为这种东西可能代表储存一般购买力的手段。但如果全部情况就是这样的话,我们便没有超出实物交换的阶段。正式货币就其充分的意义来说,只能相应于计算货币而存在。[②]

总的来说,外生货币理论中货币执行的两种职能都是对物物交换经济进行类比得出的。但是,现代市场经济并不是从物物交换中成长起来的(Heinsohn、Steiger,1989),货币不是伴随着物物交换发展到市场经济就诞生了的。因此,这两种货币职能与货币的起源并不符合。

其次,外生货币理论认为中央银行控制高能货币供给从而影响货币的观点也不正确。中央银行在控制高能货币方面具有不对称性。中央银行可以任意扩大高能货币的供给,但是,并不能随意减少高能货币的供给。中

---

① 参见马克斯·韦伯《世界经济史纲》,人民日报出版社 2007 年版,第 169 页。

② 参见凯恩斯《货币论》上卷,商务印书馆 2009 年版,第 7 页。之所以引用《货币论》而不是更为著名的《通论》,是因为后者对于货币的分析更为粗略,是一个笼统的货币分析。在《通论》中分析货币性质的时候,凯恩斯明确指出这点。

央银行总是适应商业银行的需求供给高能货币。Moore（1988）发现美国中央银行对于准备金的供给是适应性。美联储在发现了这个问题之后，基本上就放弃了准备金调整这个政策工具。于泽（2008）在研究中提到，我国近年来历次法定准备金率上调后，央行并不会伴随准备金调整而收紧流动性，大多数情况是注入流动性，商业银行可以从中央银行手中获得本旬需要缴纳的法定准备金。因此，我国央行实际上在提高法定准备金率的同时，通过公开市场业务注入流动性，综合看来不会对商业银行的资产组合产生影响。2013年6月，我国上演了银行间市场利率飙升的"钱荒"。在这一事件中，人民银行先是表态不注入资金，最后迫于金融市场稳定的压力大量注入资金。这一过程充分说明了中央银行没有控制高能货币的主动性，只能适应性地供给。

中央银行为什么一定会适应性地供给高能货币呢？这是因为中央银行必须保证金融市场稳定运行。当商业银行贷款规模扩大，导致存款扩大，从而银行系统产生准备金不足的时候，如果中央银行拒绝借给商业银行准备金，那么银行间的利率就会大幅上升。但是，这种上升是没有效率的，因为所有的银行都没有准备金，利率上升也不会改变这种局面。而利率上升会导致金融市场动荡。中央银行为了稳定金融系统，就只能供给高能货币。这实际上体现了经济学中"天下没有免费的午餐"这个道理。经济自身本可以在没有中央银行的情况下自我供给货币，如果国家要通过中央银行干预这个过程获得铸币税，就需要承担金融稳定的职责。

综合上述两个缺陷，外生货币供给理论虽然是一个没有逻辑问题的理论，但是其与实际情况不吻合，因此，我们需要找到一个符合中国现实的货币供给理论。代替外生货币供给理论的是内生货币供给理论。

在内生货币理论看来，货币供给量是一个经济自身运行过程中自我产生的内生变量，中央银行是被动地向社会投放基础货币。具体来说，企业对商业银行的贷款需求导致了贷款和存款的出现，商业银行无中生有创造了货币，中央银行在这个过程中是"适应性"地提供高能货币。内生货币理论的关键是对银行业务的理解。外生货币理论将银行业务理解为吸收存款发放贷款。因此，只有获得了中央银行提供的高能货币才能有资金发放贷款。这就导致了中央银行注入准备金，商业银行通过发放贷款产生了货币乘数的效应。但是在现实中，商业银行根本不需要存款就可以发放贷款。这是因为商业银行的存款是经济当事人在日常交易和支付中广为接受的媒介，所以，在复式记账条件下，商业银行发放贷款就是给贷款方开设一个存款账户。我们可以将这个会计分录表示如下：

借：贷款——短期贷款（或者中长期贷款）

贷：吸收存款——单位活期存款

因此，复式记账使得银行在没有存款的情况下就可以发放贷款。

为了使这个逻辑更加清晰，我们可以考虑一个假想的故事。例如张三想购买一辆30万元的宝马汽车，但是，他没有资金，希望从银行贷款。如果工商银行认为张三是一个可靠的借款人，那么就会愿意向张三提供30万元的消费贷款购买宝马汽车。这个时候工商银行并不需要有30万元的存款，只需要在工行给张三开两个账户，一个是贷款账户，另一个是存款账户。这个过程的会计分录：

借：贷款——短期贷款30万元——张三贷款户

贷：吸收存款——单位活期存款30万元——张三存款户

这样张三就有了30万元。因为存款是大家广为接受的交易媒介，所以，张三可以用这笔存款交易。如果宝马汽车销售公司的账户也在工商银行，那么只需要行内转账。如果宝马汽车销售公司的账户不在工商银行，那么只需要跨行转账也就完成了这笔交易。

因此，只要借款者值得信赖，那么只需要动一下笔，或者敲一下键盘，商业银行就从"无"中创造出来贷款。这个过程唯一的限制是向"可信的"

借款者发放的贷款数量。这依赖于借款者的借款意愿和银行给予其客户信贷额度的意愿（Rochon，1999）。后者可能被银行流动性状况所影响。商业银行牌照的魅力不在于可以吸收存款，从而扩大资金来源，而在于可以自我创造存款，从而拥有了更大的自主权。

凯恩斯很早就认识到了商业银行业务的这种特性，他说：

> 只要各银行齐步前进，发行银行钞票的安全量变显然没有限制。加重点的几个字说明了这种体系的活动的要领。……每一个银行经理都可以坐在客厅里，把自己看成个人力量无法控制的外界力量的被动工具；但这个"外界力量"就是他自己和邻行经理，而绝不是存款者。①

银行和客户之间最简单的安排是建立信贷额度或者透支，凯恩斯将之定义为"一种和银行的协议安排，建立一个负债账户，其中金额不超过协议金额，利息支付基于平均负债金额，而非最大的协议负债金额。当建立信贷额度后，给借款者的额外贷款立刻在银行的负债部分出现一个对应的账户，并创造出等额的存款。随着借款者利用这些新的信贷货币给一些服务进行支付，这些新创造的存款开始换手"。②

和凯恩斯的解释一致，在现代世界中，为了支出，并不必要持有货币存款。"一个银行的客户可以在自己存款的基础上开支票，这会减少她在银行的信用，也可以在透支的基础上开支票，会增加她对于银行的债务。"③ 类似地，支票的接受者可以利用这些资金增加他们银行的信用余额，也就是他们的存款，也可以利用这些资金减少他们的债务余额，即信用额度的使用比率。

---

① 参见凯恩斯《货币论》上卷，商务印书馆 2009 年版，第 28 页。
② 同上书，第 40 页。
③ 同上。

　　这就是使用信用卡时发生的故事。当消费者利用信用卡购买商品的时候，他们可能没有银行存款，因此，随着交易的发生，他们的信用额度使用比率上升。同样地，商品出售方拿到了资金后，其对银行的债务将会相应减少，如表5—3所示。在这些环境中，所有交易者持有的存款总量并没有改变。

表5—3　　　　　　　　　　　　　通过债务方支付

银行	
资产	负债
购买者负债 + 100	
销售者负债 - 100	

　　希望支出的参与人可以有两种方式做到这点。他们或者消耗货币余额（银行存款），或者在保持货币余额不变的同时，增加他们在银行的负债。正如凯恩斯指出的，购买商品和服务的潜力，或者他称的现金额度（cash facilities），由两部分构成，货币存款和没使用的透支额度，即还没有被使用的信贷额度的比率。"正确地说来，未使用的透支额度（unused overdraft facilities）——因为代表了银行负债——应该……出现在账户的两边。"[①] 如果我们跟踪这些未使用的透支额度，那么银行账户看起来如表5—4所示。

表5—4　　　　　　　　　　　　　信用额度

银行	
资产	负债
贷款（使用的透支额度）	存款
未使用的透支额度（潜在贷款）	未使用的透支额度（潜在存款）

---

① 参见凯恩斯《货币论》上卷，商务印书馆1996年版，第41页。

　　虽然未使用的透支额度仍然被当作表外贷款承诺，但是一些国家，比如美国，已经开始统计这些数据（Moore，1988）。未使用的信贷额度大约占了狭义定义的货币存量的一半，是使用的透支额度的两倍。那么很显然，拥有信贷额度的人就有了信贷货币的内生源泉。实际上，国际清算银行（BIS）认为，在评估资本充足率的时候，应该将正式的便利性融资（formal standby facilities）和银行的信贷额度考虑进来（BIS，1988）。

　　因此，在现实中，由于银行业务的特殊性，货币的供给过程是先有贷款需求，这就导致了存款的出现，也就是贷款产生了货币，在中央银行的适应性供给之下，产生了高能货币。传统的货币主义假设的外生货币理论是先有存款，再有贷款。这两个理论关键的区别是前者认为货币产生了高能货币，而货币主义认为中央银行控制的高能货币影响了货币量。为了表明货币内生理论是中国的实际情况，下面对这个理论进行相应的实证检验。

　　针对上述的实证检验一般采用格兰杰因果类型检验，即检验到底货币是高能货币的原因还是高能货币是货币的原因。格兰杰因果检验分为样本内检验和样本外检验。一般在格兰杰因果检验中都采用全部样本进行回归，然后分析系数的显著性。实际上，在格兰杰因果检验中，样本外检验（out-of-sample testing）是最为自然的。格兰杰因果考察的是一个变量是否对另一个变量的预测有帮助。样本外检验正是将某个时点的数据当作未知的，利用已知的数据构建回归模型预测这个未知的数据。令 x_t 和 y_t 是弱平稳序列，为了考察变量 x 是否对于变量 y 有预测力，构建模型：

$$y_t = v_1 + \alpha_t y_{t-1} + \cdots + \alpha_p y_{t-p} + \beta_1 x_{t-1} + \cdots + \beta_p x_{t-p} \tag{1}$$

　　如果假设变量 x 不是变量 y 的格兰杰原因，格兰杰因果意味着联合检验：

$$\beta_1 = \beta_2 = \cdots = \beta_p = 0$$

　　在原假设条件下，模型（1）变为：

$$y_t = v_1 + \alpha_t y_{t-1} + \cdots + \alpha_p y_{t-p} \tag{2}$$

我们将模型（1）称为全模型，模型（2）称为受限模型。样本外检验包括如下三步。第一步，将 y_t 的 T 个观察值分为两部分，一部分包含 1 到 R，另一部分包含之后的 P 个观测值。因此，我们有 $R+P=T$。前面 R 个观测值永远都用于参数估计，后面 P 个观测值利用递归方法进行一步预测。第二步，利用递归方法进行一步预测。具体来说，利用 1 到 R 个观测值，采用最小二乘方法，分别估计模型（1）和模型（2）。在此基础上，获得预测值 $\hat{y}_{f,R+1}$ ［利用模型（1）进行预测］和 $\hat{y}_{r,R+1}$ ［利用模型（2）进行预测］。然后，用 1 到 $R+1$ 个观测值，采用最小二乘方法，分别估计模型（1）和模型（2）。在此基础上，获得预测值 $\hat{y}_{f,R+2}$ 和 $\hat{y}_{r,R+2}$。依此类推，直到获得从 $R+1$ 到 T 的一步预测 $\hat{y}_{f,t}$ 和 $\hat{y}_{r,t}$。对应的一部预测误差分别为 $u_{f,t}=y_t-\hat{y}_{f,t}$ 和 $u_{r,t}-y_t-\hat{y}_{r,t}$。第三步，比较 $u_{f,t}$ 和 $u_{r,t}$，判断模型（1）和模型（2）的预测表现。比较 $u_{f,t}$ 和 $u_{r,t}$ 的指标可以考虑如下三个方面。

首先，考虑 $u_{r,t}$ 和 $u_{r,t}-u_{f,t}$ 之间的协方差，为此，我们定义 $C_t=u_{r,t}$ $(u_{r,t}-u_{f,t})$，$\bar{c}=\sum_t c_t$。利用如下的 t 统计量 ［Diebold and Mariano（1995），Harvey et al.（1998）］进行单边检验：

$$t=(P-1)^{1/2}\frac{\bar{c}}{\sqrt{P^{-1}\sum_t (c_t-\bar{c})^2}}$$

其次，进行如下回归：

$$u_{r,t}=\beta (u_{r,t}-u_{f,t})+e_t$$

然后检验原假设 $\beta=0$ 所对应的单侧 t 统计量。

$$reg=(P-1)^{1/2}\frac{P^{-1}\sum_t u_{r,t} (u_{r,t}-u_{f,t})}{\sqrt{P^{-1}\sum_t (u_{r,t}-u_{f,t})^2 (P^{-1}\sum_t u_{r,t}^2)-c^{-2}}}$$

最后，为了弥补前面两种检验的小样本偏差，Clark and McCracken（2001）提出了一个改进统计量：

$$new=P\frac{P^{-1}\sum_t (u_{r,t}^2-u_{r,t}u_{f,t})}{P^{-1}\sum_t u_{f,t}^2}$$

这三个统计量并不服从标准的 t 分布，Clark and McCracken（2001）给出了相应的临界值。

为了检验货币与高能货币的因果关系，我们选择了中国人民银行公布的存款性金融公司概览中的存款性金融公司对非金融部门债权加上外汇占款、M2 存量、高能货币数量和信托贷款。在实证分析中采用这些变量的对数值，分别用 loglending、logm2、loghm 和 logtrust 表示。数据为 2002 年 1 月到 2013 年 5 月的月度数据。所有数据来自中国人民银行网站。之所以选择从 2002 年开始，是因为自 2002 年起，中国人民银行按照国际货币基金组织《货币与金融统计手册》对货币金融统计制度进行了修订。这导致 2002 年第一季度及以后各期数据与历史数据不完全可比。

利用向量自回归判断格兰杰因果，需要变量是平稳的。单位根检验发现 loghm，logm2 和 loglending 这三个序列是一阶单整 I（1）序列，而 logtrust 是平稳的 I（0）序列。

我们对高能货币与货币的关系、贷款与货币的关系进行样本外格兰杰因果检验。检验结果如表 5—5 所示。

表 5—5　　　　　　　　　样本外格兰杰因果检验

检验命题	检验统计量			95% 临界值			90% 临界值		
	t	reg	new	t	reg	new	t	reg	new
货币不是高能货币的原因	4.061	3.994	24.841	1.331	1.331	1.584	0.955	0.955	0.984
高能货币不是货币的原因	0.257	0.228	0.288	1.331	1.331	1.584	0.955	0.955	0.984
贷款不是货币的原因	0.447	0.461	0.835	1.331	1.331	1.584	0.955	0.955	0.984
货币不是贷款的原因	0.506	0.618	1.779	1.331	1.331	1.584	0.955	0.955	0.984

从表 5—5 中可以看出，我们拒绝了货币不是高能货币的原因，因此，我们

的逻辑是先有货币，后有高能货币，这正好是内生货币理论中最有特色的观点。也就是说，中国货币供给的逻辑是贷款产生存款，存款产生了高能货币，而不是传统的外生货币理论假设的中央银行注入高能货币，高能货币产生了存款。

（二）货币供给内生性下货币政策传导机制

由于货币是内生于经济的，所以为了分析货币政策如何影响经济，就需要对经济体系有一个完整的描述，来了解在这个过程中货币是如何产生的。在此基础上，才可以进一步讨论货币政策如何影响这个循环过程。一般来说，可以将一个时期内货币循环分为四个阶段。

（1）在货币循环开始的时候，厂商需要决定产出的货币价值。这意味着厂商需要决定生产的数量，同时也需要决定产品价格。

类似于新古典理论，也可以假设厂商在生产的时候具有生产函数。在给定生产函数后，企业从上一期继承了资本，在决定产量的同时就需要决定是不是要投资。企业在决定产量的时候本质上决定了两个变量，一个变量是资本使用率，即现有的资本是开发马力生产还是使得一部分空余，从而降低产量，另一个变量就是下一期的资本量是多少。决定资本使用率的因素是有效需求，而有效需求取决于对未来收入的预期。而投资量主要取决于对于长期中收入的预期。因此，生产量和投资量的决定来自企业对于近期收入和远期收入对比的预期。我们假设利率和工资都是外生变量，因此，起到了决定性作用的实质上就是凯恩斯认为的不确定性，企业需要针对不确定性产生自己的预期，然后根据预期进行生产和投资决策。

在生产和投资决策的同时，企业也需要对产品进行定价。在内生货币理论中，我们直接假设企业的定价策略是加成定价，而不去推导。这点有两层含义。首先，我们直接如此假设是因为在内生货币理论中，经济当事人不是去进行最优化，而是按照规则行事，因此，是在有限理性的假设下按照使得自己满意的规则行事。其次，如果是按照加成定价规则，由于前面假设企业知道自己的生产成本，那么问题就是加成率如何决定。在货币的生产理论中，最终实现的加成率取决于投资，而加成率的下限是由银行给企业设定的外部约束决定的。因为企业需要向银行证明自己的盈利能力来获得贷款，所以，银行就给企业的加成率设定了最低的约束，企业需要证明自己能够通过加成率来获得足够的利润，从而在归还银行本金的同时归还利息。

（2）在货币循环的第二阶段，企业向银行寻求融资，这个过程创造了货币和收入。在这个阶段，企业基于第一阶段对于生产和投资的需求向银行寻求贷款。利用前面的分析，银行利用自己的 T 形账户，无中生有地创造出了贷款和货币。这里面再次需要强调的是，企业的融资不需要依赖于前期家庭和企业的储蓄，也就不需要外生的货币。从投资的角度来看，投资的独立性是内生货币理论的第一推动力，是模型中其他变量运动的原因。投资并不依靠储蓄来进行，而是产生了之后的储蓄。投资在根本原因上是一种债务，货币提供了其进行支付的手段。① 从生产的角度来看，由于生产实际发挥作用是需要花费时间的，这段时间是没有产品的，也就不能提供储蓄，因此，在生产过程中，企业需要花费生产成本，就需要进行相应的融资。当企业需要融资来进行生产和投资的时候，其一般采用的融资工具是在银行授信。

虽然生产和投资都是从银行融资的，但是，这两种融资在还款期上有显著不同。企业需要在当期对流动资金贷款进行偿还，从而产生"回流"，封闭一个循环。但是，企业不需要马上偿还投资贷款，而是可以分成几期来偿还。这意味着，企业将对银行具有长期负债。

当企业从银行获得信贷之后，那么就可以支付工资和原材料费用，这时候工人就获得了收入，从而能够进行下一步的购买行为。

---

① 这里假设企业投资需要从银行贷款并不是否认其他的融资渠道，企业也从留存资金和证券市场融资。这三个构成了投资的资金来源。

（3）货币回流和利润的产生。一旦工人获得了工资，货币的回流就开始了。当工人有了货币之后，就可以购买消费品。生产消费品部门的企业就获得了收入。生产消费品部门的企业就可以利用这部分收入购买投资品部门的产品，加上投资品部门内部的交易，投资品企业也就获得了总收入。当企业获得收入之后，就可以用于归还银行贷款，从而减少货币量。如果工人没有储蓄，那么全部货币都会回到企业手中，企业归还贷款，整个循环就完结了。

当然，在这里面有一个问题，即企业是否应该将收回的收入归还贷款？企业还有一种选择是留下这部分收入，然后用于下一阶段的生产，从而企业的生产就能够独立于银行。在这种情况下，企业只有在需要扩大生产的时候才需要银行贷款。但是，这种情况是不现实的，而仅仅在理论上可行。因为在现实中，银行会要求企业归还贷款，从而构成了银行的收入。在下一期，企业需要再次依赖银行获得流动资金。当然，在下一次的时候，银行有可能不批准贷款。

家庭不持有储蓄这个假设是不合理的。如果家庭持有了储蓄，那么情况就会发生变化。储蓄有两种形式，一种是在银行中持有存款，另一种是购买新发行的证券。① 当购买新发行的证券时，企业又获得了资金，可以用来归还银行贷款。因此，在这个意义上，消费和购买新发行的证券都是对于企业的资金回流，效果是相同的。因此，总体层面上金融市场的功能是资金回流，而不是实物投资。② 实物投资不能通过居民的资产组合改变，即

---

① 在现实中，人们会在债券二级市场中购买。这在人们看来，也是储蓄。但是，在二级市场上购买证券是一种存量交易，一个人的购买就是另一个人的销售，这个销售者就获得了相应的储蓄。在统计上，这部分资金与存款并无不同之处，所以可以看成银行存款。

② 这点是后凯恩斯主义非常强调的微观分析与宏观分析的区别。当微观个体通过非线性加总形成了整体之后，会形成整体的性质，这就是宏观层面的特征。由于非线性，这些特征不能简单归结为个体特性。例如，单个企业可以通过金融市场为自己的投资进行融资，但是在整体层面上，就表现为资金回流。在现实中，很多上市企业公司公告发行债券的目的是归还银行贷款。

多购买新发行的证券来完成。

这里面的问题是家庭持有的银行储蓄。由于这部分资金没有回流，企业就没有办法归还银行的贷款。对于这部分贷款，企业就需要多期来归还，我们将会在后面看到，这部分资金就构成了在当前一期的利润。

（4）银行成为金融中介。在这个阶段，第三阶段的居民手中的存款就表现为为长期贷款提供支持，从而，银行在这个阶段表现为金融中介的职能。正因为在最后银行表现为金融中介，所以出现教科书经常认为的银行是吸收存款发放贷款这个误解。实际上，银行的金融中介仅仅是最后一个阶段的表现，而不是其基本功能。

综合上述各步，完整的货币循环过程可以概括为图5—2。当然，在现实中，由于每个企业的生产周期不同，现实是多个循环的叠加，而不能在企业和商业银行的资产负债表中清晰地体现出以上的逻辑。例如，现实中银行的贷款一定是短期和长期并存，而不是表现为最终的长期贷款，存款也就不能表现为完全为长期投资融资。

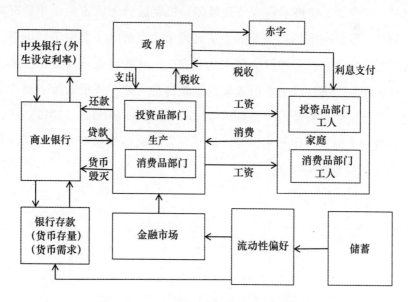

图5—2　内生货币框架下的完整货币循环

在货币流动的最后一个过程，经济的闭合依靠了长期信贷，即为了满足企业投资而出现的长期债务，即银行存款。随着企业投资，之后不同时期的生产能力就会发生变化。因此，通过投资和储蓄，不同时期就联系在一起。这与新古典增长模型一致。

通过上面的描述可以发现，货币内生下货币政策如果要影响经济，最重要的渠道是影响商业银行的信贷，这样就可以控制企业的生产节奏和消费者的收入，从而控制供给和需求。从表面上看，这个观点似乎与目前主流货币经济学中认为信贷是最为重要的货币政策传导渠道（Stiglitz，2011）是一致的，但实际上还是有很大差别的。货币内生情况下金融机构的信贷活动是经济的发动机，是一个非常主动的角色，中央银行处于被动的地位，而当前主流理论认为的信贷渠道中金融机构是一个中央银行货币政策的放大器，中央银行是主动的，商业银行是被动的。下面具体来看一下这两个思路的区别。

由于货币政策传导需要以金融市场为中介，所以以金融市场是否完美为标准，主流货币经济学将货币政策传导机制区分为新古典和非新古典两种。前者假设金融市场是完美的，从而货币政策影响了金融市场价格，导致了总支出变化。后者假设金融市场非完美，从而商业银行就在信息非对称中应运而生，贷款成为货币政策的重要传导变量，货币政策主要影响的不是资产价格而是贷款的可得性。Boivin，Kiley 和 Mishkin（2010）将这两类传导机制进行了具体概述，并讨论了其在货币政策模型中的应用。具体的分类可以参考表5—6。

表 5—6

渠道	描述	政策模型中应用
新古典渠道		
利率/资本成本/托宾 q	短期政策利率影响消费者和企业的资本使用成本	DSGE 模型和大规模计量模型中的标准要素（例如，MPS 或者 FRB/US 模型，Fair，2004）
财富效应	短期利率的变化影响贴现值和各种资产的托宾 q，这些资产值的变化影响了消费	DSGE 模型的标准要素，但是很难与跨期替代效应相区分。大规模计量模型中也是标准要素（例如，MPS 或者 FRB/US 模型，Fair，2004）
跨期替代	短期利率影响消费组合	DSGE 模型的标准要素，但是很难与跨期替代效应相区分。在传统的大规模计量模型中基本不存在
汇率效应	短期政策利率的变化通过非抵补利率平价或者资产组合效应影响汇率	大规模计量模型中的标准要素。在开放 DSGE 模型中经常见到（例如，Erceg，Guerrieri and Gust，2006）
非新古典渠道		
规制引发的信贷效应	对金融机构的限制（例如存款利率上限、信贷限制等）影响支出	包含在一些大规模计量模型中（例如，MPS 模型）
资产负债表渠道	货币政策的资产价格效应导致企业或者家庭的净财富发生变化，从而影响家庭和企业的外部融资溢价，导致家庭或者企业改变融资数量	在大规模计量模型或者 DSGE 模型中没有显著体现
银行贷款渠道	非对称信息导致了企业贷款与债券的非代替性，因此货币政策具有了影响企业贷款获得性的能力	在大规模计量模型或者 DSGE 模型中没有显著体现

资料来源：Boivin，Kiley and Mishkin（2010）。

　　在这两类渠道的关系上，Bernake et al.（1995）认为非新古典渠道是新古典渠道的放大器。货币政策会导致金融市场价格波动，这会通过一系列效应影响家庭和企业的资产负债表质量，由于金融市场摩擦，这就使得金融机构不愿意向家庭或者企业提供信贷，表现为企业和家庭的外部融资成本上升或者是贷款的抵押品要求提高。由于无法获得信贷，企业和家庭减少支出，从而抑制了总需求。从 Bernake et al.（1995）这个意义上来说，金融体系是一个被动型的因素。

　　除了上述这些传统的货币政策传导渠道之外，此次危机之后更为强调了一个全新的机制，即银行风险渠道。货币政策的银行风险承担渠道最先由 Borio 和 Zhu（2008）提出。在这次危机中，经济学界发现银行信贷行为是一个最为重要的传导变量，而其影响因素中最为关键的就是银行的风险承担。当中央银行改变政策立场之后，出于寻找高收益等原因，金融机构会通过调整资产负债表改变对于风险的承担，从而影响信贷量的发放。这个渠道可以理解为银行贷款渠道的扩展（Bernanke，2007），也就是货币政策影响了商业银行的资产负债表，从而导致了商业银行自身融资成本变化，导致了信贷供给量的变化。从这个角度，银行还是一个被动的机构。

　　因此，无论是传统的资产负债表渠道还是现代的银行风险承担渠道，在主流理论中，金融机构都是非常被动的，是中央银行货币政策的放大器。但是，从前面对于货币内生情况下经济循环四阶段的描述中可以看到，银行实际上是一个非常主动的机构，是其提供了社会运行需要的流动性，因此，货币内生情况下，银行是主动的，是其信贷提供开始了社会的经济循环，而不用被动等待中央银行提供高能货币。Adrian 和 Shin（2011）构建一个模型反映了这个逻辑。在 VaR 约束下，会计的盯市原则改变了商业银行的资产负债表，也就改变了其承担的风险，在此情况下，商业银行会主动调整杠杆率，将风险恢复到自身理想的水平。这就导致了商业银行的行为产生了经济周期。如果货币政策希望稳定经济周期，必须被动性地改变商业银行的行为。

（三）数量型货币政策导致影子银行业务和金融空转

如果我们理解了商业银行的信贷渠道是内生货币条件下经济发生运行的主要机制。那么这些年中国货币政策采用的数量型管制就会产生非常不理想的结果。由于银行信贷是内生于经济的，当对其进行数量管制之后，必然采取其他形式出现，并不会减少其最终的额度。当前我国的主要形式是商业银行大举介入影子银行业务，规避数量管制。

影子银行为一个信用中介业务体系，即完成了信用中介、期限转换、流动性转换三个功能的业务链条，但是没有受到中央银行的风险支持和流动性支持。这个定义强调了如下几点。首先，影子银行是一个业务链条，而不是某些特定的金融机构。其次，这个链条连接了储蓄者和借款者，从而是金融中介，而不是直接融资。最后，由于其不受到监管机构的风险支持和流动性支持，从而具有了系统性金融风险。概括来说，影子银行就是未受到监管机构的风险支持和流动性支持的金融中介体系。没有受到监管机构的风险支持和流动性支持将影子银行与商业银行区分开来，通过国家隐性担保和中央银行的最终贷款人职能，我国的商业银行受到了监管机构的风险支持和流动性支持。从影子银行的功能出发，可以定义广义和狭义的影子银行。广义的影子银行可以说是仅仅要求业务链具有信用中介、期限转换、流动性转换功能三者之一就可以，而狭义的影子银行要求业务链同时具有信用中介、期限转换、流动性转换三个功能。

我国影子银行还处在早期，类似于美国 Q 条例执行时期影子银行的雏形，即影子银行是对利率管制和贷款规模管制的规避。

首先，从需求角度，我国影子银行的出现主要是商业银行受到存款利率管制，投资者需要追求具有较高收益率投资产品导致的。当前我国存款利率市场化采取了逐步放开波动区间的方式。当前对存款的规定是上限不能超过存款基准利率的1.1倍。但是，由于我国的存款基准利率是远远低于市场均衡利率的，[①] 因此，上调浮动区间只会导致一浮到顶，无法满足投资者的需求。

针对客户投资于高收益产品的要求，各银行开发了大量理财产品。相对于传统的存款，其收益率没有上限。因此，在近些年，理财产品相对于传统的存款项目更受到投资者的青睐。图5—3表明，到2012年，上市商业银行发行的理财产品余额已经占到了存款余额的30%。

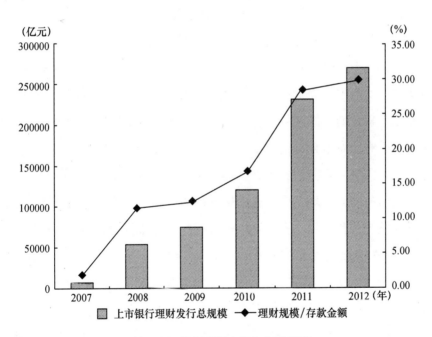

图5—3　银行理财产品和存款规模

资料来源：各银行历年年报。

---

① 从政府的角度，只有用这种方式，存款利率管制才有意义，如果高于市场利率，那么管制就不会有任何效果。

从这个意义上来说，我国的商业银行理财产品就成为影子银行在融资端的选择。虽然最近这些年我国货币市场基金也发展迅猛，但是我国影子银行在融资端并不主要体现为国外常见的货币市场基金。这是因为我国的货币市场基金在现有的管理体制下投资范围较窄，无法完全承担为影子银行后继的贷款业务提供资金的功能。

其次，从供给角度，我国影子银行出现主要是来自中央银行的信贷规模管制和银监会的贷存比考核与资本充足率要求。虽然当前我国在贷款方面也有一定的管制，但是，这种管制已经基本上不产生实际效果。从图5—4中可以看到，我国商业银行的贷款定价自从 2003 年之后一直较为分散，贷款利率下浮的比例并不高，在 2013 年第一季度，仅有 11.4% 的贷款利率下浮。而如果管制是实际发挥作用的，会体现为大量贷款都是利率下浮。从这个角度，我国贷款利率的管制对于商业银行的贷款行为影响并不大。因此，在 2013 年 7 月放开贷款利率之后并不会对市场产生巨大冲击。

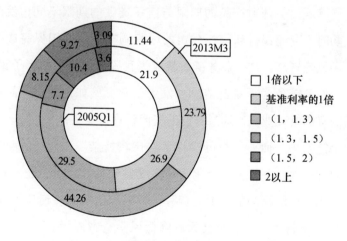

图5—4 贷款定价

资料来源：《货币政策执行报告》。

对于当前商业银行贷款行为影响较大的是各种数量型管制，例如信贷

规模管制、贷存比考核和资本充足率要求。这意味着为了规避上述数量型
管制，银行需要将正常的贷款转化为不受到管制的品种。从图5—6中不难
看出，2002年以来，贷款占社会融资总额的比重日益下降。导致这种占比
下降的主要动力是信托贷款的异军突起。从图5—7中可以看出，在2012
年，我国的信托贷款呈现了爆炸性的增长。因此，信托贷款在我国就成为
一个天然的影子银行业务对应的资产。从这个意义上看，我国的影子银行
体系可以概括为如图5—5所示的流程图：

图5—5 流程图

商业银行发行短期理财产品，投资于长期的信托计划，这些信托计划
进行信托贷款，这些贷款可以投资于基础设施建设、房地产开发和消费者
的日常消费等。由于理财产品的期限与信托贷款的期限不同，就产生了期
限转换。同时，商业银行和信托公司的尽职调查和隐性担保完成了一定意
义上的信用风险转移。这一业务链条就成为我国目前主流的影子银行业务。
当然，这个业务链条为了规避监管会发生变化。例如，理财产品可以直接
购买券商的资产管理业务，通过券商的资产管理再购买信托计划。

在这个链条中，商业银行的操作手法比较复杂。当前，各商业银行大
多采用了通过多次转手将贷款转化为信托受益权转让，从而进入同业项下。
这样，就不用计提风险拨备，不受贷存比考核和信贷规模窗口指导，同时，
同业项仅有25%的风险权重也会大幅降低风险资本占用。一般来说，多家
银行通过签署协议进行担保、信托受益权转移等方式等互签协议，将资金
给了信托公司，信托公司购买券商的资产管理计划，之后转移给了最终的
贷款企业。同时，最终贷款企业还需要其他企业提供相应的担保。这样，
企业就可以绕开信贷规模管理获得贷款，各商业银行通过互倒、贷转存等

方式扩大了资产负债规模。

在这样的模式中,作为对于商业银行的回报,每个企业并不能完全得到贷款的使用权。例如,在通过这种模式申请了 50 亿元贷款后,一般仅仅能使用 30 亿元,剩余部分必须存在银行,帮助银行扩大负债,增加规模。同时,在整个互相倒手的过程中,由于需要引入多个企业作为过桥和担保,就使得资金出现了"雁过拔毛"的现象,每家企业都持有一部分资金,这部分资金成为对银行的回报,不能完全使用,导致企业持有的现金和理财产品的数量上升。因此,可以发现,2010 年之后的数量管制导致的影子银行业务使得所有企业持有现金水平出现了相较于没有类似业务之前的一次性上升,通过委托存款和信托存款的方式,这些钱主要进入了表外理财。

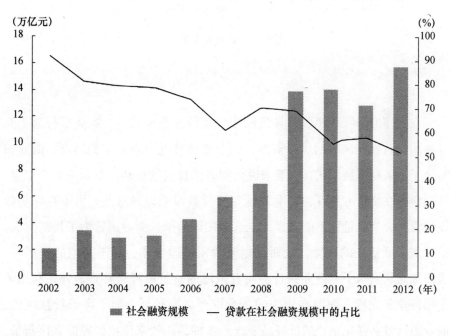

图 5—6 社会融资总量

资料来源:Wind 咨询。

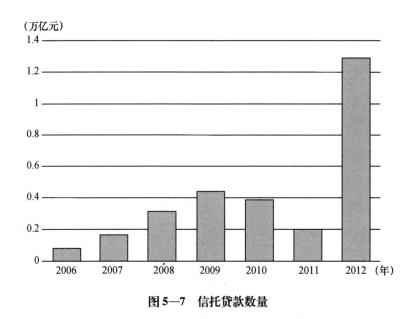

图5—7　信托贷款数量

资料来源：Wind 咨询。

在上述的贷款规模管制导致的影子银行业务模式下，商业银行为了充分使用贷款规模，节约风险资本，就会希望降低表内贷款的风险。商业银行为了追求利润最大化，一般来说会同时选择贷款量和贷款利率两个变量。商业银行在贷款方面获得的利润就等于贷款量乘以净息差。由于存在贷款规模管制，贷款量就不能选择。在这样的环境下，商业银行为了提高利润，就只能降低贷款的风险，从而可以节约出风险资本，用于其他的资产项，进而提高利润水平。商业银行会将有风险的贷款资产转移到表外，利用影子银行业务完成，而留在表内的贷款资产风险较低。为了降低贷款风险，商业银行就会强化企业的抵押品要求。抵押品一般来说比较难以直接衡量，实际上可以采用企业规模作为代理变量。因此，我们得到：贷款规模管制导致了商业银行降低表内贷款风险，从而更愿意向规模大的企业提供贷款，导致规模越大的企业现金持有比例越高，即存在现金持有行为的规模不经济。

由于贷款主要和抵押品有关，而不是企业的投资机会，这就导致了流动性错配。成长型的中小企业有较多的投资机会，需要现金，但是因为规模原因往往难以获得贷款。而缺乏投资机会的成熟大型企业和大型国有公司却可以获得很多贷款，从而持有高额现金。在这个流动性错配的环境下，金融就和实体经济脱离了。实际上，大企业往往承担了"二传手"的职能，在获得了资金之后，利用委托贷款或者专项理财计划发放信托贷款等模式，将资金再贷给中小企业使用，自己获得利差。因此，贷款规模管制等数量型管制导致了流动性错配，企业持有的现金水平与投资机会无关，金融与实体经济脱节。

◇◇三　未来货币政策调整方向

（一）从数量型货币政策向价格型货币政策调整

目前，我国货币政策调控面临的主要问题在于货币内生条件下，数量调控手段的逐步失效。在金融创新导致货币内生渠道日益增多的情况下，货币政策转向价格调控，通过资金成本对于经济社会中的投资进行调节，进而抑制通胀和货币增长是货币政策调控框架改革的根本之道。综合来看，我国货币政策调控框架改革主要包括几个方面：存贷款利率市场化、建立政策利率及相应的利率调控框架、淡化贷款规模指导以及发展金融市场以完善市场利率期限结构传导等多个方面。

1. 存贷款利率市场化

结合前面给出的我国利率市场化进程可以看出，中央银行在其中发挥了主导性的作用，逐步放开以及配套设施的建设都是由其逐步推动完成的。

但同时需要看到的是，市场在利率市场化中的力量也不可小觑。近年来，随着我国金融市场的深度不断增强，金融主体对于金融资源的需求不断提高，存贷款产品的一支独大局面正在不断改变，逐步出现了贷款债券化、存款理财化的发展趋势。目前，我国的贷款利率管制已全面放开，银行资产方价格已基本全部实现市场化定价。而对于银行负债类产品方面，理财对于存款的替代性不断增强。据银行业内部人士估计，目前理财对应的资产池余额大约占到了存款余额的 1/10，而且在不断扩大，理财产品所提供的某种程度上"无风险高收益产品"正在吸引大量的企业、居民将存款转至表外，这一点在大中城市尤为明显。所以，从一定意义上说，利率市场化的发展也受到了市场力量的"倒逼"。

利率市场化的下一步将是放开存款利率管制，而这一点将在更为复杂的金融环境下完成。从国际经验来看，由于存款利率的涉及面更广、市场化的风险更高，各国一般在其放开方面会更为慎重。美国、日本、韩国等国的利率市场化经验表明，存款利率放开以后一般会伴随存款利率绝对水平的升高，商业银行之间可能出现的恶性竞争有可能会影响一国的金融稳定。例如，Gilbert（1986）研究了 Q 条例对于美国经济金融发展的负面影响，并详细论述了 Q 条例废除的整个过程。Curry 等（2000）讨论了美国废除 Q 条例以后储贷机构大规模破产的原因，对利率市场化与金融机构风险增长之间的联系进行了研究。

正如前面所说，从我国已有的历史沿革来看，2004 年以来，虽然我国实行的是基准存款利率上限管理，但由于竞争压力的存在，各商业银行实际执行的存款利率均为基准利率，并未出现存款利率下浮的情形。2012 年，我国提高了利率上限至 1.1 倍，但只是使得各商业银行提高了存款成本，基本上没有达到存款区别定价的目的。最后，从我国目前的对比来看，一年期以内的理财产品收益率基本在 4%—5%，而一年期存款基准利率仅为 3.5%，贸然放开存款利率后利率大幅上升的风险较大，而逐步提高存款利率上限也只会"一浮到顶",并不能达到区别定价的目的。

推动存款利率市场化相对可行的路径,是通过发展存款替代类金融产品逐步扩大市场化定价产品的覆盖面,进而逐步推动存款的市场化定价。从国际经验来看,美国、日本等都是通过逐步发展大额存单(CD)等产品来逐步推动存款的市场化定价的。从国内市场情况来看,商业银行的理财业务本身就是对存款利率市场化的一种从下向上的尝试。不管是2012年年初获得密切关注的中国银行的表内结构型存款,还是一般的浮动收益类理财产品,实际上均对一般性存款构成了一定的替代,与美国20世纪70年代出现的货币市场基金相同,是市场推动政府进行利率市场化的自发过程。对于政府来说,与其等待市场挤压,不如把握存款利率市场化的主动权,从加快推出CD等存款替代类产品入手,逐步推动存款利率的市场化。

2. 政策利率与利率调控框架的建立

随着贷款利率管制的全面放开,存款利率管制也在不断松动,我国的存贷款利率市场化已经进入了一个快速推动时期。随着利率市场化的稳步推进和货币政策调控框架转型,随之而来的一个问题就是中央银行采取何种价格手段来调节社会融资成本。关于中央银行利率调控框架建设这一问题,目前国内相应的学术研究还不充分,有待进一步研究补充。本书认为,货币政策利率调控框架的设计是整个社会资金成本的起点,其建立健全主要涉及以下方面的问题。

第一,不再盯住货币政策数量调控目标,取消贷款规模指导手段。从本质上说,由于货币的内生性质,货币数量本身内生于经济增长,而基础货币的供给也不取决于中央银行的控制。从实践情况来看,一方面我国的货币数量调控目标很难实现;另一方面,在表外贷款规模增长迅速的情况下,贷款规模指导在货币信贷调控中的有效性值得商榷。与其被动地跟随市场创新围追堵截,不如放弃数量目标,转而盯住资金价格,也有利于我国利率传导渠道的完善,进而对投资这一通货膨胀的根本原因进行调控。

第二，尽快建立我国的政策利率，即选择何种利率来作为中央银行调控的目标利率，比如美国的联邦基金目标利率（Fed Rate Target）或者欧央行的主要再融资利率（Main Refinancing Operations Rate），一般而言政策利率的期限以隔夜品种为主，以体现整个社会最基本的融资成本，目前可供选择的利率包括隔夜 Shibor、隔夜回购利率等。虽然目前 Shibor 作为一种报价利率，受到了 Libor 丑闻的拖累，被认为可能存在一定的操纵行为，但综合看来，一方面短期限 Shibor 的实际市场交易基础雄厚，能够保证其报价的真实性；另一方面，由于回购抵押品的日趋多样性，回购利率的复杂程度远远高于拆借利率，并不适合作为中央银行盯住的目标利率。Shibor 可能仍是目前较为理想的政策利率备选对象。

第三，建立相应的利率走廊机制。在建立政策利率的基础上，应该充分借鉴先进经验，建立政策利率的利率走廊，其上限为中央银行释放流动性的价格，下限为中央银行吸收流动性的价格，当政策利率达到利率走廊上限时，中央银行释放流动性直至政策利率回到利率走廊内，当政策利率达到利率走廊下限时，中央银行吸收流动性直至政策利率回到利率走廊内。目前可供选择的利率走廊上限包括央行的再贷款利率、再贴现利率等，可供选择的利率下限包括超额准备金利率，当然央行也可以重起炉灶，重新设定利率走廊上下限。值得强调的是，所谓利率走廊或者存贷款便利性设施，是指只盯住目标，不管数量，即当目标利率接近利率走廊下限时，中央银行无限吸收资金；当目标利率接近利率走廊上限时，中央银行无限释放资金。在我国现行的中央银行利率体系中，只有超额准备金利率可认为是利率走廊下限，即可无限制吸收资金；中央银行再贷款利率，常备融资便利（SLF）等虽然都是中央银行对外借款的利率，但由于额度限制以及操作上的不透明性，很难被看作是利率走廊上限的近似替代。

第四，将公开市场操作转而盯住价格目标。公开市场操作的目的一方面在于定期投放基础货币，另一方面也在于盯住市场价格，使得政策利率在目标利率附近（利率走廊内）波动。需要指出的是，由于人民币升值预期的持续存在，外汇占款可能在一段时间内仍将是我国基础货币投放的主要渠道之一，那么公开市场操作的主要目的就在于调节流动性的边际余缺，以保证价格在合理区间内波动。

3. 完善市场利率期限结构传导

完善利率期限结构传导意味着中央银行的货币政策需要从货币市场传导至债券市场、存贷款利率市场，进而达到对投资和产出的引导，而这需要一个合理、有效的利率期限结构。本书认为，目前央行主要关注数量性目标，注重对于流动性的回收和控制，对于价格性目标，包括货币市场和债券市场的利率关注不足。

第一，要继续提高金融市场的深度和广度。只有足够大的市场交易规模和充分的市场流动性，才能使得各个市场之间的套利机会成为现实，进而抹平各个市场之间的价格差异。

第二，要通过制度设计，加大各市场利率之间的联系，提高各品种、各期限利率走势之间的一致性。逐步形成货币政策引导货币市场基准利率，货币市场基准利率影响其他市场利率的合理格局，夯实利率调控的市场基础。需要指出的是，关于市场基准利率的选择问题，究竟是 Shibor 还是七天回购定盘利率更能反映货币市场的流动性状况，Shibor 还是刚刚推出不久的基准利率（Prime Rate）更能作为贷款的定价基准，都是市场自发选择的结果，政策设计上应适当引导，顺势而为。

第三，从根本上来说，利率传导渠道的顺畅主要依赖中央银行与市场之间的有效互动。随着我国的货币政策调控框架逐步转型以及利率调控模式的逐步清晰化，各种市场利率对于货币政策的反应将日渐敏感，货币政策从货币市场到债券市场、存贷款市场的传导渠道将逐步通畅。建议加强中央银行与市场之间的沟通交流，将沟通交流作为货币政策的一个有机组成部分，提高货币政策操作的透明度和可信性，以便市场能够充分领会央行的货币政策调控意图，使得市场反应与央行调控形成合力，确保货币政策传导的有效性。

（二）宏观审慎管理亟须提升

由于内生货币条件下信贷获得性是最为关键的机制，因此，在一般均衡角度调控信贷获得性的宏观审慎管理亟须提升。在货币内生的条件下，仅仅以利率手段控制信贷速度是不可行的。一般来说，通过利率的变化可以影响企业的融资成本，这就会改变企业的融资需求，从而影响融资速度。但是，由于这个过程通过银行风险承担渠道会导致商业银行信贷供给行为也发生变化，如果没有对这个行为的相应规制，就无法有效地控制信贷增速。

一般来说，宏观审慎管理的工具箱包括三种工具。第一种是资本金要求。这一点在目前的微观审慎管理框架，即巴塞尔协议中体现得较为明显。资本金要求对于金融稳定或者信贷增速稳定有两个直接的影响。首先，拥有更多资本的银行可以在面临发生不良贷款的时候拥有更多的对冲资本，能够更为有效地抵御风险，从而保护存款等资产。其次，如果贷款要求的资本金准备比较高，那么银行会控制贷款增速，从而保证信贷不会大起大落。在直接影响之外，资本金要求还有一个间接影响。由于监管套利，当其他金融机构面临的资本金要求较弱的时候，会导致商业银行通过资产证券化的形式将贷款转移到其他金融机构。如果其他金融机构恰好需要这些资产，就导致了资本金要求反而增大了金融风险，而不是降低了。所以，资本金要求的最终结果是模糊的，并不一定会降低信贷增速。

第二种宏观审慎监管工具是流动性管理。流动性管理分为两个方式：资产流动性管理和负债流动性管理。资产流动性管理要求商业银行持有一定量的流动性资产，从而可以在需要现金的时候不需要销售资产，导致资产价格大幅下降。负债的流动性管理指的是持有的短期融资与长期融资的比重。这个比重越大，那么金融系统就越不稳定。

　　第三种宏观审慎监管工具是抵押率。当前银行与非银行之间的联系很多通过重复抵押完成。抵押中介是利用证券贷款的方式进行的抵押品重复使用，其具体过程可以参见图5—8。一般来说，这个流程开始于对冲基金之类的策略型投资者，通过抵押物的反复使用，最终销售给货币市场基金。在这个过程中，抵押品存在着抵押率。例如，价值100元的债券在抵押的时候只能计算95元，剩余5元就是抵押率。这个部分存在的原因是防止借款方的道德风险。在宏观审慎管理中，可以通过调高抵押率的方式降低抵押借款者的借款量，从而稳定金融系统。

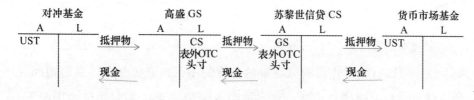

图5—8　重复抵押示意

资料来源：Claessens, Pozsar, Ratnovski and Singh（2012）。

　　当前在我国的宏观审慎管理框架中，资本管理实施得比较充分。在银监会发布了相关的管理办法后，资产流动性管理也比较明确。但是，我国当前的负债流动性管理思路是与我国实际上存在的货币内生问题矛盾的。我国当前主要采取的办法是贷存比考核。这是一种典型的数量管制，为了规避这个管制，反而促进了影子银行业务和金融空转。因此，我们需要的负债流动性管理是按照资产期限，而不是按照资产类别。在抵押率方面，我国抵押品数量稀少，基本上可以100%抵押。随着我国金融市场的发展，这个问题需要在未来引起注意。

◇四　货币政策执行的制度设计

在上述的货币政策框架设立以后，关键的问题就是如何执行。本书认为，当前的货币政策受到多主体的影响，因此，为了更好地适应利率市场化和人民币国际化的大趋势，需要尽快建立金融大部制，协调货币政策。在日常执行货币政策的时候，需要加强货币政策的透明性，防止人为干扰市场。

（一）以人民银行牵头，加快金融大部制改革

宏观审慎管理采用了一般均衡的思路，以资本监管和流动性监管为主要手段，可以有效防止目前微观审慎监管的不足，避免金融体系违约产生的信贷紧缩和火线销售问题。在当前引入了第三版巴塞尔协议的情况下，宏观审慎管理的建设正在加速。但是，在我国，宏观审慎管理需要注意的一个关键问题是谁来实施。我们的建议是以中国人民银行牵头，构建金融大部制。

首先，金融部际联席会无法承担宏观审慎监管职能。当前此次危机之后，美国和欧盟成立了一个专门的委员会来协调各个监管机构，保证各个监管机构能够从金融系统整体思考问题，而不是仅仅关注自身的问题，从而产生各种监管套利，激发了系统性风险。我国当前并没有明确宏观审慎监管由何方推动。当前存在的类似于美国和欧盟性质的金融部际联席会并没有明确起到这个作用。实际上，在我国，金融部际联席会很难发挥美国和欧盟中类似委员会的协调功能。这是因为在美国和欧盟，通过立法的形式保证了金融稳定委员会的权力，而在我国金融部际联席会没有这样的权

力，就难以协调。

其次，当前我国的金融体系处在利率市场化和人民币国际化的大变革的背景下，如果不能让这两个变革与其他金融监管改革协调，容易引发金融危机。因此，我国必须由一个部门出面，统一实施金融变革和金融的宏观审慎监管。从这个角度看，由于利率市场化和人民币国家化以中国人民银行牵头，就需要以中国人民银行为核心构建金融大部制，合并其他金融监管职能，完成宏观审慎监管，推进利率市场化和人民币国际化。

（二）推进货币政策透明性

中国货币政策在当前的执行中需要的是规则和自动稳定器来增强执行中的透明度。当前货币政策的一个问题是执行中不透明导致出现巨大偏差。这在2013年表现得尤为突出。

2013年6月发生的"钱荒"事件清晰地反映了目前我国银行间市场的困局。2013年6月，一向以流动性过度充裕著称的中国银行间市场出现了少有的流动性急剧紧张现象。银行间同业往来利率大幅上升，大批金融机构四处借钱不得。隔夜Shibor利率于6月20日升至13%，为有史以来的最高点，个别质押式回购交易的实际成交利率上升至创纪录的30%。与此同时，与银行间货币市场联系相对紧密的债权市场、网下同业存款市场乃至理财市场也都出现了收益率大幅攀升的情形。这一系列连锁性反应被市场称为"钱荒"。

6月货币市场利率上升有诸多原因：包括光大银行、兴业银行同业资金延迟拨付导致的同业存款市场波动；财政加大征收力度导致税款延迟缴付以及月末金融机构冲存款导致跨月资金需求增加等。实际上，出现流动性不足的根本的原因在于外汇占款增速的下降。

市场利率大幅上升的直接原因在于银行间市场的储备资金不足，即高能货币不足。而商业银行获得储备货币的渠道有两个：商业银行之间的相互资金往来和中央银行的基础货币投放，其中前者仅为结构性的资金余缺调节，后者则是起实质性作用的总量调整。本次钱荒虽然有多方面的原因，但归根结底仍在于外汇占款增速的下降。众所周知，2003 年汇改以来，外汇占款一直是我国基础货币投放的主要渠道。2013 年第一季度，外汇占款还以每月近 3000 亿元的规模投放流动性。但随着美联储退出 QE 的市场预期不断增强导致资金大量从新兴市场国家回流美国，以及外管局于 4 月公布 20 号文要求各商业银行加强对外汇存贷比的考核，我国的外汇占款自 4 月以来就开始出现增速明显下降的趋势，5 月外汇占款出现净下降，6 月也基本维持在零增长的水平。

这一情况加上准备金不动、公开市场也没有明显净投放，中央银行的基础货币供给实质上相当于断流，而另外贷款和存款仍在进一步增长，银行间市场出现储备资金不足的情形就不足为奇了。

需要指出的是，银行间市场储备资金不足必然会导致利率上升，此时只要中央银行及时准确地投放流动性就可以解决。但在此次流动性不足的应对过程中，我国中央银行的数量型调控模式受到了巨大的挑战。6 月中旬，针对市场上同业融资利率高企，中央银行并没有采取行动，通过释放流动性稳定市场信心。直至 6 月 20 日，市场翘首以盼的公开市场逆回购并没有出现，取而代之的反而是继续发行央票的消息，市场紧张情绪进一步蔓延，市场利率大幅飙升。之后，央行发表题为《合理调节流动性维护货币市场稳定》的声明，指出目前的流动性水平总体充裕，并要求各商业银行要严控信贷、加强同业业务防范，同时规范市场交易行为等。所幸的是，在发表声明的同时，央行最终还是通过各种方式向市场注入了流动性，待 6 月底过后货币市场基本恢复平静。

从事件发生过程中央行的一系列反应可以看出：

第一，中国央行的货币政策调节思路仍然遵循的是外生货币思路，即通过调节银行间市场来控制银行信贷。从央行发表的声明可以看出，央行之所以在一定程度上默许银行间市场利率飙升，就是希望商业银行能够压缩信贷规模，合理控制信贷投放。但这一点很显然是失败了，中央银行最后还是顶不住市场的压力投放了基础货币。而且，从 7 月的情况来看，扣除季节调整的因素，存款（M2）和贷款并未出现明显的下降趋势。所以，通过调节基础货币量来调节存贷款量应该说作用是不大的。而且，从目前整个金融体系创新的角度来看，社会融资规模中非贷款项的比重已经占到了1/2 强，即便中央银行能够有效控制信贷规模，对于整个社会的投资调节作用也是有限的。

第二，价格从来都不是央行在银行间市场进行调控所考虑的第一要素。在市场价格上升至20%以上的情况下，央行仍旧凭借对市场流动性的整体判断，认为银行间市场的储备总体是充足的。但问题在于，即便银行间市场的总量流动性是充足的，但也存在着行际之间分配的结构性不平衡，而实际上决定银行间市场价格的是边际的资金供求。换言之，价格的大幅上升必然反映了部分机构的流动性支付手段不足，那么央行此时就应该承担最后贷款人职责，为这些机构提供流动性，而非继续坚持关注整体的储备状况。

第三，中央银行货币政策调控缺乏有效的市场沟通机制。目前，我国央行虽然可以通过货币政策执行报告以及窗口指导等方式引导市场预期，但很多时候并没有选择及时向市场传达相关政策意图。在这种情况下，包括公开市场等货币政策工具的使用就被市场赋予了较多的信号作用。也使得某些极端情况下，市场对于央行的货币政策调控意图出现了误判，而市场在误判基础上的操作，可能又会导致央行进一步的错误操作。比如市场近期就认为，短期流动性调节工具（SLO）和常备信贷便利（SLF）承担了流动性调节的作用，而公开市场逆回购仅仅承担了价格信号作用。调节流动性的价格隐蔽，指导价格不具有实质性作用，这无疑不利于央行与市场之间的顺畅沟通。二者之间相互博弈的最后结果就是导致银行体系出现一些不必要的波动。这种情况在 2013 年 12 月再次上演。中央银行采用了相机抉择的 SLO，其交易的隐蔽性使得市场不知所措，导致中央银行耗费了大量精力仅仅完成了少量的工作。这次事件直到通过公开市场业务注入资金才得以解决。实际上，如果最开始就通过公开方式注入资金，增加政策透明性，这些问题本来都是可以避免的。

◇◇五 结论与未来探索

本章通过研究发现，当前我国货币政策设计的基本理念还是 20 世纪 80 年代的货币主义修正版本的凯恩斯主义。这个理论的一个最大问题是假设中央银行可以控制货币量，通过货币量可以影响总需求。通过理论和实证分析，我们发现，当前我国的货币供给根本不是中央银行能够控制的，而是一个内生于经济的变量。强行控制一个控制不了的变量，只会导致市场通过其他形式反抗，这就是我国当前影子银行业务盛行、金融空转的一个根本原因。因此，我国的货币政策必须正视货币内生性问题，将数量型调控政策转变为价格型调控体系。在这个进程中，由于我国需要完成利率市场化和人民币国际化，需要人民银行牵头合并三会形成金融大部制，推进货币政策转型和宏观审慎管理升级。同时，提升央行的制度建设水平，提高政策透明性，将货币政策执行的权力装到制度的笼子里面。

本章更多的是一个未来货币政策转型的大思路。里面还有很多具体细节需要进一步探讨。例如，在基准利率建设上，我们是选择上海银行间市场拆借利率还是回购利率还需要进一步权衡。在宏观审慎管理中，资产流动性和负债流动性的比例设计、具体工具安排等都需要进一步思考。

第 六 章

2008 年金融危机后中国货币
数量论失效研究

◇ 一 引言

　　货币数量论是研究经济体中货币数量与物价水平之间变动关系的理论，该理论认为货币数量的增长会引起物价水平的同比例增长。欧文·费雪在其代表作《货币的购买力》中提出了著名的货币交易方程：$PY = MV$，即物价水平乘以实际总产出等于流通中的货币数量乘以货币流通速度；并且认为，货币流通速度由公众的支付习惯和信用范围等因素决定，上述因素通常不会迅速地、大幅地变动，因此货币流通速度 V 基本保持稳定。这也就意味着，货币增长率在剔除实际经济增长率后应等于通货膨胀率。

　　金融危机之后，中国货币供应量的快速上升并未引起高通胀，表现为货币数量论失效。[1][2] 2009—2013 年，中国货币供给量快速增加，剔除实际经济增长率后的年均货币增长率达到 9.7%，而年均 CPI 仅为 2.6%，[3] 两者相差 7 个百分点。特别是在 2009 年，剔除实际经济增长率后的货币增长率

---

① 根据货币数量论的核心思想，货币数量论失效可以分为两类：第一类是货币增长率的变动没有一一对应地引起通货膨胀率的变动。Lucas（1980）、Whiteman（1984）以及 Sargent & Surico（2011）均运用此方法对货币数量论在美国是否有效进行了检验。由于此类失效是源于货币政策传导机制的问题，因此本书将此类失效称为"货币传导机制型失效"。例如，Sargent & Surico（2011）指出，美国货币增长率的变动没有一一对应地引起通货膨胀率变动的原因在于，货币政策对通货膨胀进行逆向调节，从而影响货币的传导机制。第二类是货币增长率在剔除实际经济增长率后不等于通货膨胀率，即货币流通速度（名义总产出与货币供应量的比率）发生较大变动。此类失效的表象是经济体的货币量与市场中的货币需求不匹配，且通常表现为经济体的流通货币量高于货币需求，多余部分不知流向何处，因此本书将此类失效称为"货币流向型失效"。事实上，只要符合上述两类中的一类，即表明货币数量论失效。本书主要从第二类货币数量的失效来对中国情况进行检验。其原因在于，首先，中国货币数量论失效问题的本质是"货币迷失"，也就是货币流向型失效的问题，而非货币传导机制的问题。作者运用 Lucas（1980）的方法对 1999—2011 年中国 M2 增长率和通货膨胀率进行检验也发现，中国货币增长率每增加一个单位约能引起通货膨胀率上升 0.95 个单位，表明第一类货币数量论失效的现象并不显著。其次，2008 年金融危机之后中国经济增速明显下滑，货币政策主要以稳增长为主要目标，对通胀的逆向调节作用相对较小。欧阳志刚和王世杰（2009）指出，中国货币政策的调节重点是随经济的实际运行而改变。金融危机之后，相比通货膨胀而言，经济增速持续下滑是中国经济面临的最大挑战，因此货币政策也基本为稳增长而保持宽松。

② 本章使用 M2 而非 M0、M1 口径的货币供应量来考察货币数量论是否失效的原因在于，中国的经济是典型的"信贷—投资"驱动型经济，信贷投放是中国货币政策的主要手段，也是政府刺激投资、拉动经济增长的重要方式，而在 M0、M1 和 M2 中，M2 能够较好地反映经济中的信贷活动。此外，Hasan & Taghavi（1996）曾指出，M2 相对于 M0 更具外生性，还能够考虑到国家的信贷规模扩张情况，故 M2 更能满足货币数量论的要求。

③ 若使用 GDP 平减指数衡量通货膨胀，货币增长率在剔除实际经济增长率后依然远高于通货膨胀率，货币数量论也是失效的。

高达 19.2%，而当期 CPI 则为 -0.7%（见表 6—1）。[①] 此外，2009 年之后货币流通速度持续下降，这与货币数量论的核心假定——货币流通速度相对稳定——相矛盾。2008 年，中国货币流通速度为 0.66，2009 年迅速下降至 0.56，此后货币流通速度又逐步下降，2013 年中国货币流通速度仅为 0.51。

中国货币数量论的失效在金融危机之后表现出新特点，高货币投放的宽松货币政策在没有引起与之相应的通货膨胀的同时，反而伴随着房价持续上涨与地方政府债务规模大幅攀升。2008—2012 年，中国商品住宅价格持续快速上升，年均增速达到 12%，其中 2010 年涨幅更是高达 23.7%。此外，金融危机爆发后，随着中央政府出台"4 万亿"刺激计划，地方政府开始大规模举债以拉动投资。地方政府性债务余额由 2008 年的 5.6 万亿元迅速上升至 2013 年的 17.9 万亿元，占 2013 年 GDP 的比重高达 31.5%。

表 6—1　　　2009—2013 年中国 M2 增长率、CPI 与货币流通速度

年份	货币增长率—实际经济增长率	CPI	V = 名义 GDP/M2
2009	19.22%	-0.70%	0.56
2010	8.55%	3.30%	0.55
2011	8.02%	5.40%	0.56
2012	6.69%	2.60%	0.53
2013	5.89%	2.60%	0.51
2008	—	—	0.66
2009—2013 年均值	9.67%	2.64%	0.54

资料来源：CPI 和 GDP 数据来自国家统计局，M2 数据来自中国人民银行。

说明：本章所要研究的时间段为 2009—2013 年，此表中引入 2008 年数据仅为与 2009 年后货币流通速度的情况作对比，故未给出 2008 年 M2 增长率与 CPI 的数据。

[①]　即使考虑货币增长对通货膨胀的滞后效应，2009 年之后 CPI 最高也仅为 5.4%，与货币增长的速度相去甚远。

研究中国货币数量论失效具有重要的理论意义和实践价值。第一，研究货币数量论是否失效以及失效的原因有助于理解中国当前"货币失踪"的现象以及中国通货膨胀的形成机制。第二，深入分析货币数量论失效的成因有助于判断货币数量论在未来长期中是否会再次恢复有效，从而防范潜在的通货膨胀风险，以避免产生较大的经济波动及其所带来的较高的福利损失（陈彦斌、马莉莉，2007）。第三，货币数量论失效问题关系到中国货币政策的调控。尽管世界上很多国家都有货币数量论失效的问题，但由于美国、欧洲等国家和地区的货币政策实行价格型调控，而中国货币政策依然实行以货币数量论作为理论基础的数量型调控，因此中国比其他国家更有必要研究货币数量论失效的问题，尤其是其成因及内在机制。如果货币数量论失效，那么以货币供应量为中介目标的货币政策就很容易产生调控失灵的现象。更重要的是，如果长期中货币数量论将恢复有效，那么央行就不能仅看到短期内较低的通货膨胀而继续使用宽松货币政策。

已有文献主要从统计检验与原因分析两个方面对中国货币数量论进行研究。统计检验研究方面，伍志文（2002）发现 1979—1998 年中国货币供应量变动与物价变化之间的关系在 20 年中有 12 年是反传统的，特别是在回归方程中加入金融资产后，货币供应量变动对价格的影响并不显著。He & Liu（2011）发现 2000—2010 年中国 GDP 平减指数与广义货币供应量之间的关系也不显著，传统货币数量论所描述的通货膨胀与货币供应量的稳定关系不适用于中国。原因分析研究方面，不少学者对中国货币数量论失效的原因进行了分析。伍志文（2002）对此进行系统梳理，指出对中国货币数量论失效的解释主要包括价格决定的财政理论、时滞效应假说、货币传导机制梗阻假说、货币化假说、统计偏差假说和货币沉淀假说。此外，彭方平等（2013）认为中国的货币扩张没有造成恶性通胀的重要原因是低通胀预期。

　　总体而言，已有研究尚存在以下三方面的不足。第一，已有的关于货币数量论在中国失效的研究基本局限于金融危机之前，针对金融危机之后中国货币数量论失效的新特点和新机制尚未作出系统研究和定量分析。第二，已有研究大都采用定性或计量分析方法来研究货币增长率和通货膨胀间的关系。定性分析和计量分析通常只能给出变量间简单的相关关系、缺乏微观基础，难以探讨货币增长率与通货膨胀等经济变量间的具体作用机制，从而无法厘清货币数量论失效的内在逻辑，也无法准确把握货币数量论的未来发展趋势及其对宏观经济的影响。并且，要研究 2008 年金融危机以来货币数量论的失效，目前仅有 5 年的数据，无法构建稳健和可靠的计量模型。第三，已有研究仅针对货币数量论失效本身进行了统计检验与分析，并未从货币数量论的视角对货币政策提出相关的政策建议，使货币数量论的研究缺乏一定的现实意义。

　　依据上述思路，本章试图在定量宏观研究框架下，构建含有房地产部门和地方政府债务的动态一般均衡模型，并通过 CIA 约束引入货币，从而研究货币数量论失效的原因以及货币数量论恢复有效对宏观经济的影响。本章的研究主要有：第一，在 Samuelson – Diamond – Tirole[①] 模型的基础上，通过引入房地产部门以内生化房地产泡沫，附加 CIA 约束将货币引入模型，从而构建一个能够在房地产泡沫下研究货币数量论且符合中国经济特征的动态一般均衡模型。定量宏观模型的优势在于，能够明确地厘清各变量之间的作用机制及其因果联系，并能够通过数值模拟测定外生冲击对各经济变量的影响大小。第二，基于所构建的定量宏观模型，本章深入分析货币数量论失效的原因及其具体内在机制，并在此基础之上结合中国宏观经济现状对货币数量论的未来变动趋势及其对宏观经济的影响作出判断。数值模拟结果表明，房地产泡沫的膨胀和地方政府债务的扩张会增强家庭和政

---

　　① 具体参见 Samuelson（1958）、Diamond（1965）以及 Tirole（1985）。Samuelson – Diamond – Tirole 模型是研究资产价格泡沫的最重要的基准理论模型之一。

府持有货币的意愿，使货币流通速度下降，从而导致中国货币数量论失效。而随着房地产泡沫的破裂，货币数量论将恢复有效，家庭住房消费支出和地方政府债务的迅速下降将会降低家庭和政府持有货币的意愿，最终将推动通货膨胀率上升约0.5个百分点。第三，基于数值模拟的主要结论，本章从货币数量论的视角对中国货币政策的操作和执行提出了相应的政策建议。本章认为，中国不应继续执行高货币投放的宽松货币政策，提高现有存量货币的使用效率才是未来中国货币政策的核心工作。

◇◇二　货币数量论失效成因的历史对比与国际对比

货币数量论失效并不是一个新现象，中国自改革开放以来一直伴有货币数量论失效的问题，美国等发达国家也都经历过货币数量论的失效。对货币数量论失效成因进行历史对比与国际对比分析有助于理解货币数量论失效的中国逻辑，识别2008年金融危机之后货币数量论失效的新特征。

（一）历史对比：中国自改革开放以来至2008年金融危机前货币数量论失效的原因

改革开放以来，中国货币供应量与 GDP 之比始终处于上升态势，这曾被麦金农称为"中国货币之谜"。1978—2008 年中国 M0/GDP 由 0.06 上升至 0.11，M1/GDP 由 1985 年的 0.37 上升至 2008 年的 0.53。M2/GDP 的变动更为明显，1985 年该比值仅为 0.58，至 2008 年已大幅上升至 1.51。

　　然而，不同时期中国货币数量论失效的原因存在差异，从改革开放至
20 世纪 90 年代，中国货币数量论失效的主要原因在于经济货币化。改革
开放之前，中国实行计划经济体制，在此体制下生产、分配和消费均由政
府统一计划和配给。因此，经济活动即使没有货币也能正常进行。而改革
开放之后，中国逐步由计划经济过渡到市场经济，经济逐渐货币化，生
产、分配和消费活动须依赖货币才能完成。于是，整体经济的货币需求大
幅增加，从而使得货币供应量与 GDP 之比快速上升，货币数量论失效。
学界已对此达成了共识。例如，刘明志（2001）指出，经济货币化从交
易动机方面增加了公众对货币的需求，从而使 1980—2000 年 M2/GDP 上
升。谢平和张怀清（2007）指出，1978 年后中国从计划经济向市场经济
过渡必然增加货币需求，导致 1980—1993 年 M0/GDP 上升，这是中国经
济货币化的表现。

　　20 世纪 90 年代至金融危机爆发之前，金融市场的发展与繁荣、外汇占
款的快速增加是中国货币数量论失效的重要因素。在该时期，金融市场的
发展与繁荣使大量货币从产品市场分流至金融市场，从而降低了通货膨胀
压力，产生高货币增长率和低通货膨胀并存的现象。不少研究都证实了金
融市场扮演着货币分流的角色。例如，伍志文（2002）在传统的货币数量
论回归方程中加入金融资产等新变量后发现，货币供应与通货膨胀之间的
传统关系不复存在，两者呈现反向变动关系。他进一步指出，由于金融资
产的囤积和增加，即使实体经济增长很低或没有增长，额外的货币供应也
并不一定会导致通货膨胀。易纲和王召（2002）通过建立含有商品价格和
资产价格的动态模型发现，扩张性货币政策的长期结果是同时引起商品物
价水平和股票价格的上升。外汇占款方面，由于中国实行强制结售汇制度，
外汇流入使基础货币增加，并在货币乘数的放大作用下使 M2 供应不断增
加。张春生和吴超林（2008）指出，20 世纪 90 年代以来，商业银行存款迅
猛增加，中国经历了一个由贷差到存差的过程，如此高的超额货币量只能

由中国不断增加的外汇储备这一货币供应渠道来解释。他们认为,中国实行强制结售汇制度,所有外汇收入都需卖给商业银行,外汇支出都需向商业银行购买,长期以来源源不断流入的外汇储备增加了基础货币,通过货币乘数的放大作用使 M2 供应量不断增加。

(二) 国际对比:美国货币数量论失效的原因

1980 年以来,货币数量论在美国已不成立。Sargent & Surico (2011) 运用 Lucas (1980) 和 Whiteman (1984) 的方法对美国货币数量论进行了检验,发现 1984—2005 年美国通胀率变动与 M2 增长率变动之间一一对应的关系已消失,通货膨胀与 M2 增长率之间甚至呈现出负相关关系。金融危机之后,美国货币数量论依旧失效。美国 M2/GDP 已由 2008 年的 0.56 上升至 2013 年的 0.66。2009—2013 年,M2 增长率在剔除实际经济增长影响后的年均值约为 4.95%,高出年均 CPI 水平 2.27 个百分点,可见高货币增长率并未引发相应的高通胀。[①] 为考察当前货币数量论失效的国际新特征,本章将着重探讨金融危机之后美国货币数量论失效的原因。

金融危机之后,量化宽松的货币政策是导致美国货币数量论失效的主要因素。金融危机爆发后,为刺激经济,美联储不断下调联邦基金利率:自 2008 年 9 月开始,美国联邦基金利率迅速下降,至 2008 年年末,联邦基金利率仅为 0.11%,此后一直维持低位,且一度下降至 0.1% 以下。由于名义利率受到零下界约束 (Zero Lower Bound),美联储已无法再继续通过调整短期利率刺激经济。于是,美联储实行了量化宽松的货币政策,通过购买国债等中长期债券以期调整长期利率。这种非常规的货币政策向市场注入

---

① 美国 GDP 及 GDP 增长率数据来自美国经济分析局,CPI 数据来自美国劳工统计局,M2 数据来自美联储。

了大量流动性资金，表现为货币供应量的快速上升。但由于新增流动性都用于购买中长期债券，因此资产价格出现上升而实体经济中的通货膨胀并不明显。同时，由于经济衰退所带来的通缩效应进一步抑制了通货膨胀，最终整体经济表现出了高货币增长率和低通胀并存的现象，使得传统货币数量论失效。

由于美元扮演着世界货币的角色，美元外流也是导致美国货币数量论失效的不可忽视的因素。由于国际贸易需要，美元被世界上其他国家和经济体作为外汇储备所持有，美联储投放的基础货币中实际上有相当一部分流入了世界其他经济体中。因此，实际在美国国内流通的美元远远少于美联储实际投放的美元，这必然导致美国国内的通货膨胀小于货币增长率。据美联储估计，2008—2013 年美元现金中由国外持有的比重已从 56% 进一步上升至 66%。

（三）探究金融危机之后中国货币数量论失效的重点在于房地产泡沫和地方政府债务

然而，历史因素已不足以解释金融危机之后货币数量论的失效。就经济货币化而言，当前中国 M2/GDP 已远高于世界主要国家，因此金融危机之后 M2/GDP 的上升难以用经济货币化来解释。1978 年中国 M2/GDP 仅为 0.24，2012 年该指标已达到 1.88。2012 年，中国 M2/GDP 是 OECD 国家的 1.38 倍，是美国的 2.16 倍，是巴西的 2.32 倍和印度的 2.46 倍。金融市场的发展与繁荣对货币数量论失效的解释力也已下降。自 2008 年金融危机以来，中国金融市场一直处于低迷状态。从上证综指来看，2008 年 9 月中国上证综指已由一年前的 5312 点迅速下跌至 2080 点，虽然 2009 年略微回升至 3027 点，但此后又迅速回落并保持在 2000 点左右。这意味着货币向金融市场分流难以解释 2008 年后货币数量论在中国失效的现象。不可否认，外汇占款依然是导致 M2 上升的因素，但金融危机之后中国外汇储备增速出现明显下滑，表明外汇占款对中国货币数量论失效的影响力和解释力已明显下降。1990—2008 年，中国外汇储备年均增长率高达 40.2%，而金融危机之后（2009—2013 年）年均增长率仅为 14.6%。

事实上，中国与美国的情况也存在差异。一方面，金融危机之后美国货币数量论失效的根本原因在于量化宽松的货币政策使货币进入了资本市场，而中国央行虽然也采取了宽松的货币政策，但中国尚不受名义利率零下界约束的影响，央行也并未大量购买国债等长期资产，因此无法从货币政策的角度来解释中国货币数量论的失效。另一方面，人民币尚未成为世界货币，流出境外的人民币十分有限，因此也难以用货币外流来解释金融危机之后中国货币数量论的失效。尽管随着中国经济实力和综合国力的增强，人民币的国际地位不断上升，国际贸易中以人民币结算的交易不断增加，但总体上人民币外流的规模仍相当有限，远不及美元。据姚晓东和孙钰（2010）的测算，2009 年人民币跨境流通规模约 4247 亿元，境外滞留规模约为 1050 亿元，分别只占 2009 年广义货币供应量的 0.7% 和 0.17%。因此，人民币还并未真正成为世界货币，人民币外流对货币数量论失效的解释力十分有限。

本章研究认为房地产泡沫和地方政府债务是解释 2008 年金融危机之后中国货币数量论失效的关键。金融危机之后，中国货币数量论的失效表现出新特点——在高货币投放的宽松政策没有引起相应的通货膨胀的情况下，房价高速上涨、政府债务规模迅速扩张；并且，房地产和地方政府债务正是信贷资金的主要流向。因此，要研究中国货币数量论失效的形成机理需要重点考虑房地产泡沫与地方政府债务问题。

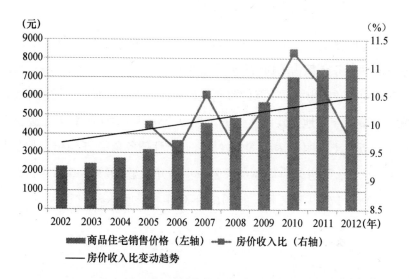

图 6—1 2002—2012 年中国商品住宅销售价格与房价收入比

资料来源：商品住宅销售价格数据来自各年《中国统计年鉴》，房价收入比数据为作者自行计算得到。

说明：（1）商品住宅销售价格为各年《中国统计年鉴》公布的 35 个大中城市住宅销售价格均值；（2）房价收入比为作者依据吕江林（2010）的计算方法，利用 35 个大中城市商品住宅销售价格、商品住宅平均单套销售价格、城镇家庭人均可支配收入以及城镇家庭户均人口数计算而得。

进入 21 世纪以来，中国房地产价格持续上升，而金融危机之后房地产价格表现出更快上升、房地产泡沫也进一步扩大。2002—2012 年，中国商品住宅价格持续快速上升，年均增速达到 13%，金融危机后的 2010 年涨幅更是达到了 23.7%。随着房价的飞涨，中国房地产泡沫不断膨胀。吕江林（2010）指出，房价收入比是判断中国房地产市场泡沫水平的最直接和最准确的指标，该指标超过 6.78 即表明中国房地产市场存在泡沫，且比值越高泡沫越大。2002—2012 年，中国房价收入比始终保持在 9.5 以上，远高于6.78 的合理水平，表明中国长期以来均存在房地产泡沫。并且，图 6—1 的趋势线表明，中国房地产泡沫呈现出扩大趋势，尤其是金融危机之后，房价收入比一度高达 11.3。

地方政府性债务规模在金融危机之后大幅、快速攀升。2002—2008 年，地方政府性债务余额占 GDP 的比重始终低于 20%。2008 年金融危机爆发后，随着中央政府出台"4 万亿"刺激计划，地方政府开始大规模举债以拉动投资。2009 年，地方政府性债务余额由 2008 年 5.57 万亿元迅速上升至 9.02 万亿元，上升幅度达 61.9%，地方政府性债务余额与 GDP 之比也跃至 26.4%。此后，地方政府债务水平进一步攀升，至 2013 年 6 月末，地方政府债务已高达 17.89 万亿元，占 2013 年 GDP 的比重达 31.45%。

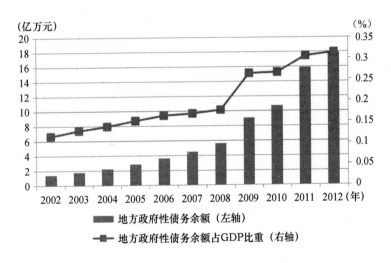

图 6—2　2002 年—2012 年中国地方性政府债务水平变化

资料来源：国家审计署。

说明：（1）2002—2009 年数据是依据《2011 年第 35 号地方政府性债务审计结果》所公布的 2010 年地方政府性债务余额及 2002—2010 年地方政府性债务余额增长率计算而得。（2）2011 年国家审计署未公布当年地方政府性债务余额，故该年数据缺失。（3）2013 年地方政府性债务余额为 2013 年 6 月末数据。

与此同时，金融危机后，中国 50% 以上的信贷资金流入了房地产市场和地方政府投融资平台，进一步表明探究金融危机之后中国货币数量论失效的重点在于房地产泡沫和地方政府债务。王曦和叶茂（2011）指出，在银行资产方，中国国内信贷所占比重基本保持在 70%—85%，信贷投放是货币增长的主要渠道。① 因此当前货币增长率过快、货币超发等问题的实质是信贷扩张，要研究货币数量论的失效需考虑信贷资金流向。房地产方面，2010 年以来，中国新增人民币贷款中用于房地产开发的房地产贷款占比为 16%—25%，个人购房贷款占比为 11%—17%，合计流入房地产相关领域的贷款占新增贷款的比例在 28% 以上，其中 2010 年和 2013 年甚至超过了 40%。② 同时，约 30% 比例的贷款资金流入了地方政府投融资平台。2011 年央行发布的《2010 年中国区域金融运行报告》显示，截至 2010 年年末地方政府投融资平台贷款在人民币各项贷款中占比不超过 30%。但这一结果可能低估了中国地方政府投融资平台的规模。例如，魏加宁（2010）认为 2009 年约有 40% 的银行新增贷款流向了地方政府投融资平台。但即使进行较为保守的估计——新增贷款流入房地产市场和地方政府投融资平台的比例为分别为 28% 和 30%，金融危机之后信贷扩张中也有至少有 50% 的资金流入了房地产市场和地方政府投融资平台。

---

① 王曦和叶茂（2011）还指出，中国银行存款的另一种主要形式是持有国外资产，但热钱流入等原因造成国外净资产的增加对货币和准货币供应量增长的贡献度仅在 1/3 以内，国内信贷才是货币投放的主渠道。这是因为，国外净资产的增加虽然加大了货币投放压力，但主要体现在基础货币上，中央银行一般采取对冲手段予以冲销。相比之下，商业银行的信贷投放行为却具有货币创造功能，通过货币乘数放大了货币存量。

② 数据为作者根据央行发布的主要金融机构新增房地产贷款、主要金融新增个人购房贷款和人民币新增贷款计算而得。

◇◇三 基准模型

本章在 Samuelson – Diamond – Tirole 模型基础上，进行了两点拓展：第一，本章在模型中加入了房地产部门、刻画了地方政府债务，以解释房地产泡沫和地方政府债务扩张对货币数量论的影响。第二，为在保持货币中性的同时刻画货币的交易媒介职能，本章通过借鉴 Cooley & Hansen（1989）等设定的 CIA 约束，将货币引入模型。假定家庭消费与住房购买、厂商投资和政府支出等交易活动均需要货币。其原因在于本章是以 M2 口径的货币为视角考察货币数量论的失效，而 M2 口径的货币不仅包含家庭消费、住房购买和政府支出等消费活动，还包含投资行为。

（一）家庭偏好与约束

假设经济中的每个家庭都存活两期：第一期为年轻期，家庭在第一期期初出生；第二期为年老期，家庭在第二期期末退出经济并从模型中消失。[①] 一个代表性家庭的偏好如下：

$$\max: E_t U \left(C_{1t}, C_{2t+1}, H_t \right)$$

其中，$\{ C_{1t}, C_{2t+1} \}$ 分别表示第 t 期出生的家庭在其存活第一期和第二期的消费，即 t 期年轻家庭的消费和 $t+1$ 期年老家庭的消费。由于住房是耐用消费品，因此在第 t 期出生的家庭只需在年轻时期决策终身住房消费 H_t。

在年轻期，家庭为产品部门生产提供劳动，从而获得工资收入。家庭的最优化行为是在本期消费、下期资本投资和购买住房之间分配收入，以

[①] 为了简化人口结构，本章假设总人口数量保持不变，且年轻家庭与年老家庭的人口比例始终为 1∶1。

最大化预期效用。因此，代表性年轻家庭的预算约束为：

$$C_{1t} + K_{t+1} + q_t H_t = w_t N_t - T_t/2$$

其中 $\{K_{t+1},\ q_t,\ w_t,\ N_t,\ T_t/2\}$ 分别为年轻家庭在年老时的资本投资额、房价、实际工资、代表性年轻家庭的劳动供给和政府向每一个家庭征收的税收，$q_t H_t$ 代表购买住房的支出。

借鉴 Arce & López – Salido（2011）的设定，假定年老期家庭有两个收入来源，资本投资的收入和出售住房的收入。由于家庭在年老期后就会死亡，故年老家庭会将所有收入都用于消费。因此，代表性年老家庭的预算约束为：

$$C_{2t+1} = R_{t+1} K_{t+1} - q_{t+1}\ (1 - \eta)\ H_t - T_{t+1}/2$$

其中，R_{t+1} 表示利率，η 为住房折旧率，$R_{t+1} K_{t+1}$ 为资本投资收入，$q_{t+1}\ (1 - \eta)\ H_t$ 表示出售住房的收入。

根据 Cooley & Hansen（1989）等设定，本章引入 CIA 约束，并假定消费、购买住房和投资必须使用货币才能完成交易。通过 CIA 约束引入货币的原因在于：第一，交易媒介的职能能够较好地反映货币流通的方向和速度，是研究中国货币数量论失效的关键，CIA 能够较好地刻画这一职能；第二，通过 CIA 约束引入货币能够保持货币中性，从而排除货币非中性引起货币数量论失效的可能性；第三，由于本章中房地产同时具有跨期储存的功能并能产生效用，若采用 OLG 或 MIU 形式的货币将产生与房地产相互替代的问题，故通过 CIA 约束引入货币最为合理与可行。[①] 因此，家庭面临如下现金约束：

$$C_{1t} + K_{t+1} + q_t H_t \leqslant M_t^1 / P_t$$

---

① Lagos（2013）在经典的自由市场假设下详细讨论了货币与其他具有孳息功能的资产无法共同存在的问题（coexistence puzzle）。Lagos（2013）指出，在设定更为复杂的搜寻匹配（search matching）框架下，可以解决上述问题。然而，这种搜寻匹配的设定不仅会使本章研究框架过于复杂从而难以求解，而且极易导致均衡无法存在。

$$C_{2t+1} \leqslant M_{t+1}^2 / P_{t+1}$$

M_t^1 和 M_{t+1}^2 分别表示代表性年轻家庭和年老家庭的名义货币需求量，P_t 表示第 t 期的物价水平，则 M_t^1 / P_t 和 M_{t+1}^2 / P_{t+1} 分别表示代表性年轻家庭和年老家庭的实际货币需求量。

（二）产品部门与房地产部门的生产决策

模型中的生产部门包括产品部门与房地产部门，两部门均为完全竞争市场。产品部门的生产函数为：$Y_{ft} = F(K_{ft}, A_t N_{ft})$。其中，$f$ 表示产品部门，$\{Y_{ft}, K_{ft}, N_t\}$ 分别表示产品部门在第 t 期的产出、资本投入和劳动投入。A_t 为劳动生产率，且以不变的增长率 g_A 增长，即 $A_{t+1} = (1 + g_A) A_t$。产品部门最大化目标为 max：$Y_{ft} - R_t K_{ft} - w_t N_t + (1 - \delta) K_{ft}$。其中，$\delta$ 为资本折旧率。另外，本章假设劳动供给无弹性，原因在于：一是由于劳动力市场的特征不是本章研究重点，简化劳动力市场将使文章机制更为清晰，有利于准确把握文章核心机制；二是有利于简化模型推导和数值运算。

房地产部门与产品部门的不同之处在于房地产部门是资本密集型的，这主要体现在以下两方面。第一，借鉴 Iacoviello & Neri（2010）等设定，房地产生产除需要资本投入外，还需要土地投入；第二，由于房地产部门是资本密集型的，并且在不影响本章机制的基础上，为保证均衡存在性的充分条件较容易满足，本章假定房地产生产不需要劳动投入。故房地产部门的生产函数可以表示为：$Y_{ht} = H(K_{ht}, L_t)$。其中，h 表示房地产部门，$\{Y_{ht}, K_{ht}, L_t\}$ 分别表示房地产部门在 t 期的产出、资本投入和土地投入。由于土地供给是有限且无弹性的，故本文假设 $L_t = \overline{L}$。房地产部门目标函数如下：max：$q_t Y_{ht} - R_t K_{ht} - \tau_t L_t + (1 - \delta) K_{ht}$。其中，$\tau_t$ 为土地价格，政府作为土地的供给方获得土地租金 τ_t。经济中的房地产存量为：$H_t = (1 - \eta) H_{t-1} + Y_{ht}$。

（三）地方政府行为

第 t 期新增地方政府债务可表示为：$d_t = G_t - \tau_t L_t$。其中，$\{d_t, G_t, \tau_t L_t\}$ 分别表示新增地方政府债务、政府支出和土地租金收入。第 t 期地方政府债务存量表示为 $D_t = R_t (D_{t-1} - T_{t-1}) + d_t$。政府每一期向家庭征收总付税 T_t 以偿还债务，财政预算平衡要求：$\sum_{s=0}^{+\infty} \hat{R}_{t+s} (T_t + d_t) = 0$，其中 $\hat{R}_{t+s} = \Pi_{l=1}^{s}$ R_{t+l} 为长期贴现率。为了在模型中刻画土地财政，本章进一步假定 $G_t = (1 + \theta) \tau_t L_t$，意味着地方政府支出取决于土地租金收入，土地租金收入越高，政府支出越高。其中，政府支出系数 θ 决定了政府支出的规模，进而决定了地方政府债务水平。当 $\theta > 0$ 时，政府支出 G_t 大于土地收入 $\tau_t L_t$，地方政府债务为正，即 $d_t = \theta \tau_t L_t$。此外，政府支出也需要使用货币方能完成交易，即 $G_t \leqslant M_t^3 / P_t$。

（四）渐进平衡增长路径（Asymptotic Balanced Growth Path）

模型的渐进平衡增长路径（ABGP）[①] 由家庭的最优消费和住房决策、现金约束、产品部门和房地产部门的最优生产决策、价格变量 $\{q_t, w_t, R_t\}$ 以及宏观实际变量 $\{C_{1t}, C_{2t}, K_{ft}, K_{ht}, Y_{ft}, Y_{ht}, H_t, G_t, T_t, d_t\}$ 组

[①] 关于渐进平衡增长路径的相关概念与定义可参见 Palivos et al.（1997）和 Acemoglu & Guerrieri（2008）。渐进平衡增长路径（ABGP）与平衡增长路径（BGP）的差别在于，在平衡增长路径下各经济变量分别以固定的速率增长，而渐进平衡增长路径下各变量的增长率并不固定，而是随时间收敛于一个固定值。本章得到渐进平衡增长路径而非平衡增长路径的原因在于房地产价格由基础价格 q_{fdv} 和房地产泡沫 q_b 两部分构成，其中房地产基础价格 q_{fdv} 在均衡时固定不变，没有增长趋势，因此房地产价格的增长率在均衡时不是恒定不变的，而是收敛于某一特定值。具体请参见后文关于渐进平衡增长路径的讨论。

成。在渐进平衡增长路径下，需要满足下述条件：第一，家庭最大化预期效用，产品部门和房地产部门最大化企业利润；第二，资本市场、产品市场、房地产市场和货币市场出清；第三，$\{C_{1t}, C_{2t}, K_{ft}, K_{ht}, Y_{ft}\}$ 以 $g_{A,t}$ 的速率增长且 $\lim\limits_{t\to\infty} g_{A,t} = g_A$，$K_{ht}$ 以 $g_{K_h,t}$ 的速率增长且 $\lim\limits_{t\to\infty} g_{K_h,t} = g_{K_h}$，$q_t$ 以 $g_{q,t}$ 的速率增长且 $\lim\limits_{t\to\infty} g_{q,t} = g_q$，则 $\{Y_{ht}, H_t\}$ 以 $\left[(1+g_{K_h,t})^\alpha - 1\right]$ 的速率增长且 $\lim\limits_{t\to\infty}(1+g_{K_h,t})^\alpha = (1+g_{K_h})^\alpha$，$\{G_t, T_t, d_t\}$ 以 $\left[(1+g_{K_h,t})^\alpha \cdot (1+g_{q,t}) - 1\right]$ 的速率增长且 $\lim\limits_{t\to\infty}(1+g_{K_h,t})^\alpha \cdot (1+g_{q,t}) = (1+g_{K_h})^\alpha \cdot (1+g_q)$。

与 Tirole（1985）一致，本章模型存在两种渐进平衡增长路径，其差别在于是否存在房地产泡沫。房地产价格由基础价格 q_{fdv} 和房地产泡沫 q_b 两部分构成。由于房地产价格是相对于消费品的价格，故房地产基础价格 q_{fdv} 为未来住房效用相对于消费效用的贴现值，即 $q_{fdv} = \sum_{j=0}^{+\infty} \left\{ \left[v'(H_t)(1-\eta)^j\right] / \left[u'(C_{1t})(\prod_{s=0}^{j} R_{t+s})\right]\right\}$，房地产价格 q 偏离基础价格 q_{fdv} 的部分即为房地产泡沫 q_b。当 $q_b = 0$ 时，房地产价格在渐进平衡增长路径下始终等于其基础价格（$q = q_{fdv}$），由于 q_{fdv} 在稳态下固定不变，则 $g_q = 0$ 且经济中不存在房地产泡沫。此时，房地产部门资本投入也固定不变，即 $g_{K_h} = 0$。当 $q_b \neq 0$ 且以 $g_q = (1+g_A)^{1-\alpha}$ 的速率增长时，房地产价格在渐进平衡增长路径下由其基础价格 q_{fdv} 和房地产泡沫 q_b 两部分构成（$q = q_{fdv} - q_b$），经济处于泡沫渐进平衡增长路径下。此时，房地产部门资本投入 K_h 以 g_A 的速率增长。[①]

（五）货币数量论方程

假定货币总供给以 g_M 的速率增长，则货币供给可以表示为：$M_t = (1 +$

[①]　由于房地产基础价格 q_{fdv} 稳定不变，因此当 $t \to \infty$ 时，q_{fdv} 相对于 q_b 无穷小。于是有 $\lim\limits_{t\to\infty} g_{q,t}, \lim\limits_{t\to\infty} g_{gb,t} = g_q$。

g_M）M_{t-1}。[①] 根据货币市场出清条件，可得：$M_t = M_t^1 + M_t^2 + M_t^3$。由现金约束可进一步得到：$M_t/P_t = C_{1t} + C_{2t} + K_{t+1} + G_t + q_t H_t$。令 $X_t = C_{1t} + C_{2t} + K_{t+1} + G_t + q_t H_t$ 表示家庭和政府的货币持有需求，则可得 $M_t/p_t = X_t$。将上式对数线性化，可得通货膨胀的表达式：$\pi_t = g_M - \hat{X}_t$。

根据货币数量论，货币流通速度可表示为：$V_t = P_t Y_t/M_t = Y_t/X_t$。其中，总收入 $Y_t = Y_{ft} + q_t Y_{ht}$。将货币数量方程对数线性化展开，货币流通速度的变化为：$\hat{V}_t = g_Y - \hat{X}_t$。

◇◇四　函数形式设定、参数校准与模型求解

（一）函数形式设定

家庭效用函数设定为可分形式[②]：$U\left(C_{1t},\ C_{2t+1},\ H_t\right) = u\left(C_{1t}\right) + v\left(H_t\right) + \beta u\left(C_{2t+1}\right)$。其中，$u\left(C\right) = C^{1-\sigma_c}/\left(1-\sigma_c\right)$ 是即期消费效用函数，$v\left(H\right) = H^{1-\sigma_h}/\left(1-\sigma_h\right)$ 是终身住房效用函数，$\{1/\sigma_c,\ 1/\sigma_h\}$ 分别为消费跨期替代弹性和住房需求弹性，$\beta \epsilon\ (0,\ 1)$ 是主观贴现因子。

两部门的生产技术均采用 Cobb - Douglas 形式，即 $F\left(K_{ft},\ A_t N_t\right) = K_{ft}^{\alpha}$

---

① 假定 g_M 固定不变的原因在于，本章模型在新古典框架下具有货币中性的特征，因此改变 g_M 不会对实际变量产生任何影响。保证货币中性的重要性在于，货币非中性本身会导致货币数量论的失效，而这并不是本章所要考察的货币数量论失效的本质原因。引言脚注①中已指出，中国货币数量论失效问题的核心在于解释过多的货币供给流向何处，而非货币传导机制。因此，使货币保持中性能够在不影响文章主要逻辑的基础上使文章机制更为清晰，降低模型分析的复杂性。

② 在可分的效用函数形式下，家庭住房决策 H_t 不影响欧拉方程，使得欧拉方程中年轻期消费 C_{1t} 和年老期消费 C_{2t+1} 可被齐次地去趋势，从而保证渐进平衡增长路径的存在性。具体请参见附录中的推导。

$(A_t N_t)^{1-\alpha}$，$H(K_{ht}, L_t) = K_{ht}^{\gamma} L_t^{1-\gamma}$。其中，$\alpha$，$\gamma \in (0, 1)$ 分别为产品部门和房地产部门的生产技术参数。本章进一步假设：第一，劳动供给和土地供给均无弹性，并将 N_t 和 L_t 标准化为 1；第二，令 $\gamma = \alpha$，该设定可以通过简化资本在两个部门之间的配置决策，并确保资本市场出清条件可被齐次地去趋势，从而保证渐进平衡增长路径的存在性。

（二）参数校准

本章通过求解模型渐进平衡增长路径，得到渐进平衡增长条件以及待校准参数与总体矩的关系，然后调整参数以匹配总体矩条件并满足渐进平衡增长条件，从而实现对参数的校准。模型需校准的数据包括 $\{g_A, g_m, \alpha, \eta, \beta, \delta, \sigma_h, \sigma_c, \theta\}$，校准结果见表6—2。需要特别说明的是，本文基准模型采用 2002—2008 年的数据进行校准，其原因及依据如下：第一，2002 年以前房屋价格指数没有权威和规范的数据；第二，2008 年以后美国金融危机爆发，中国经济出现下滑，并且在政府刺激计划的作用下经济出现扭曲，因此不适合用于对稳态进行校准；第三，本章的核心是分析 2008 年金融危机之后中国货币数量论失效的形成机制，这就需要存在一个基准模型可用于与 2008 年金融危机之后的状况进行对比。具体而言，本章将通过考察 2008 年前后经济增长率、政府债务水平等重要指标的变化，在基准模型的基础上改变相应参数，从而对比 2008 年金融危机爆发前后各经济变量的变动趋势，并在此基础上分析模型适用性（具体请参见本节第三部分模型求解及适用性分析）。以下是模型参数的校准依据及理由。

劳动生产率增长率 g_A 和货币增长率 g_m 分别依据 GDP 增长率和 M2 增长率进行校准。根据国家统计局公布的数据，2002—2008 年，中国年均 GDP 增长率为 10.41%，故设 g_A 为 10.4%。依据中国人民银行公布的 M2 数据，2002—2008 年，中国年均 M2 增长率为 17.01%，故设 g_m 为 17%。

表6—2　　　　　　　　　　　　　　参数校准结果

参数	数值	参数	数值
劳动生产率增长率 g_A	10.4%	资本折旧率 δ	0.72
货币增长率 g_M	17%	住房需求弹性 σ_h	2
生产技术参数 a	0.25	消费跨期替代弹性 σ_c	0.3
住房折旧率 η	0.039	政府支出系数 θ	0
主观贴现因子 β	0.97		

存在房地产泡沫的渐进平衡增长路径要求 $1 + g_q = (1 + g_A)^{1-\alpha}$，故可根据房价增长率 g_q 与经济增长率 g_A 来校准生产技术参数 α。国家统计局公布的数据显示，2002—2008 年全国年均房屋销售价格指数为 6.5%，35 个大中城市年均房屋销售价格指数为 12.9%，年均通货膨胀率为 1.87%。由于中国的房价问题主要在于各个大中城市房价快速增长，因此选用全国年均房屋销售价格指数会低估中国高房价的事实。因此，本章选取全国年均房屋销售价格指数与 35 个大中城市房屋销售价格指数的中间值 9.7% 作为名义房价增长率，剔除通货膨胀率后可得 g_q 为 7.8%。由此可得 α 的校准值为 0.25。

住房折旧率 η 在稳态下需满足 $R(B) = (1 - \eta)(1 + g_A)^{1-\alpha}$，主要由存在房地产泡沫时的均衡利率 $R(B)$ 决定。本章中利率反映的是资本回报率，故此处选用贷款利率进行校准。根据中国人民银行公布的一年期官方基准贷款利率，可以计算得到 2002—2008 年一年期实际贷款利率的平均值为 3.46%。故根据 R、g_A 和 α 的值可设定 η 为 0.039。

关于主观贴现因子 β，已有文献的取值范围为 [0.95，0.99]，其中以 1 期刻画 1 年的模型一般将该值设定为 0.97，因此本章将 β 的校准值设为 0.97。

资本折旧率 σ 的校准方法如下。渐进平衡增长路径需满足以下前提条件：$1 < R(NB) < R(B)$。即无房地产泡沫时的均衡利率 $R(NB)$ 要小于有房地产泡沫时的均衡利率 $R(B)$，且利率始终大于 1。该条件与 Tirole

(1985) 模型中泡沫存在性条件相一致。R（NB）< R（B）能够保证房地产泡沫的存在；利率大于 1 意味着资本边际产出要大于资本折旧，保证经济中存在投资行为。根据模型推导结果，资本折旧率 δ 是影响上述两个条件的重要变量。R（NB）< R（B）要求 δ 的取值需大于 0.7，利率大于 1 的约束要求 δ 的取值需小于 0.78。稳健性检验结果表明，δ 在（0.70，0.78）的范围内取值都不会改变本文结论，故将 δ 设定为 0.72。

本章借鉴陈彦斌和邱哲圣（2011）的方法将住房需求弹性的倒数 σ_h 设定为 2。[①] 消费跨期替代弹性的倒数 σ_c 则设定为 0.3，其原因在于保证房地产基础价值为有限正值的条件要求住房效用的增长速度小于利率，即（1 − η）（1 + g_A）$^{\sigma_c}$ <（1 − η）（1 + g_A）$^{1+\alpha}$。根据上述 α 的校准值可得 σ_c 需小于 0.75。本章将 σ_c 的值设为 0.3，满足上述条件。

按照前文设定，参数 θ 可以刻画地方政府债务水平。根据国家统计局与审计署公布的数据计算可得，2002—2008 年中国地方政府性债务余额与 GDP 之比为 14.97%，2009—2013 年该指标的均值为 29.6%，较 2002—2008 年的水平高出约 15 个百分点。由于下述原因，本章在基准模型中取 θ =0，将地方政府债务水平 D/Y 设为 0，在后文分析 2008 年金融危机后的情形时，将通过改变 θ 的取值刻画地方政府债务 D/Y 上升 15 个百分点的事实以考察地方政府债务水平的相对变动。第一，本章的重点是刻画地方政府债务水平在 2008 年金融危机前后的相对变动，因此考察地方政府债务 15 个百分点的变动足以阐明本文的关键机制；第二，由于房地产泡沫与地方政府债务间会相互影响，因此将基准模型中地方政府债务水平设为 0 能够使后文在分析房地产泡沫对货币数量论的影响时排除地方政府债务水平的影响，

[①] 陈彦斌和邱哲圣（2011）的住房效用函数可近似表示为 $H^{(1-\alpha H)(1-\sigma)}$，其中 αH 取值为 0.1，σ 取值为 3，使家庭具有较强预防性储蓄动机。而预防性储蓄动机不在本章考虑范围之内，故本章设定 σ 为一般文献取值 2。由此可得住房需求弹性的倒数 σ_h 约等于 2。

以使文章分析保持简洁和清晰；第三，本章将地方政府债务水平由 0 上升至 15% 的情形与由 15% 上升至 30% 的情形进行对比发现，结果没有显著差异，因此上述简化处理不会影响数值结果的稳健性。

（三）模型求解及适用性分析

本章首先求得模型的稳态，并在稳态附近对模型进行对数线性化，进而求得模型经济体的鞍点路径。

模型适用性分析的方法是，将模型所得金融危机后的稳态结果相对于金融危机前的变动与现实数据在金融危机前后的变动进行对比。本章基准模型是依据金融危机前的现实数据校准得到的，因此其稳态结果刻画了金融危机前的情况。金融危机之后，中国经济的三大特征是，第一，经济增长率由金融危机前（2002—2008 年）的年均 10.41% 下降至金融危机后（2009—2013 年）的 8.86%；第二，M2 增长率由金融危机前的 17% 上升至 18.5%；第三，金融危机后地方政府性债务占 GDP 比重相比金融危机前上升了约 15 个百分点。因此，在基准模型的基础上，本章通过调整 g_A、g_m 和 θ 三个参数来刻画金融危机后的经济：首先将参数 g_A 下调至 8.8% 以刻画经济增长率下滑 1.6 个百分点的事实，其次将 g_m 由 17% 调整至 18.5%，最后将 θ 调整至 740 以拟合地方政府债务占 GDP 比重上升 15 个百分点的变动。通过对比金融危机前后的稳态结果可以发现，D/Y 由 0 上升至 15.05%，较好地拟合了现实经济中地方政府债务占 GDP 比重上升 15 个百分点的事实（见表6—3）。

模型适用性分析结果显示，模型能够较好地刻画金融危机前后经济变量变动的主要特征，表明模型可适用于分析金融危机之后中国货币数量论失效的逻辑机理。模型结果显示金融危机后债务水平上升、投资率上升、消费率下降、货币流通速度下降，与现实经济的变动方向完全一致，表明模型较好地捕捉了经济中的核心特征。模型结果在绝对值上与现实数据存在一定差距的原因在于，本章未对金融市场摩擦和总需求结构失衡等经济特征进行刻画。本章舍弃对金融市场摩擦和总需求结构失衡等经济特征的刻画的考虑是，Samuelson – Diamond – Tirole 模型对资产泡沫的存在性具有严格的条件，模型需保持尽可能的简洁，故本章仅引入了金融危机之后对货币需求影响最大的房地产部门和地方政府债务。[①] 总体上，本章认为模型结果能够较好地抓住主要经济变量的变动趋势，适用于对金融危机之后货币数量论失效的形成机制进行分析。

表6—3   模型适用性分析

	D/Y	K/Y	C/Y	V
模型变动	15.05%	0.5%	– 14.92%	– 0.005
现实变动	14.63%	6.33%	– 4.43%	– 0.1

此外，本章对模型所校准的参数进行了稳健性分析。为了保证渐进平衡增长路径的存在性，某些参数需要符合一定的约束范围，如 $\{\delta, \sigma_c\}$。本章对这类参数在保证均衡存在性的参数范围内进行稳健性分析发现，数值模拟的结果没有显著改变。另外，$\{\beta, \eta, \sigma_h\}$ 等其他相关参数的稳健性分析结果也表明上述参数在一般合理范围内所得数值模拟结果与本章基准情况没有显著差别。

---

① 陈彦斌等（2010）也指出，将房地产纳入宏观经济学分析框架会使模型变得复杂，甚至难以求解。由于房地产泡沫和地方政府债务对于研究货币数量论失效十分重要，本章详细刻画了这两个经济特征。而上述两个因素（尤其是房地产泡沫）的引入已大大增加了模型复杂性和求解难度。因此，为使模型在不影响文章核心机制的基础上尽可能简洁和能够求解，本章未对金融摩擦和总需求结构失衡等其他经济特征进行刻画。

◇五　数值模拟 1:货币数量论失效的原因与机制

基于上文设定的基本模型,本节将论证房地产泡沫和地方政府债务对货币数量论的影响,并探讨房地产泡沫和地方政府债务导致货币数量论失效的具体机制。

(一) 房地产泡沫的产生会导致货币数量论失效

图 6—3 显示了经济由无房地产泡沫均衡过渡到有房地产泡沫均衡的转移动态,即 g_q 由 0 变为 $(1 + g_A^{1-\alpha})$ 后各经济变量的变动。模拟结果显示,房地产泡沫的产生会导致货币数量论失效。一方面,在货币增长率和经济增长不变的情况下,房产泡沫的产生使得通货膨胀率下降近 1 个百分点,即经济中的通货膨胀率小于货币增长率与经济增长率之差,与货币数量论的基本关系相悖。另一方面,房地产泡沫的产生不仅使得货币流通速度出现跳跃性下降,而且导致货币流通速度出现永久性下降。这使货币流通速度恒定不变的假设不再成立,也表明货币数量论失效。上述结论与李世美等(2012) 对房价与货币流通速度进行协整检验所得到的结果一致。然而,协整检验的不足之处是仅能指出房地产泡沫与货币流通速度之间的统计关系,而无法厘清两者的因果关系和作用机制。本章将深入分析房地产泡沫影响货币数量论的逻辑机制。

房地产泡沫的产生导致货币数量论失效的原因在于,房地产泡沫使家庭住房消费支出和政府支出增加,增强了家庭和政府持有货币的意愿,从而导致货币流通速度和通货膨胀率下降。首先,房地产泡沫的产生提高了房地产价格,使家庭住房消费支出增加。其次,房地产泡沫的产生使得土

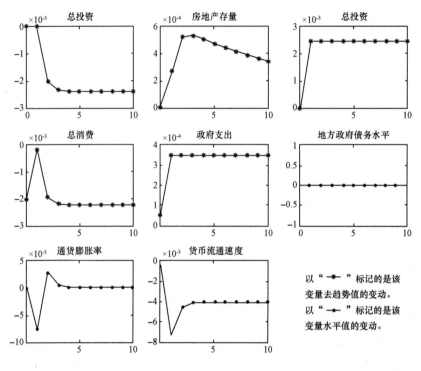

图6—3　房地产泡沫产生的转移动态

　　说明：本章所有转移动态结果为各变量相对于其0期值的绝对变动。其中，地方政府债务水平表示地方政府债务与产品部门产出的比值。

地租金上升，进而推高政府支出。房地产泡沫的产生使家庭的住房消费支出增加，住房消费支出的增加挤出总资本投资，使总资本投资下降约1%。同时，房地产泡沫的产生使房地产部门产生了增长的动力，资本重新在产品部门和房地产部门之间分配，资本由产品部门流入房地产部门。房地产部门的扩张使得地方政府土地租金收入增加，从而推高了政府支出。最后，房地产泡沫的产生使家庭消费下降，相比于总资本投资，下降幅度较小。这主要是因为年老家庭消费的增加一定程度上抵消了年轻家庭消费的下降。一方面，与总资本投资类似，年轻家庭住房消费支出的增加挤出年轻家庭的消费，使年轻家庭消费下降 0.9%；另一方面，房地产泡沫的产生也使得年老家庭的卖房收入增加，收入效应使得年老家庭消费增加了 1%。由于家庭住房消费支出和政府支出增加，且这一增加幅度抵消了家庭消费支出和投资的下降，使得家庭和政府想要持有的货币增加。家庭和政府所持有的货币数量的增加直接导致货币流通速度变慢。同时，在货币增长率不变的情况下，家庭和政府货币需求的增加使得货币"升值"，于是通货膨胀率下滑。由于货币中性，当经济达到新的均衡水平后，家庭的货币需求将趋于稳定，此时通货膨胀率将恢复到初始水平。

（二）地方政府债务的增加会引起房地产泡沫进一步膨胀，从而加剧货币数量论失效

本部分将考察地方债务的增加对货币数量论的影响。由基准模型可知，θ 是决定地方政府债务水平 D/Y 的参数。本章将通过改变 θ 值来模拟地方政府债务的上升，并考察地方政府债务变化对货币数量论的影响。[1]

转移动态结果显示，当经济中存在房地产泡沫时，地方政府债务水平的上升会导致货币数量论失效。从图 6—4 来看，地方政府债务水平由 0 上升至 15%，一方面使通货膨胀率下降近 0.3 个百分点，另一方面导致货币流通速度出现永久性下降，表明货币数量论失效。究其原因，地方政府债务的扩张刺激房地产泡沫进一步膨胀。地方政府债务的增加刺激总投资上升，并进而拉低利率。低资金成本使得家庭买卖住房所获得的收益上升，从而刺激住房需求增加，房地产泡沫进一步膨胀。房地产泡沫膨胀进一步增强了家庭和政府的货币持有意愿，并进而引起货币流通速度和通货膨胀率下降，最终导致货币数量论失效。值得注意的是，尽管 2 期之后经济基本

---

① 基准模型中 $\theta=0$，以地方政府债务与总收入之比衡量的地方政府债务水平 $D/Y=0$。随着 θ 的增加，D/Y 也逐步增加。故此处通过改变 θ 的值刻画不同规模的地方政府债务。

进入新的渐进平衡增长路径，而货币流通速度并未回到其初始水平，表明地方政府债务的变动会使货币流通失去稳定性。

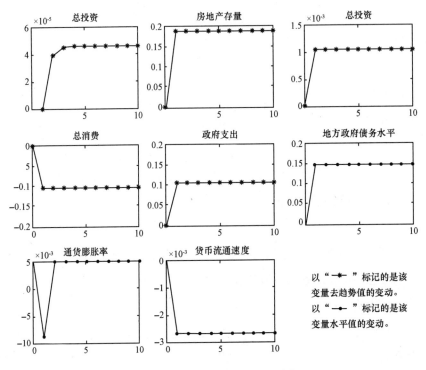

图6—4 地方债务增加的转移动态

已有文献认为中国扩张性的财政政策往往会引起通货膨胀（王立勇、李富强，2009；张延，2010等），[1] 这与本章的结论并不矛盾。首先需要明确的是，本章中地方政府债务水平的上升最终会引起政府消费增加，因此本质上也是一种扩张性的财政政策。转移动态结果显示，地方政府债务水平的上升反而使通货膨胀率下降，似乎与已有研究结果不符，而事实上两

---

① 王立勇等（2009）通过脉冲响应函数考察财政政策对中国通货膨胀的影响，发现扩张性的财政政策会引起通货膨胀。张延（2010）利用中国1992—2009年的数据进行时间序列分析发现，中国政府购买支出与物价水平有两期滞后的正相关关系。

者不存在矛盾。其原因在于，扩张性的财政政策往往伴随着货币供应量的快速上升，已有研究正是在货币增长率不断上升的情况下得到扩张性财政政策会引起通货膨胀这一结论。而事实上，长期以来中国通货膨胀率的上升幅度始终远小于货币增长率的增加，通货膨胀率相对于货币增长率实际上在下降，这也正是本章所要解释的关键问题。由于本章模型假设货币增长率固定不变，因此通货膨胀率的下降事实上正反映了通货膨胀率的相对下降，与已有研究和中国现实是一致的。[①]

需要说明的是，上述结论均是在存在房地产泡沫的情形下得到的，当经济中不存在房地产泡沫时，地方政府债务的扩张不会导致货币数量论失效。为检验上述论点，本章进行 A、B 两组对照实验，分别在有房地产泡沫（实验 A）和无房地产泡沫（实验 B）情形下，改变 θ 值来考察地方政府债务变化对货币流通速度的影响。实验 B 在实验 A 的基础上增加 $q=0$ 这一约束，以保证经济中不存在房地产泡沫。记 A0 和 B0 分别为实验 A 与实验 B 的控制组，控制组的参数 $\theta=0$。实验 A 的 4 个实验组分别记为 A1，A2，A3，A4，实验 B 的 4 个实验组分别记为 B1，B2，B3，B4。各实验组的参数设定及实验结果见表 6—4，实验结果为各实验组相对于其各自控制组的偏离。

表 6—4 各对照组参数设定及实验结果

实验 A	A1	A2	A3	A4	实验 B	B1	B2	B3	B4
θ	100	200	300	370	θ	100	200	300	370
D	0.02	0.04	0.07	0.10	D	5.18	10.35	15.53	19.15
D/Y	2.97%	6.28%	10.79%	14.82%	D/Y	0	0	0	0
q_b	0.0002	0.0004	0.0007	0.0010	q_{fdv}	0	0	0	0

[①] 事实上，如果在政府赤字增加时也调高货币增长率，就能得到通货膨胀率上升的结果。

续表

实验 A	A1	A2	A3	A4	实验 B	B1	B2	B3	B4
H	0.04	0.09	0.14	0.19	H	0	0	0	0
τ_t	1.95×10^{-5}	4.4×10^{-5}	7.57×10^{-5}	1.04×10^{-4}	τ_t	0	0	0	0
V	-5×10^{-4}	-1×10^{-3}	-2×10^{-3}	-3×10^{-3}	V	0	0	0	0

注：各对照组除 θ 外其他参数的设定与基准模型一致。另外，由于实验 B 中房地产部门在 AB-GP 下增长率为 0，故表中给出的实验 B 的结果中除 θ 和 V 外均为水平值相对于控制组的变动，而非去趋势值相对于控制组的变动。

　　比较稳态结果表明，只有当经济中存在房地产泡沫时，地方政府债务的增加才会导致货币数量论失效。实验 A 的 4 组实验结果表明，地方债务水平的上升永久性地降低了货币流通速度。在实验 A 中，随着地方政府债务水平的上升，房地产泡沫进一步膨胀，货币流通速度逐渐下降。而实验 B 的结果显示，地方政府债务水平的变化不会影响货币流通速度。当 $q_b = 0$ 时，尽管随着 θ 的上升，地方政府债务 D 不断攀升，但货币流通速度始终保持不变。究其原因，当房地产不存在泡沫时，地方政府债务的上升不会使泡沫膨胀，因此不足以影响货币流通速度。由于房地产部门不随劳动生产率的增长而增长，房地产基础价值和房地产存量在均衡时均恒定不变，因此地方政府土地租金收入也维持不变。而地方政府债务以土地租金收入为基础进行扩张，这意味着即使地方政府债务上升，但相比于不断增长的整体经济而言债务扩张是十分有限甚至是微不足道的，从地方政府债务占产品部门产出的比例 D/Y 始终为 0 可以明显看到这一点。因此，在不存在房地产泡沫时，地方政府债务的增加不足以改变货币流通速度，货币数量论在此情形下始终有效。

◈六　数值模拟 2:货币数量论恢复有效后对宏观经济的影响

上节数值模拟结果表明,房地产泡沫是导致货币数量论失效的根本性因素,而地方政府债务的增加会使房地产泡沫进一步扩大,从而加剧货币数量论的失效。然而,国际经验和历史经验表明房地产泡沫终将破裂,因此货币数量论或在未来恢复有效。本节将模拟房地产泡沫的破裂,从而考察货币数量论恢复有效后对宏观经济的影响。

(一) 数值模拟结果:货币数量论恢复有效后会引起高通胀

为考察货币数量论恢复有效后对宏观经济的影响,本节将通过给模型经济体增加 $q_b = 0$ 这一约束来模拟房地产泡沫的破裂。已有研究和分析仅对房地产泡沫破裂的后果进行定性判断,未进行系统和定量的分析。例如,徐滇庆 (2006) 从财富转移和产业的角度出发,认为房地产泡沫的破裂一方面会使银行资产转移给投机者,另一方面会影响其上下游产业的生产并导致整个产业链断裂。茅于轼 (2008) 则从就业的角度出发认为房地产泡沫破裂后的最大危机是民工失业。本章则将从货币数量论出发,定量考察房地产泡沫破裂后地方政府债务和通货膨胀的变化。

模拟结果显示 (见图 6—5),货币数量论恢复有效后,地方政府债务水平出现大幅下降,通货膨胀明显上升。房地产泡沫破裂使得导致货币流通速度下降 (即货币数量论失效) 的因素消失,因此货币流通速度重新回升至货币数量论有效时的水平。随着房地产价格大幅下降,家庭住房消费支出减少。这使得家庭有更多的钱进行投资,从而使总资本投资迅速上升。

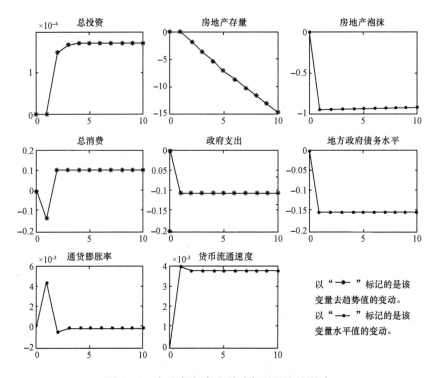

图6—5　房地产泡沫破裂对宏观经济的影响

说明：与其他变量不同的是，此处房价的变动为相对于其0期水平的以百分比衡量的相对变动。

同时，房地产泡沫的破裂使房地产部门萎缩，尽管总资本投资在上升，但房地产部门的投资和产出下滑。从图6—5来看，房地产泡沫破裂后，房地产存量一直在下降，且持续时间较长，直到第10期仍处于下降状态。这表明，房地产泡沫破裂后房地产部门的新增投资和产出很小，房地产的折旧速度远高于新增的房地产产出。由于房地产部门陷入萧条，地方政府土地租金收入迅速下降，不仅使政府支出下降，也使得地方政府无法进行债务扩张。① 由于家庭住房消费支出和政府支出的大幅下降，家庭和政府持有货

---

① 本章数值模拟部分仅考察了房地产泡沫的破裂而保持其他条件不变。在这一假设前提下地方政府债务水平趋于0，这虽然使得模型与现实产生一定的差异，但有利于更为清晰地考察房地产泡沫破裂这一因素对地方政府债务的影响。

币的意愿减弱，家庭和政府持有货币的意愿下降使得货币"贬值"，通货膨胀率立即上升了约0.5个百分点。

（二）政策启示：高货币投放的宽松货币政策应及时终止，中国货币政策应以提高存量货币的使用效率为核心目标

中国不应再盲目使用高货币投放式的宽松货币政策，避免货币持续、大量涌入房地产市场和地方政府投融资平台，以防止通货膨胀压力的进一步积聚。由于房地产投资周期和地方政府债务期限均较长，房地产市场和地方政府对于货币的需求很大且缺乏一定的弹性。并且，由于房地产和地方政府主导的投资项目在 GDP 中占比较高，一旦货币政策为稳定增长而转为宽松，必然导致货币大量流入房地产和地方政府投融资平台。本章分析表明，金融危机之后快速增长的货币供应量之所以没有引发应有的高通胀的原因在于，大量货币流入房地产市场，被房地产泡沫吸收。然而，未来随着利率市场化的推进以及经济增速的下滑，房地产的投资热情将会受到严重打击，房地产泡沫面临破裂风险。一旦房地产泡沫破灭，房地产泡沫所吸收的大量货币将回流至产品市场，将引发产品市场严重的通货膨胀。因此，央行不应仅看到当前较低的通货膨胀而盲目乐观，更不应继续走高货币投放的宽松货币政策的老路，而应该认识到由货币数量论失效所积聚的潜在通货膨胀压力。

特别需要强调的是，货币政策绝不能为支持地方政府举债而转向宽松。当前，中国地方政府债务上升虽然表面上并未引发严重的通货膨胀，但潜在通货膨胀风险已在不断积聚。从国际经验来看，各国政府财政融资而大量发行货币时往往会产生恶性通货膨胀。世界上最著名的恶性通货膨胀历史就与财政赤字密切相关。第一次世界大战之后，德国作为战败国签署了《凡尔赛和约》，需支付 2690 亿金马克的赔款，在当时相当于 9.6 万吨黄

金。巨额赔款使得德国财政赤字猛增，政府不得不大量发行货币来为赔款筹资。这最终带给德国的是恶性的通货膨胀，1923 年德国价格指数呈指数型上涨，当年 12 月的价格指数达到了 1 月的 10^8 倍。[①] 奥地利、匈牙利和波兰也出现了同样的情况（Sargent，1982）。金融危机之后，在中国地方政府借由投融资平台公司大量融资使得地方政府债务攀升的同时，货币政策转向宽松以信贷投放的方式支持地方政府举债，导致广义货币供应量随之不断攀升。与国际经验不同的是，中国当前尚没有出现严重的通货膨胀，其原因在于房地产泡沫吸收了大量货币。然而事实上，房地产泡沫虽然吸收了货币，但无法消化通货膨胀风险，只能使潜在通货膨胀风险不断积累。由于房地产泡沫的脆弱性，潜在通货膨胀风险极易转化为真正的通货膨胀，因此货币政策不能再为地方政府举债而大量投放货币。

由于货币数量论失效不是永久性的，中国货币政策应在保持稳健的基础上着力提高存量货币的使用效率。厉以宁（2013）指出，偏紧的货币政策会使实体经济更加困难，尤其是中小企业和民营企业，因此货币政策应偏向宽松。[②] 而事实是，实体经济缺乏资金的问题并不是货币政策总量层面上的问题，也并非根源于整体经济的流动性不足，而是由流动性错配导致的结构性问题。因此，简单的宽松货币政策不仅只会使货币继续流入房地产和地方政府投融资平台，而且实质上难以解决实体经济的流动性问题（特别是中小企业和民营企业的融资难问题）。但考虑到紧缩性的货币政策易使经济增速日趋下滑的中国雪上加霜，因此货币政策应保持稳健，并将重点放在资金流向的结构性调整上。应避免新增货币与资金流入持续和大

---

① 1923 年 1 月的价格指数为 100，1923 年 7 月德国价格指数上涨至 2685，随后的 8 月至 12 月间价格指数的数量级由 10^4 迅速上升至 10^{10}，并在 1924 年一直保持在 10^{10} 这一数量级上。此处价格指数数据为作者根据 Sargent（1982）中德国 1923—1924 年物价水平月度数据计算得到。

② 具体请参见厉以宁（2013）《中国经济双重转型之路》，中国人民大学出版社 2013 年版，第 165 页。

规模房地产市场和地方投融资平台，积极引导信贷资金投入实体经济。特别是要重点改善中小企业融资难问题，优化资金配置和提高使用效率。此外，我们必须认识到，当前中国经济增速的放缓和融资难、融资贵问题是经济体制不合理和经济结构失衡共同作用的结果，最终需要财政政策和经济体制改革来释放改革红利，不能仅依靠货币政策为经济托底。

◇七　总结

本章构建了一个含有房地产部门和地方政府债务的动态一般均衡模型，并通过 CIA 约束引入货币，研究金融危机后中国货币数量论失效的原因以及货币数量论恢复有效对宏观经济的影响。研究发现，房地产泡沫的产生会增强家庭和政府持有货币的意愿，使货币流通速度出现永久性下降，且在货币流通速度下降的过程中通货膨胀率相对货币增长率下降约 1 个百分点。同时，以土地租金作为举债基础的地方政府债务水平的上升会使房地产泡沫膨胀，从而进一步导致货币数量论失效。同时，模拟实验表明，随着房地产泡沫的破裂，货币数量论将恢复有效，并推动通货膨胀率上升约 0.5 个百分点。

基于上述分析，中国不应再盲目使用高货币投放式的宽松货币政策，而应在保持稳健的基础上着力提高存量货币的使用效率。中国当前快速增长的货币供应量和不断扩张的地方政府债务之所以没有引发高通胀的原因在于大量货币流入房地产市场，被房地产泡沫吸收。然而，未来随着利率市场化的推进以及经济增速的下滑，房地产的投资热情将会受到严重打击，房地产泡沫终将破裂并进而引发高通货膨胀。考虑到紧缩性的货币政策易使经济增速日趋下滑的中国雪上加霜，因此货币政策应保持稳健，并将重点放在资金流向的结构性调整上。

本章模型提供了一个能够在房地产泡沫下研究地方政府债务、货币与通胀的理论框架。该框架可以拓展到更多值得研究的相关问题。比如，引入金融中介以研究银行信贷对房地产泡沫和地方政府债务的影响，研究房地产泡沫破裂时的最优货币政策以及中介目标的选取等。又如，可以用来研究利率市场化大背景下货币政策与财政政策的协调问题，以及数量型货币政策向价格型货币政策的转型问题。

◇◇附录一　渐进平衡增长路径（ABGP）存在条件及性质

命题：在本文模型框架下，如果满足下述条件，

（i）效用函数为可分的 CRRA 形式，即 $u\,(C_{1t},\,C_{2t+1},\,H_t) = \dfrac{C_{1t}^{\,1-\sigma_c}}{(1-\sigma_c)}$

$+\beta\dfrac{C_{2t+1}^{\,1-\sigma_c}}{(1-\sigma_c)} + \dfrac{H_t^{\,1-\sigma_h}}{(1-\sigma_h)}$；

（ii）产品部门与房地产部门资本产出弹性相等，$\alpha=\gamma$；

（iii）参数 σ_c，σ_h，α，η，g_A 满足约束条件：$\sigma_c-\alpha\sigma_h<1-\alpha$，$(1-\eta)(1+g_A)^{\sigma_c}<R\,(NB)$；

则模型经济存在渐进平衡增长路径（ABGP），并且处于下述两种渐进平衡增长路径中的一种：

（a）有泡沫渐进平衡增长路径（B-ABGP）：在此路径下，$(1+g_q) = (1+g_A)^{1-\sigma}$，$g_{c_1}=g_{c_2}=g_{K_f}=g_{K_h}=g_{Y_f}=g_A$，$g_{Y_h}=g_H=g_h$ 且 $(1+g_h) = (1+g_A)^{\sigma}$；

（b）无泡沫渐进平衡增长路径（NB-ABGP）：在此路径下，$g_q=0$，$g_{c_1}=g_{c_2}=g_{K_f}=g_{Y_f}=g_A$，$g_{K_h}=g_{Y_h}=g_H=0$

证明：

证明的基本思路和方法是猜解法。根据命题条件，可以得到猜解均衡

成立的充分必要条件。如果由充分必要条件组成的方程有解，则均衡存在，且该解即为均衡。

（A）家庭与企业最优化问题的一阶必要条件和运动方程：

$C_{1t}^{-\sigma_c} = \beta R_{t+1} C_{2t+1}^{-\sigma_c}$（欧拉方程）

$q_t = H_t^{-\sigma_h} C_{1t}^{\sigma_c} + (1-\eta) q_{t+1}/R_{t+1}$（资产定价方程）

$H_t = (1-\eta) H_{t-1} + Y_{ht}$（房地产存量运动方程）

$\alpha K_{ft}^{\alpha-1} A_t^{1-\alpha} + 1 - \delta = R_t = q_t \gamma K_{ht}^{\gamma-1} + 1 - \delta$（要素回报率方程）

其中，由家庭预算约束可得：

$C_{1t} = (1-\alpha) K_{ft}^{\alpha} - K_{t+1} - q_t H_t - \theta (1-\alpha) q_t K_{ht}^{\alpha}/2$

$C_{2t+1} = R_{t+1} K_{t+1} + q_{t+1} (1-\eta) H_t - \theta (1-\alpha) q_{t+1} K_{ht+1}^{\alpha}/2$

（B）引理 1（线性资本分配）：在本文模型框架下，如果命题条件（ii）满足，则资本在产品部门与房地产部门间的分配具有线性性质，即 $K_{ft} = [1 - \varphi (q_t/A_t^{1-\alpha})] K_t$，$K_{ht} = \varphi (q_t/A_t^{1-\alpha}) K_t$。

证明：定义 $\tilde{q}_t = q_t/A_t^{1-\alpha}$，$\tilde{K}_{ft} = K_{ft}/A_t$，$\tilde{K}_{ht} = K_{ht}/A_t$ 和 $\tilde{K}_t = K_t/A_t$。根据要素定价方程可得：$\alpha \tilde{K}_{ft}^{\alpha-1} = \gamma \tilde{q}_t \tilde{K}_{ht}^{\gamma-1}$。由（ii）有 $\alpha = \gamma$，故 $\tilde{K}_{ft}^{\alpha-1} = \tilde{q}_t \tilde{K}_{ht}^{\alpha-1}$。于是，可根据 $\tilde{K}_t = \tilde{K}_{ft} + \tilde{K}_{ht}$ 求得：

$$\tilde{K}_{ft} = \frac{1}{1 + \tilde{q}_t^{1/(1-\alpha)}} \tilde{K}_t, \quad \tilde{K}_{ht} = \frac{\tilde{q}_t^{1/(1-\alpha)}}{1 + \tilde{q}_t^{1/(1-\alpha)}} \tilde{K}_t。$$

因此，当 $(1+g_q) = (1+g_A)^{1-\alpha}$ 时，$\tilde{q}_t$ 为非零正值，故 $g_{K_f} = g_{K_h} = g_K = g_{Y_f} = g_A$。由房地产部门生产函数及房地产存量运动方程可进一步得，$g_{Y_h} = g_H = (1+g_A)^{\alpha} - 1$。当 $g_q = 0$，q_t 在均衡时固定不变，$\lim\limits_{t\to\infty} \tilde{q}_t = 0$，故有 $\lim\limits_{t\to\infty} \tilde{K}_{ht} = 0$，$\lim\limits_{t\to\infty} \tilde{K}_{ft} = \tilde{K}_t$。由此可进一步得到，$g_q = g_{K_h} = g_H = 0$，$g_{K_f} = g_K = g_{Y_f} = g_A$。

（C）根据 Tirole（1985）对资产价格的定义与设定，房地产价格 q_t 可

分解成基础价格 q_t^f 和泡沫 q_t^b 两部分，即 $q_t = q_t^f + q_t^b$，且 $q_t^f = H_t^{-\sigma_h} C_t^{\sigma_c} + (1 - \eta)\, q_{t+1}^f / R_{t+1}$，$q_t^b = (1 - \eta)\, q_{t+1}^b / R_{t+1}$。

引理 2（房地产基础价格为有限正值）：在本文模型框架下，如果命题条件（i）和（iii）成立，则房地产基础价格 q_t^f 在渐进平衡增长路径（AB-GP）下是有限正值。

证明：根据 $q_t^f = H_t^{-\sigma_h} C_t^{\sigma_c} + (1 - \eta)\, q_{t+1}^f / R_{t+1}$ 可求得 $q_t^f = H_t^{-\sigma_h} C_{1t}^{\sigma_c} \sum_{j=0}^{+\infty} [(1 - \eta)/R_t]^j$。只需证明 q^f 在有泡沫均衡和无泡沫均衡下均为有限正值即可。

在有泡沫均衡下，$(1 + g_q) = (1 + g_A)^{1-\alpha}$，可得

$$q^f = \tilde{H}^{-\sigma_h} \tilde{C}_1^{\sigma_c} \sum_{j=0}^{+\infty} [(1 - \eta)(1 + g_A)^{\sigma_c - \alpha\sigma_h}/R(B)]^j = \tilde{H}^{-\sigma_h} \tilde{C}_1^{\sigma_c} / [1 - (1 - \eta)(1 + g_A)^{\sigma_c - \alpha\sigma_h}/R(B)]$$

由 $\sigma_c - \alpha\sigma_h < 1 - \alpha$ 可得 $(1 - \eta)(1 + g_A)^{\sigma_c - \alpha\sigma_h} < (1 - \eta)(1 + g_A)^{1-\alpha} = R(B)$，则 $0 < 1 - (1 - \eta)(1 + g_A)^{\sigma_c - \alpha\sigma_h}/R(B) < 1$。故有 $0 < q^f < +\infty$。

在无泡沫均衡下，$g_q = 0$，

$$q^f = H^{-\sigma_h} \tilde{C}_1^{\sigma_c} \sum_{j=0}^{+\infty} [(1 - \eta)(1 + g_A)^{\sigma_c}/R(NB)]^j = H^{-\sigma_h} \tilde{C}_1^{\sigma_c} / [1 - (1 - \eta)(1 + g_A)^{\sigma_c}/R(NB)]$$

同理，由于 $(1 - \eta)(1 + g_A)^{\sigma_c} < R(NB)$，则 $0 < 1 - (1 - \eta)(1 + g_A)^{\sigma_c}/R(NB) < 1$。

故有 $0 < q^f < +\infty$。

（D）引理 3（泡沫存在性的必要条件）：在本文模型框架下，如果命题条件（i）满足，则若 $g_q = 0$，则均衡时不存在房地产泡沫；若 $(1 + g_q) = (1 + g_A)^{1-\alpha}$，则均衡时存在房地产泡沫的必要条件为 $(1 - \eta)(1 + g_A)^{1-\alpha} > R(NB)$。

证明：若 $g_q = 0$，则房地产泡沫的运动方程为 $q_t^b = (1 - \eta)\, q_{t+1}^b / R_{t+1}$。不失一般性地考虑 $R_{t+1} > 1$，$\forall t$，于是有 $q_{t+1}^b = R_{t+1} q_t^b / (1 - \eta) > q_t^b$。对于

任何 $q_0^b > 0$，当 $t \to \infty$ 时，$q_t^b \to +\infty$。由于经济体中去趋势的人均总收入必然为有限正值，则存在 T^*（T^* 是关于 q_0^b 的函数），对于 $t > T^*$，q_t^b 大于人均总收入，故违反了家庭的预算约束，矛盾。因此，若 $g_q = 0$，任何均衡都不会产生房地产泡沫，即均衡时 $q^b = 0$。

若 $(1 + g_q) = (1 + g_A)^{1-\alpha}$，由 $q_t^b = (1 - \eta) q_{t+1}^b / R_{t+1}$ 可得房地产泡沫的运动方程为 $\tilde{g}_t^b = (1 - \eta)(1 + g_A)^{1-\alpha} \tilde{q}_{t+1}^b / R_{t+1}$。同理可证，当 $(1 - \eta) (1 + g_A)^{1-\alpha} < R_{t+1}$，$\forall t$ 时，均衡中不会存在房地产泡沫。不失一般性地考虑不含房地产泡沫的渐进平衡增长路径（NB – ABGP）下的稳态利率水平，如果泡沫均衡存在的话，那么其必要条件为 $R (NB) \leqslant (1 - \eta)(1 + g_A)^{1-\alpha}$。

（E）分别证明两种渐进平衡增长路径（ABGP）下的必要条件组成的方程组存在解，若解存在则均衡存在。

首先考虑带有房地产泡沫的渐进平衡增长路径（B – ABGP）。该路径下有 $(1 + g_q) = (1 + g_A)^{1-\alpha}$，$(1 + g_h) = (1 + g_A)^{\alpha}$，$g_{C_1} = g_{C_2} = g_{K_f} = g_{K_h} = g_{Y_f} = g_A$，$(1 - \eta)(1 + g_A)^{1-\alpha} \geqslant R (NB)$。根据引理 1，要素回报率方程成立。根据引理 2，房地产基础价格 q^f 在均衡时为有限正值。并且，根据引理 3，$(1 - \eta)(1 + g_A)^{1-\alpha} \geqslant R (NB)$ 保证房地产泡沫存在。现在考虑 B – ABGP 下去趋势后的经济：

$$(1 + g_A) \tilde{C}_2 = [\beta R (B)]^{1/\sigma_c} \tilde{C}_1$$

$$R (B) = (1 - \eta)(1 + g_A)^{1-\alpha}$$

$$[1 - (1 - \eta) / (1 + g_A)^{1-\alpha}] \tilde{H} = \tilde{K}_h^{\alpha}$$

其中，

$$\tilde{C}_1 = (1 - \alpha) \tilde{K}_f^{\alpha} - (1 + g_A) \tilde{K} - \tilde{q} \tilde{H} - \theta (1 - \alpha) \tilde{q} \tilde{K}_h^{\alpha} / 2$$

$$\tilde{C}_2 = R (B) \tilde{K} + \tilde{q} (1 - \eta)(1 + g_A)^{-\alpha} \tilde{H} - \theta (1 - \alpha) \tilde{q} \tilde{K}_h^{\alpha} / 2$$

$$\tilde{K}_f = \frac{1}{1 + \tilde{q}^{1/(1-\alpha)}} \tilde{K}$$

$$\tilde{K}_h = \frac{\tilde{q}^{1/(1-\alpha)}}{1+\tilde{q}^{1/(1-\alpha)}} \tilde{K}$$

由上述非线性系统可解得 $\{\tilde{K}, \tilde{q}, \tilde{H}\}$，并可进一步得到 $\{\tilde{K}_f, \tilde{K}_h, \tilde{C}_1, \tilde{C}_2, \tilde{C}\}$。因此，带有房地产泡沫的渐进平衡增长路径（B – ABGP）存在。

其次，考虑无房地产泡沫的渐进平衡增长路径（NB – ABGP）。在该路径下有 $g_q = 0$，$g_{K_h} = g_H = 0$，$g_{C_1} = g_{C_2} = g_{K_f} = g_A$。同理于 B – ABGP 的证明，根据引理1，要素定价方程成立。根据引理2和引理3，当 $g_q = 0$ 时，均衡时不存在房地产泡沫且房地产基础价格 q^f 为有限正值。现在考虑 NB – AB-GP 下去趋势后的经济：

$$(1 + g_A)\, \tilde{C}_2 = \left[\beta R\,(NB)\right]^{1/\sigma_c} \tilde{C}_1$$

$$R\,(NB) = \alpha K_f^{\alpha-1} + 1 - \delta$$

$$H = K_h^\alpha / \eta$$

其中，

$$\tilde{C}_1 = (1 - \alpha)\, \tilde{K}_f^\alpha - (1 + g_A)\, \tilde{K}$$

$$\tilde{C}_2 = R\,(NB)\, \tilde{K}$$

$$\tilde{K}_f = \tilde{K}$$

$$q^f = H^{-\sigma_h} \tilde{C}_1^{\sigma_c} / \left[1 - (1 - \eta)\,(1 + g_A)^{\sigma_c} / R\,(NB)\right]$$

由上述非线性系统可解得 $\tilde{K}_f$，并可进一步得到 $\{\tilde{K}, \tilde{C}_1, \tilde{C}_2, \tilde{C}, K_h, q^f, H\}$。因此，不含有房地产泡沫的渐进平衡增长路径（NB – ABGP）存在。

（F）引理4（充分性讨论）：在命题条件下，（A）部分中的必要条件满足最优化问题的充分性；在合适的房地产泡沫初值条件下（关于房地产泡沫初值的讨论请参见附录二），引理3的必要条件在泡沫均衡中满足其充分性。

证明：首先证明（A）部分个体最优化问题中的必要条件满足充分性。根据命题条件（i），家庭的效用函数为二阶连续可微的单调递增的凸函数，预算约束为凸集，生产函数符合 INADA 条件，因此容易证得二阶条件为半负定，故个体最优化问题的必要条件满足充分性。

其次，证明在合适的房地产泡沫初始条件下，引理 3 的必要条件在泡沫均衡中满足其充分性。在 $(1 + g_q) = (1 + g_A)^{1-\alpha}$ 的情况下，不失一般性地考虑均衡的稳态状况。根据（E）有备选均衡 $\{\tilde{K}, \tilde{q}, \tilde{H}\}$，不妨考虑房地产泡沫初值 $\tilde{q}$。根据引理 3 中的泡沫运动方程 $\tilde{q}_t^b = (1 - \eta)(1 + g_A)^{1-\alpha} \tilde{q}_{t+1}^b / R_{t+1}$、（E）和稳态下的利率水平 $R_{t+1} = R(B) = (1 - \eta)(1 + g_A)^{1-\alpha}$，可得 $\tilde{q}_{t+1}^b = \tilde{q}_t^b = \tilde{q}$。因此，在房地产泡沫初值 $\tilde{q}$ 下能够收敛到泡沫均衡 $\{\tilde{K}, \tilde{q}, \tilde{H}\}$，满足其充分性。

证毕。

◇ 附录二　关于收敛路径中房地产泡沫初值选择的说明

对于稳态为泡沫均衡的收敛路径的数值求解，本章所采用的方法是：首先在泡沫均衡附近进行对数线性化，然后采用特征根分解的方法确定其鞍点收敛路径。对于任何初始资本存量，本章利用上述方法求解得到的鞍点收敛路径的约束条件计算能够保证通过鞍点收敛路径收敛到泡沫均衡的初始泡沫价格，从而确定房地产泡沫初值。

第 七 章

新常态、经济结构转变与财政政策调整

2014 年 5 月，习近平总书记在河南考察时首次提及"新常态"，并在亚太经合组织会议上系统阐述了"新常态"的内涵，主要包括经济"从高速增长转为中高速增长"，"经济结构不断优化升级"，"从要素驱动、投资驱动转向创新驱动"三方面。其中，在论及经济结构时，习近平指出，2014 年前三季度，经济增长贡献率方面，消费超过了投资。产业结构方面，第三产业增加值占比超过了第二产业；高新技术产业有较快增长；单位 GDP 能耗也有所下降。

事实上，经济结构一直是中国经济发展的一个重要问题，它涉及进出口、城市化、产业结构调整、城乡二元经济等各方面内容。特别是 2008 年金融危机以后，由于产业转移的加快，制造业面临再次升级，经济增长的外部风险也加大，一场由政府发动的结构转型在中国迫在眉睫。而中国经济进入"新常态"则为经济结构转型提供了契机。

经济结构主要反映了一国经济在某一阶段上的发展水平和发展特征。而"经济发展又时刻伴随着经济结构转型并随之向前推动"，这种转型，既包括"从一种经济形态转向另一种经济形态"，又包括"从某一经济形态的一个阶段转向另一个阶段"（李桂华，2011）。事实上，一国经济无时无刻不在进行着结构的变迁，这是因为经济结构贯穿于人们的社会经济生活，它是指反映一定社会关系的社会经济成分组合而成的有机整体，并决定了社会关系的经济基础（郑必坚，2003），具体而言，经济结构包括产业结构、城乡结构、区域结构、分配结构、供给需求结构等。

　　然而不论是在经济增长、经济结构还是经济驱动方面，财政政策都应该而且可以发挥重要的作用。特别地，中国从 2008 年开始就一直实施积极的财政政策，2014 年年底的中央经济工作会议则进一步提出要保持宏观政策连续性和稳定性，继续实施积极的财政政策和稳健的货币政策，其中积极的财政政策要有力度，货币政策要更加注重松紧适度。

　　那么，持续 6 年之久的积极财政政策，在当前经济进入新常态、经济结构逐渐发生深刻改变的背景下，它应做哪些调整呢？本章对此进行深入的分析。

◇◇一　积极财政政策的演变与当前运行

（一）积极财政政策运行的背景

　　20 世纪 90 年代末以来，中国启动了两次积极财政政策，分别在 1998 年上半年和 2008 年下半年开始实施。所谓积极的财政政策是指政府对财政政策中相机抉择因素的积极运用（郭庆旺、赵志耘，2010），它是主动的、逆调节的财政政策，也是总量调节与结构调整相结合的财政政策。但在不同的时期，积极财政政策的内涵有很大区别。

　　1996 年中国经济实现了"软着陆"，但在 1997 年下半年，国际国内经济形势发生重大变化，东南亚发生严重金融危机，国内市场出现需求疲软和生产过剩，内需不足和外需萎缩的双重打击，使得中国经济开始进入低谷期。为此，1998 年年初以来，中国政府及时调整宏观经济政策，决定将适度从紧政策调整为扩大内需、刺激经济增长的政策，并冠之为"积极财政政策"。这种积极财政政策的主要内容和措施包括：（1）定向募集特种国债注入国有商业银行补充其资本金；（2）增发国债定向用于公共工程建设投资，以扩大投资需求；（3）增大中央财政预算赤字规模；（4）调整企业的出口退税率，以刺激出口来扩大需求。这些措施对于中国经济摆脱通货紧缩的影响，起了巨大的作用，随后在2004年的中央经济工作会议上，决定从2005年起开始实施稳健的财政政策，其核心体现在"控制赤字、调整结构、推进改革、增收节支"16个字上。

稳健财政政策的持续期不到四年，第二次积极财政政策又重新启动。2008年第三季度起，受全球金融危机的影响，中国国民经济运行出现了加速下滑趋势，2008年11月和12月，全国进口额、出口额和进出口总额开始表现为负增长，投资和消费增长速度也开始放缓。为此，国务院常务会议提出当前要实行积极的财政政策和适度宽松的货币政策，出台更加有力的扩大国内需求措施，并推出了促增长、扩内需的4万亿投资计划，具体包括十项措施：一是加快保障性安居工程建设，二是加快农村基础设施建设，三是加快铁路、公路和机场等重大基础设施建设，四是加快医疗卫生、文化教育事业发展，五是加强生态环境建设，六是加快自主创新和结构调整，七是加快地震灾区灾后重建各项工作，八是提高城乡居民收入，九是在全国所有地区和行业全面实施增值税转型改革、鼓励企业技术改造、减轻企业负担，十是加大金融对经济增长的支持力度。

2008年启动的积极财政政策有以下几个特点：一是"思路新"，此次实施的积极财政政策立足于应对危机、化解危机，着眼于抓住机遇、创造机遇，较好地贯彻落实了科学发展观；二是"导向明"，就是重民生、保增长、促消费、活市场、统内外、利长远；三是"力度大"，推出了空前规模的4万亿投资计划；四是"工具多"，将预算、税收、贴息、减费、增支、投资、国债、转移支付等若干财政政策工具组合起来一起使用。2008年开始实施的积极财政政策一直持续到现在。

（二）积极财政政策的实施内容

那么，2008 年以来积极财政政策到底包括哪些内容？从投向来看，采取的措施重点是五方面：一是加强基础设施建设，主要包括保障性安居工程，农村民生工程和农业、农村基础设施，铁路、公路和机场等重大基础设施建设，灾后恢复重建；二是进行税费制度改革，包括全面实施增值税转型，提高个人所得税工资薪金所得减除标准，暂免征收储蓄存款利息所得税，降低证券交易印花税税率及单边征收，降低住房交易税费，取消和停征部分行政事业性收费，提高出口退税率、降低或取消部分产品出口关税；三是调整收入分配，包括大幅增加对农民各种补贴、提高粮食最低收购价，增加企业退休人员基本养老金、做实企业职工基本养老保险个人账户，提高优抚对象等人员补助标准，促进就业，提高并落实企业最低工资标准、建立工资增长与支付保障机制，促进企业全面落实职工基本医疗保险、基本养老保险、失业保险、工伤保险等，加强对国有企业特别是垄断行业的收入监管，加大中西部地区转移支付力度；四是保障和改善民生，主要包括完善涉农财税政策、推进农村综合改革，保障农村义务教育经费、免除城市义务教育学杂费、提高农村中小学公用经费水平，完善家庭困难学生就学资助政策、推动国家助学贷款，加强社会保障；五是支持科技创新与节能减排，包括保障重大科技专项，稳定支持基础性和公益性科研，对企业自主创新实行财税优惠政策，加快高新技术产业和装备制造业发展，支持重点节能减排工程等。

这五方面的措施当然主要是依靠财政收入和支出政策实现的，财政支出则主要依赖于税收收入，而实行赤字财政时，则更主要地依赖公债政策。进一步地，我们观察 1998 年以来财政收入和支出以及债务规模的变化。

图 7—1 和图 7—2 分别显示了 1998 年以来中国财政支出比率（财政支

出占 GDP 的比重）、财政收入比率（财政收入占 GDP 的比重）和财政赤字比率（财政赤字占 GDP 的比重）、债务比率①（国债发行额与 GDP 比率）的变化情况。

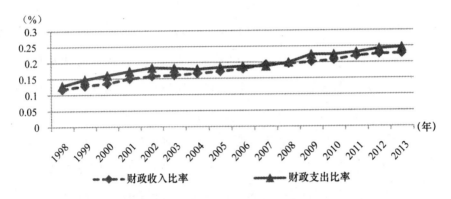

图7—1　1998 年以来中国财政支出比率和财政收入比率的变动

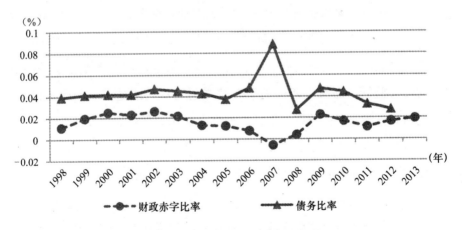

图7—2　1998 年以来中国财政赤字比率和债务比率变动

从图 7—1 可看出，在 1998 年开始实施积极财政政策时，财政支出比率与财政收入比率的差异逐渐扩大，一直维持较高水平的财政支出缺口，而

---

① 从 2006 年起，实行国债余额管理，国家财政预决算不再反映债务发行收入。

在 2005 年积极财政政策开始淡出时，财政支出比率便逐渐下降；类似地，2008 年开始的积极财政政策中，财政支出也同样扮演着重要的角色，其缺口逐渐扩大。不过值得注意的是，财政收入比率基本保持上升的态势，也就是说上述积极财政政策是一种增收中的扩张政策。

图 7—2 则显示两次积极财政政策期间，财政赤字比率都有所增加，积极财政政策的重要工具是赤字财政；而国债发行额的趋势与财政赤字比率基本一致，因为财政赤字主要依靠债务弥补，而债务比率之所以高于财政赤字比率在于债务发行还必须考虑当年的还本付息规模，特别地，2007 年债务比率尤其高，这主要是为应对当时通货膨胀和流动性过剩带来的压力。

由此可见，在实施积极财政政策期间，扩大财政支出进而扩大财政赤字是一个显著特点，而且并没有采取全面减税措施，财政收入政策是在保持税收稳定的情况下采取结构性减税措施。此外，债务也是一个重要工具，它在弥补财政赤字的同时还能发挥自身对经济的作用。

总的来看，财政政策的常用工具无外乎预算政策、税收政策、支出政策和公债政策四大类，而 2008 年以来的积极财政政策采取的措施可以概括为以下几方面：一是实行赤字财政，以增加财政支出为主，并大规模增加基础设施投资；二是在增加财政支出的同时，力图优化财政支出的结构，支出向科技创新和民生领域倾斜，扩大居民购买力；三是在保证财政收入的同时，采取结构性减税措施，实行税收优惠，取消部分行政事业性收费。

（三）当前积极财政政策的重点

2008 年开始的积极财政政策直到目前依然没有退出，然而尽管积极财政政策的表述没有变化，其内涵却在转型，尤其是在中国经济进入"新常态"之后。

这种政策转型体现在两个方面，一是从总量性的政策转向结构性的政策，二是从单纯的经济政策转向经济社会政策，而这两方面都可以归结为从注重需求管理转向侧重供给管理。

很显然，积极财政政策在 2008 年的实施主要是为了应对全球金融危机的冲击，是在投资、消费、出口需求都不断下降的情况下出台大规模的财政刺激计划，一方面，它使用 4 万亿元这样的总量调节；另一方面，它是单纯的经济刺激，为的是拉动需求以刺激经济增长。然而，目前还在实施而且在未来仍要实施的积极财政政策侧重的则是供给管理，是为新常态背景下经济结构的调整服务，正如上文所言，这种结构的调整，包括产业结构、投资消费结构以及分配结构等。从政策运行看，现行积极财政政策注重区别对待，突出重点，强调结构优化，兼顾一般。在所谓"微刺激"的投资事项上，通过适当对高铁工程、棚户区改造和保障房建设项目、农村水利设施项目等作出重点支持，既能对经济运行起到适当的景气提升作用，又能产生改善民生、支持城乡基础设施升级并培育经济社会长期发展后劲等方面的综合效应；在财政"结构性减税"事项上，特别注重对于中小微企业的减税支持，既有利于鼓励"草根创业"和民间资本释放潜力、活力，又有助于增加就业，改善民生"雪中送炭"式扶助低端；对部分行业和特定领域实施加速折旧，实质也是通过税收饶让区别对待优化结构。这些都使宏观调控在供给侧的"有效供给"机制得到与"需求管理"相结合的较好发挥。

2014 年的中央经济工作会议指出要继续实施有力度的积极财政政策，而更有力度的积极财政政策，主要表现在三个方面：适当扩大赤字和债务规模，吸引社会资本进入重点投资领域以及继续实施结构性减税。

李克强则在 2015 年达沃斯论坛上提出了中国经济的"双引擎"，一是打造新引擎，推动大众创业、万众创新；二是改造传统引擎，重点是扩大公共产品和公共服务供给。新引擎与财政政策间接相关，传统引擎则与财政政策直接相关，可见，积极财政政策成为经济增长和结构调整的重要工具。

具体而言，当前积极财政政策围绕着新常态下的经济结构转变，通过财政支出、财政收入以及预算和公债手段，主要有以下重点内容。

（1）重点之一便是基础设施建设，中国的基础设施建设和公共服务体系还有很大的提升空间。目前中国公共设施的存量仅为西欧国家的38%，北美国家的23%，在经济下行时期，通过基础设施建设和扩大公共服务供给是目前看来最有效的手段。相比2008年的基础设施建设，当前更加关注基础设施的互联互通和一些新技术、新产品、新业态的投资机会，旨在消除投资障碍、创新投融资方式，来发挥投资对经济发展的关键作用。此外，当前基础设施建设更多地会引入民间资本，为此，在2014年7月，财政部专门明确，企业投资经营符合《公共基础设施项目企业所得税优惠目录》规定条件和标准的公共基础设施项目，采用一次核准、分批次（如码头、泊位、航站楼、跑道、路段、发电机组等）建设的，凡同时符合相关条件的，可按每一批次为单位计算所得，并享受企业所得税"三免三减半"的优惠。

（2）大力推进财政投资PPP模式。政府投资无疑是财政政策的重要组成部分，然而在过去的公共投资领域，虽然允许民间资本进入，但在实际运行中，存在"玻璃门"和"弹簧门"等问题，民间资本进入有难度，加上地方债压力和城镇化融资需求的大背景，中央部委积极推动政府和社会资本合作（PPP）模式。财政部在2014年成立了PPP领导小组并随后印发了《关于政府和社会资本合作模式（PPP）操作指南（试行）的通知》，对项目识别、准备、采购、执行、移交各环节等操作流程进行了规范。目前，财政部已公开了首批30个PPP示范项目，包括江苏、福建、安徽、青海等省份也公开了省内首批示范项目，开启对社会资本的招商模式。这些都将降低社会投资门槛，为民间资本的介入开辟新领域。

（3）大力支持服务业、中小企业和高新技术企业的发展。一是推进"营改增"，刺激服务业的发展，在2014年先后将铁路运输、邮政业和电信业纳入了"营改增"的范围；而 2014 年国务院出台的《关于加快发展生产性服务业促进产业结构调整升级的指导意见》则提出，尽快将营改增试点扩大到服务业全领域，完善促进生产性服务业的税收政策，研发设计，检验检测认证，节能环保等科技型、创新型生产性服务业企业，可申请认定为高新技术企业，享受 15% 的企业所得税优惠税率，这对带动经济增长、结构调整和拉动就业作用明显。二是减轻中小企业负担，促进中小企业发展，如自 2014 年 1 月 1 日至 2016 年 12 月 31 日，对年应纳税所得额低于 10 万元（含 10 万元）的小型微利企业，其所得减按 50% 计入应纳税所得额，按 20% 的税率缴纳企业所得税；再如，设立中小企业发展专项资金，专项资金综合运用无偿资助、股权投资、业务补助或奖励、代偿补偿、购买服务等；简并和统一增值税征收率，将 6% 和 4% 的增值税征收率统一调整为 3%；对小微企业免征政府性基金等。通过一系列税收措施，可以有效发挥战略性新兴产业和服务业的支撑作用。

（4）加强生态环境保护，促进转变增长方式。如果说"营改增"存在减收效应，资源税和环保税则更多产生增收效应。我国当前资源环境、应对气候变化的压力很大，2014 年 12 月 1 日出台了资源税改革办法，而环境税已经有了政策方案，未来将加快立法进程，有望在明年出台环境税。另外，国家发改委、财政部和环境保护部联合下发了通知，要求调整排污费征收标准，实行差别收费政策，以确保实现节能减排约束性目标，促使企业减少污染物排放，保护生态环境。随后，《关于进一步推进排污权有偿使用和交易试点工作的指导意见》下发，要求到 2017 年，试点地区排污权有偿使用和交易制度基本建立，试点工作基本完成。而在 2014 年 2 月的国务院常务会议中，则提出要在大气污染防治方面，发挥价格、税收、补贴等激励和导向作用。除此之外，农业生态环境也受到重视，2014 年财政部会同农业部出台《中央财政农业资源及生态保护补助资金管理办法》，明确该专项资金用于支持耕地保护与质量提升、草原生态保护与治理、渔业资源

保护与利用、畜禽粪污综合处理，以及国家政策确定的其他方向，不得用
行政事业单位人员工资、办公经费，建造楼堂馆所、购置车辆和通信器材，
以及与农业资源生态保护无关的其他支出。

（5）加强社会保障建设。积极财政政策不再单纯是经济刺激政策，还
包括一系列社会政策。一是对企业年金、职业年金实行个人所得税优惠政
策；二是健全社会优抚和最低生活保障制度，有效保障优抚对象和困难群
众基本生活，使他们生存有尊严、生计有保障、生活有盼头，减少制度碎
片化，不断增进社会公正和群众的幸福感；三是合并新型农村社会养老保
险和城镇居民社会养老保险，建立全国统一的城乡居民基本养老保险制度，
基金筹集采取个人缴、集体助、政府补的方式，中央财政按基础养老金标
准，对中西部地区给予全额补助，对东部地区给予 50% 的补助；四是加强
廉租房和保障性住房建设，先后出台的《关于做好公共租赁住房和廉租住
房并轨运行有关财政工作的通知》和《中央财政城镇保障性安居工程专项
资金管理办法》，规范并加大了对廉租房和保障性住房的补贴标准和力度。

（6）逐步下放行政审批，取消部分行政性收费，减轻企业负担，提高
办事效率。要求部内各单位不得在公开的项目目录外实施其他行政审批，
不得对已经取消和下放的审批项目以其他名目搞变相审批，坚决杜绝随意
新设、边减边增、明减暗增等问题。如财政部、国家发展改革委员会联合
下发了《关于进一步完善行政事业性收费项目目录公开制度的通知》，要求
将所有收费项目纳入收费项目目录管理，并向社会公开，以加强收费管理，
制止乱收费、乱罚款和摊派等行为。

（7）加强债务管理。不断增加的财政赤字必然要求公债弥补，而过大
的债务规模则不利于经济稳定，特别是目前的地方政府债务问题，尤其受
到关注。为此，财政部宣布，经国务院批准，2014 年上海、浙江、广东、
深圳、江苏、山东、北京、江西、宁夏、青岛试点地方政府债券自发自还。
同时还印发了《2014 年地方政府债券自发自还试点办法》，其中规定，试点

地区发行政府债券实行年度发行额管理，全年发行债券总量不得超过国务院批准的当年发债规模限额；试点地区要按照市场化原则发行政府债券，并开展债券信用评级。此外，财政部还印发了《地方财政管理绩效综合评价方案》，根据该方案的规定，以政府性债务率、新增债务率、偿债率、逾期率等为对象，评价地方政府性债务风险程度和管理情况，引导和督促地方加强政府债务管理，防范和化解财政风险。进一步，国务院出台关于加强地方政府性债务管理的意见，一是通过明确举债主体、规范举债方式、严格举债程序等措施，解决好"怎么借"的问题；二是通过控制举债规模、限定债务用途、纳入预算管理等措施，解决好"怎么管"的问题；三是通过划清偿债责任、建立风险预警、完善应急处置等措施，解决好"怎么还"的问题。此外，该意见明确提出妥善处理存量债务，既要确保在建项目后续融资，又要切实防范风险。

可以看出，当前积极财政政策的重点依然主要依靠的是支出、税收以及债务手段，只是这些手段具有区别对待、突出重点、强调结构优化的特点，通过有增有减的结构性减税以及政府补贴的方式，促进经济结构的转变，而其最主要的特色，还是主要在于减轻企业负担，放松行政审批，引入民间资本，从供给层面推动经济的增长与结构的转变。

那么，这些积极的财政政策会对经济产生什么样的影响呢？为此，了解财政政策的经济效果是必要的。

◇二 财政政策的经济效果

理论上关于财政政策经济效果的探讨，多集中于财政政策的总量效果——财政支出作为社会总需求的一部分，其支出增加或减少会产生乘数效果。然而，在经济新常态下，关注财政政策对于经济结构尤其是投资消费结构的影响更加重要。这是因为投资和消费是总需求的最重要组成部分，而投资同时又会影响总供给，简言之，投资消费结构会显著影响中国经济增长与结构转变。而在中国近 20 年的经济增长进程中，一个非常突出的现象便是低消费率（居民消费占 GDP 的比重）和高投资率（固定资产投资或资本形成占 GDP 的比重）并存。数据显示，自 1981—2011 年，居民消费占 GDP 的比重由 52.5% 下降到 34.9%，而全社会固定资产投资占 GDP 的比重由 19.6% 上升到 65.9%。那么财政政策到底如何影响中国的投资、消费比？这种影响的机制又是什么？本节对此进行学理上的研究。

（一）理论分析

按文献的通常假设，我们假定经济是由连续同质具有无限寿命的家庭组成，每个家庭只有 1 个个体，且无人口增长。家庭的效用来自消费、休闲和消费性公共支出；同时，家庭对消费和休闲的选择又要受到自身财富约束的限制。因此，家庭的效用函数是：

$$\int_0^\infty \frac{(c l^\eta g_c^\zeta)^{1-\theta}}{1-\theta} e^{-\rho t}\mathrm{d}t \tag{1}$$

其中 $\eta>0$，$\zeta>0$，$(1-\theta)(1+\zeta)<1$，$(1-\theta)(1+\zeta+\eta)<1$[①]。$c$ 代表家庭的消费，l 表示休闲，g_c 为政府的消费性公共支出，η 和 ζ 刻画了休闲和消费性公共支出对家庭福利的影响；θ 是相对风险规避系数；ρ 是主观贴现率。

政府的生产性公共支出具有正的外部性，从而影响厂商的生产函数。令 y、k 和 g_s 表示为厂商享受的人均产出、资本和从政府生产性公共支出中

① 我们对参数的这些限制使得休闲和消费性公共支出能给家庭带来正效用，而且可以保证效用函数对于消费、休闲和消费性公共支出都是凹函数的。

享受的服务，根据 Barro（1990）的经典假设，我们设定厂商的生产函数为符合内生增长的 AK 形式，有

$$y = Ak^{\alpha}g_s^{1-\alpha} \tag{2}$$

g_s 来自政府提供的生产性公共支出 g_I，两者满足以下关系：

$$g_s = g_I \left(\frac{k}{K}\right)^{1-\sigma}, \ 0 \leqslant \sigma \leqslant 1 \tag{3}$$

（3）式中，k 是单个厂商的资本存量，K 是全部厂商的资本存量，假设有 N 个厂商，则有 $K = Nk$。σ 是反映市场拥挤程度的参数，它说明由于市场存在拥挤，厂商只能部分地享受到政府生产性公共支出所带来的好处，享受程度与 σ 值有关。当 $\sigma = 1$ 时，$g_s = g_I$，厂商享受到政府支出带来的全部好处，说明政府提供的公共物品具有完全非排他性，市场处于无拥挤状态；当 $\sigma = 0$ 时，$g_s = g_I \ (k/K)$，厂商按他在整体经济中所占的份额等比例地享受政府支出带来的好处，说明市场处于绝对拥挤状态（Fisher、Turnovsky，1998）。因此 σ 的值大小与市场拥挤程度正相关。

将（3）式、$K = Nk$ 代入（2）式，可将生产函数转化为：

$$y = Ak^{\alpha}g_I^{1-\alpha}N^{(1-\alpha)(\sigma-1)} \tag{4}$$

根据已有文献（Mendoza 等，1994），税基包括资本、劳动和消费三种，不同性质的税收对投资消费比的影响应该不同。对此，本节进行两者关系的理论分析。考虑到我国税制结构设计中针对劳动所得征税部分很小（其占税收收入总额的比重不足 5%），也为了简化分析，这里假设政府只征收资本所得税和消费税，税率分别为 τ_r 和 τ_c。于是政府的预算平衡式为：

$$g = \tau_r rk + \tau_c c \tag{5}$$

为简化分析，假定市场不存在拥挤，生产函数为：

$$y = Ak^{\alpha}g_I^{1-\alpha} = Ak^{\alpha}\varphi^{1-\alpha}g^{1-\alpha} \tag{6}$$

则市场竞争处于均衡状态时，有

$$r = A\alpha k^{\alpha-1}\varphi^{1-\alpha}g^{1-\alpha} \tag{7}$$

私人部门资本积累方程为

$$\dot{k} = (1 - \tau_r) \ rk - \ (1 + \tau_c) \ c = y - g - c$$
$$= \ (1 - \tau_r) \ A\alpha k^\alpha \varphi^{1-\alpha} g^{1-\alpha} - \ (1 + \tau_c) \ c \tag{8}$$

相应地，汉密尔顿函数为

$$H = \frac{\left[cl^\eta \ (1 - \varphi)^\zeta g^\zeta \right]^{1-\theta}}{1 - \theta} + \lambda \left[\ (1 - \tau_r) \ A\alpha k^\alpha \varphi^{1-\alpha} g^{1-\alpha} - \ (1 + \tau_c) \ c \right] \tag{9}$$

据此得出

$$\frac{\dot{c}}{c} = \frac{1}{\theta} \Big[\ (1 - \tau_r) \ A\alpha \varphi^{1-\alpha} \Big(\frac{g}{k} \Big)^{1-\alpha} - \rho \Big] \tag{10}$$

由 $g = \tau_r rk + \tau_c c$，得出

$$\frac{g}{k} = \tau_r A\alpha \varphi^{1-\alpha} \Big(\frac{g}{k} \Big)^{1-\alpha} + \tau_c \frac{c}{k} \tag{11}$$

由 (8) 式得

$$\frac{\dot{k}}{c} = \ (1 - \tau_r) \ A\alpha \varphi^{1-\alpha} \Big(\frac{g}{k} \Big)^{1-\alpha} \Big(\frac{k}{c} \Big) - \ (1 + \tau_c) \tag{12}$$

在均衡经济增长路径中，有 $\dfrac{\dot{k}}{k} = \dfrac{\dot{c}}{c}$，于是式 (10) 变为

$$\frac{\dot{k}}{c} = \frac{1}{\theta} \Big[\ (1 - \tau_r) \ A\alpha \varphi^{1-\alpha} \Big(\frac{g}{k} \Big)^{1-\alpha} - \rho \Big] \Big(\frac{k}{c} \Big) \tag{13}$$

由 (10) 式，得到 $A\varphi^{1-\alpha} \big(\dfrac{g}{k} \big)^{1-\alpha} = \dfrac{\dfrac{g}{k} - \tau_c \dfrac{c}{k}}{\tau_r \alpha}$，代入 (12) 式，得到

$$\frac{\dot{k}}{c} = \ (1 - \tau_r) \ \alpha \frac{\dfrac{g}{k} - \tau_c \dfrac{c}{k}}{\tau_r \alpha} \frac{k}{c} - \ (1 + \tau_c) \tag{14}$$

由 (14) 式，得到

$$\frac{g}{k} = \frac{\tau_r \ \big(\dfrac{\dot{k}}{c} + 1 \big) \ + \tau_c}{1 - \tau_r} \big(\frac{c}{c} \big)^{-1} \tag{15}$$

再代入 (12) 式, 得到

$$\frac{\dot{k}}{c} = (1-\tau_r) A\alpha\varphi^{1-\alpha}\left(\frac{k}{c}\right)^{\alpha}\left[\frac{\tau_r\ (\frac{\dot{k}}{c}+1)\ +\tau_c}{1-\tau_r}\right]^{1-\alpha} - (1+\tau_c) \quad (16)$$

进而得到

$$\frac{k}{c} = \left\{\frac{\frac{\dot{k}}{c}+ (1+\tau_c)}{(1-\tau_r)\ A\alpha\varphi^{1-\alpha}\left[\frac{\tau_r\ (\frac{\dot{k}}{c}+1)\ +\tau_c}{1-\tau_r}\right]^{1-\alpha}}\right\}^{\frac{1}{\alpha}} \quad (17)$$

由 (15) 式和 (16) 式, 得到

$$\frac{\dot{k}}{c} = \frac{1}{1-\theta}\left[\rho\frac{k}{c}- (1+\tau_c)\right] \quad (18)$$

将 (17) 式代入 (18) 式, 得到

$$\frac{\dot{k}}{c} = \frac{1}{1-\theta}\left\{\rho\left[\frac{\frac{\dot{k}}{c}+ (1+\tau_c)}{(1-\tau_r)\ A\alpha\phi^{1-\alpha}\left[\frac{\tau_r\ (\frac{\dot{k}}{c}+1)\ +\tau_c}{1-\tau_r}\right]}\right]^{\frac{1}{\alpha}} - (1+\tau_c)\right\} \quad (19)$$

(19) 式中隐含着税收结构对投资消费比的影响, 但是无法求出显示解。为此, 我们借助数值模拟得出税收参数 (τ_r、τ_c) 对投资消费比 (k/c) 的影响。

数值模拟涉及一些参数的选择, 这里我们选择主流文献中对参数的赋值结果: 根据 Turnovsky (2000), $\rho = 0.04$、$\phi = 0.33$; 根据 Gomez (2007), $A = 1$[①]; θ 是风险回避系数, 也是消费跨期替代弹性的倒数, 它取决于家庭

① Turnovsky (2000) 设置的 $A = 0.206$, 该值有过低之嫌, 国内学者运用索洛增长模型测算的 A 一般较高。本章采用 Gomez (2007) 的设置是折中的做法。不过, 数值模拟结果说明, A 的设置对投资消费比的绝对值虽有影响, 但其对投资消费比的变化态势影响不大。

对当前消费和未来消费所获效用的比较，顾六宝和肖红叶（2004）对该值进行估计，发现该值历年差异很大，林细细和龚六堂（2008）试验性地将该值赋为 1.5 和 2，借鉴他们的做法，本章将该值赋为 1.7。α 反映人均资本产出弹性，考虑到私人资本产出弹性一般大大高于政府生产性公共支出的产出弹性，本章将该值赋为 0.70。各国税制结构不同，资本和消费的平均税率也有很大差异，岳树民和李静（2011）详细测算了中国历年资本和消费平均税率，根据他们的平均测算结果，我们采取的基准参数值为 $\tau_c = 0.14$，$\tau_r = 0.30$。

我们先固定 $\tau_r = 0.30$，分析 τ_c 变动对 k/c 的影响，数值模拟结果见图 7—3。图中显示，两者呈单调线性正相关关系。考察其中原因，针对消费征税将抑制居民消费，而税收增加又可增加政府生产性公共支出，从而刺激私人部门投资增长，在这两方面合力作用下，消费平均税率提高将使得投资消费比上升。

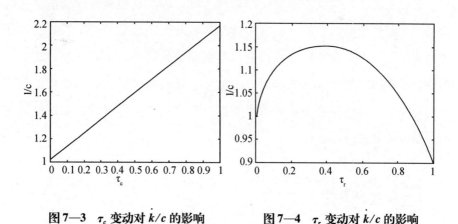

图 7—3　τ_c 变动对 k/c 的影响　　图 7—4　τ_r 变动对 k/c 的影响

图 7—4 是在固定 $\tau_c = 0.14$ 情况下，模拟 τ_r 变动对 k/c 的影响。图 7—4 显示，资本平均税率与投资消费比呈倒 U 形关系，即随着资本平均税率提高，将促使投资消费比先上升，而当资本平均税率达到一定程度后，继续

提高资本平均税率将促使投资消费比下降。原因在于政府生产性公共支出增加会通过多提供生产性服务提高投资回报率，但是政府征收资本税又会降低投资回报率，当资本平均税率较低时前者占主导地位，当资本平均税率较高时后者占主导地位。这与 Barro（1990）所揭示的宏观税率与经济增长之间呈倒 U 形关系的原理是一样的。

本章还对改变参数的设置进行敏感性分析，总体来看，在合理的参数赋值区间内，尽管测算结果的绝对值不同，但是消费平均税率与投资消费比总呈单调正相关关系，资本平均税率与投资消费比总呈倒 U 形关系。限于篇幅，不一一描绘结果。

由此，我们归纳出命题：消费平均税率上升将会推动投资消费比上升；资本平均税率上升先是推动投资消费比上升，但是过高的资本平均税率会导致投资消费比下降；投资消费比受政府生产性公共支出的产出弹性和政府生产性公共支出比例的影响。

命题揭示了影响投资消费比的财政基础，以及其他影响投资消费比的市场因素和生产函数性质。但现实情况是否与上述命题相符，需要经验证据的支持。在下文的实证分析部分，考虑到市场拥挤、市场竞争、政府生产性公共支出的产出弹性等难以准确量化，我们将以财政收支结构作为核心解释变量，并用相关变量反映市场拥挤和市场竞争等因素，实证检验它们对投资消费比的影响。

（二）实证分析

1. 计量模型与变量设置

依据上述理论模型，财政收支（包括财政支出结构、宏观税率和税收结构）与市场条件（包括市场拥挤程度和市场竞争程度）均会影响投资消费比。那么在改革开放以来的 30 多年里，日益成为中国经济持续健康发展主要障碍并引起国内外高度关注的高投资、低消费问题，是否可由这些因素来解释呢？尤其是财政收支，其与投资消费比之间是否存在确定的因果联系呢？对此，我们需要通过实证分析检验理论模型。计量模型如下：

$$icratio_{it} = a + \alpha \times publicspend_{it} + \beta \times tax_{it} + \gamma \times Z_{it} + \mu_i + V_t + \xi_{it} \quad (20)$$

（20）式中，下标 i 表示地区，t 表示时间，a 是常数项，μ_i 为个体效应，V_t 是时间效应，ξ_{it} 为误差项。$icratio_{it}$ 代表投资消费比变量，$publicspend_{it}$ 代表财政支出变量，tax_{it} 代表财政收入变量，Z_{it} 表示影响投资消费比的其他宏观经济变量。α、β 和 γ 分别是财政支出、税负和其他宏观经济变量的回归系数。

由于（20）式是典型的面板数据模型，本文尝试用以下 4 种方法进行估计：（1）面板数据广义最小二乘估计方法（XTGLS）；（2）固定影响模型（FE 模型）；（3）随机影响模型（RE 模型）；（4）综合考虑异方差和序列相关因素的固定影响模型（SCC 模型）。按文献普遍做法，我们以 FE 模型和 RE 模型为主、XTGLS 为辅，并通过 Hausman 检验值来判断 FE 模型和 RE 模型哪个更为适用。为了增强检验的可靠性，我们同时报告两种不同设置（sigmamore 和 sigmaless）的 Hausman 检验值。但是，由于我们实证分析所用的面板数据时间跨度较长，难免会存在异方差和序列相关问题，当存在这两个问题且截面相关性质未知时，SCC 模型的估计结果更为稳健（Driscoll 和 Kraay，1998）。

此外，一些重大财税制度改革也会影响财政收支与投资消费比之间的关系，例如 1994 年的分税制改革、2008 年的企业所得税"两税合一"改革和 2009 年的增值税全面转型改革等。为了增强研究结论的可信度，我们在稳健性检验里，通过引入政策哑变量与财政收支变量的交叉项，考虑了这些制度变革对实证结果的影响。计量模型如下：

$$icratio_{it} = a + \alpha_0 \times publicspend_{it} + \alpha_1 \times (publicspend_{it} \times policydum_t) + \beta_0 \times$$
$$tax_{it} + \beta_1 \times (tax_{it} \times policydum_t) + \phi \times policydum_t + \gamma \times Z_{it} + \mu_i + \xi_{it}$$

$$(21)$$

(21) 式中，*policydum* 是政策哑变量，政策出台后（含政策出台当年）取值为 1，出台前取值为 0。*publicspend × policydum* 和 *tax × policydum* 分别是财政支出变量和财政收入变量与政策哑变量的交叉项，其系数 α_1 和 β_1 反映的就是财税制度变革对财政收支与投资消费比之间关系的影响。

关于投资消费比变量，根据理论模型，是社会投资总额与社会消费总额的比率。其中，投资额不应包含公共投资，而消费额应是居民消费。考虑到数据的可得性和已有文献的做法（吕冰洋和毛捷，2013），我们用资本形成总额减去投资资金中的国家预算资金（即财政预算内投资）来代表社会投资总额，用居民消费额代表社会消费总额。投资消费比变量的数值上升说明高投资、低消费问题更为严重，反之亦然。为了提高实证结果的可信度，我们还尝试了使用全社会固定资产投资额减去投资资金中的国家预算资金反映社会投资总额。但由于全社会固定资产投资不包括存货，不能全面反映社会投资的变化，因此我们将其放在实证结果的稳健性检验里。

财政收支是核心解释变量，因此如何设置财政收支变量对于我们的实证分析至关重要。本章使用 3 类财政支出的占比反映财政支出结构：(1) 经济性支出变量，用基本建设支出和企业挖潜改造支出之和占一般预算支出的比重表示，该变量数值上升表示政府的生产性公共支出比重提高，投资消费比随之上升，预计该变量的系数为正值；(2) 社会性支出变量，用科教文卫事业费占一般预算支出的比重表示，预计该变量的系数可正可负；(3) 维持性支出变量，用行政管理费占一般预算支出的比重表示，预计该变量的系数也是可正可负。

结合理论模型，我们从总量和结构两个维度设置财政收入变量：(1) 宏观税率变量，用一般预算收入占国内生产总值的比例表示；(2) 税收结构变量，包括增值税税率变量、营业税税率变量和企业所得税税率变量，根据三种税的税基特点，分别用"增值税收入/（二产增加值 + 批发零售业增加值 − 建筑业增加值）""营业税收入/（第三产业产值 − 批发零售贸

易增加值 + 建筑业产值）"和"企业所得税收入/营业盈余"表示（郭庆旺和吕冰洋，2011）。从我国税制设计看，总体上对资本征税程度强于对消费征税程度，岳树民和李静（2011）测算结果显示，2000—2009 年资本税与消费税的收入占总收入的比分别为 40.31% 和 35.11%；郭庆旺和吕冰洋（2010）的测算结果显示，2007 年我国资本平均税率为 40.4%，而消费平均税率为 13.0%。因此整体上判断，宏观税率对投资的抑制作用强于消费，预计其系数为负；企业所得税属于对资本课税，征税会抑制企业投资，但不直接影响消费，预计变量的系数为负；增值税和营业税属于同时对资本和消费征税，变量的系数可正可负。

就影响投资消费比的其他因素而言，根据我们的理论模型和文献中普遍做法（Oates，1988；Evans，1992；吴忠群，2002；邹卫星、房林，2008；郭庆旺、贾俊雪，2009；古炳鸿等，2009；蔡跃洲、王玉霞，2010；许月丽等，2010；Duranton、Turner，2011），选择如下一些控制变量：（1）人均公路里程变量，用公路里程与总人口的比值取对数表示，反映市场拥挤程度对投资消费比的影响；（2）非国有企业职工占比变量，用非国有企业职工占职工总数的比重表示，反映市场竞争程度对投资消费比的影响；（3）人均国内生产总值变量，用国内生产总值与总人口的比值取对数表示，反映经济发展阶段对投资消费比的影响；（4）城市化程度变量，用城镇人口占总人口的比重表示，反映城市化进程对投资消费比的影响；（5）工业化程度变量，用工业产值占国内生产总值的比值表示，反映工业化进程对投资消费比的影响；（6）经济开放度变量，用进出口总额占国内生产总值的比值表示，反映经济全球化程度对投资消费比的影响；（7）城乡收入比变量，用城镇居民家庭可支配收入与农村居民家庭纯收入的比值表示，反映收入分配对投资消费比的影响；（8）其他变量包括人口密度变量（用总人口与行政面积的比值表示，反映人口和地理因素对投资消费比的影响）、财政收支分权度〔用"省份人均预算内支出/（省份人均预算内支出 + 人均中央预算内支出）"表示财政支出分权水平，用"省份人均预算内收入／（省份人均预算内收入＋人均中央预算内收入）"表示财政收入分权水平]、人均金融机构贷款余额（用金融机构贷款余额与总人口的比值取对数表示，反映信贷规模对投资消费比的影响）、地区固定效应（东部、中部、西部和东北）和时间固定效应（用年份哑变量表示，反映经济发展和宏观政策的周期性影响）。

所用数据是1978—2011年的数据，各变量数据来源为历年《中国统计年鉴》《中国财政年鉴》和中经网数据库。各变量的描述性统计见表7—1。

表7—1　　　　　　　　　　各变量的描述性统计

变量名	变量含义	均值	标准差	最小值	最大值
icratio	投资消费比	1.167	0.511	0.052	3.223
espend	经济性支出占比	0.186	0.111	0.027	0.768
sspend	社会性支出占比	0.235	0.053	0.103	0.426
mspend	维持性支出占比	0.115	0.040	0.020	0.309
ttax	总税负	0.101	0.069	−0.080	0.620
vatrate	增值税税负	0.120	0.047	0.045	0.323
strate	营业税税负	0.055	0.021	0.019	0.127
citrate	企业所得税税负	0.107	0.150	−0.368	1.873
roadpc	人均公路里程（公里/万人）	19.506	23.685	1.691	208.277
nonsoe	非国有企业职工占比（%）	0.278	0.128	0	0.758
gdppc	人均国内生产总值（元/人）	2590.516	3416.733	173.541	28170.8
urban	城市化程度（%）	0.363	0.186	0.076	0.932
ind	工业化程度（%）	0.435	0.101	0.119	0.774
open	经济开放度（%）	0.221	0.330	0.004	2.203
incgap	城乡收入比	2.563	0.737	0.974	5.159
popint	人口密度（人/平方公里）	5.122	1.477	0.375	8.217

变量名	变量含义	均值	标准差	最小值	最大值
revd	财政收入分权度	0.460	2.272	-70.811	9.083
sped	财政支出分权度	0.685	0.139	0.274	0.953
loanpc	人均金融机构贷款余额（元/人）	2790.316	5094.906	79.866	53323.29

2. 实证结果及其分析

表7—2是对（20）式进行估计得到的财政收支（选取3类财政支出占比变量和3类税收结构变量）影响投资消费比的实证结果。检验结果显示：espend的系数值为1.43—1.51，呈现显著正效应；企业所得税税率变量呈现显著负效应（系数为-0.38— -0.61）；增值税税率变量（vatrate）和营业税税率变量（strate）的影响不显著，与我们预期的结果一致。

表7—3是替换若干核心变量后，对（20）式估计得到的财政收支影响投资消费比的实证结果。首先，我们用财政支出的人均指标替换占比指标，即以人均实际经济性支出、人均实际社会性支出和人均实际维持性支出作为解释变量，实证结果见模型9—16。结果发现，替换成人均指标后，仍适用固定影响模型，且模型的拟合度（R^2）仍较高（0.75—0.82）。具体而言，（1）与经济性支出占比变量（espend）相似，人均实际经济性支出变量（lnespendpc）也呈现显著正效应（系数为0.11—0.20，在1%显著性水平下显著）。（2）与占比指标的结果不同的是，使用人均指标后，人均实际社会性支出变量（lnsspendpc）呈现显著负效应（系数为-0.20— -0.45，在5%或1%显著性水平下显著）。（3）人均实际维持性支出变量（lnmspendpc）和宏观税率变量（ttax）的结果与占比指标的结果相似。

其次，我们用全社会固定资产投资额替换资本形成总额来反映社会投资，实证结果见模型17—24。与我们的预期一致，此时尽管财政收支变量的系数符号基本保持不变，但结果的显著性明显下降，原因是全社会固定资产投资不能全面反映社会投资情况。

表7—2　财政收支对投资消费比的影响（控制税收结构；1996—2011年）

模型序号	不含估算值		含估算值 - 回归		含估算值 - 3 年平均比率		含估算值 - 5 年平均比率	
	(1)	(2)	(3)	(4)	(5)	(6)	(7)	(8)
模型形式	XTGLS	FE/SCC	XTGLS	FE/SCC	XTGLS	FE/SCC	XTGLS	FE/SCC
espend	1.576***	1.429**	1.613***	1.507***	1.551***	1.450***	1.549***	1.450***
	(6.11)	(2.38)	(5.13)	(5.55)	(5.01)	(5.19)	(5.00)	(5.20)
sspend	1.457***	-0.090	0.497	-0.392	0.559*	-0.318	0.563	-0.315
	(3.27)	(-0.12)	(1.49)	(-1.02)	(1.67)	(-0.90)	(1.60)	(-0.89)
mspend	1.088***	1.609*	0.972***	1.411**	0.982***	1.424**	0.982***	1.425**
	(4.18)	(2.05)	(3.19)	(2.60)	(3.34)	(2.75)	(3.34)	(2.75)
vatrate	-0.047	-1.469*	-0.478	-1.910	-0.453	-1.807	-0.448	-1.804
	(-0.10)	(-2.00)	(-0.90)	(-1.56)	(-0.86)	(-1.48)	(-0.85)	(-1.48)
strate	-1.543	-1.435**	-1.903	-0.357	-1.873	-0.400	-1.877	-0.405
	(-1.22)	(-2.24)	(-1.64)	(-0.27)	(-1.62)	(-0.30)	(-1.62)	(-0.31)
citrate	-0.242*	-0.377***	-0.456**	-0.610*	-0.471**	-0.613*	-0.472**	-0.613*
	(-1.68)	(-6.27)	(-2.27)	(-1.81)	(-2.38)	(-1.79)	(-2.39)	(-1.79)
lnroad	0.077*	-0.053	-0.040	-0.161	-0.035	-0.153	-0.035	-0.153
	(1.85)	(-0.97)	(-0.85)	(-1.45)	(-0.75)	(-1.38)	(-0.75)	(-1.38)
lngdppc	0.139	-0.063	0.257**	0.852**	0.236**	0.872**	0.237**	0.873**
	(1.44)	(-0.37)	(2.48)	(2.22)	(2.28)	(2.28)	(2.29)	(2.28)

续表

模型序号	不含估算值		含估算值－回归		含估算值－3 年平均比率		含估算值－5 年平均比率	
	(1)	(2)	(3)	(4)	(5)	(6)	(7)	(8)
urban	-0.370***	-0.236***	-0.433***	-0.607***	-0.449***	-0.624***	-0.448***	-0.624***
	(-5.55)	(-3.92)	(-4.55)	(-3.15)	(-4.71)	(-3.26)	(-4.70)	(-3.25)
ind	1.151***	0.810	1.538***	0.828**	1.571***	0.834**	1.570***	0.834**
	(6.18)	(1.54)	(7.69)	(2.18)	(7.97)	(2.24)	(7.97)	(2.24)
open	-0.253***	-0.355***	-0.579***	-0.412***	-0.579***	-0.406***	-0.579***	-0.406***
	(-4.08)	(-6.14)	(-8.52)	(-3.90)	(-8.58)	(-3.87)	(-8.58)	(-3.87)
nonsoe	-1.337***	-0.042	-1.306***	-0.385*	-1.304***	-0.422*	-1.306***	-0.421*
	(-7.53)	(-0.15)	(-7.93)	(-1.83)	(-7.94)	(-2.09)	(-7.95)	(-2.09)
incgap	-0.129***	-0.136	-0.034	0.051	-0.043	0.046	-0.042	0.047
	(-4.14)	(-1.52)	(-1.11)	(0.73)	(-1.40)	(0.70)	(-1.38)	(0.70)
popint	-0.061***	-1.418**	-0.162***	0.318	-0.159***	0.295	-0.159***	0.294
	(-2.60)	(-2.37)	(-7.97)	(0.79)	(-7.88)	(0.73)	(-7.89)	(0.73)
revd	1.889***	4.063***	3.798***	4.007***	3.728***	3.990***	3.728***	3.988***
	(4.26)	(3.78)	(9.17)	(5.17)	(9.03)	(4.98)	(9.03)	(4.98)
sped	-1.448***	-2.166	-2.607***	-2.591***	-2.489***	-2.692***	-2.495***	-2.692***
	(-2.68)	(-1.44)	(-4.84)	(-9.66)	(-4.64)	(-8.68)	(-4.65)	(-8.67)
lnloan	0.072	-0.155	0.026	-0.208***	0.048	-0.200***	0.049	-0.200***
	(1.29)	(-1.64)	(0.47)	(-3.35)	(0.88)	(-3.47)	(0.89)	(-3.47)

续表

模型序号	不含估算值		含估算值－回归		含估算值－3 年平均比率		含估算值－5 年平均比率	
	(1)	(2)	(3)	(4)	(5)	(6)	(7)	(8)
时间效应	控制	控制	控制	控制	控制	控制	控制	控制
常数项	-0.234	10.882*	1.597**	-4.367	1.531**	-4.307	1.524**	-4.312
	(-0.37)	(1.97)	(2.19)	(-0.62)	(2.11)	(-0.62)	(2.10)	(-0.62)
Wald 统计值	1093.32***		1766.93***		1766.2***		1767.3***	
R^2		0.7023		0.7863		0.7907		0.7908
F 检验		828.24***		977.87***		1000.75***		997.11***
Hausman 值		38.62**		50.96***		50.88***		50.89***
		41.62**		54.91***		54.82***		54.83***
观察次数	301	301	463	463	463	463	463	463
组数	29	29	29	29	29	29	29	29

注：（1）由于增值税、营业税和企业所得税税率从 1996 年之后才有省级数据，不考虑财政收支分权与分税制改革的交互项（revd1994 和 sped1994）。（2）其他注释同表 7—2。

表7—3 财政收支对投资消费比的影响（稳健性检验：替换变量）

模型序号	3类财政支出变量由占比指标变为人均指标							
	不含估算值		含估算值－回归		含估算值－3年平均比率		含估算值－5年平均比率	
	(9)	(10)	(11)	(12)	(13)	(14)	(15)	(16)
模型形式	XTGLS	FE/SCC	XTGLS	FE/SCC	XTGLS	FE/SCC	XTGLS	FE/SCC
lnespendpc	0.096***	0.151***	0.120***	0.204***	0.102***	0.108***	0.101***	0.107***
	(3.39)	(3.00)	(4.87)	(4.29)	(4.80)	(3.30)	(4.78)	(3.28)
lnsspendpc	0.244***	-0.204**	-0.061	-0.432***	-0.064	-0.449***	-0.065	-0.451***
	(3.26)	(-2.14)	(-0.95)	(-2.77)	(-1.11)	(-5.72)	(-1.14)	(-5.79)
lnmspendpc	0.135***	0.090	-0.037	-0.048	-0.015	-0.062	-0.013	-0.061
	(3.69)	(1.30)	(-0.88)	(-0.52)	(-0.42)	(-0.74)	(-0.37)	(-0.73)
ttax	-4.136***	-5.240***	-3.505***	-2.033**	-2.700***	-1.985***	-2.663***	-1.956***
	(-4.15)	(-3.19)	(-8.33)	(-2.33)	(-7.93)	(-3.84)	(-7.83)	(-3.80)
Wald统计值	1725.18***		2892.27***		3714.41***		3727.20***	
R²		0.7489		0.7546		0.8223		0.8221
F检验		383.68***		187.33***		110.43***		102.09***
Hausman值		29.07**		64.77***		50.92***		51.99***
		29.99*		68.51***		52.91***		54.10***
观察次数	387	387	877	877	893	893	893	893
组数	30	30	30	30	30	30	30	30

续表

全社会固定资产投资额算替换资本形成总额

模型序号	不含估算值		含估算值 - 回归		含估算值 - 3 年平均比率		含估算值 - 5 年平均比率	
	(17)	(18)	(19)	(20)	(21)	(22)	(23)	(24)
模型形式	XTGLS	FE/SCC	XTGLS	FE/SCC	XTGLS	FE/SCC	XTGLS	FE/SCC
espend	1.163***	0.875***	0.601***	0.535***	0.446***	0.003	0.415***	-0.120
	(6.69)	(3.33)	(4.52)	(2.97)	(3.53)	(0.03)	(3.27)	(-0.20)
sspend	1.314***	-0.083	0.483*	-0.084	0.291	-0.353	0.264	-0.362
	(4.16)	(-0.22)	(1.84)	(-0.14)	(1.28)	(-0.99)	(1.17)	(-1.01)
mspend	0.978***	1.026*	0.638**	0.422	0.757***	0.766	0.758***	0.779
	(4.06)	(1.99)	(2.19)	(0.51)	(3.29)	(1.42)	(3.31)	(1.47)
ttax	-3.108***	-4.971***	-3.106***	-1.774**	-2.183***	-1.563***	-2.163***	-1.535***
	(-3.82)	(-3.23)	(-8.57)	(-2.17)	(-7.25)	(-2.81)	(-7.16)	(-2.78)
Wald 统计值	2626.45***		6049.06***		8655.44***		8747.67***	
R^2		0.8015		0.8117		0.8801		0.8797
F 检验		1127.33***		687.79***		280.57***		275.06***
Hausman 值		61.67***		50.55***		79.06***		79.55***
		70.15***		52.54***		85.00***		85.57***
观察次数	387	387	877	877	893	893	893	893
组数	30	30	30	30	30	30	30	30

续表

特定行业（交通、邮电、电气水供应、金融）投资额替换国家预算内资金

模型序号	宏观税率 - 资本形成总额		税收结构 - 资本形成总额		宏观税率 - 全社会固定资产投资额		税收结构 - 全社会固定资产投资额	
	(25)	(26)	(27)	(28)	(29)	(30)	(31)	(32)
模型形式	XTGLS	FE/SCC	XTGLS	FE/SCC	XTGLS	FE/SCC	XTGLS	FE/SCC
espend	1.389***	0.834*	1.462***	0.796*	1.018***	0.606	1.187***	0.486
	(6.35)	(1.94)	(6.13)	(1.78)	(5.02)	(1.68)	(5.31)	(1.09)
sspend	0.642*	-0.884**	0.840**	-0.508	-0.429	-0.760	0.542	-0.276
	(1.88)	(-2.41)	(2.24)	(-1.03)	(-1.29)	(-1.17)	(1.56)	(-0.35)
mspend	0.815***	1.310*	0.595**	1.314***	0.938***	0.959***	0.649***	0.931***
	(3.53)	(3.00)	(2.47)	(3.21)	(3.87)	(3.56)	(2.61)	(3.18)
ttax	-8.677***	-10.493***			-10.141***	-10.045***		
	(-6.91)	(-3.83)			(-8.61)	(-6.05)		
vatrate			-0.709*	-1.513**			-2.017***	-2.264***
			(-1.88)	(-2.52)			(-5.64)	(-3.58)
strate			-0.579	-1.071*			2.107**	-0.101
			(-0.53)	(-1.99)			(2.32)	(-0.13)
citrate			-0.153	-0.271***			0.253**	0.210
			(-0.82)	(-4.90)			(2.00)	(1.05)
Wald统计值	1383.88***		1122.32***		1629.96***		1455.32***	

续表

模型序号	宏观税率 - 资本形成总额		税收结构 - 资本形成总额		宏观税率 - 全社会固定资产投资额		税收结构 - 全社会固定资产投资额	
	(25)	(26)	(27)	(28)	(29)	(30)	(31)	(32)
模型形式	XTGLS	FE/SCC	XTGLS	FE/SCC	XTGLS	FE/SCC	XTGLS	FE/SCC
R^2		0.7871		0.7802		0.8192		0.8212
F检验		2188.64***		2348.03***		1621.95***		829.14***
Hausman值	54.58*** 62.42***		53.04*** 59.98***		80.34*** 101.64***		64.99*** 76.92***	
观察次数	318	318	318	318	318	318	318	318
组数	29	29	29	29	29	29	29	29

注:篇幅有限,在3类财政支出变量由占比指标变为人均指标时,以及全社会固定资产投资额替换资本形成总额时,只报告了控制宏观税率的结果;控制税收结构的结果与之相似。

最后，我们用特定行业（交通运输、邮政通信、电力燃气自来水生产和供应、金融业）的投资额替换投资资金中的国家预算资金，实证结果见模型25—32。发现结果无显著差异：当使用资本形成总额反映社会投资时，无论控制宏观税率还是税收结构，经济性支出占比变量仍呈现显著正效应（系数为0.8—0.83）；而使用全社会固定资产投资额反映社会投资时，其影响不显著。与表7—2结构略有不同的是，使用特定行业投资额表示政府投资后，维持性支出占比变量（mspend）呈现显著正效应，增值税税率（vatrate）呈现显著负效应。①

综上，表7—3的结果表明，我们的实证结果不取决于变量的特定形式，替换核心变量不会引起实证结果的显著变化。

表7—4是对（21）式估计得到的拓展分析的实证结果，引入了重大财税制度变革与财政收支变量的交叉项。需要说明的是，由于诸多交叉项中仅制度变革与经济性支出占比变量的交叉项的结果始终保持显著，因此我们只报告了该交叉项的实证结果。具体而言，（1）模型33—40的结果显示，交叉项呈现显著负效应，说明1994年分税制改革削弱了经济性支出对投资消费比的正向刺激作用。这与表7—2和表7—3的结果是相符的，在表7—2和表7—3里，财政收入分权度变量（revd）呈现显著正效应，财政支出分权度变量（sped）呈现显著负效应，而1994年分税制改革增强了地方与中央的财政支出分权（地方被赋予更多事权）、降低了财政收入分权（财力更为集中到中央），从而抑制了revd的正效应、放大了sped的负效应，因此综合起来呈现显著负效应。（2）模型41—52的结果显示，交叉项呈现显著正效应，

---

① 根据前文分析，从我国增值税设计特点看，其对投资和消费同时具有抑制作用，此处用特定行业投资额替换国家预算资金时，增值税税率变量的系数显著为负，原因可能在于特定行业投资包括交通、邮电、电气水供应、金融等行业投资，其统计口径大于预算内投资，而这些行业投资大多由政府主导，受税收影响程度低于私人部门，因此扣除特定行业投资的资本形成或全社会固定资产投资变量对增值税更敏感。

表7—4　财政收支对投资消费比的影响（稳健性检验：拓展分析）

模型序号	不含估算值		含估算值-回归		考虑1994年分税制改革的影响			
					含估算值-3年平均比率		含估算值-5年平均比率	
	(33)	(34)	(35)	(36)	(37)	(38)	(39)	(40)
模型形式	XTGLS	FE/SCC	XTGLS	FE/SCC	XTGLS	FE/SCC	XTGLS	FE/SCC
espend	0.921**	1.137***	1.162***	0.863**	1.058***	0.616***	1.024***	0.586***
	(2.28)	(2.93)	(7.02)	(2.44)	(7.27)	(1.78)	(7.04)	(3.40)
espend×policy1994	-0.555	-1.035***	-1.571***	-0.555	-1.397***	-0.906***	-1.370***	-0.873***
	(-1.29)	(-3.11)	(-6.39)	(-1.20)	(-6.41)	(-3.38)	(-6.29)	(-3.23)
policy1994	-0.445**	-0.257	-1.298***	-1.586***	-1.284***	-1.005***	-1.289***	-1.008***
	(-2.37)	(-1.19)	(-9.69)	(-3.45)	(-10.78)	(-3.46)	(-10.83)	(-3.48)
Wald统计值	1291.77***		3197.81***		3613.51***		3619.83***	
R^2		0.6743		0.7100		0.7818		0.7817
F检验		828.95***		1189.22***		2590.53***		2437.76***
Hausman值		34.40**		64.29***		51.06***		51.62***
		35.94**		67.89***		53.01***		53.63***
观察次数	387	387	877	877	893	893	893	893
组数	30	30	30	30	30	30	30	30

续表

考虑 2008 年企业所得税"两税合一"改革的影响

模型序号	含估算值 - 回归		含估算值 - 3 年平均比率		含估算值 - 5 年平均比率	
	(41)	(42)	(43)	(44)	(45)	(46)
模型形式	XTGLS	FE/SCC	XTGLS	FE/SCC	XTGLS	FE/SCC
espend	0.460***	0.525*	0.480***	0.192	0.454***	0.175
	(3.42)	(2.00)	(3.97)	(1.25)	(3.76)	(1.16)
espend × policy2008	4.657***	6.030**	4.655***	3.453**	4.669***	3.513**
	(3.26)	(2.71)	(4.65)	(2.43)	(4.66)	(2.44)
policy2008	0.100*	-0.068	0.104**	0.046	0.102**	0.041
	(1.88)	(-0.85)	(2.33)	(0.75)	(2.29)	(0.67)
Wald 统计值	2562.67***		3043.89***		3053.33***	
R^2		0.6963		0.7747		0.7747
F 检验		548.79***		1726.57***		1827.17***
Hausman 值		47.20***		45.30***		45.88***
		48.81***		46.71***		47.34***
观察次数	877	877	893	893	893	893
组数	30	30	30	30	30	30

续表

考虑 2009 年增值税全面转型改革的影响

模型序号	含算值－回归		含算值－3 年平均比率		含算值－5 年平均比率	
	(47)	(48)	(49)	(50)	(51)	(52)
模型形式	XTGLS	FE/SCC	XTGLS	FE/SCC	XTGLS	FE/SCC
espend	0.446***	0.548**	0.478***	0.194	0.453***	0.178
	(3.40)	(2.33)	(4.04)	(1.45)	(3.83)	(1.35)
espend × policy2009	9.525***	10.831***	9.175***	7.510***	9.181***	7.577***
	(4.82)	(5.42)	(6.75)	(7.10)	(6.74)	(7.05)
policy2009	-0.016	-0.180**	-0.017	-0.057	-0.018	-0.061
	(-0.27)	(-2.40)	(-0.37)	(-1.10)	(-0.38)	(-1.18)
Wald 统计值	2544.04***		3003.19***		3011.01***	
R^2		0.7022		0.7798		0.7799
F 检验		1531.46***		2034.05***		2037.28***
Hausman 值	47.53*** 49.17***		45.41*** 46.83***		45.99*** 47.46***	
观察次数	877	877	893	893	269	269
组数	30	30	30	30	30	30

注：考虑 1994 年、2008 年和 2009 年三次税制改革的影响时，时间效应改用政策虚拟变量（分别是 policy1994、policy2008 和 policy2009），而非年份哑变量。

说明 2008 年企业所得税改革和 2009 年增值税改革都增强了经济性支出对投资消费比的正向刺激作用。原因是：无论是企业所得税的"两税合一"改革，还是增值税的全面转型改革，总体而言都是对经济个体（主要是各类企业）的减税，会刺激市场投资，但并不直接影响消费。由于市场投资倾向变强，等量生产性公共支出下，投资消费比的上升幅度随之变大，因此正效应增强了。尤其是增值税全面转型改革，该政策旨在降低经济个体的固定资产投资成本，对投资的刺激作用更为直接，因此其交叉项的系数值也更大（7.5—10.8）。此外，espend 的系数基本为正，但显著程度有所下降，这与表 7—2 和表 7—3 的结果并不矛盾；其他变量的实证结果与表 7—2 和表 7—3 的结果相似，不再赘述。综上，拓展分析的结果表明，我们的实证结果不受财税制度变革的影响。

总结而言，实证分析结果很好地支持了我们的理论模型，即财政收支是影响投资消费比的重要因素。

（三）研究总结

本节对财政政策与投资、消费的关系进行了理论分析和实证分析，总结本部分研究，主要结论有两点。

第一，财政支出政策的影响。政府生产性公共支出比例提高和市场拥挤程度的下降，都会推动投资消费比上升。

第二，财政收入政策的影响。消费平均税率上升将会推动投资消费比上升；资本平均税率和平均税率上升先是推动投资消费比上升，但是过高的资本平均税率和宏观税率则会导致投资消费比下降；投资消费比受政府生产性公共支出的产出弹性和政府生产性公共支出比例的影响。

本节的研究对分析我国财政政策的实施效果有很大的启示意义。

就中国的财政支出政策而言，在多年的经济发展进程中，财政直接投资或是政府驱动投资一直是经济增长的重要动力：在 1979 年前的计划经济时代，以统收统支为特点的财政体制通过计划安排动用大量经济剩余进行投资建设；在 1980—1993 年的财政包干制时期（或称"分灶吃饭"时期），虽然一方面财政体制上的退让导致财政对投资的推动作用让位于金融部门，但另一方面政府也开始展现其对金融部门资金的强大支配能力；在 1994 年以来的分税制时期，以政府投资为主的扩张性财政政策反复运用，以及地方政府在资本积累中的作用不断加强，均说明经济增长严重依赖政府生产性公共支出扩张。而根据上述分析结果，这必然会加剧高投资、低消费的经济结构。

另外，从财政收入政策看，增加对资本征税、减少对消费征税有利于降低投资消费比。然而尽管过去中国的税制对资本征税较强，但是现行的税制改革极有可能起到反向的作用：生产型增值税同时对资本和消费征税，2009 年增值税转型将设备投资纳入增值税抵扣范围，这将导致增值税对资本征税部分降低；2012 年开始逐渐推开的营业税改征增值税改革试点，也将缩小现有税制对资本征税部分。由于增值税和营业税是我国两大主体税种，这意味着现行改革将导致我国税制整体上更倾向对消费征税，而对资本征税部分将减少。此外，就其他税种而言，除企业所得税外，能够体现较大程度对资本征税特点的税种又很少。例如，虽然财产税（主要是房产税）的税基是资本，但是我国迟迟没有全面开征针对居民的房产税，造成财产税抑制投资增长的作用十分有限；又如，个人所得税的税基包括资本和劳动所得，但是我国采用的分类个人所得税方法，主要是对劳动所得征税，而伴随而来的是国民收入分配格局中资本分配份额不断上升、劳动收入份额不断下降。因而，目前的财政收入政策很可能会继续推高投资消费比。

从世界经济发展经验看，轻消费重积累的政策是发展中国家在经济赶超阶段普遍采取的战略。这种战略在一段时间内确实能起到迅速提高经济增长率的效果，但是消费需求的增长乏力、经济增长过度依赖投资驱动，最终妨害了经济增长的潜力和质量。因而，调整财政政策，扭转高投资、低消费的经济结构，是新常态下经济结构转变的重要内容。

◇三　财政政策的调整措施

在当前中国经济进入新常态之后，积极财政政策在保障经济增长的同时，更应该服务于经济结构的调整，而根据前文描述的积极财政政策的重点以及财政政策对经济的影响，目前的财政政策应采取以下调整措施。

（一）财政支出政策的调整

新常态下的财政政策不仅仅是经济性的政策，更应该包含社会性政策，而且是结构调整性政策，因而，就财政支出而言，应该减少经济对政府生产性支出的依赖，同时调整社会保障政策。

1. 减少对政府投资的依赖

政府投资依赖的形成，主要在于以下两个原因。

第一是市场约束的影响。在中国宏观经济运行中，在金融和消费领域存在较强的约束。就金融约束而言，我国金融领域存在较强的金融抑制，如银行业高度垄断、中小银行发展缓慢、证券市场不发达等现象，这一方面降低了资金的配置效率，进而降低了部分企业的融资能力，由此抑制了企业发展和民间投资，使得政府为推动经济发展不得不过多地依赖政府投资扩张政策；另一方面则导致市场对资金价格信号的敏感度较低，进而经典货币政策在调控经济方面较为乏力，从而宏观调控必须更多地依靠财政政策，在财政政策中，又不得不主要以生产性支出为主。就消费约束而言，由于国民收入分配格局中居民部门收入比例下降、居民部门内部收入分配差距扩大、居民消费的谨慎性预期增加等因素影响，居民边际消费倾向较低，这样，无论是加大转移支付还是实施减税政策，均难以通过乘数效应的传导拉动有效消费需求。这两方面的市场约束是导致政府投资依赖的外因。

第二是财政分权导致地方政府投资的冲动。1994 年以来的财政分权化强化了地方政府的主体利益，使得地方政府为达成增加财政收入、就业机会等社会目标而产生了扩张的冲动。目前，相当部分重大项目投资是按照领导机关的意图、用国家银行的贷款进行的。全国范围的城建热、房地产热、汽车热、钢铁热的背后，都能清晰地看到地方政府的影子，地方政府是这些产业投资扩张的始作俑者。地方政府之所以热衷于推动地方投资，主要在于投资能给地方政府带来经济利益和政治利益。就经济利益来说，投资扩大既能带来土地和房产增值、GDP 增长、生产扩大等税源增长，也能给少部分掌握资源的人带来寻租机会和个人灰色收入。就政治利益来说，政府投资活动可以在现有的机制下通过政绩显示、区域攀比以及现行的考评机制实现个人的政治目的。这是导致政府投资依赖的内因。

因而，目前财政政策进行调整以减少经济对政府投资的依赖，既需要自身政策的调整也需要其他改革措施的配套。具体而言，主要有三点。

一是积极推行财政投资的 PPP 模式，减少民间资本的准入障碍，继续下放行政审批，取消部分行政性收费，鼓励民间资本的发展，财政政策由"需求管理"更多地转向"供给管理"。

二是继续完善中央地方间关系，尤其是完善省以下分税制改革，明确事权与财权的划分，抑制地方政府投资的冲动。

三是推进市场化改革，缓解市场约束对政府投资的影响。就金融约束的措施而言，可以在加强金融监管的前提下，放开中小银行准入管制、减少民营经济的股市准入管制、扩大企业债发行、开展金融业竞争、提高银行业独立性、扩大消费金融信贷等；就产品市场约束而言，可以减少国有企业的不合理的垄断部分、降低地方政府市场保护、缓解地方政府对重化工业的恶性竞争等。

四是加强财政政策和货币政策之间的配合，货币政策重总量调节，财政政策重结构调整。

2. 以生活保障替代收入保障

就民生性支出而言，最重要的是社会保障政策的调整。围绕中国的社会保障政策，多数观点直指中国社会保障制度城乡有别，覆盖面过窄，并由此造成了不同群体之间（如城镇职工与农民工群体及灵活就业群体之间）的不公平、不同部门（主要指公共部门和私有部门）之间的不公平、城乡差别两个制度之间的不公平等，并据此要求建立全国统一的社会保障制度，而且政府部门也逐渐出台了合并城乡养老保险的方案并启动了公务员养老并轨的改革。

固然，现存的社会保障制度存在诸多的不公平，而且社会保障基金的运转也存在不少的问题，逐步建立全国统一的社会保障制度有其合理性和必要性，然而在此过程中，需要考虑的一个问题便是财政的承受能力。

综观世界各国的社会保障制度建设，大致可以分为四种模式，即德国、法国、意大利等的与职业相连的"俾斯麦"风格模式，日本的生产型福利模式，丹麦、瑞典和挪威的普享制福利模式，英美等国的自由主义福利模式。然而无论哪种模式，都在2008年金融危机后受到了极大的冲击。它们共同反映出的一个问题是在经济衰退和快速人口老龄化的共同影响下，极易引起社会保障和社会福利的财政危机，从而引发整个国家的系统性风险。

社会保障在任何一个国家都是一项沉重的经济负担，这是一个众所周知的事实。例如，2001—2010年美国经济每年的增长率都在2%左右，2008年和2009年还出现了零增长和负增长，尽管如此，由于医疗、老龄化以及经济不景气带来了更多的贫困人口，美国政府的社保支出仍然不断攀升，

2007 年联邦政府和州政府用于医疗、养老、社会福利等方面的支出总计 1.89 万亿美元，占财政收入的 45%，占 GDP 的 13.5%；2010 年上升为 2.38 万亿美元，超过了财政收入的 60%。在竞选压力和经济不景气的条件下，政府无法以增加税收的方式填补缺口，所以转而采取举债这种寅吃卯粮的方式推迟危机的到来，直到使美国的债务达到了国会规定的上限。再如，在所有 OECD 国家中，平均而言，社会保障支出占 GDP 的比重 2000 年为 18.9%，2005 年为 19.8%，2007 年为 19.3%，在爆发债务危机之后，各国更是着手削减社会保障支出。

在各项社会保障支出中，养老保险所占比例尤其大。从 OECD 国家看，老年社会保障开支占总社会保障开支的比重在 2000 年为 34.2%，2005 年为 33.7%，2007 年为 33.5%，国际货币基金组织和欧元区 2010 年在对希腊进行援助时，第一个条件便是要求希腊进行养老金制度的改革，譬如推迟女性领取养老金的年龄，规定养老金的最高限额等。人口老龄化是个世界性的社会问题，世界各国都在对养老保障制度进行改革，养老保障制度的财务可持续性和支付能力都受到挑战，几乎无一例外。从未来趋势来看，老龄化成本将成为日本和许多欧洲国家的公共财政不能承受之重。根据标准普尔公司的预测，发达国家的老龄化成本将持续上升，到 2050 年，发达国家 20%—30% 的 GDP、超过 50% 的公共财政将用于与老年人有关的开支（养老金、老年护理和老年医疗等费用），也就是说，老龄化对未来政府公共财政的压力不仅不会下降，反而会持续增强。而且，如果考虑到人口老龄化给经济增长带来的长期不利影响，老龄化对公共财政的负面影响将更大。

不妨观察中国与其他主要国家财政收入和人口老龄化的情况，见表 7—5。

表7—5　　　　　美国、德国、日本、中国人口老龄化与财政收入情况

年份	老龄化（%）				财政收入/老年人口（美元/人）			
	美国	德国	日本	中国	美国	德国	日本	中国
2000	12.36	16.33	17.18	6.87	940.40	750.80	525.74	22.33
2001	12.33	16.76	17.72	7.03	909.93	718.12	514.37	26.03
2002	12.30	17.28	18.24	7.19	842.52	681.61	481.25	28.84
2003	12.29	17.85	18.76	7.36	842.42	660.51	465.57	31.24
2004	12.30	18.42	19.29	7.52	868.87	633.00	477.91	34.43
2005	12.34	18.94	19.85	7.67	936.87	620.19	492.18	38.89
2006	12.42	19.42	20.42	7.81	972.34	639.26	500.68	44.59
2007	12.52	19.85	21.02	7.94	975.57	654.10	504.16	53.45
2008	12.66	20.23	21.64	8.07	899.99	657.19	484.88	57.80
2009	12.84	20.55	22.29	8.20	784.29	625.87	421.86	64.09
2010	13.06	20.81	22.96	8.35	797.47	624.80	438.39	71.45
2011	13.33	20.99	23.67	8.51	798.50	654.34	437.47	81.34
2012	13.63	21.10	24.40	8.68	806.31	679.34	446.32	87.19

注：1. 美国、德国、日本数据来源为世界银行世界发展数据库及 OECD 统计数据库，中国数据来源为世界银行世界发展数据库及中国国家统计局。2. 财政收入以 2005 年不变美元计价，老年人口指 65 岁以上人口，单位为人。

由表7—5可以看出，2000年以来，各国人口老龄化都呈不断上升趋势，而财政收入/老年人口则基本呈下降态势，表明老龄化给财政收入带来的挑战越来越大。此外，与其他国家相比，中国每一位老年人拥有的财政收入极低，平均而言，分别仅为日本、德国和美国的10%、7%和6%，老龄化对中国财政收入的影响尤其巨大。

因而，我国的社会保障制度建设要吸取欧美国家的经验和教训，确定合理的目标模式，既要保障每个人生存发展的基本需要，过一种有尊严的生活，又要防止其本身成为一个社会问题。具体而言，在进行社会保障政策尤其是养老保障政策调整时，要以生活保障替代收入保障。所谓收入保

障，即发放养老金，而生活保障便是直接保障老年人的生活，真正实现"老有所养"的目的。

从我国现实看，单纯的收入保障不仅需要巨额财政资金，而且领取养老金的老年人也不一定是养老金的真正受益者，具体而言：

第一，收入保障会带来巨大的财政压力。这一点上文已经有足够的论述，在目前中国还未实现全国统一的养老保障体系的情况下，财政便已经如此吃紧，可以预见，随着人口老龄化的不断上升，特别是中国经济进入新常态之后，经济增长速度下降，财政收入的增长必然也会出现下滑，覆盖全民的统一的养老保障将会给财政造成越来越大的压力。从各国社会保障建设的历史来看，社会保障是个"巨坑"，仅仅依靠财政资金永远无法满足这个不断增加的支出需求。

第二，统一的收入保障存在效率损失。不同的人具有不同的禀赋，有些个体退休之后依然有能力"再就业"，而另外一些退休的个体则毫无收入来源，很显然，对于这两部分群体都给予相同的养老保险既会有损公平，又会鼓励有能力的退休人员不去再就业，从而产生效率损失。此外，收入保障还可能会存在一些老年人领取了养老金却被子女使用的情况，这本身就与养老保险的初衷相违背。

笔者认为，可以采取以生活保障替代收入保障的社会保障政策，主要措施有两点：

第一，发展私人社会福利机构，引入民间资本。以生活保障替代收入保障的一个重要办法便是大力兴建养老院，同时引入民间资本，而政府则充当其中的监管者。兴建养老院，可以保障老年的基本生活，而引入民间资本，则可以缓解财政支出的压力。为了激活民间资本，需要允许养老院采取盈利模式，财政的主要作用则是对各养老院进行监管，评定养老院星级，同时按星级给予财政补贴。事实上，在里根执政的 1983 年美国发生了社会保障支付危机，当时里根政府采取的重要措施便是削减政府在社会保障项目上的开支，发展私人社会福利机构。

第二，以社区养老作为补充。作为对养老院的补充，还可以发展社区养老。社区养老是相对于家庭养老和社会养老而言的。它具体有两种含义：一是指老年人住在自己家里，在继续得到家人关怀的同时，由政府补贴、社区承担养老服务和组织老人集体活动；二是指根据发展规划，建设老年人集中居住的大型、专业化社区，这种社区通常设置完善的健康、娱乐配套设施，也有良好的护理条件，老年人在这种社区可以参与同龄人的集体生活。此外，社区养老需要大量的专业养老社区工作人员，这就为下岗职工和有志于从事社会工作的人士提供了就业岗位。

最终，通过兴建养老院和社区养老，既可以激活民间资本，又可以激发社会活力，从而构建积极和谐的社会秩序。

（二）财政收入政策的调整

1. 生活性服务业保留营业税

"营改增"的步伐一直未停止，十八届三中全会提出要推进增值税改革，而2014年年末的中央经济工作会议则进一步指出要扩大"营改增"的试点行业，而2014年11月披露的《国务院办公厅关于促进内贸流通健康发展的若干意见》，更是指出要"加快生活性服务业营改增步伐，合理设置生活性服务业增值税税率"。

然而，笔者认为，在积极推进"营改增"的同时，生活性服务业应继续保留营业税。主要理由有：

第一，相对于其他服务业，生活性服务业的劳务难以区分是为生产还是生活所用。所谓生活性服务业，主要包括9大体系：餐饮与早点、住宿业、美容美发美体、沐浴、家政服务、再生资源回收、洗染业、照相业、维修服务。例如餐饮与理发，经营者自身的饮食与理发完全是为人民生活所服务，在这种情况下，如果还允许其购进的商品或劳务进行抵扣，那就违背了增值税的原理。换句话说，生活性服务业大多处于最终消费环节，在难以区分这些劳务是为生活所用还是生产所用的情况下，对其进行"营改增"的理由并不充分。

第二，征管上征收营业税更加便利。生活服务业门类复杂，点多面广，以小微企业和个体工商户居多，即使生活性服务业实行"营改增"，大多数经营者依然只能划分为小规模纳税人，在被划分为小规模纳税人之后，其征税率又应该是多少？是重新确定征收率还是按目前的征收率？理由又是什么？如果大部分经营者都以征收率征收，与征收营业税又有什么区别？对于这些问题的回答无疑会加剧生活性服务业"营改增"后的复杂性。

2. 清理税收优惠政策，建立统一市场

积极的财政政策需要依靠财政收入的支撑，税收优惠固然具有诸多积极功效，譬如刺激劳动供给、促进养老储蓄、吸引 FDI 和企业总部迁入、激励研发投入和服务外包、推动新能源和清洁能源等新兴产业发展等，然而过多的而且不规范的税收优惠必然会破坏税政的统一而且不利于税收入的筹集进而不利于财政支出政策调整。因而，有必要对目前政出多门的税收优惠政策进行清理。

那么，中国的税收优惠规模到底有多大？为什么又需要税政统一？

基于专门的税收优惠测算指引确定的计算公式，利用 2007 年全国税收调查数据库富含间接税税收优惠的信息，可以测算除增值税税收优惠的规模，推算结果如下：在宽、窄和折中三种口径下，2007 年中国的增值税税收优惠总额推算值分别是 41976.42 亿元、22630.92 亿元和 37279.23 亿元。考虑最保守的窄口径金额，中国的增值税税收优惠占国内生产总值的比重约为 8.51%。同时期，部分 OECD 国家的税收优惠总金额占国内生产总值的比重如下：加拿大 12.57%（2012 年），澳大利亚 7.77%（2011 年），美国 7.70%（2011 年），英国 6.28%（2012 年），西班牙 4.55%（2008 年），韩国 2.48%（2006 年），荷兰 2.00%（2006 年），德国 0.74%（2006 年）。较之市场经济发达国家，中国的税收优惠规模不小：在未考虑其他税种税收优惠的情况下，中国的增值税税收优惠占比已高于除加拿大之外的大部分国家的税收优惠总额占比，远高于邻近的韩国。如此规模的税收优惠，将导致存在范围广、金额大的税收遗漏，对于维护税法的权威性和税制的统一性是不利的。

　　一个良好的税收体制应该尽量不影响企业的生产决策，过多的税收优惠政策却往往会起相反的作用。然而，中国却存在大量税收优惠，税政也不够统一。从税权角度看，不仅中央政府（包括全国人大、国务院和财政部、国家税务总局等）在行使税收优惠决定权，地方政府（主要是地方人民政府及地方财税机关）实际上也在行使着大量的税收优惠决定权。就税收优惠所涉领域，中央政府对于税收优惠之规定，不仅包括行业税收优惠，还包括区域税收优惠。而地方政府对于税收优惠之规定，则主要是区域税收优惠，即使是这样的税收优惠也会涉及特定行业，也主要是从区域利益出发的，而不是从全国性整体行业利益出发的。

　　地方政府出台的各类区域性税收优惠政策，成为地方政府从事税收竞争（特别是不正当税收竞争）的主要工具。其结果是妨碍了国内税政统一，损害国家合法的税收权益和国家法治的尊严，扰乱国内经济秩序，妨碍了纳税人之间的公平竞争。审计署审计长刘家义 2013 年 6 月 27 日在第十二届全国人民代表大会常务委员会第三次会议上做的《关于 2012 年度中央预算执行和其他财政收支的审计工作报告》中指出："区域性税收优惠政策较多，影响税收政策的统一性和公平性。至 2012 年年底，已批准并正在执行的区域性税收优惠政策有 16 种，涉及各主要税种；还有 70 多个地区以'改革实验示范区'等名义申请区域性税收优惠等待审批。"

　　为此，2014 年 11 月国务院发布《关于清理规范税收等优惠政策的通知》，要求全面规范和清理地方各类税收等优惠政策，规定未经国务院批准，各地区、各部门不得对企业规定财政优惠政策。之前税收优惠政策政出多门，对建设统一市场、发挥市场效率有很大的妨害，因此此项改革在技术上虽然容易，其效果却是巨大的。

3. 加大对资本所得的征税，而且主要应该体现在个人所得税的改革上

如前文所述，为了扭转高投资低消费的局面，应该加大对资本所得的征税。然而由于增值税和营业税是我国两大主体税种，意味着现行改革将导致我国税制整体上更倾向对消费征税，而对资本征税部分较小。而虽然财产税（主要是房产税）的税基是资本，但是我国迟迟没有全面开征针对居民的房产税，造成财产税抑制投资增长的作用十分有限。此外，在国民账户中，资本要素收入有很大一部分流入住户部门而且在个人所得税中，对资本的征税过低。因而，增加对资本的征税应该主要体现在个人所得税的改革上。

在现实中，资本要素收入只有一部分流入住户部门，那么，流入住户部门的资本要素收入所占比例是多少呢？属于资本收入的有利息、股息、债息、红利、租金、资本利得、经营收入（部分）等，进入 21 世纪以来，人们普遍感受到，居民收入来源逐渐丰富多样，股票市场和房地产市场的繁荣都会使得流入住户部门的资本要素收入增加，但是遗憾的是，许多资本性收入是隐性收入，很难通过住户调查数据统计出来，特别是在城镇住户调查中，难以取得高收入者的完整家庭收入数据。为克服居民调查数据的不足，可以利用"资金流量表"来推算资本要素收入中流入住户部门的比例。

利用《中国统计年鉴》"国民经济核算"栏目的"资金流量表"（实物交易）可以估计出税前要素收入分配状况，将住户部门收入减去劳动要素收入就可以得到住户部门资本要素收入规模，再除以资本要素总收入就得出资本要素总收入中流入住户部门的比例。图 7—5 同时测算了间接税不视作资本要素收入和视作资本要素收入时资本要素总收入中流入住户部门的

比例。

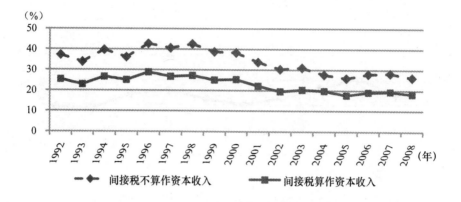

图7—5　资本要素收入中流入住户部门的比例

图7—5显示，如果不把间接税算作资本收入，1992—2008年资本要素收入平均流入住户部门的比例为34.2%；如果把间接税算作资本收入，其比例为22.9%。资本要素收入中流入住户部门的比例自20世纪90年代后期开始呈下降趋势，但是即使如此，2008年资本要素收入流入住户部门的比例也分别达到26.2%和18.2%，住户部门拥有的资本要素收入占国民收入的比重达到9.5%，这个比重并不算低，说明资本要素分配不平等对居民收入不平等会有较大的影响。

那么，如此规模的资本要素收入流入住户部门，对住户部门劳动和资本收入的征税情况又是如何？这主要是个人所得税的要素结构问题。

个人所得税的税基是个人收入，尽管个人收入的来源形式多种多样，但就其性质而言，均可归为劳动所得和资本所得两大类。在个人所得税11个税目中，除其他所得和偶然所得外，工资薪金所得、劳动报酬所得、稿酬所得、特许权使用费所得属于对劳动要素征税，而利息股息红利所得、财产租赁所得、财产转让所得则属于对资本要素征税。个体工商户的生产经营所得属于混合所得，可以根据其劳动和资本要素所得占个体从业者收入的比重来测算相应的要素征税部分。图7—6显示了个人所得税中对资本所得征税所占的比重。

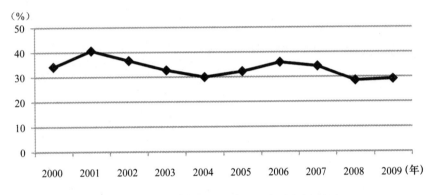

图7—6 个人所得税中对资本所得征税所占比重

图7—6显示个人所得税中对资本所得征税所占比重保持在35%左右，2007年以后还有下降的趋势。进一步地，2008年北京市个人所得税总收入中，以"工资薪金所得"税目缴税比例高达82.1%，对资本的征税如此至少不仅不利于经济结构的调整，对收入分配也会产生较大的不利影响。一方面，资本要素中流入住户部门的比例并不低，另一方面，个人所得税中对资本征税的比例却很低，最终国民收入中劳动占比越来越低。导致这一问题的原因可能有两方面。一是征管上的原因，个人所得税有11个税目，工资薪金这一税目相对于其他收入显然容易监控；二是税制设计本身的原因，分类所得税难以掌握个人收入的全部情况，很多资本性收入所得难以被观察，况且中国的整个税制体系以流转税为主，财产税则几乎没有，个人的财产所得也就很少被征税。

因而，在加大对资本征税的同时，主要应进行个人所得税的改革。白景明和何平（2014）指出，综合课税有其必然性：一是市场经济发展到一定程度后个人收入多样化。劳动力市场、资金市场、技术市场、财产市场是市场体系的四个组成部分，分别带来四类个人收入，当这四类市场规模扩大后，人们的收入就出现了多样化格局，特别是中、高收入阶层，在其个人收入结构中，投资所得和财产所得比重会快速抬升；二是分类征税必然出现不同收入类别税负不均等现象，但不同类别个人的取得成本支出往往具有交叉性，因而收入类别税负差异属于不合理差异。

然而，我国的经济特征和制度特征使我们又不能对所有收入综合课税。一是一些涉及个人所得信息的统一登记制度尚不健全或未建立，例如现在才刚开始建立不动产统一登记制度；二是个人收入信息共享机制不能建立，比如，银行储蓄利息和证券交易信息是不能外泄的个人隐私。事实上，世界上很多国家都没搞彻底的综合征收，其中有的采取资本利得税对个人投资所得课税，有的单独对财产转让所得课税。

因而，笔者认为，个人所得税的改革方向应是分类与综合相结合。不过，我国实行个人所得综合存在一个突出的问题：个人所得税是中央与地方共享税，由地方税务局征管，但地方税务局无权跨界征税或核定个人所得，这使得劳动者的异地兼职收入无法汇总到一个地方来纳税。为了解决这一问题，可以考虑把工资薪金所得、劳务报酬、稿酬所得和特许权使用费所得等劳动所得进行综合纳税，这些所得都是个人劳动所得，由劳动力使用方支付，特点是针对单个人的劳动力价值付费，可以对这些所得综合课税，并统一扣除劳动力的形成和保持的基本成本，同时，劳动所得应作为省级主体税种。此外，对资本所得继续实行分类课征，并作为中央税。这种改革方式既实现了分类与综合相结合的目标，又解决了中央地方共享税带来的问题。

4. 在京、沪、广三地先行推动房地产税改革

理论上，房地产税是优良的地方税。因为房地产税的计税依据来自房地产评估值，而房地产价值与地方政府提供的公共服务密切相关，因此它体现较强的受益税性质。将房地产税作为地方税的好处是促使地方政府提供好的公共服务，征税也易取得辖区居民支持。由此之故，不少国家基

层政府的主体税种是房地产税，中国也正在讨论针对居民房产征收房地产税。

但是，从当前中国国情看，征收房地产税在征税范围、税率、纳税人等问题上存在诸多难解之处，民众预期与政府预期有很大的错位，凝聚改革共识不易。代表性的问题有三个：第一，能否准确评估房地产价值？由于房地产的评估价值直接关系到税收的多少，关系到纳税人税负和政府税收收入，这就必须要找到一个双方都认同的评估机构来对房产价值进行评估，那么这项具体的基础性工作究竟由谁来承担才最公平、合理呢？第二，如何确定纳税人的身份？开征房地产税首先要求有健全的财产登记制度，有明晰的产权关系，纳税人应该是在我国境内拥有房产所有权和土地使用权的单位和个人，而我国目前产权不清、产权与使用权分离的现象较为严重。第三，免征范围确定为多大？开征房地产税之初，为取得纳税人支持，税收设计上势必要给予纳税人较大的免征范围。但是如果全国推行房地产税，给予免征范围很容易产生扭曲。其他问题还有：是否要下放给地方政府房地产税纳税人、税率等决定权？开征房地产税与现在房地产流转环节各税收如何协调？对小产权房是否征税？如征税其评估价值是否考虑未征收土地出让金因素？等等。从税收征管角度看，针对居民房产开征房地产税，意味着现行税收征管对象由企业向居民的部分转变，将税收落实到实践中必须提前考虑到三个问题：纳税人不申报怎么办？纳税人申报不实怎么办？纳税人不纳税怎么办？

尽管开征房地产税面临许多困难，但是权衡利弊，笔者认为不开征房地产税所产生的问题更严重。我们当前要做的，一是按照十八届三中全会《决定》精神，坚持税收法定原则和加快房地产税立法；二是完善开征房地产税的基础条件；三是在此基础上分步推进改革。

一是加快房地产税立法。开征房地产税涉及民众切身利益，社会影响较大。要想让开征房地产税最大程度凝聚民众共识，避免重庆和上海试点时一些民众的强烈质疑现象出现，就需要坚持税收法定原则，依托全国人民代表大会将税改方案公之于众，充分吸纳民意，并通过法律形式固定。但是，也应客观看到，立法不是朝夕可成之事。即使立法，由于房地产税设计的复杂性，法律很可能仅是搭一个粗略的框架，具体税制要素要通过其他文件形式来确定。

二是完善开征房地产税的基础条件。房地产税开征依赖各个基础条件的完善，在开征房地产税前要稳步推进各项准备性工作，如改革土地供应管理制度、清理房地产收费、健全财产登记制度、完善房地产价值评估体系、清查囤地行为等。

三是分步确定征收对象和方法。开征房地产税应第一考虑操作性，未来第一考虑公平性，对房地产税的完善要有 50 年的预期。对此，开征房地产税应采用分步实施的方法：先是重点城市，后是一般城镇；先是居民房产，后是所有房产；先是比例税率，后是累进税率；先是确定免征范围，后是取消免征范围；先是全国统一，后是考虑地区差别。

应看到，房地产税改革涉及居民利益与政府利益、高收入者利益与低收入者利益、中央政府利益与地方政府利益、当前利益与未来利益等各方面利益的深度调整，它被赋予很多的政治、经济、社会的内涵，未来房地产税立法及征管时，协调各方利益会有激烈博弈，对此应有充分心理准备。开征房产税应持慎重态度，急不得，急则容易引爆矛盾。另外，也缓不得，城市化进程的迅速加快、居民间财富差距的迅速扩大、分税制的亟待调整、土地财政的不可持续等系列因素，均要求我们对开征房地产税问题不能再回避，回避只会使矛盾更进一步积聚。能否妥善处理房地产税开征问题，是对我们党执政艺术的重要考验。

综合以上考虑，笔者建议可以先行在北京、上海、广州三市先行开征房地产税。原因：一是三市房地产管理比较规范，数据比较齐全；二是三市在房地产市场具有"标杆"作用，开征房地产税可以很好地引领房地产市场建设；三是三市居民素质相对较高，税收认同感较强；四是有利于疏解三个大城市过于拥挤现象。在税制设计上，征税范围可以先针对有产权的居民住房，免征额可以参考上海标准，税率可设为1%。在积累经验后，可再向36个大中城市推广。

（三）债务政策的调整

在实施有力度的积极财政政策过程中，必然伴随着财政赤字的增加进而导致政府债务的增加，而财政赤字率将对未来的发债规模形成制约。根据目前2015年初步测算的数据，2014年全国GDP增长为7.4%，如果将2015年GDP增长率以7%测算，那么2015年的GDP将达到65.36万亿元，按照赤字率不超过GDP 3%的标准，2015年的发债规模最大为1.9万亿元，而另一个现实是地方政府2015年需要偿还的债务额高达1.85万亿元，因此发债规模的制约与偿债压力将是地方政府2015年需要面对的难题。

1994年分税制改革是地方政府债务形成和积累的客观原因。而地方官员的政绩观，借债和还债的动态不一致等是地方政府债务形成和积累的主观原因。两者长期以来共同造成了目前的地方政府债务规模。中央政府对于地方政府通过融资平台举债，也经历了一个鼓励、支持，到加强管理和清理的过程。

目前，我国地方政府债务占GDP的比重达到31%。举债主体主要是地方融资平台和国有独资/控股企业；举债的政府主要是市级和县级政府；支出投向主要是市政建设、交通运输、科教文卫和保障房建设。各省（直辖市）的债务水平近年来都有所上升，但上升幅度在各省存在差异，贵州、重庆、甘肃、云南、青海等西部地区的债务占GDP水平较高，超过50%；浙江、山东、广东等东部地区的债务占GDP水平较低，低于20%（见图7—7）。

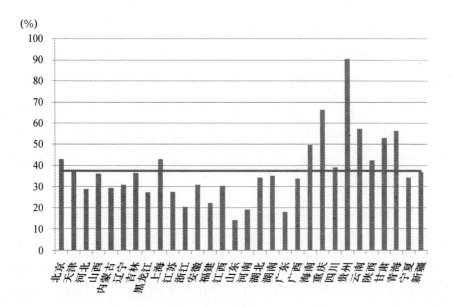

图7—7　2013年各地债务占GDP比重

资料来源：各省（市）债务数据来自各省（市）的审计厅网站或审计公告。

不论地方政府债务形成的历史原因如何，在当前积极财政政策下，财政赤字要求大量债务的支持，控制债务尤其是地方债务风险显得极其重要。而就控制地方债务风险而言，主要是建立地方政府举债的约束机制。

第一，建立市场约束机制。一般意义上债务管理的市场约束机制，是针对资本市场而言，即资本市场会对地方政府借贷能力做出反应，地方政府若要取得借款并维持较低的借款利率，必须向债权人展示良好的财政状况与信誉。这里的资本市场既可以包括地方政府发行债券的市场，也可以包括地方政府通过地方融资平台向银行借债的市场。

对地方政府举债的约束，应该充分发挥市场约束机制，如银行对贷款客户资产、负债、还款能力及其风险的甄别。事实上自2010年以来，银监办发［2010］244号文以来，银行就开展了地方政府融资平台贷款清查甄别工作，对于盈利能力差、还款风险高的融资平台，将很难再从银行得到贷款。这就是市场约束机制发挥作用的例证。

第二，建立行政约束机制。一般意义上的行政约束机制，是指中央政府控制地方政府的发债额度，通过审批和检查将地方政府的发债规模控制在适当的水平上，防止地方政府不负责任的借债行为。但这种中央控制方式，在现实生活中都很难有成效：要么会造成地方政府财政状况的持续恶化；要么就会造成地方政府绕开管制，通过其他途径筹集资金，进而积累起巨额的隐性债务。

针对我国地方政府债务形成原因中的"借债和还债的动态不一致"，可以实行例如"官员任期的债务问责制"条款。即本届政府如在任期内举债，必须制定详细的"债务偿还计划"时间表，在任期满后，考核其是否按照"债务偿还计划"时间表的设定，完成了该时点上的债务偿还额度，并将其作为业绩考核的指标之一。

第三，建立预算约束机制。预算约束机制主要包括两方面的内容。一是指对当地债务规模的大小制定出一套规则，如可以规定地方政府性债务余额占当地本级财政收入比重的上限，地方政府性债务余额占当地 GDP 比重的上限等。二是指建立地方政府偿债基金[①]。2012 年 3 月 6 日，在十一届全国人大五次会议上，财政部部长谢旭人表示，中央非常重视防范和化解财政和金融领域债务的风险隐患，对地方政府的债务，各地要建立偿债基金，统筹运用地方财力，切实做好偿还工作。目前，部分省市已经建立起偿债基金，如福建省永安市将政府债务纳入财政预算，建立偿债基金，实行专户管理，2014 年预算安排偿债基金 2 亿元，已拨资金 2660 万元。[②]

---

① 偿债基金，也称减债基金，是国家或公司为偿还未到期公债或公司债而设置的专项基金。

② 财政部网站：http://www. mof. gov. cn/xinwenlianbo/fujiancaizhengxinxilianbo/201403/t20140318_1056603. html。

广东省鹤山市完善财政偿债基金管理，依据财政收入增长情况相应增加偿债基金规模，健全财政风险准备金制度，确保到期债务按时足额偿还。①

◇四　结论

中国经济进入"新常态"之后，继续实施的有力度的积极财政政策也应该具有不同的含义，具体而言，应该从总量性的政策转型结构性政策，从经济性政策转向同时包含社会性政策，从侧重需求管理转向侧重供给管理，从而在保证经济中高速增长的同时为中国经济结构的转变服务。

财政政策会通过多种渠道影响经济的增长和结构，而中国多年的财政政策加剧了中国投资与消费的不平衡，因而，在"新常态"下，财政政策应做出如下调整。就支出政策而言，要缓解市场约束，释放市场的活力，减少对政府投资的依赖，同时要改革社会保障制度，兴建养老院，引入民间资本，以生活保障替代收入保障；就收入政策而言，生活性服务业要继续保留营业税，同时要加大对资本的征税，实行分类与综合相结合的个人所得税，此外，应该对税收优惠进行清理，建立统一市场；就债务政策而言，要积极控制地方政府债务的风险，形成市场、行政、预算三重约束机制。

---

① 财政部网站：http://www.mof.gov.cn/xinwenlianbo/guangdongcaizhengxinxilianbo/201401/t20140126_1039715.html。

第 八 章

促进结构调整的财政体制变革

1978 年，我国进入改革开放的历史新纪元。纵观 30 多年的改革历程，核心无外乎处理好两个基本关系：一是政府与市场间关系，二是政府间财政关系。前者的关键在于明确市场经济条件下的政府职能定位以及政府干预的合理边界，发挥市场在资源配置中的基础性和决定性作用；后者的核心则在于完善中央政府与各级地方政府间的责、权、利关系，建立健全有效的激励约束机制，促进各级政府职能优化。毫无疑问，一个科学合理的"政府间关系"是规范政府行为、构建良好的"政府与市场间关系"的前提和基础。正因为如此，财政管理体制改革成为 30 多年前中国经济体制改革特别是城市经济体制改革的"突破口"，亦成为深刻认识和理解 30 多年来中国市场化进程快速推进、经济持续高速增长的一个重要切入点。

近年来，中国经济增长明显放缓，步入了一个高增长的"新常态"，经济转型升级、实现创新型增长方式的转变成为当前和未来一段较长时期内我国的主要战略任务。然而，目前出现的财政困局严重制约着我国经济结构的调整，而这主要源于长期以来我国地方政府形成的"高支高收"的财政收支行为模式。更深层次的制度根源则在于 1994 年分税制改革以来逐步形成的纵向财政失衡加剧的财政体制。本章旨在探究我国地方政府财政收支行为的变化特点和财政分权模式的发展变化，揭示二者之间的内在逻辑联结及其对经济增长方式的影响，最后提出有利于结构调整、经济转型升级的财政体制变革方案。

◇一　"高支高收"的地方政府行为：
结构调整的政策障碍

（一）地方政府支出行为

图8—1 给出了 1978—2011 年我国地方预算内支出比率（即地方预算内支出与 GDP 的比值）以及地方预算内外支出比率（即地方预算内外支出与 GDP 的比值）的变化情况。由图8—1 可以清晰地发现，以 1996 年为分水岭，我国地方预算内支出比率和地方预算内外支出比率呈现出非常鲜明的"V"形变化特点：1978 年，地方预算内支出比率为 16.18%，此后虽有所反复但总体呈现出下降态势，于 1995 年达到最低点（仅为 7.94%），1996 年以来则出现持续快速攀升，2011 年达到了 19.61%；地方预算内外支出比率由 1982 年的 20.39% 下降到 1995 年的 11.2%，2010 年增加到 19.74%。

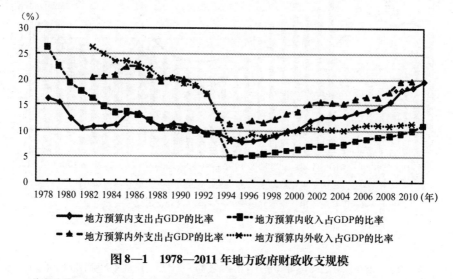

图8—1　1978—2011 年地方政府财政收支规模

资料来源：1990—2012 年的《中国统计年鉴》和《中国财政统计年鉴》。

　　基于1978—2011年我国29个省份（不包含港澳台和西藏，其中重庆和四川的数据合并）的数据，我们同样可以发现类似的变化特点：20世纪90年代中期以前，我国省份地方政府支出规模呈现出持续下降的态势，此后出现较为明显的增加——省份预算内支出比率的截面均值由1978年的21.31%下降到1995年的9.95%，此后持续快速增加，2011年已经超过改革开放初期的水平，达到了22.78%；省份地方预算内外支出比率的截面均值由1986年的27.84%大幅下降到1995年的13.49%，2010年增加到22.93%（见图8—2）。不过，不同省份间的政府支出规模呈现出较大的差异性，其中预算内外支出比率的地区差异性更为突出。财政承包制改革期间特别是20世纪80年代中期以来，这种差异性不断缩小，1994年分税制改革以来则呈现出不断增大的趋势：预算内外支出比率的变异系数（即截面标准差与截面均值的比值）由1984年的0.51减少到1997年的0.33，2011年增加到0.45（见图8—2）。

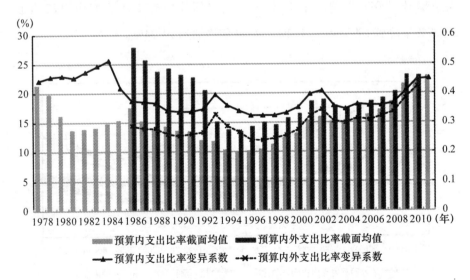

图8—2　1978—2011年省份地方政府支出规模的截面均值和变异系数

资料来源：1990—2012年的《中国统计年鉴》、各省《统计年鉴》和《中国财政统计年鉴》。

　　进而我们将财政支出划分为三类：经济性支出、社会性支出和维持性支出，利用这三类支出占预算内支出的比重来刻画省份地方政府支出结构，以考察省份地方政府的职能定位和支出偏好。其中，经济性支出、社会性支出和维持性支出分别以基本建设支出、科教文卫支出和行政管理支出近似加以度量（贾俊雪、郭庆旺，2008）。由图 8—3 可以看出，除了改革开放初期以外，省份地方政府预算内支出中，教科文卫等社会性支出比重一直最高（整个样本期内接近于 25%）；20 世纪 90 年代，行政管理费等维持性支出比重明显高于基本建设等经济性支出比重，其他时期则恰恰相反。就动态变化而言，20 世纪 90 年代中期以前，省份地方政府经济性支出比重出现持续下降，此后有所增加，社会性支出与维持性支出比重进入 21 世纪以来有所下降，近年来则保持在一个相对稳定的水平上。2012 年，三者的省份截面均值分别为 9.88%、22.34% 和 9.33%。省份地方政府支出结构也呈现出较为明显的差异性，其中经济性支出比重的地区差异性最为明显，1995—2000 年有所减小，此后又呈现出明显增大的态势；维持性支出比重的地区差异性在 1999 年以前呈现出持续增大的态势，此后出现大幅度减小；社会性支出比重的地区差异性相对较小，1994 年分税制改革以来则总体保持在一个较为稳定的水平上。

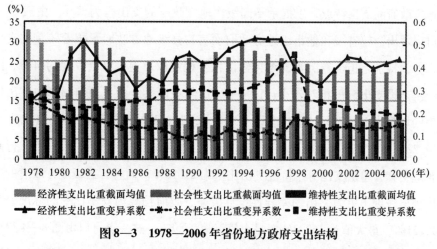

图 8—3　1978—2006 年省份地方政府支出结构

资料来源：1990—2007 年的《中国统计年鉴》、各省《统计年鉴》和《中国财政统计年鉴》。

表8—1　　　　　　　　我国县级地方政府支出规模与结构的统计描述　　　　单位:%

样本期	统计	预算内支出比率	经济性支出比重	社会性支出比重	维持性支出比重
1997—2005 年	均值	12.82	14.22	27.54	21.16
	标准差	11.21	7.38	6.81	5.27
	最大值	162.20	76.59	57.21	64.44
	最小值	0.89	1.74	4.23	5.02
1997—2001 年	均值	11.08	12.78	27.19	21.89
	标准差	9.78	6.37	6.66	5.38
	最大值	162.20	76.59	51.87	62.54
	最小值	0.89	2.40	4.23	5.02
2002—2005 年	均值	14.98	15.65	27.90	20.25
	标准差	12.45	8.00	6.95	4.98
	最大值	112.40	59.86	57.21	64.44
	最小值	2.01	1.74	4.54	6.49

资料来源: 1998—2006 年的《全国地市县财政统计资料》。

　　最后, 鉴于县级地方政府在我国整个纵向政府结构中扮演着非常重要的角色, 长期以来一直承担着大量经济和社会管理事务, 笔者进一步考察县级地方政府的支出特点, 以揭示不同级次地方政府的支出行为差异。由表8—1可以看出, 较省级和地市级地方政府而言, 县级地方政府承担着较重的支出事务, 特别是担负着沉重的维持经济社会稳定以及促进社会发展的事务, 而经济建设支出责任相对较小: 1997—2005 年我国县级地方政府预算内支出比率的均值为12.82%, 基本建设和农林水利气象支出等经济性支出比重为14.22%, 教育和社会保障补助支出等社会性支出比重达到了27.54%, 行政管理费和公检法支出等维持性支出比重为21.16%。而且, 县级地方政府的支出规模表现出更为突出的差异性: 县级地方政府预算内支出比率的标准差为11.21%, 最大值为162.2%, 最小值仅为0.89%。这一点可以由图8—4得到非常清晰的认识。县级地方政府支出结构也呈现出较大差异性, 其中以经济性支出比重最为突出（标准差为 7.38%，最大值和最小值为 76.59% 和 1.74%）。具体到两个子样本期，情况有所不同，但变化并不明显：1997—2001 年，预算内支出比率的均值为 11.08%，标准差为 9.78%，三类支出比重的均值分别为 12.78%、27.19% 和 21.89%，标准差为 6.37%、6.66% 和 5.38%；2002—2005 年，预算内支出比率的均值为 14.98%，标准差为 12.45%，三类支出比重分别为 15.65%、27.90% 和 20.25%，标准差为 8.00%、6.95% 和 4.98%。

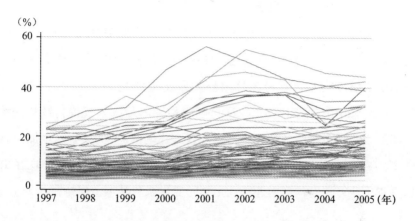

图 8—4　1997—2005 年县级地方政府支出规模变化

注：本图以 1997—2005 年我国 1938 个县和县级市的 5% 的样本绘制。

资料来源：1998—2006 年的《全国地市县财政统计资料》。

（二）地方政府收入行为

由图 8—1 可以看出，与地方政府支出规模的变化相一致，我国地方政府收入规模也呈现出较为明显的 "V" 形变化特征：地方预算内收入比率由 1978 年的 26.24% 持续减少到 1993 年的 9.6%，1994 年由于分税制改革更是出现了 "跳跃式" 下降，仅为 4.8%，此后持续增加但增加幅度较为平缓，2011 年达到 11.11%；地方预算内外收入比率也呈现出类似的变化特点，但 1994 年以前的下降幅度更为剧烈，此后的增长则更为平缓。此外，对比地方政府支出规模和收入规模的变化可以发现一个非常有趣的现象：1985—1993 年，地方政府收支规模保持了很好的一致性，二者之间几乎没有任何缺口；1994 年以来，地方政府支出规模明显大于收入规模，而且二者之间的缺口呈现出不断增大态势。这进一步揭示出 1994 年分税制改革与财政承包制改革相比采取了完全不同的分权做法，导致地方政府出现了较为严重的纵向财政失衡。而且，即使考虑了地方预算外收入，地方自有财力缺口仍呈现出持续增大趋势。

图 8—5 表明，省份地方政府收入规模也具有类似的变化特征。不过，若从预算内外收入的角度来看的话，1994 年以来，我国省份地方政府收入规模的增加幅度较小：省份预算内外收入比率的截面均值仅从 1994 年的 9.6% 增加到 2010 年的 10.8%，这与全国预算内外收入规模持续快速增长的事实形成了鲜明对照（全国预算内外收入比率由 14.69% 快速增加到 2010 年的 22.14%）。而且，这种情况在各地区具有很大的普遍性，体现在 1994 年以来省份地方政府预算内外收入比率的变异系数基本上保持在 0.2 左右。

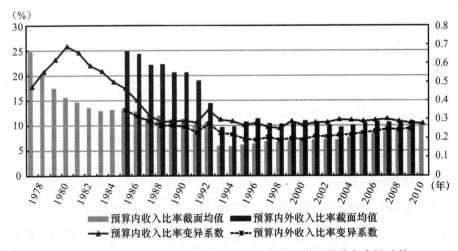

图 8—5　1978—2011 年省份地方政府收入规模的截面均值和变异系数

资料来源：1990—2012 年的《中国统计年鉴》、各省《统计年鉴》和《中国财政统计年鉴》。

　　1997—2005 年，我国县级地方政府自有财政收入和税收收入规模均较小，而且在 2002 年所得税分享改革以来出现一定幅度的下降：县级地方政府自有财政收入比率（即县级地方政府本级财政收入与 GDP 的比值）在 1997—2002 年的均值仅为 4.24%，由 1997 年的 4.54% 减少到 2001 年的 4.43%，2005 年进一步下降为 3.78%；税收收入比率在 1997—2005 年的均值仅为 3.02%，由 1997 年的 3.79% 减少到 2001 年的 3.25%，2005 年进一步减少为 2.39%（见图 8—6）。这与县级地方政府支出规模的变化形成了鲜明的反差。不过，县级地方自有财政收入规模与税收收入规模也呈现出巨大的差异性，而且 2004 年和 2005 年以来又有进一步增大的趋势：县级地方政府自有财政收入比率和税收收入比率的变异系数分别由 1997 年的 0.66 和 0.70 减少到 2003 年的 0.51 和 0.55，2005 年增加到 0.74 和 0.87。

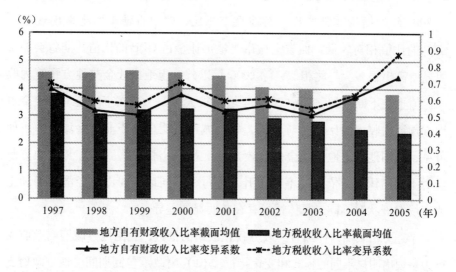

图 8—6　1997—2005 年县级地方自有财政收入和税收收入规模的截面均值和变异系数

资料来源：1998—2006 年的《全国地市县财政统计资料》。

　　需要指出的是，由于预算内收入无法有效满足我国地方政府的支出需要，因此，20 世纪 90 年代中期以来，地方政府开始更多地通过其他渠道来筹措资金。特别地，随着 21 世纪以来我国房地产行业的快速发展，土地出让金逐渐成为我国地方政府的一个重要财政收入来源。事实上，自土地出让金制度形成以来，我国土地出让金的规模一直在不断增大。2001 年，全国土地出让收入为 1295.89 亿元，占当年全国 GDP 的 1.37%，占当年地方本级财政收入的 18.9%。2010 年，全国土地出让收入大幅增加到 29397.98 亿元，占全国 GDP 的比值达到了 7.32%，占地方本级财政收入的比值高达 69.2%（贾俊雪、秦聪、张静，2014）。

图 8—7 和图 8—8 分别给出 2001—2007 年全国所有地级市、四个直辖市以及省会和非省会城市的土地出让金占 GDP 比值和土地出让金与地方预算内收入比值的变化情况。从图 8—7 可以看出，除了 2006 年以外，全国地级市和四个直辖市的土地出让金占 GDP 的比值呈现出不断增加的趋势，其中 2007 年的增幅非常突出。与地级市相比，四个直辖市的土地出让金占 GDP 的比值相对较低，而省会城市土地出让金占 GDP 的比值比非省会城市明显要高出很多。与此相似，除 2006 年以外，土地出让金与地方预算内收入比值也在不断增加，其中 2007 年增幅很大。四个直辖市的土地出让金占地方预算内收入的比值相对较低，省会城市则明显高于非省会城市。由此可见，我国地方土地出让金的规模总体上呈现出快速增长的趋势，地方政府对土地出让金的依赖性不断提升。不过，不同地区间由于经济发展和土地市场发展状况不同，具体情况存在较明显的差异。

上述分析表明，伴随着财政分权化改革的推进，我国地方政府财政收支行为呈现出明显不同的模式和变化特征：（1）财政承包制期间，地方政府支出规模、经济性支出和维持性支出比重不断下降，社会性支出比重变化不大；1994 年分税制改革以来地方政府支出规模和经济性支出比重明显增加，维持性和社会性支出比重出现一定程度的下降。（2）不同级次地方政府支出行为具有较好的一致性，但县级地方政府承担的社会性支出事务较大，经济性支出事务则相对较少。（3）地方政府收入规模与支出规模呈现出较为一致的变

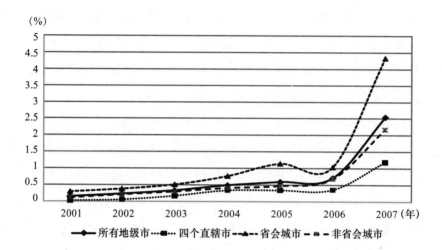

图8—7　2001—2007年土地出让金占 GDP 比值的截面均值的变化

资料来源：2002—2008 年的《全国地市县财政统计资料》。

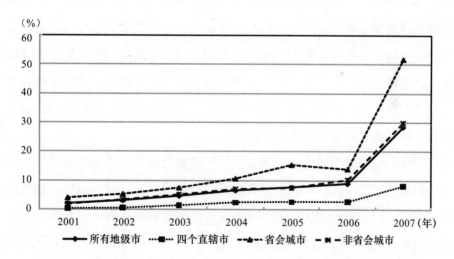

图8—8　2001—2007年土地出让金占地方预算内收入比值的截面均值的变化

资料来源：2002—2008 年的《全国地市县财政统计资料》。

化趋势——财政承包制改革期间不断下降，1994 年分税制改革以来明显增加，但收支规模不匹配程度呈现出持续增大态势，这在县级地方政府层面表现得尤为突出。（4）地方政府收入结构也发生了较为突出的变化，税收收入中营业税和增值税的重要性日益增加，土地出让金亦成为地方政府尤其是地级市政府财政收入的一个重要来源。（5）地方政府收支行为呈现出较大的地区差异性，其中在县级地方政府层面表现得非常突出。

由此可见，改革开放以来，以20世纪90年代中期为分水岭，中国地方政府实际上形成了两种截然相反的行为模式：一是20世纪90年代中期以前地方财政收支规模持续快速下降，"低收低支"的行为模式特征明显；二是20世纪90年代中期以来地方财政收支规模持续增加，"高支高收"的行为模式特征日渐突出。结合不同历史阶段经济发展的客观规律来看，这两种不同的地方政府行为模式蕴含的政府与市场关系及其对中国的市场发展和经济增长必然会产生极其深刻的影响：20世纪90年代中期以前的地方政府低收入、低支出的行为模式有助于减轻企业税负，但也严重阻碍了道路交通等经济基础设施的发展，而后者对于正处在工业化初期的中国的市场发展和经济增长可能具有更为突出的不利影响；20世纪90年代中期以来逐渐形成的地方政府高支出高收入的行为模式增加了企业税负，却也很好地推动了道路交通等经济基础设施的快速发展，为中国的市场发展和经济腾飞奠定了良好的"硬件"基础。

然而，在中国当前的现实背景下——道路交通等经济基础设施已经实现了跨越式发展，过分依靠大规模基础设施投资拉动经济的做法已越来越难以持续，地方政府的收入（包括税收收入和土地出让收入）动员能力已渐趋极致，财政可持续性问题日益突出——目前的这种高支出高收入的地方政府行为模式是否已经超越了政府干预的最优边界？特别是，随着我国经济步入一个"新常态"，这种"高支高收"的地方政府行为已严重制约着我国经济结构调整和升级转型战略的实施，迫切需要推进财政体制改革以有效避免地方政府收支规模持续膨胀的态势，形成更加符合结构调整、市场经济发展需要的地方政府行为模式。

◇二　纵向财政失衡加剧的财政体制：结构调整的制度障碍

新中国成立之初，我国确定了高度集中的"统收统支"的财政管理体制，此后历经多次调整，向地方政府"放权让利"逐渐成为变革的主基调。1978 年改革开放以来，我国财政管理体制又经历了两次重大变革，即1980—1993 年的财政承包制改革和1994 年的分税制改革：前者延续了改革开放之前的分权化趋势，后者则具有鲜明的收入集权特色。

（一）财政承包制改革

1979 年，中央明确提出要对我国经济体制逐步进行全面改革，要求以财政管理体制作为改革的突破口。根据这一精神，1980 年，我国实施了财政承包制改革。这一改革历经三个阶段，即 1980—1984 年的"划分收支、分级包干"改革、1985—1988 年的"划分税种、核定收支、分级包干"改革以及 1988—1993 年的包干制改革。

1980—1984 年的"划分收支、分级包干"改革是优化完善我国中央与地方财政关系的一次探索性实践，初步实现了预算管理由"条条为主"向"块块为主"模式的转变（谢旭人，2008；李萍，2010）。这次改革首次将财政收入划分为中央固定收入（包括中央所属企业收入、关税和其他收入）、地方固定收入（包括地方所属企业收入、盐税、农牧业税和工商所得税等）、中央与地方共享收入（各地上划给中央部门直接管理的企业收入按80∶20 固定比例在中央与地方之间共享）以及调剂收入（工商税），实现了真正意义上的中央与地方"分灶吃饭"。同时，这次改革也初步明确了中央与地方政府各自的支出责任，并以 1979 年财政收支决算数为基础确定了地方财政收支的包干基数，规定地方财政支出由地方固定收入和固定分成收入抵补：如有盈余，上解给中央财政，如不足由调剂收入弥补，仍不足由中央财政给予补助；地方上解比例、调剂收入分成比例和固定补助金额由中央核定下达后，五年保持不变。1985—1988 年的"划分税种、核定收支、分级包干"改革则是 1984 年第二步"利改税"以后我国财政管理体制的又一次调整。这次改革依据新的税种将财政收入划分为中央固定收入、地方固定收入以及中央与地方共享收入，取消了调剂收入，延续了之前关于地方上解和中央补助的基本做法。1988 年 7 月，中央又进一步推行了包干制改革，对不同地区采取不同的包干形式（包括收入递增包干、总额分成、总额分成加增长分成、上解递增包干、定额上解和定额补助等形式）。这次改革的一个显著特点是：即使采取同一种包干形式，各地的留成比例、收入递增率、增长分成比例、固定上解和补助金额也不尽相同。这种状况，被形象地比喻为"一省一率"的财政体制。

由此可见，虽然不同阶段采取的具体措施有所不同，但财政承包制改革遵循了一个基本做法，即中央与地方政府在一定时期内按照协商好的一定比例或一定额度进行收入分成，因而确定了地方政府"剩余占有者"的地位，使额外增长的财政收入大部分归地方政府支配，具有很强的收入分权特色。1978—1993 年，我国财政收入分权水平在经历了短暂下降后呈现出快速增加的态势——地方本级预算内收入占全国预算内收入的比重由 1984 年的 59.5% 大幅增加到 1993 年的 78.0%，地方本级预算内外收入占全国预算内外收入的比重则由 59.9% 上升到 79.2%（见图 8—9）。这对于充分调动地方政府的积极性起到了重要作用。不过，随着时间的推移，这种体制的弊端日渐凸显，成为 20 世纪 80 年代中期以来我国财政收入占 GDP 的比重以及中央财政收入占整个财政收入的比重（即所谓"两个比重"）持续下降的主要根源，也使得中央与地方财政分配关系始终处于不稳定的状态。

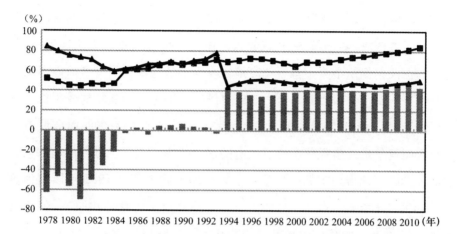

(a) 预算内收支指标

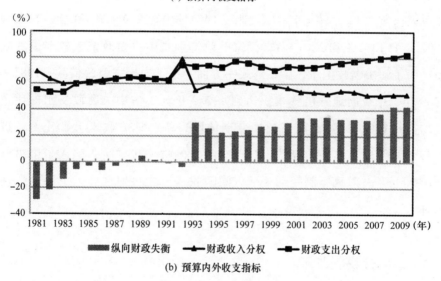

(b) 预算内外收支指标

图8—9 改革开放以来财政收入分权、支出分权和纵向财政失衡的变化

注：（1）财政支出分权＝地方本级预算内支出/全国预算内支出，财政收入分权＝地方本级预算内收入/全国预算内收入，纵向财政失衡＝（地方本级预算内支出－地方本级预算内收入）/地方本级预算内支出；（2）财政支出分权＝地方本级预算内外支出/全国预算内外支出，财政收入分权＝地方本级预算内外收入/全国预算内外收入，纵向财政失衡＝（地方本级预算内外支出－地方本级预算内外收入）/地方本级预算内外支出。（3）数据来源于2011年的《中国统计年鉴》。

事实上，在这一体制下，中央财政在整个财政分配中处于明显的不利地位，主要依靠地方上解来获取收入，使得中央财政收入无法得到充分、有效的保证，促使中央不得不调高地方收入上解比例，引发了地方不满以及对中央的不信任。因此，地方政府更倾向于通过各种变相的减免税"藏富于民"，以达到隐瞒真实财政收入，减少收入上解的目的，而愈演愈烈的地区间竞争进一步强化了地方政府的这一行为。这一点可以从地方纵向财政失衡的变化得到很好的佐证：地方纵向财政失衡在1985年以前为负值（即地方本级财政收入大于财政支出，多出部分上解给中央），但绝对值逐年减小并在1985—1993年近乎为0（见图8—9），换言之，地方上解给中央的净收入越来越少。这直接导致"两个比重"自20世纪80年代中期以来出现持续大幅下降（分别从1984年的22.9%和40.5%下降到1992年的13.1%和28.1%），国家财政特别是中央财政陷入较严重的困境。为了解决财政困难，中央财政一方面不得不向地方财政借款：1981—1989年，中央向地方借款累积达到422.2亿元，占中央财政支出的比重平均为6.1%；另一方面还频繁变动体制，调高地方收入上解比例，进一步加剧了地方不满，导致中央财政收入的进一步减少，陷入了中央财政收入下降→财政体制变动→地方隐瞒收入→中央财政收入下降的恶性循环。

（二）分税制改革

1994年分税制改革的主要目的在于有效扭转"两个比重"持续下降的不利局面，确定中央财政在整个财政分配中的主导地位，因而具有很强的收入集权特色；同时也摒弃了财政承包制"一对一"谈判处理中央与地方财政关系的模式，通过财权与事权的统一划分从制度层面上规范了中央与地方财政关系（贾俊雪，2013）。

1. 中央与地方财政关系的演进

1994 年分税制改革涉及的内容非常广泛，既包括事权和财权的划分以及税收返还制度的建立等基本内容，还包括国有企业利润分配制度和税收管理体制等配套改革措施。在事权划分方面，中央财政主要承担了国家安全、外交、中央国家机关运转及直接管理的事业发展所需经费，以及经济结构调整和宏观调控所必需的支出等 14 类责任，地方财政则主要承担地方政权机关运转以及经济、事业发展所需支出等 13 类责任。在财权划分方面，将维护国家权益、实施宏观调控所必需的税种（如关税和消费税等 8 种收入）划为中央税，将适合地方征管的税种（如营业税、个人所得税和房产税等 18 种收入）划为地方税，将与经济发展密切相关的主要税种（如增值税等 3 种收入）划为中央与地方共享税，其中增值税的中央与地方分享比例为 75 : 25，证券交易税的分享比例为 50 : 50，海洋石油资源税归中央，其他资源税归地方。

同时，为了维护地方既得利益以确保改革的顺利推进，中央在改革伊始就建立了增值税和消费税"两税"返还制度。这一制度采取了基数加增量返还的做法，并引入了奖惩机制：（1）按照 1993 年地方净上划中央收入（即消费税 + 75% 的增值税 − 1993 年中央下划收入）作为"两税"返还基数，基数部分全部返还给地方；（2）各地以本地区 1993 年"两税"收入增长率的 1/3 作为增长任务，不能完成增长任务的地方以自有收入进行赔补，不能完成基数的地方进行基数扣减；（3）对完成"两税"增长任务的地方，中央按当年该地区"两税"增长率的 1 : 0.3 进行增量返还（即地方"两税"收入每增长 1%，税收返还增长 0.3%），对超过增长任务的地方，中央按照超额部分的 60% 给予一次性奖励（谢旭人，2008；李萍，2010）。

通过上述措施，1994 年分税制改革建立起较为规范的中央与地方财政关系。此后，我国财政管理体制总体处于较为稳定的状态——其间进行了一些优化调整但规模都相对较小，只有 2002 年的所得税分享改革涉及范围较广。1994 年分税制改革时，受各种因素的制约，中央将个人所得税划为地方税，并延续了按企业隶属关系划分企业所得税的做法：中央企业所得税作为中央财政收入，地方企业所得税作为地方财政收入。这种做法带来了一系列问题，尤其是助长了地方政府对企业经营活动的干预以及企业对地方政府的行政依附，不利于现代企业制度的建立健全，加剧了地区间的恶性竞争以及地方保护主义。为此，中央在 2002 年 1 月 1 日实施了所得税分享改革，具体内容包括：（1）除铁路运输、国有银行等少数特殊行业或企业的所得税归中央独享以外，其他企业所得税和个人所得税实行中央与地方按比例分享：2002 年中央与地方分享比例为 50∶50，2003 年调整为 60∶40；（2）中央以 2001 年地方实际所得税收入为基数进行返还：中央对地方所得税基数返还 =（2001 年该地区中央企业所得税实际完成额 + 个人所得税实际完成额 + 储蓄利息所得税实际完成额）– 2000 年该地区地方企业所得税 ×1999 年至 2000 年该地区地方企业所得税年均递增率；（3）中央财政因所得税分享改革增加的收入，全部用于对地方特别是中西部地区的一般性转移支付（谢旭人，2008；李萍，2010）。

这些措施赋予了分税制改革较强的收入集权特色——地方本级预算内收入占全国预算内收入的比重由 1993 年的 78.0% 大幅下降到 1994 年的 44.3%，此后基本保持在 47.0% 左右（见图 8—9），但并没有明显改变改革开放以来支出责任下移的趋势——地方预算内支出占全国预算内支出的比重由 1993 年的 71.74% 小幅下降到 2000 年的 65.25%，此后持续增加，2011 年达到 84.88%（见图 8—9）。财权与事权的不匹配导致地方政府出现较为突出的纵向财政失衡——地方本级预算内支出减去地方本级预算内收入占地方本级预算内支出的比值由 1993 年的 –1.84% 大幅提升到 1994 年的 42.76%，此后基本保持在 40% 左右（见图 8—9），这与财政承包制改革期间的状况形成了鲜明对照。

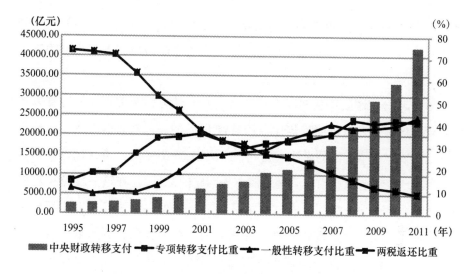

图8—10 1995—2011年中央财政转移支付及其构成

资料来源：李萍（2010）以及2009—2012历年的《中央决算报告》。

为了解决地方纵向财政失衡等问题，在税收返还和原体制补助的基础上，中央在1995年建立了"过渡期转移支付"，此后陆续增加很多转移支付项目。目前，我国中央转移支付制度较为复杂，除税收返还以外，还主要包括两大类。一类是一般性转移支付（即原财力性转移支付），旨在缓解地方财力紧张、促进地方基本公共服务均等化，包括均衡性转移支付（即原一般性转移支付）、民族地区转移支付、县乡基本财力保障机制奖补资金、调整工资转移支付、义务教育转移支付以及定额补助（原体制补助）等；另一类是专项转移支付，属于专款专用，目的在于实现中央特定政策目标，包括一般预算专项拨款、国债补助等，重点用于教育、医疗卫生、社会保障、支农等公共服务领域（谢旭人，2008；李萍，2010）。1995年以来，中央转移支付保持了快速增加的势头：从1995年的2532.89亿元增加到2011年的42023.28亿元，增长了16.6倍（见图8—10）。转移支付结构也发生了明显变化：一般性转移支付与专项转移支付比重在改革初期较低，维持在26%左右，此后二者比重不断提高（2011年分别达到43.58%和41.6%），两税返还比重则由1995年的73.72%大幅减少到2011年的9%。

2. 省以下地方财政关系的演进

1994年分税制改革从制度上规范了中央与地方财政关系，但对省以下财政管理体制并未做出明确规定。1994年以后的一段较长时期内，各地仍主要延续着财政承包制的做法。为此，中央在2002年出台了《国务院批转财政部关于完善省以下财政管理体制有关问题的意见》。在这一《意见》的推动下，各地比照中央与地方财政关系的制度框架，在2002—2004年较集中地实施了分税制。财政收入责任安排方面，绝大多数省区采取了按税种划分收入的做法，只有福建省实行的是总额分成。不过，即使是按税种划分收入，各地的具体做法也存在很大差异。例如，北京市、天津市、河北省和山西省等地将收入稳定且规模较大的税种（如增值税的25%归地方部分和营业税等）由省与地县之间按比例分享，分享比例有"五五""四六"和"三七"等；浙江省、黑龙江省、江苏省和山东省等地在按照税种划分收入的同时，规定主要行业、支柱产业或重点企业的税收收入由省级独享（李萍，2010）。支出责任安排方面，各地结合实际情况做出了一些原则性规定，但具体做法同样存在较大差异。

为了更好地刻画不同地区省以下财政分权水平的差异，我们选取北京市、山东省、浙江省、广东省、辽宁省、安徽省、湖南省、四川省、内蒙古自治区和新疆维吾尔自治区等地的所有县和县级市，以此为样本给出图8—11。图8—11显示，这些地区的县级地方政府的财政收支分权水平存在巨大差异，但呈现出较为一致的变化态势，但财政支出分权水平明显高于收入分权水平。事实上，1994年分税制改革以来，我国省以下财政收支责任安排呈现出一个共同特点：收入权利层层上移，支出责任层层下放。这使得基层政府承担着较重的公共支出事务，但拥有的财力十分有限，存在较为突出的纵向财政失衡。这一点可以从图8—12得到更清晰的认识：全国

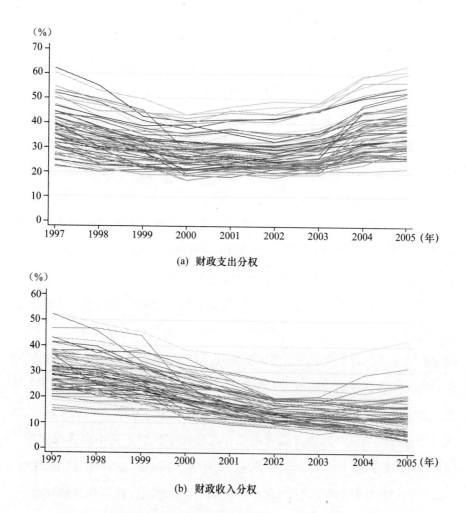

图 8—11　1997—2005 年部分地区县级地方政府的财政收支分权变化

注：（1）样本包括北京市、山东省、浙江省、广东省、辽宁省、安徽省、湖南省、四川省、内蒙古自治区和新疆维吾尔自治区等地的所有县和县级市；（2）考虑到县级地方政府财政管理体制上的差异，分别利用人均县级财政收入（支出）／［人均县级财政收入（支出）＋人均中央财政收入（支出）＋人均省份本级财政收入（支出）＋人均地市本级财政收入（支出）］和人均县级财政收入（支出）／［人均县级财政收入（支出）＋人均中央财政收入（支出）＋人均省份本级财政收入（支出）］来测度地市管县和省管县财政管理体制下各个县级地方政府的财政收支分权水平；（3）数据来源于 1998—2006 年的《全国地市县财政统计资料》。

县级地方政府财政支出分权的截面均值在经历了短暂下降后，2000 年以来呈现出持续增加的态势，2006 年达到了 41.97%；相反，财政收入分权水平则从 1997 年的 23.61% 下降到 2006 年的 15.2%；1997—2006 年，县级政府的支出分权水平平均高出收入分权水平 17.91 的百分点，2006 年则达到了 26.77 个百分点，而 2006 年美国地方政府的财政支出分权水平仅高出财政收入分权水平 9.67 个百分点（Baicker，Clemensand Singhal，2011）。

正是由于财权与事权不匹配，我国县级地方政府普遍存在较严重的纵向财政失衡、陷入了较突出的财政困境——1997—2006 年，县级政府的纵向财政失衡平均达到了 56.87%，而且自 1998 年以来呈现出持续快速增加的态势（见图 8—12）。一般而言，县级地方政府的财政缺口主要依靠上级政府的转移支付和其他公共池资源加以弥补。我们的数据显示：1997 年，我国县级地方政府支出平均为 108.7 亿元，其中 44.91% 的资金来自财政转移支付（扣除县级政府的地方上解），2006 年这一数字达到了 69.81%。尽管如此，依然有大量的县级地方政府存在财政赤字（虽然 2014 年以前，我国《预算法》明确规定地方政府不能有财政赤字）而不得不直接或间接从银行借贷或从其他公共池资源获取资金（李萍，2010；世界银行，2002）——在我们的样本中，2006 年有 609 个县级地方政府存在财政赤字，赤字规模平均达到了 12.36 亿元。

由此可见，20 世纪 80 年代的财政承包制改革和 1994 年分税制改革事实上形成了两种截然不同的财政分权模式。财政承包制改革采取的是财权过度下放的分权模式，这种分权模式确定了地方政府的财政分配主导地位，中央政府需要依靠"逆向转移支付"即地方上解来获取必要的财政收入，因而是一种极端的、反常的分权模式，不仅严重削弱了中央政府对地方政府的财政控制力，对经济社会发展乃至政治稳定也造成了较大冲击。因此，无论是从单纯的经济学视角还是从政治经济学视角来看，这样的分权模式都是不可持续的。

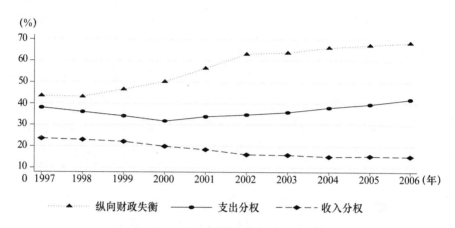

图8—12　1997—2006年全国县级地方政府财政收支分权和
纵向财政失衡的截面均值变化

注：（1）样本包括全国30个省、自治区和直辖市的1938个县和县级市；（2）考虑到县级地方政府财政管理体制上的差异，分别利用人均县级财政收入（支出）／〔人均县级财政收入（支出）＋人均中央财政收入（支出）＋人均省份本级财政收入（支出）＋人均地市本级财政收入（支出）〕和人均县级财政收入（支出）／〔人均县级财政收入（支出）＋人均中央财政收入（支出）＋人均省份本级财政收入（支出）〕来测度地市管县和省管县财政管理体制下各个县级地方政府的财政收支分权水平，纵向财政失衡＝（本级财政支出－本级财政收入）／本级财政支出。（3）数据来源于1998—2007年的《全国地市县财政统计资料》。

　　1994年分税制改革彻底摒弃了这种分权模式，形成了财权层层集中、事权层层下放、借助财政转移支付解决地方纵向财政失衡的分权格局。这种分权模式确立了中央财政在整个财政分配中的主导地位，强化了中央政府对地方政府的财政控制力，对经济社会发展和政治稳定产生了积极影响。不过，随着时间的推移，地方政府财权与事权错位的矛盾日益加剧，而且这一矛盾在较低级次的地方政府层面表现得尤为突出，带来了一系列较为严重的经济社会问题。然而，我国中央政府并没有通过优化财政收支责任安排，而是更多地寄希望于通过加大财政转移支付力度来化解这些问题。

然而，由于存在信息不对称和财政外部性等问题，这种做法蕴含着巨大的道德风险。虽然，激励相容的财政转移支付政策能够较好地校正道德风险问题及其对地方政府行为的扭曲性影响，但会带来额外的信息租金和效率损失。而且，我国财政转移支付制度长期以来一直较为复杂，缺乏合理设计和整体规划，呈现出碎片化和短期化的特点，不利于长期、稳定的激励约束机制的形成。因此，1994 年分税制改革事实上存在从一种极端分权模式趋向另一种极端分权模式的不良倾向，而且表现得越来越突出。

◇三 一个综合理论分析框架

本节结合我国财政管理体制演进与地方政府行为变化的现实特点，构建一个综合理论分析框架（见图 8—13），刻画财政分权对地方政府的利益动机、目标定位和行为选择进而对经济增长的影响及其作用机理，提出本章的核心理论判断。

现代财政分权理论主要强调财政收支自主权下放及其引发的财政竞争对地方政府效率进而对经济增长可能造成的影响。传统观点认为地方政府是"仁慈的"即追求公共利益最大化，财政竞争会导致无效率、低水平的政府支出规模和扭曲的支出结构，不利于经济增长（Wilson，1986；Keen and Marchand，1997）。相反，大量政治经济学家认为，地方政府存在自身利益（包括政治利益、财政利益以及寻租腐败等私利），并非是（至少不完全是）"仁慈的"；此时财政分权及其引发的财政竞争可以提供一个有效的激励约束机制，规范地方政府行为，提高政府效率，促进经济增长，这一激励约束机制主要归因于财政收入分权——或是带来财政（收入）激励或是引致低税负竞争约束过度征税权力（Brennan and Buchanan，1980；Qian and Weigast，1997；Qian and Roland，1998）。然而，现实经济中，中央和

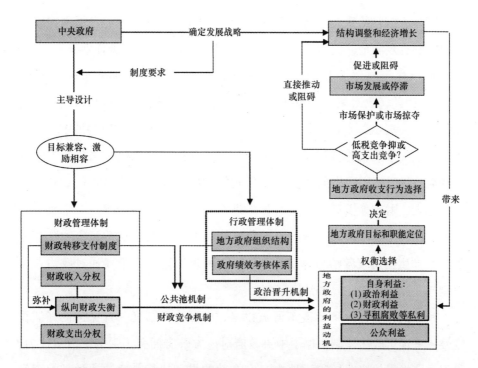

图8—13　财政分权、地方政府行为与经济增长的综合理论分析框架

地方政府会通过合谋来规避这一约束：中央政府掌控主要财权而只赋予地方较大的支出自主权，通过财政转移支付弥补地方财力不足。这样的财政分权体制安排将导致纵向财政失衡和公共池问题，致使地方政府收支行为扭曲。若旨在弥补纵向财政失衡的财政转移支付缺乏良好的激励约束机制设计，会进一步加剧这一问题。但如果地方政府能够更多地关注公共利益，这样的制度安排则可校正财政竞争对地方政府行为的扭曲性影响（Wilson，1999）。

　　因此，财政分权及其制度安排对经济增长的影响很大程度上取决于地方政府的社会政治责任感及其决定的利益动机，进而与一国的行政和政治体制安排密切相关。一般认为，民主政治是增强政府责任感的一个有效手段。但很多政治经济学家指出，这不仅取决于民主制度的具体形式，还强烈依赖于一些基础性条件，包括较高的公众政治参与意识以及完善的法律体系和政府信誉约束机制等（Weingast，2009）。这些条件在发展中国家往往得不到有效满足，更为突出的是发展中国家地方官员的责任感普遍较差，容易被利益集团俘获从而导致严重的政策偏差（Blanchard and Shleifer，2001）。因此，政治集权（包括强有力的国家政党制度和垂直的行政隶属关系）对于发展中国家是十分必要的（Riker，1964）。一个强有力的中央政府可以通过奖惩机制的合理设计和地方政府治理体系的优化来强化政治激励和约束，增强地方政府的社会政治责任感（Blanchard and Shleifer，2001）。

　　总之，财政分权对地方政府行为进而对经济增长的影响是一个较为复杂的问题，不仅取决于一国的财政分权体制安排（通过财政竞争和公共池机制）产生的财政激励和约束，也与行政和政治体制安排（通过政治晋升机制）带来的政治激励和约束密切相关。

　　具体到我国，1978年改革开放以来，中国政治制度一直保持良好的稳定性——现行政治体制确保了中央政府对地方政府拥有很强的政治掌控力，使得国家发展战略能够得到地方政府有效的贯彻执行，这被认为是中国经济体制改革能够取得巨大成功的重要制度基础（Blanchard and Shleifer，2001；周黎安，2007）。1978年，中央做出将国家工作重点转变到社会主义经济建设的战略决策。此后，围绕着这一发展战略，中央建立健全了以增长绩效为核心的干部考核选拔体系。这一政治晋升机制的转变对我国地方政府产生了极其深刻的影响——以经济增长为核心的地方政府政治利益动机和行为模式逐步形成并日渐强化。同时，作为一级财政主体，财政利益对于地方政府的目标定位和行为选择也具有非常重要的影响。因此，为了调动地方积极性，中央在改革开放伊始便选择以财政管理体制改革作为突破口。随着我国财政分权化改革的逐步深化，地方政府的财政利益动机也变得日益突出。此外，在我国市场经济发展进程中，地方官员追求寻租腐败等"一己私利"的现象也日益严重。在地方政府的利益动机日趋复杂的现实背景下，能否顺利实现经济持续增长这一发展战略的关键在于：中央主导设计的财政和行政管理体制能否与地方政府的合理利益保持激励相容、能否有效约束遏制地方官员寻租腐败等"私利性"行为。

改革开放以来，我国财政管理体制经历了两次重大变革——财政承包制改革和1994年分税制改革，形成了两种截然相反的分权模式，对我国地方政府竞争性行为产生了不同影响。财政承包制改革采取财权过度下放，中央依靠"逆向转移支付"即地方上缴获取必要财政收入的分权模式。这一分权模式赋予了地方政府很大的收入自主权，使得地方政府拥有很大的权力改变企业的实际税负，从而更倾向采取避高就低的低税负竞争策略以"招商引资"，致使地方财政收入进而财政支出规模下降，形成了低收入、低支出的地方政府行为模式。这虽然有利于市场经济的成长，但也严重阻碍了道路、交通和通信等经济基础设施的发展。而这一阶段恰好处于中国工业化初期，迫切需要大力发展道路交通等经济基础设施为"经济快速起飞"奠定良好基础。因此可以推断：这一时期的财政分权化改革引发的过度低税负竞争不利于经济增长。1994年分税制改革彻底摒弃了这一分权模式，通过收入集权有效扭转了我国地区间过度低税负竞争的不利局面，而有限的收入自主权也迫使地方政府不得不更多地运用财政支出竞争手段（尤其是大力发展道路交通等经济基础设施）以更好地吸引资本。这不仅为市场经济的快速发展奠定了良好的基础条件和外部环境，也产生了较大的直接拉动效应，推动经济快速增长。

然而，1994年分税制改革采取的财权层层上移、事权层层下放的分权模式也导致我国地方政府普遍存在突出的纵向财政失衡。而且，随着时间的推移（尤其是2002年所得税分享改革以来），这一问题以及这种趋于另一种极端分权模式的不良倾向变得越来越明显。这不可避免地带来了公共池问题，扭曲了地方政府行为，导致地方政府支出（尤其是基础设施投资）规模扩张；也促使地方政府更多地寻求预算外乃至制度外手段筹措建设资金，地方"土地财政"（以及地方投融资平台）逐步形成并日趋严重。对于这些问题，中央并未采取优化财政收支责任安排而是逐渐形成了过度依靠财政转移支付加以校正的不当策略，各地区效仿中央也采取了类似做法。然而，缺乏合理设计和整体规划，致使我国政府间财政转移支付呈现出碎片化和短期化的特点，不利于长期、稳定的激励约束机制的形成。同时，这也导致地方政府对财政转移支付的依赖性日益增强，不利于地方政府行为理性，加剧了公共池等各种道德风险问题。这构成了我国地方政府"高支出高收入"行为模式的制度根源，成为我国经济转型升级和结构调整的制度障碍。

综上所述，我们提出如下理论判断：

1994 年分税制改革摒弃了财政承包制改革所形成财权过度下放、中央依靠"逆向转移支付"即地方上解获取必要财政收入的极端分权模式，对我国经济增长具有较为积极的促进作用，但也导致地方政府财权与事权不匹配矛盾和纵向财政失衡日益突出，加剧了地方政府的行为扭曲，对我国经济结构调整和长期可持续发展产生了越来越明显的阻碍作用。

◇四　促进结构调整的财政体制变革

依据上述分析，促进我国经济结构调整的财政体制变革的根本在于：确立了一个最优的可持续的分权模式，基本思路和总体方向应明确为：适当下放财权、上移事权，控制财政转移支付规模，形成收支责任更为匹配的分权格局。改革实践中，中央政府应结合我国的具体国情，遵循如下两点基本原则。

（1）改革方案的整体性与改革次序的合理性相结合。在整体规划改革总体方案的基础上选择合理的改革次序——合理划分中央与地方事权、实现各级政府事权与支出责任相匹配，以此为依据结合我国财政收入体系建设，合理确定中央与地方的财权划分，最后依据财权与事权划分以及地区间财力差异合理确定财政转移支付的总体规模。

（2）制度安排的统一性与具体措施的差异性相结合。在确保制度安排统一性的基础上，依据不同地区的具体情况特别是经济发展水平和官员整体素质的差异性，适度采取差别化的财权与事权划分做法——对地方官员素质普遍较高的经济发达地区可赋予更大的财政自主权，对于地方官员素质较低的欠发达地区则应适当集权。

具体而言，中央政府可采取如下改革措施以优化完善我国财政管理体制。

（1）事权划分应采取"有收有放"、总体集权的做法

目前，我国地方政府一方面承担的支出事务过重，另一方面很多支出事务特别是社会性支出事务属于中央委派事务，地方自主权较为有限。今后，应考虑：（a）制定地方基本公共服务水平的全国最低标准，强化执行监督，在此基础上减少对地方政府财政支出具体用途的过多限定，实现事权与支出责任相匹配；（b）将基础教育和公共医疗卫生等社会性支出责任适当上移，提高社会保障的统筹层次，逐步实现由省级和中央政府统筹，切实减少县级地方政府承担的繁重的社会性支出事务；（c）重点解决中央与地方投资权的划分问题，将投资权适当上移，严格限制地方政府在竞争性和生产经营性领域的投资权，有效规范地方政府的投资行为。

（2）财权划分应采取"有收有放"、总体分权的做法

目前，我国中央与地方财政收入责任划分方面，不仅存在向地方总体放权不够的问题，还存在较为突出的分权结构不合理的问题。今后，应考虑：（a）在规范地方财政收入体系的基础上，将土地出让金纳入中央与地方收入共享范畴（可采取中央与地方"二八"分成的做法），以有效规范地方政府的土地财政行为、遏制地方政府对土地财政的过分依赖；（b）加强地方资源和环保收入体系建设，使其成为地方的一个稳定收入来源，也有

助于促进资源和环境友好型社会的建立；（c）结合"营改增"的推广，适当提高增值税和所得税的地方分成比例，可考虑由现在的 25% 和 40% 分别提高到 45% 和 50%，同时引导地方财力更多地向县乡基层政府倾斜——可考虑将增值税和所得税的地方分成部分的 40% 归为县乡基层政府；（d）在地方收入自主权有限以及地方政府治理体系尚不健全的情况下，应审慎考虑地方政府举债权的问题，不宜操之过急；① 对现有的地方政府债务可通过建立行政问责与市场约束（以银行信贷监管为主）相结合的复合型管理制度加以管理和控制；同时也应规范中央政府行为，避免中央政策转嫁带来的地方政府债务累积。

（3）财政转移支付应控制规模、优化结构和资金分配方法

目前，我国财政转移支付的规模增长偏快，种类偏多，均等化作用和激励约束作用较弱。今后，应考虑：（a）在合理安排财政收支责任的基础上，严格控制财政转移支付的总体规模，遏制地方政府对中央财政转移支付的过度依赖；（b）控制专项转移支付规模，整合各类项目，加大对中西部地区和民生领域的倾斜力度，提高资金分配的透明性和科学性，有效发挥专项转移支付的政策导向作用及其对地方政府行为的规范和约束作用；（c）应逐步取消税收返还，将资金全部用于均衡性转移支付，建立均衡性转移支付资金稳定增长机制，完善均衡性转移支付的资金分配公式，在强调资金分配公平性的基础上，注重激励约束机制的设计；（d）在推进和完

---

① 2014 年 9 月，我国对《预算法》进行了修订，允许地方政府在国务院确定的限额内通过发行债券举借债务的方式筹措建设投资资金。这为地方政府开辟了一个公开透明的融资渠道，但值得特别注意的是：目前，我国债券市场还很不成熟，因此要想真正有效发挥债券市场对地方政府发债行为的约束作用将是一个较为漫长的过程——这可由我国股票市场已经发展了 20 多年后仍存在大量问题窥见一斑。而反观我国银行体系，自 20 世纪 90 年代中期以来一直发展较为稳健，而且已经建立起较为完善也较为有效的信贷风险管理体系。因此，在笔者看来，对于地方政府债务（至少在今后一段较长时期内）应该充分发挥银行信贷监管这一市场约束机制的作用，而不应过分依赖债券市场。

善省直管县财政管理体制改革的同时，着手建立健全中央直接对县的财政转移支付制度，完善县级基本财力保障机制，切实化解基层政府财政困难。

最后，特别需要指出的是，为了确保财政体制改革的顺利推进以及改革能够产生预期效果，还需要其他配套制度改革以为财政体制改革创造良好的制度条件和实施基础。实际上，就中国的具体国情来看，政治利益（或者说是职务晋升利益）构成了我国地方政府的根本利益，财政分权化改革则决定了地方政府拥有可以自主实现其根本利益的政策工具和政策手段。换言之，中央政府通过行政和政治集权确保可以依据国家发展战略来改变和决定地方政府的根本利益，通过财政分权模式的选择来左右地方政府实现其根本利益的政策手段。因此，规范地方政府行为、促使地方政府转变职能的根本在于政治激励约束的优化完善，以及与之目标兼容、激励相容的最优财政分权模式的确立。在新的历史时期，迫切需要地方政府转变职能以贯彻和落实中央关于促进经济结构调整和升级转型的战略部署时，单纯寄希望于财政体制改革已不足以从根本上解决问题甚至可能会适得其反，今后的改革应当是"财"和"政"的综合协调改革。其中的核心和关键在于改革次序的合理选择——应首先加快推进我国干部考核评价制度改革，切实改变以 GDP 增长为核心的政府政绩考核体系，优化政治激励，促使各级政府更好地树立科学发展的政绩观和责任感；在此基础上，深化财政管理体制改革，确立科学合理的财政分权模式，解决我国财政管理体制长期存在的事权划分不明晰以及财权与事权严重错位等突出问题。

第 九 章

反腐败对消费需求的冲击有多大？

◇一 问题的提出

2012 年十八大后新一届中央领导集体上台。新领导集体倡导廉洁从政，大力反腐。从政策看，八项规定、群众路线、反"四风"等一系列反腐措施不仅显示了新领导集体力图改革的决心，而且从效果看，反腐败取得的成绩大大超出了人们预期。一个占世界 1/4 人口的大国，一场声势浩大的反腐运动，其最终效果令人瞩目。腐败对经济活动具有重要影响，大量研究证明腐败会阻碍经济增长和投资（Mauro，1995；Keefer and Knack，1997）。Shleifer and Vishny（1993）的研究指出，腐败导致的不确定性以及契约无法被法院执行，从而大大提高了交易成本。腐败导致企业家把更多的精力用于寻租性互动而不是生产性活动。也有一些研究认为腐败对经济发展具有一定的促进作用，特别是在很多发展中国家，在正式制度缺失的情况下，腐败能够对经济发展起到润滑剂作用（Jiang and Nie，2014）。给定腐败活动在中国广受诟病，腐败对经济增长的影响又存在一定争议，那么，反腐败会对经济发展产生怎样的影响呢？反腐败会通过改善制度环境显著提升中国经济增长，还是短期内会减缓中国经济增长？

全面评估反腐败对中国经济增长的影响，并不是一件容易的事情。在反腐背景下，反腐败对消费产生了一定冲击，并引发了一定争议。中央强劲的反腐政策，给餐饮、旅游、白酒、汽车等行业造成了冲击，据报道，在经历了连续多年的高增长后，2013 年餐饮业迎来了最冷的冬天。根据中央电视台《财经调查》显示，与 2012 年相比，很多高端消费大幅下降。商家普遍反映"差远了"。2013 年 A 股餐饮上市公司全聚德、湘鄂情、西安饮食三家上市公司首次出现负增长；统计显示，14 家白酒上市公司从年初的总市值 5872.8 亿元，一路狂泄；13 家旅游业上市公司中，2013 年前三季度，9 家公司净利润同比下滑，占比接近 70%①。其中，高端餐饮业受冲击最为明显，据商务部抽样调查显示，我国高档餐饮企业的营业额，2013 年与 2012 年相比，北京约下降 35%，上海下降超过 20%，浙江下降 30% 以上②。另外，奢侈品领域也受到了一定冲击，苏格兰威士忌协会（Scottish Whisky Association）的最新数据指出存在行业硬着陆：去年中国市场的威士忌销量下降了 27%，销售额下降 41%。③

　　这些报道让人担心反腐败可能对中国消费需求产生较大冲击。一段时间媒体出现很多最新的反腐败抑制了消费需求，甚至导致内地总体经济增长减缓的报道。曾有港报称内地反腐迫使名贵酒品、珠宝等高档消费业转向大众。④ 在我国仍然需要通过消费需求拉动经济增长的背景下，很多人担心反腐会抑制消费的增长，进一步削弱中国经济增长的动力，不利于稳定经济增长。从理论上来说反腐败主要会抑制公款消费、高端消费。虽然没有确切的公款和高端消费占比数据，但反腐败是否对总体消费产生较大影响值得怀疑。反腐是否会减少消费需求？理论上，反腐导致原来由腐败支撑的需求减少。但是如果反腐节约的资金可能用于其他消费，导致高端消

---

　　① 参见《2013 年被改变的行业，限制三公消费令餐、饮、游行业很受伤》，http://www.ce.cn/cysc/sp/info/201401/02/t20140102_ 2032193.shtml。

　　② 参见《中国反腐节俭风劲吹，高端餐饮业转型在即》，http://finance.ifeng.com/news/macro/20130321/7800718.shtml。

　　③ 参见《中国本轮反腐行动或将长期持续》，http://fm.m4.cn/2014 - 04/1229 834.shtml。

　　④ 商务部回应反腐影响高档消费业时也曾指出：暂无数据支撑。

费下降的同时，其他消费品可能增加？因此反腐是否减少了消费需求，是一个需要仔细评估的实证问题。本章试图回答：第一，反腐败减少了高端消费吗？第二，钱流向了哪里？替代效应存在吗？第三，反腐败导致经济结构变化，高端餐饮转向低端面向大众，消费增加了吗？如何看待反腐败的短期效果和长期效果，以及思考政治效果和经济效果。

◇二　背景与事实

（一）反腐背景

十八大后，新一届中央领导集体上台，拉开了中国反腐行动的序幕。时隔一年多后，回头看，反腐力度和效果超出了很多人的预期。八项规定是习近平总书记于 2012 年 12 月 4 日召开的中共中央政治局会议审议通过的中央政治局关于改进工作作风、密切联系群众的一项决议。2013 年 6 月 18 日，党的群众路线教育实践活动工作会议在京召开，习近平总书记在会上发表重要讲话。习近平强调，这次教育实践活动的主要任务聚焦到作风建设上，集中解决形式主义、官僚主义、享乐主义和奢靡之风这"四风"问题。餐饮行业最先感受到反腐败的影响。受到十八大精神和习近平主席表态反腐等精神的影响，政府部门、企业单位团拜等年会活动取消较多，对 1 月整体餐饮消费冲击较大。在反腐败的背景下，中国烹饪协会的调查显示，受访的近百家企业中，60% 的企业出现了退订现象，退订率在 20% 以上的企业超过 10%，其中大多是高端餐饮和星级饭店。从区域上看，中、西部的二、三线城市受到冲击更大。从餐饮企业类型上看，除了部分高端餐饮企业外，多家人均消费 50—200 元的餐饮企业受到冲击也很明显。据商务部抽样调查显示，我国高档餐饮企业的营业额，与 2012 年相比，北京约下降

35%，上海下降超过20%，浙江下降30%以上。在2013年春节前后及春节期间，燕窝、鲍鱼类产品下降40%左右，鱼翅下降70%以上，高档酒店的食品礼盒销售额下降45%。法国兴业银行发布的一份关于中国高端白酒业的新报告中称，中国的公款消费将一去不回。这一政策改变是结构性的，而非周期性的。这意味着白酒品牌将不得不开始瞄准"正常"市场，即居民的日常消费，而非公务消费。受影响最大的是奢侈品领域，如时尚饰品、超高端烈酒、餐饮以及酒店业。2013年北京有2168家饭馆关闭，当地高端酒店的入住率也大幅下降。法国兴业银行（SocGen）表示，在烈酒行业中，受中国取消公款消费影响最大的是声名显赫的品牌。2012年，人头马君度（Remy Cointreau）逾50%的利润以及30%的销售额来自中国；酩悦轩尼诗（Moet Hennessy）略低于30%的利润来自中国业务。苏格兰威士忌协会（Scottish Whisky Association）的最新数据也指出了行业硬着陆：2013年中国市场的威士忌销量下降了27%，销售额下降了41%。此外，国务院发展研究中心主任李伟在演讲时表示，强力反腐打击了"非正常高消费"。李伟称，因为中央要求会议不摆放花草，致使花卉市场消费下降了80%到90%。高级消费中的高级烟、高级酒，尤其是高级宾馆的消费近一个月来也出现了下滑。昆仑饭店的主任称，昆仑饭店的高级消费下降了至少50%。①

乍一看，数据似乎证实了媒体的一些报道。2013年第一季度，零售额的增速从2012年最后一个季度将近15%减缓至12.4%。国内生产总值（GDP）的实际增速只有7.7%。从描述统计看，反腐短期的确减少了餐饮消费。图9—1显示2013年全年餐饮消费月度累计增长同比变化趋势。我们发现，全年餐饮消费增长明显放缓，特别是限额以上的餐饮消费同比增速下降尤为明显。2013年全年餐饮收入25391亿元，规模以上企业实现餐饮收入约为800亿元。因为限额以上企业，提供的多是高端消费。高

---

① 李伟：《非正常高消费受反腐强烈冲击》，http：//economy. caijing. com. cn/2012 - 12 - 29/112400450. html。

端消费与腐败关联更密切。限额以上餐饮与 2012 年相比，显著负增长。餐饮消费"差远了"，究竟差多少？如果原来用于消费的这笔钱不用来消费，会流向哪里？

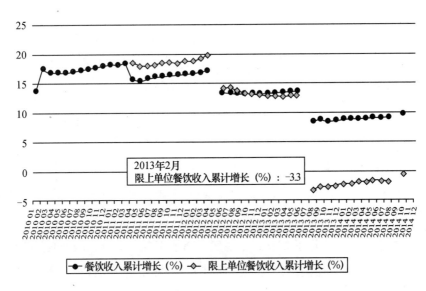

图9—1　限额以上餐饮企业收入变化

（二）当前消费增长的事实特征

图 9—2 描述了城乡社会消费品零售总额累计值同比的变化。2013 年全年实现社会消费品零售总额 234800 亿元。图 9—2 中反映的特征是：（1）城镇社会消费品零售同比增长逐年下降。（2）2013 年与 2012 年相比，乡村消费同比增长变化不大，基本维持 2012 年的水平，然而 2013 年城镇消费大幅下降。城镇消费增速大幅下降是否与反腐败有关？

图 9—3 显示，2013 年与 2012 年相比，在消费增长总体回落的同时，不同规模企业零售收入变化，不同消费类型增速变化存在明显差异。反腐措施出台后，限额以上单位消费下滑明显，烟酒消费下滑比较明显。

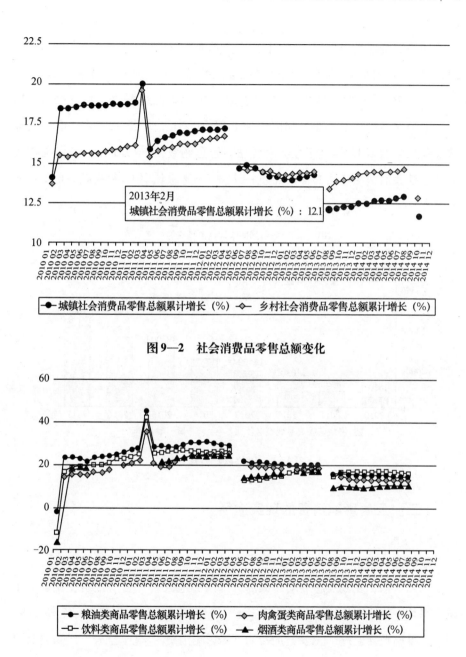

图9—2 社会消费品零售总额变化

图9—3 不同类型消费增速回落存在差异性

网络消费增长是导致在统计上社会消费品零售增速回落的重要原因。2003 年，我国网购交易仅占到中国社会消费品零售总额的 0.06%，2012 年达到了 6.2%。根据艾瑞咨询发布的 2013 年中国网络购物市场数据，2013 年，中国网络购物市场交易规模达到 1.85 万亿元，增长 42.0%，根据商务部最新预测的 2013 年全年社会消费品零售总额数据，2013 年，网络购物交易额占社会消费品零售总额的比重将达到 7.8%，比 2012 年提高 1.6 个百分点。①

2010—2017年中国网络购物市场交易规模

图 9—4　网络购物发展迅速

（三）反腐影响消费的现实途径

1. 减少"三公"经费的影响

十八大后，受到反腐驱动，大部分部门和地区"三公"经费支出显著下降。平均下降比例估计为 20%。"三公"经费对"三公"消费具有重要影响。所以，反腐败会通过"三公"消费的下降影响消费需求。"三公"经费是指财政拨款支出安排的出国（境）费、车辆购置及运行费、公务接待费这三项经

---

① 资料来源：http：//www.ebrun.com/20140115/89944.shtml。

费。由于这三项费用的滥用涉及党政机关的公费旅游、公车消费、公款吃喝等不良行为，故为社会普遍关注。党的十八大以来，中共中央办公厅、国务院办公厅颁布了《关于党政机关停止新建楼堂馆所和清理办公用房的通知》《党政机关国内公务接待管理规定》，中共中央、国务院颁布了《党政机关厉行节约反对浪费条例》，这些规定条例强化了对"三公"经费的监控，对于从源头上控制奢侈之风、遏制腐败发挥了重要作用。

以教育部公布的数据为例①，教育部 2013 年会议费支出同比减少 158.12 万元，减幅 47%；国内差旅费同比减少 57.13 万元，减幅 18%；办公设备购置同比节约支出 52 万元，减少 58%。"三公"经费 2013 年支出同比减少 255.16 万元，减幅 24%。

从公布的数据看，2011 年中央单位"三公"经费支出 93.64 亿元。其中，出国（境）经费 19.77 亿元，车辆购置及运行费 59.15 亿元，公务接待费 14.72 亿元。2012 年中央本级"三公"经费财政拨款预算 79.84 亿元，其中公务接待费 14.91 亿元。2013 年中央本级"三公"经费财政拨款预算 79.69 亿元。与 2012 年预算执行数相比，2013 年中央本级"三公"经费财政拨款预算减少 1.26 亿元。

2. "灰色消费"减少影响

除了政府自身的"三公"经费外，还有相当部分的"灰色消费"，这类消费由商人买单，不会体现为"三公"消费。从媒体报道的高级会所、高级礼品店的消费看，反腐似乎对这类消费影响较大，但并不知道这类消费规模到底有多大。

根据食品、饮料、烟酒类消费作一个估测。② 2013 年 2 月，剔除闰年因素后的食品、饮料、烟酒类消费增长 8.6%，比 2012 年回落 1.3 个百分点，

---

① 数据来源于人民网，http：//edu.people.com.cn/n/2014/0108/c367001 - 24059429.html。

② http：//james08014.blog.sohu.com/259701018.html。

这类消费占全部消费的9%左右，假设其中用于"灰色消费"的部分占3%左右。则若2013年"灰色消费"增速比2012年回落2个百分点，对全部消费增速的影响仅为0.6个百分点。若考虑反腐带来的替代作用，如高端消费品转向普通民众促销，这类消费减少对市场的冲击就更小了。

3. 倡导节俭的影响

十八大后，政府也推出一系列倡导节俭的号召。图9—5表明，不同类别消费增长在2013年都有所放缓。但是金银珠宝消费在2013年保持了较快的增速。根据中国烹饪协会调查报告指出，对于2013年的餐饮市场状况，大多数企业不太乐观，约30%的企业认为，2013年行业的增长速度将下滑到10%以下，约32%的企业认为将维持2012年的水平，另有约30%的企业认为有待观察，仅有8%左右的企业认为餐饮行业将以超过15%的速度继续快速增长，而这部分企业几乎都是快餐企业（见图9—6）。

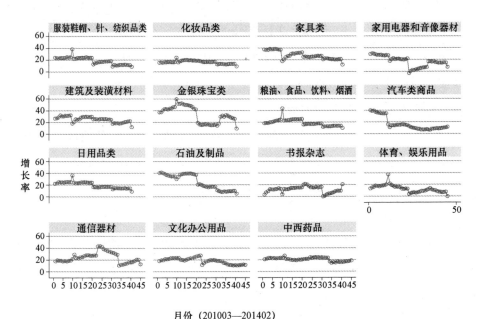

月份（201003—201402）

图9—5 不同类别消费同比增长速度变化

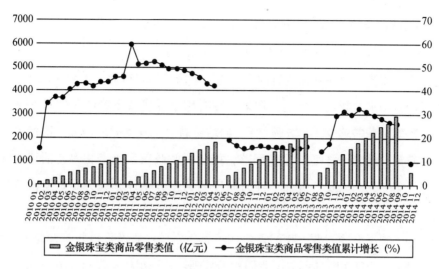

图9—6　金银珠宝消费增长变化

◇三　反腐效果评估：研究设计与识别策略

已有很多研究评估了腐败对经济增长的影响，而对反腐败如何影响经济增长的研究相对较少。反腐败是否影响经济增长，不仅依赖反腐措施是否被落实，还依赖腐败与经济增长之间的关系。我们试图评估反腐败这一宏观政策对消费需求产生的影响。

理论上，评估反腐败对消费的影响最直接的方法是比较反腐政策出台前后消费需求行为变化。假设 $p=0$ 表示反腐发生前，$p=1$ 表示反腐发生后。y_c 表示消费需求，其中，y_{c1} 表示反腐政策出台后的消费需求；y_{c0} 表示反腐政策出台前消费需求。由于本轮反腐政策是在 2012 年十八大后出台。因此，我们以 2013 年作为反腐政策的分界线，把 2013 年后看作事件后，把 2013 年前看作事件前。假设其他因素不变，反腐政策对消费影响的平均因果效应为 $E(y_{c1})-E(y_{c0})$，那么可以估计如下方程

$$y_c = \alpha + \beta p + \varepsilon \qquad (1)$$

对方程（1）取条件期望，那么可以得到

$$E\ (y\,|\,p=1)\ -E\ (y\,|\,p=0)\ =\beta+\ [\,E\ (\varepsilon\,|\,p=1)\ -E\ (\varepsilon\,|\,p=0)\,]$$
$$=\beta+\ [\,E\ (y_0\,|\,p=1)\ -E\ (y_0\,|\,p=0)\,]$$

当且仅当不存在其他随时间变化的因素影响消费行为，系数 β 识别了反腐对消费需求的影响。反之，如果存在有别于反腐败政策的其他时间变化因素影响消费需求变化，方程（1）的估计就会出现偏差。例如，即使没有反腐政策，随着经济增长速度回落，或者税收政策发生变化等，消费需求可能发生变化。因此，这种单纯时间序列的差分估计方程会导致遗漏变量问题，遗漏了其他因素对消费需求的影响。

为了解决上述问题，我们需要如下思想实验：假设可以找到两组样本，一组样本受到反腐败的影响，我们称为处理组；一组样本没有受到反腐败的影响（或者影响较小），称为控制组。令 $d=1$ 表示消费 c 属于处理组，$d=0$ 表示消费 c 属于控制组。那么可以估计 $[\,E\ (y\,|\,p=1,\,d=1)\ -E\ (y\,|\,p=0,\,d=1)\,]\ -[\,E\ (y\,|\,p=1,\,d=1)\ -E\ (y\,|\,p=0,\,d=1)\,]$，如果处理组与控制组在其他方面相同。就可以得到反腐败对消费需求的影响。

例如，假设我们可以观测不同地区的消费，有些地区腐败程度高，有些地区腐败程度低，那么我们应该可以看到，如果腐败发生了作用，腐败程度较高的地区消费增速回落的程度更大。我们可以估计如下方程：

$$consump_{pt}=\alpha+\beta\ (time_t\times corruption_p)\ +\sum X_{pt}+\varepsilon$$

被解释变量是消费增速，time 是一个虚拟变量，表示反腐败政策是否发生。corruption 反映了不同地区的腐败程度，控制了影响消费的其他因素后，系数 β 就反映了腐败对消费增长的影响。这种策略类似 Nunn and Qian （2011） 和 Mian and Sufi （2012）。Nunn and Qian （2011） 考察土豆种植对人口增长和城市化的贡献。他们构造了不同国家（城市）适宜土豆种植的耕地面积与时间的交互项，适宜土豆种植面积反映了国家（城市）土豆种植的截面差异，时间变量反映了土豆引入前后对人口增长的影响，两者交互项的系数则反映了土豆引入后，种植土豆差异对人口增长和城市化产生的影响。

Mian and Sufi（2012）估计美国 2009 年旧车换现金计划对汽车消费的影响。
他们的识别策略在于：不同城市旧车的保有量是存在差异的，那些旧车保有
量越高的城市对该计划反应更强烈，短时间内汽车消费会增加得更快。

◇◇四 反腐效果评估：结果

（一）结果一：分省季度数据

如果反腐败政策确实抑制了消费的增长，那么一个合理的假说是，腐
败程度越高的省份，社会消费品的增速将越低。本节利用分省季度数据对
这一假说进行验证。

我们首先构造分省腐败程度指数。数据来源是历年的《中国检察年鉴》，
其中记录了各省贪污和挪用公款的立案数量，我们据此计算各省每年每万名
公职人员立案数。鉴于腐败程度与消费增长之间可能存在反向因果关系，因
此我们仅使用 1998—2008 年数据，通过下面的包含省份固定效应和异质性时
间趋势的方程对数据进行了拟合，然后推算出各省 2013 年的腐败程度：

$$corruption_{pt} = \alpha_p + \beta_p t + \varepsilon_{pt}$$

接下来我们试图用反腐败政策对腐败程度不一的各省所造成的潜在不
同影响来解释各省消费增长的差异。被解释变量是各省社会消费品零售总
额的分季度累计增长率。样本时期为 2011 年第四季度至 2014 年第一季度，
共 10 期，这样保证反腐败政策实施前后各有 5 期。因为分省的季度数据十
分有限，因此计量方程中不包含其他控制变量，相反，我们通过对方程施
加更丰富的固定效应结构来捕捉省级层面的可测或不可测特征。其中 α_p 表
示省级固定效应，刻画的是各省不随时间变化的固有特征，γ_t 表示时间固定
效应，刻画的是不因省份而异的宏观趋势特征，λ_{pq} 表示因各省而异的季节

性波动因素。具体的计量方程设定有以下两种形式：

$$consumption_{pt} = \beta \left(postpolicy_t \times abovemedian_p \right) + \alpha_p + \gamma_t + \lambda_{pq} + \varepsilon_{pt}$$

其中 $postpolicy_t$ 为虚拟变量，2013 年第一季度及其后记为 1，否则记为 0；$abovemedian_p$ 为虚拟变量，若一省 2013 年腐败程度指数高于中位数则记为 1，否则记为 0。

$$consumption_{pt} = \beta \left(postpolicy_t \times corruption_p \right) + \alpha_p + \gamma_t + \lambda_{pq} + \varepsilon_{pt}$$

其中 $corruption_p$ 为各省 2013 年腐败程度指数。

具体估计结果如表 9—1 所示，其中第（1）—（3）列对应前一个回归方程，第（4）—（6）列对应后一个回归方程。结果显示，若将所有省份按腐败程度的高低分为两组，高腐败省份在反腐败政策实施前后消费增长的趋势要比低腐败省份显著降低 0.57 个百分点，由于 2013 年之后各省消费增长呈下滑趋势，这一结果意味着高腐败省份因受反腐败政策的冲击更大，其消费增长的下滑幅度显著大于低腐败省份。当控制各省异质性的季度固定效应后，这一差异仅在边际上显著（显著性水平为 11%）。当我们使用腐败程度指数本身来构造交互项时，结果反而更为稳健。不管采用何种固定效应结构，交互项所反映的双重差分效应均在 1% 水平上显著，说明腐败程度越高，反腐败政策给该省的消费增长所带来的抑制效应越强。有意思的是，各组回归的组内 R 方都很高，说明这个简单的面板模型已经能够在相当程度上解释各省消费增长随时间的变动性。

如果假定因腐败程度不同而造成的政策效应差异会随时间而变化，我们得到如下更灵活的计量方程形式：

$$consumption_{pt} = \sum_{t=2}^{10} \beta_t \times abovemedian_p + \alpha_p + \gamma_t + \varepsilon_{pt}$$

关键系数 β_t 的估计结果及其 95% 置信区间见图 9—7。尽管因为样本容量的限制，估计结果并不准确，但从图中仍然能看出一致的趋势：与基期相比，反腐败政策实施之前交互项系数为正，而政策实施之后的 5 期，交互项系数却转为负。

表 9—1 反腐败政策对各省社会消费品零售总额增长率的影响

	（1）	（2）	（3）	（4）	（5）	（6）
$postpolicy_t$	-0.574**	-0.571	-0.571			
$\times abovemedian_p$	（0.278）	（0.343）	（0.347）			
$postpolicy_t$				-6.899***	-6.861***	-6.861***
$\times corruption_p$				（1.593）	（1.921）	（1.944）
省份固定效应	是	是	是	是	是	是
时间固定效应	是	否	是	是	否	是
省份固定效应 ×季度固定效应	否	是	是	否	是	是
样本量	310	310	310	310	310	310
组内 R 方	0.845	0.754	0.874	0.856	0.764	0.884

注：被解释变量为各省各季度社会消费品零售总额的累计增长率。当方程中不控制时间固定效应时，政策实施前后的虚拟变量仍被控制，以保证交互项正确地反映双重差分效应。括号中报告的是聚类到省级层面的稳健标准误。***表示1%的显著性水平，**表示5%的显著性水平，*表示10%的显著性水平。

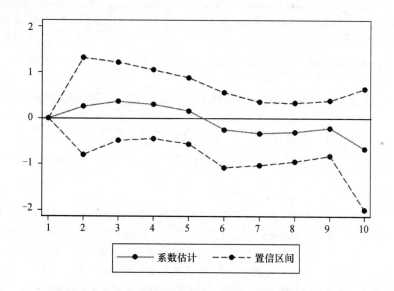

图 9—7 反腐败政策对各省社会消费品零售总额增长率（随时间变化）的影响

（二）结果二：分类型企业数据

从上市公司的数据看，政府反腐措施出台后，使得汽车、酿酒、餐饮、旅游、住宿等行业的企业净利润和企业净资产收益率下滑。对于消费行业中的酿酒行业，主要冲击了贵州茅台等主打高端消费产品的企业，贵州茅台 2013 年净利润仅增长 13.7%，远远低于公司 2012 年 52% 的增幅（见图 9—8）。

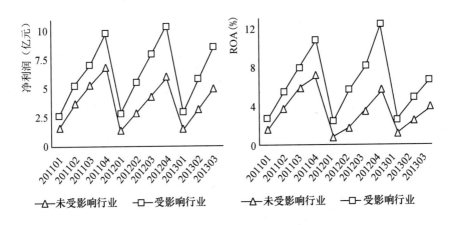

图9—8 两类公司 2011 年第一季度到 2013 年第三季度净利润和净资产收益率变化

反腐败对相关产业造成了一定程度的冲击。图 9—8 对比了"八项规定"出台后，受政策冲击较大的行业和基本不受影响行业[①]的沪深 A 股主板

---

① 一方面，政府"三公"消费支出包括因公出国（境）经费、公务用车购置及运行费、公务接待费，这些政府消费无疑构成了汽车、酿酒和旅游酒店餐饮行业的很大一部分需求，随着"八项规定"的出台，政府购买力削弱了，进而给相关行业带来冲击。另一方面，各媒体关于"八项规定"冲击作用的影响主要集中于上述行业，因此，我们定义受政策冲击较大的行业有汽车行业、酿酒行业和旅游酒店餐饮行业，剔除金融业后的其他行业为受政策影响较小的行业。

上市公司净利润（左图）、净资产收益率（右图）的变化情况，由图中看出，政策出台后，即 2013 年第一、二、三季度，汽车、酿酒、餐饮、旅游、酒店等行业，净利润和净资产收益率出现下滑，并且下滑程度高于其他行业，虽然之后有所上升，但上升幅度没有 2011 年和 2012 年同期幅度大。

伴随着净利润和净资产收益率的下滑，2012 年之后，受影响行业的季度平均股价也发生变化，从图 9—9 中的左图可以看出，虽然 2013 年第一季度受影响行业平均股价有所上升，但上升幅度明显低于不受影响行业，而之前的任何季度受影响行业上升幅度均高于不受影响行业，2013 年第二、三季度，受影响行业股价下滑更为明显。与之相对，2012 年年底之后，受影响行业的股票日均成交额开始下滑，并且下滑幅度高于同期其他未受影响行业，特别是 2013 年第三季度，受影响行业股票日均成交额继续减少，而同期其他行业股票日均成交额增加。从以上分析中可以看出，限制"三公"消费政策出台后，汽车、酿酒、餐饮等行业的企业业绩呈现出下滑趋势，股票市场上的表现也逐渐不尽如人意。

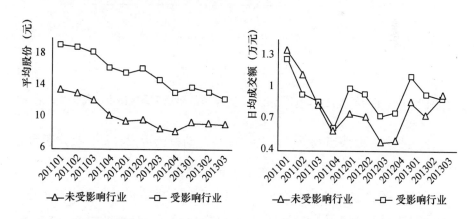

图9—9 两类公司2011年第一季度到2013年第三季度平均股价和日均成交额变化

1. 酿酒行业的冲击

由之前的分析可知，限制"三公"消费政策给汽车、酿酒等行业带来了冲击，为了消除行业的影响，我们将分析控制在酿酒行业，进一步对 31

家主板酒类上市公司进行了分类，我们定义贵州茅台、五粮液、泸州老窖
为高端酒业，代表高端消费，其他酒企为中低端酒业，代表中低端消费。①

从图9—10中可以看出来，限制"三公"消费政策出台后的第一季度即
2013年一季度，高端酒企净资产收益率大幅下滑，下滑程度高于同期中低端
酒企，政策对于高端酒类消费的打击更大，第二季度，高端酒业净资产收益
率开始恢复增长，但增长水平低于2011年和2012年同期水平。虽然政策对
高端酒企的业绩造成的影响要高于中低端酒企，但是中低端酒企同样受到
了政策的冲击，净资产收益率增长低于2011年和2012年同期水平。

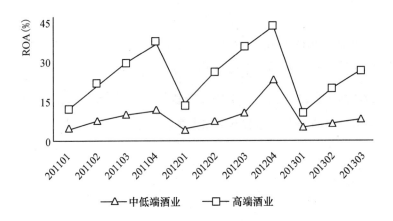

图9—10 不同层次酒企2011年第一季度到2013年第三季度净资产收益率变化

与之相伴，股票市场上，限制"三公"消费政策出台后，贵州茅台等
高端酒业的季度内股票日均成交额大幅下滑（见图9—11），具体来说，
2013年第一季度成交额虽有增长，但第一季度季报披露后，高端酒业的净
资产收益率的下滑，使得高端酒业股价逐渐走低，日均成交额大幅下滑，
而政策出台前的2012年高端酒业的日均成交额呈上升趋势。同期来看，高

---

① 之后，我们将古井贡酒、山西汾酒、维维股份3家二线酒企加入高端酒业，并
不改变研究结论。

端酒业成交额的下滑程度远远高于中低端酒业。

　　从以上分析中可以看出来，限制"三公"消费的政策给酿酒行业企业业绩和市场股价带来了冲击，并且高端酒业的冲击要高于中低端酒业。

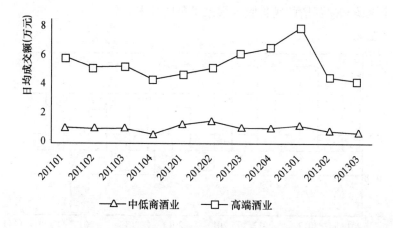

中低商酒业　　高端酒业

图9—11　不同层次酒企2011年第一季度到2013年第三季度股票日均成交额变化

　　接下来，以全聚德和湘鄂情为例，看一下餐饮业销售收入变化情况。从图9—12和图9—13中可以看出来，"八项规定"出台后的第一季度，即2013年第一季度，全聚德和湘鄂情主营收入大幅下滑，由2012年第四季度

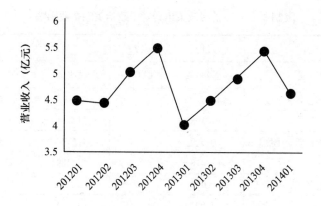

图9—12　全聚德单季度主营收入变化情况

的 5.49 亿元跌到 4.01 亿元，之后虽有上升，2013 年第四季度达到最高的 5.42 亿元，但依旧低于 2012 年第四季度的主营收入，进入 2014 年，主营收入再次下滑，但下滑程度明显低于 2012 年年底。从中可以看出，反腐措施给全聚德和湘鄂情的销售收入带来了负向冲击。

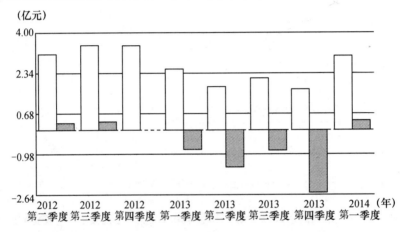

图 9—13　湘鄂情主营业务收入与净利润变化

2. 抑制"三公"消费政策出台后政治关联公司业绩的变化

表 9—2　　　　限制"三公"消费政策出台对于政治关联企业影响

	（1）	（2）	（3）	（4）
主要变量	董事 roe	CEO roe	董事 roe	CEO roe
曾在中央政府任职×季度 1	13.96 * * *		− 6.099 * * *	− 6.189 * * *
	（1.598）		（1.711）	（1.835）
曾在中央政府任职×季度 2	0.509		− 4.537 * * *	− 4.724 * * *
	（1.478）		（1.489）	（1.579）
曾在中央政府任职×季度 3	− 24.91 * * *		− 3.388 * *	− 2.004
	（1.927）		（1.474）	（1.928）
个人特征变量	是	是	是	是

续表

主要变量	(1) 董事 roe	(2) CEO roe	(3) 董事 roe	(4) CEO roe
企业控制变量季度固定效应	是 是	是 是	是 是	是 是
企业固定效应	是	是	是	是
样本量	682	682	9229	9222
R – squared	0.647	0.204	0.042	0.039

注：被解释变量为企业净资产收益率。由于我们重点关注的是交互性系数，解释变量中只给出董事长和 CEO 曾经是否在中央政府任职情况变量，其他变量略去（董事长是否在地方政府和国企任职的交互项系数不显著，也没有列出）。个人特征变量包括董事长或 CEO 年龄、性别、受教育情况、任职时间、是否是少数民族、是否是党员等。企业控制变量有企业总资产、资产负债率、在建工程、第一大股东持股比例。括号中报告的是 cluster 个体的标准误差。*** 表示 1% 的显著性水平，** 表示 5% 的显著性水平，* 表示 10% 的显著性水平。

　　反腐可能弱化政治关联的作用，从而与非政治关联相比，政治关联企业在反腐后绩效可能下降。从机制上说，可能存在以下途径。其一，如果之前的政府购买主要集中于政治关联企业（比如企业可能通过政治关联获得更多订单），政策出台后，政府购买减少，那么政治关联企业政府需求减少，会使得企业业绩下降；其二，抑制"三公"消费政策与新政府的反腐密切相连，随着十八大以来一大批官员的落马，可能使得企业高管原先建立的政治关联被割裂，他们的政府支持之手被掐断，进而使得之前建立政治关联无法发挥作用，导致企业业绩下滑。一定程度上说，这与 Fan（2006）等人的研究类似：以我国 23 位省部级官员的腐败案例为切入点，研究发现，在腐败官员落马前，和这些官员有关联的上市公司有更高的银行贷款率和更长的债务期限结构，而这些官员落马后，结果恰恰相反。其三，如果政策发挥作用，腐败和不正之风得到有效遏制，政府官员利用权利寻租行为减少，对政治关联企业的政府支持收敛，也会使得政治关联企业的经营受损，业绩下滑。Fisman（2001）研究了与印尼前总统苏哈托关系紧密程度不同的公司在出现苏哈托病危的谣传时的股价表现，结果表明，在出现谣传时，具有政治关联的公司的业绩要显著地低于不具有政治关联的公司的业绩，同时，谣传的程度越严重，公司的业绩下滑得越厉害。机制三与Fisman（2001）类似，强调未来预期的作用，只是他们的对象不同，前者强调企业政治关联预期变差，而本章强调制度的好转对官员的预期约束上升。

表9—2的方程（1）、（2）表示的是汽车、酿酒等行业在限制"三公"消费政策出台后，董事长和CEO是否曾在中央政府任职的企业净资产收益率变化情况，方程（3）、（4）是汽车、酿酒之外的基本不受政策影响的行业变化情况。从方程（1）、（2）可以看出，政策实施后的第一、二季度，对于受影响的公司，董事长中央政府类的政治联系依然对公司业绩有显著的积极影响，但这种影响不断减弱，即这类政治关联的价值下降了；政策实施后的第三个季度董事长的中央政府类政治联系对公司业绩具有显著的消极的影响，这表明这类政治关联的价值不仅大幅下降，而且这种价值开始变成负的。对于未受影响的企业来说，政策出台后，董事长曾在中央政府任职的企业roe显著低于董事长未曾在地方政府任职的企业，并且呈现下降趋势，具体来说，政策实施后的第一季度，董事长与中央政府关联的企业roe显著低于其他企业6.10个单位，第二、三季度分别低4.54、3.39。对于CEO是否曾在中央政府任职的企业，政策造成的影响与董事长类似。

从以上分析可以看出，即使可能不受冲击或冲击较小的行业，也发生政治关联企业业绩下降的情况，说明政策冲击具有全面性，不仅对汽车、酿酒等受政策冲击影响较大的行业有影响，而且对其他受政策冲击较小的行业的政治关联的价值也造成了一定冲击。由于行业的关联性以及此轮反腐力度之大，使得政策冲击影响具有全面性，对于政治关联企业也造成了显著影响，之前依靠政治关联获得企业利润增长的路径被切断。这可能与政治关联企业的政府购买减少, 官员落马使得政治关联断链, 廉政之风遏制政府官员支持政治关联企业有关。

(三) 结果三: 北京市城乡和各区县月度消费数据

图 9—14、图 9—15 是近三年来北京市城镇与乡村社会消费品零售总额增长速度的比较。可以看到, 不管是按当月同比还是累计同比计算, 在大部分样本期内, 北京市城乡之间消费的增长基本保持同等的速度, 在个别月份城镇消费的增长速度甚至要高于乡村消费的增长速度, 而从 2013 年 1 月开始, 城镇消费的增长速度开始持续落后于乡村, 数据的这一走势与中央反腐败方针的不断深入落实在时点上是一致的, 我们认为这应该不是出于巧合。由于腐败行为所引致的公款消费和高端消费主要发生在城镇地区, 因此相对于乡村消费而言, 城镇消费受到反腐败政策的冲击更大, 因此有理由相信, 在没有其他作用机制的前提下, 城乡之间消费增速的差距是由于反腐败政策的影响力度不同所带来的。

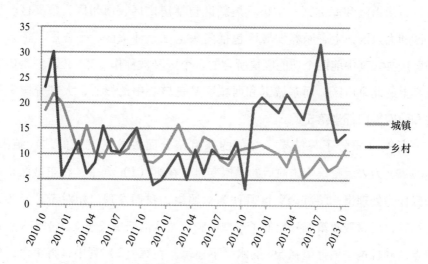

图 9—14 北京市城镇与乡村社会消费品零售总额当月同比增幅 (2010. 10—2013. 10)

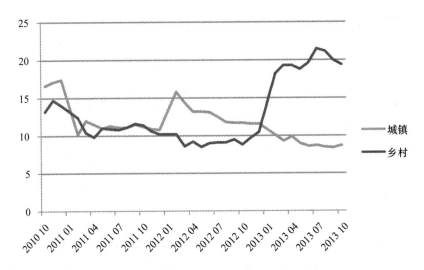

图9—15 北京市城镇与乡村社会消费品零售总额累计同比增幅（2010.10—2013.10）

我们也可以从地理视角对同一问题进行考察。我们搜集了2010年9月至2013年9月北京市16个区县（除北京经济技术开发区外）的社会消费品零售总额当月同比增长数据。根据北京市的城市规划，全市分为四个板块，首都功能核心区包括东城区和西城区；城市功能拓展区包括朝阳区、丰台区、石景山区和海淀区；城市发展新区包括房山区、通州区、顺义区、昌平区和大兴区；生态涵养发展区包括门头沟区、怀柔区、平谷区、密云县和延庆县。其中前两个功能区块所含的六个区又被称作"市六区"，是传统意义上的北京市区，而东城区和西城区又是核心中的核心，大部分国家机关和政府部门都坐落于此。

表9—3报告了与结果一类似的双重差分面板数据模型的估计结果。*postpolicy*,为表示政策实施前后的虚拟变量。在第（1）列中，将东城区和西城区作为处理组，将其余各区县作为对照组，我们发现，相对于其余各区县而言，反腐败政策额外拉低了东城区和西城区消费增长速度达4.578个百分点，并且这一估计值在5%的水平下显著。在第（2）列中，将市六区作为处理组，将其余10个区县作为对照组，我们发现反腐败政策对市六区消

费增长的负面效应更强，但这一效应在统计上不显著。在第（3）列中，将首都功能核心区作为对照组，其余三大区划板块作为处理组，我们发现与首都功能核心区相比，其余三大板块在反腐败政策出台之后消费增长更快，并且城市功能拓展区和城市发展新区与政策实施时点的交互项上的系数估计在统计上显著，这也从反面说明越是靠近城市中心，反腐败政策越是强烈地抑制消费增长。

表9—3 反腐败政策对北京市各区县社会消费品零售总额增长率的影响

	(1)	(2)	(3)
$postpolicy_t$×首都功能核心区	-4.578** (1.821)		
$postpolicy_t$×市六区		-0.913 (1.252)	
$postpolicy_t$×城市功能拓展区			5.152** (2.076)
$postpolicy_t$×城市发展新区			6.224*** (2.006)
$postpolicy_t$×生态涵养发展区			2.472 (2.006)
样本量	528	528	528
组内R方	0.312	0.303	0.321

注：被解释变量为各区县社会消费品零售总额当月同比增长率。每组回归方程均控制区县固定效应、时间固定效应以及各区县异质性的季度固定效应。***表示1%的显著性水平，**表示5%的显著性水平，*表示10%的显著性水平。

◇◇ 五 结论

我们通过差分方法评估了反腐败对消费增长的冲击。我们的实证结果显示，反腐败确实在一定程度上影响了消费，反腐败显著地减少了腐败性消费。但与此同时，从总量消费数据看，我国的消费需求仍然保持了相对较高的增速，反腐败并没有影响总体消费增长的大趋势。而我们看到的部分消费增长减缓看来可能是当前宏观经济增长减缓的大趋势的一部分，而不仅仅是打击官员腐败的短期结果。此外，政府调整经济结构的行动也一定程度上减缓了消费的快速增长。在短期内，投资的减缓会阻碍收入增长，这反过来又削弱了消费者花钱的意愿和能力。从投资转向消费驱动的增长仍需要较长时间。

第三部分　后危机时代现代宏观经济理论的创新与进展

第 十 章

全球金融危机与宏观经济学思潮转变

经济学的发展离不开社会经济生活的各种最新变化，每一次重大的社会经济变化都会引起一次重大的经济学思潮转变。萌芽于 2007 年并在 2008 年爆发的全球金融危机，作为现代经济中少有的重大经济事件，已经在西方宏观经济学领域引起了很多争论和思考。

本章希望通过梳理 2007—2008 年全球金融危机前后，西方宏观经济学思潮的转变，介绍这种转变对学术界和政策界的影响，并从中借鉴这种转变对中国宏观经济研究的意义。

◇◇一 危机前新共识的达成及其评价

我们首先对金融危机前宏观经济学的发展进行简单总结，尤其是对所谓"宏观经济学新共识"（以下简称"新共识"）的产生背景和形成过程进行分析，然后总结"新共识"的主要内容，以及"新共识"对于学术界和政策界的影响。同时，我们还回顾一下在危机之前就已经出现的来自宏观经济学界内外的不同声音。

（一）新共识的产生背景和形成过程

自从 20 世纪 80 年代中期以来，发达经济体的各项宏观经济指标的波动性普遍下降，宏观经济运行的平稳程度有了显著提高，这一现象被称为宏观经济"大缓和"（great moderation）。这一现象的出现与发达经济体在经济制度和经济结构上的转变相关，同时也与宏观经济学在过去 30 年的发展成就有密切联系。

在宏观经济大缓和的背景下，现代宏观经济学这个曾被视为深深分裂、缺乏共同观点的研究领域，出现了新发展。主流宏观经济学不同流派在研究方法、主要学术观点和政策建议上逐渐趋同，形成了所谓的宏观经济学"新共识"。曾经在一些基本观点和研究方法上都存在很大差异的新凯恩斯主义和新古典主义两大宏观经济学流派的研究方法乃至观点逐步趋向一致（Mankiw，2006）。在 2008 年全球金融危机前，不管是宏观经济学界的经济学家们，还是宏观经济政策界的决策者们，都越来越自信，认为在一些看起来很棘手的争论上，宏观经济学研究已经取得重要进展，使得今天宏观经济学家们之间的根本性分歧大大少于过去的年代（Woodford，2009）。

关于这一现代宏观经济学的趋同，学界有不同的表述方法，比如 Good-friend 和 King（1997）把这个趋势称为"新兴新古典综合"（New Neoclassi-cal Synthesis），而 Arestis（2007）把这个称为"宏观经济学新共识"（New Consensus in Macroeconomics）。而不管是哪个说法，其背后的含义都是一样的，即宏观经济学研究已经形成了一个共同内核，而不再是一个缺乏共识的学科。在本章中，我们统一以"新共识"来代表这一思潮。

（二）新共识的主要内容

新共识的主要内容可以总结为如下几点。

1. 研究方法的趋同。包括：（1）使用同一个核心分析框架来进行宏观经济分析，即使用具有时间一致性的跨期一般均衡模型（其中占主导地位的是动态随机一般均衡模型，即 DSGE 模型），在同一个框架内同时分析短期波动和长期增长，解决了长期以来宏观经济学短期分析和长期分析割裂的局面。（2）定量政策分析应该使用经过计量验证的结构模型而非约简模型（Woodford，2009）。

2. 主要学术观点的趋同。包括：（1）需要把预期内生化，在制定政策时要考虑不同政策下的预期差异。（2）承认实际扰动和各种名义刚性是经济波动的一个重要源头，因此货币政策是有用的，尤其是作为通胀控制手段（Woodford，2009）。（3）通胀目标制是一项有效的货币政策，在一个相当宽泛的设定下，可以证明通过稳定价格水平，货币当局可以使总产出接近潜在产出，即货币政策单独实施就可以降低宏观经济的波动（Goodfriend，2007）。

3. 宏观经济政策建议的趋同。① 包括：（1）以灵活的通胀目标制作为货币政策的基石。（2）采用政策利率作为唯一的货币政策工具。因为在有效的金融市场中，所有的利率和资产价格可以通过套利机制相互作用，因此只要通过一个透明而可预期的规则（比如泰勒规则）来改变政策利率，就可以实现货币政策的有效传导。（3）财政政策的作用有限，应该抛弃较难把握时机的相机决策财政政策。（4）金融监管并不是一个宏观经济工具，很多金融监管手段只具有政治上的意义，而对于金融市场效率的提高并没有好处（Blanchard 等，2010；Bernanke，2011）。

（三）新共识的影响

新共识除了在学界产生巨大影响以外，也已经深深地影响了真实世界的宏观经济决策。

首先，美国和其他很多西方国家的宏观经济政策框架正朝着新共识所

———————

① 注：这里所说的趋同主要指西方主要发达经济体和部分深受这些理论影响的新兴经济体。

建议的方向在演变。Chari 和 Kehoe（2006）认为，从一个长时期的视角来看，可以发现理论进展对于政策制定的很多影响，这些影响包括：中央银行独立性的增强，采用通胀目标制和其他规则来指导货币政策制定，更多依靠消费，更多转为对劳动收入而不是资本所得课税，并且对劳动力市场扭曲政策的成本有了更为清醒的认识，等等。

其次，很多央行的决策方法也已经受到了新共识的巨大影响。比如目前美联储用于经济预测的 FRB/US 模型，尽管是在目前的大量实证 DSGE 模型兴起前的 20 世纪 90 年代中期开发的，但依然吸收了很多七八十年代的新学术观点，强调了预期的内生性和符合一般均衡特性的长期动态特征。而更近发展起来的央行预测模型，包括瑞典央行、挪威央行、欧洲央行和国际货币基金组织等所使用的经济模型，很多则已经是标准的 DSGE 模型（Woodford，2009）。

（四）危机前的内部反思和外部批评

虽然新共识宏观经济学的发展不管是在理论界还是在政策界都产生了重要影响，但对其发展现状在危机之前就已经有不少来自内部和外部的不满声音。

首先是来自主流宏观经济学界的内部自省。这些自省主要是提醒主流学界要保持谦虚，因为现在的宏观经济学发展远远没到可以满足的地步。这些观点可以总结如下：

（1）新共识让主流宏观经济学研究的"科学性"大大加强，让我们能够更好地认识宏观经济波动；但由于缺乏用于帮助实际政策制定的、得到初步认定的证据，对于日常宏观经济决策的影响还远远没有达到大家的预期，因此新共识对宏观经济"工程学"的贡献并不大。对于那些从事繁杂的实际货币政策和财政政策的决策者来说，最近 20 多年现代宏观经济学的研究进展对于他们的日常决策几乎没有什么影响（Mankiw，2006）。

（2）即使宏观经济学的发展使得货币政策制定中包含了越来越多的科学原则，但是现实因素约束（这些约束包括高频数据无法在模型中反映、一些信息无法量化、与外界沟通需要良好判断力等）使得货币政策实际制定过程中肯定会伴有艺术成分，而并非像处理自然科学实验那样简单（Mishkin，2007）。

（3）即使是新共识的一些主要政策框架，也依然存在很多弱点，并有很多重要现象还没有得到很好的解释。如 Blanchard（2006）就提出了一些新共识政策框架可能并不适用的场景。如当一个经济体出现财政主导（Fiscal Dominance）情况时，泰勒规则就不再有效；或者当一个经济体存在很强的工资刚性时，严格的通胀目标制并不是最优的。事实上，有一些经济学家认为，通胀目标制货币政策正好可以同时实现稳定经济的作用，只是一种"奇妙的巧合"（Divine Coincidence）。这种现象的出现只是新凯恩斯宏观模型的一些特定属性带来的，如果改变模型的一些基本设定，这个"巧合"就不再成立（Blanchard and Gali，2007）。

总之，即使在危机之前，主流宏观经济学界内部也不断有人提醒，目前的宏观经济学发展还不能让货币政策制定过程像自然科学那么简单，宏观经济学理论所推导出的很多规则也不能盲从。部分经济学家们担心当前宏观经济学的成功只是学者们自己哄骗了自己，陷入一种没有保证的自满情绪中。宏观经济学中还有很多没有解决的问题，这些问题可能会在未来狠狠地回过头来咬我们一口（Blanchard，2006）。

除了主流宏观学界内部，其他领域的经济学家也对"新共识"有很多批评。这其中的代表人物就包括 Solow、Krugman 等一批有重要影响的学者。如 Krugman（2000）认为，尽管拥有微观基础的宏观经济学模型在方法上更为先进，但是在预测宏观经济方面并不见得比那些使用先验假定（ad hoc assumptions）的简单模型更加准确。一定程度上，目前的新模型追求一种过于抽象和现实性不足的研究。日渐复杂的最新宏观经济学模型，在应用上并不见得比简单模型更加有用，这些复杂模型对于很多实务工作者来说并不必要。

◇二 金融危机与新共识宏观经济学的表现

2007—2008 年爆发的全球金融危机成为宏观经济学思潮发展的一个重要转折点。新共识宏观经济学在金融危机中的无所适从，及其政策建议在危机应对中的无力性，使其招致了来自各方面的强烈批评。这些批评既有危机前就已经存在而危机后被放大的声音，也有在危机后涌现出来的新观点。这些批评声音最终又影响了宏观经济理论和政策接下来的发展。

（一）新的经济现象和应对政策的无力性

危机之前，在主要宏观经济指标大缓和的同时，宏观经济本身也正在发生其他蜕变，一个很重要的变化来自金融创新。金融创新使得金融部门的复杂性不断增加，也使得金融体系的杠杆率不断提高。金融部门的脆弱性最终导致了全球金融危机的爆发。在危机前和危机中，"新共识"都没能为宏观经济决策提供足够指引。

危机前，在 2006 年前后，有一些国际组织已经开始意识到资产泡沫可能带来的巨大风险。如国际清算银行的 Borio（2006）认为，在经历了长时间经济扩张和低通胀环境以后，全球经济的最大风险不是通胀，而是积累起来的金融杠杆，单纯关注通胀的货币政策将面临巨大风险。但是，面对日益高涨的银行信贷泡沫，以美联储为首的西方央行直到 2008 年依然采取不主动刺破泡沫的应对措施（Mishkin，2008a）。事实上，美联储 20 世纪 80

年代以来曾成功应对了好几次较小规模的金融危机，这些成功经验使得美联储对于这次危机的解决依然充满信心。

到 2008 年年初，随着金融体系问题的逐渐浮现，美国经济已经出现困难，但是美联储主要官员到 2008 年春季依然认为当时采取的货币政策足以缓解这些困境（Mishkin，2008b）。到了 2008 年 6 月，尽管事后来看离危机全面爆发更近了，但是美联储官员对经济前景的预测结果甚至比同年 4 月的时候还乐观（Federal Reserve，2008）。面对日益逼近的危机，主流宏观学界完全没有准备。

2008 年 9 月，随着雷曼兄弟破产，金融危机全面爆发。尽管这个时候，大家都意识到危机的产生是因为资产泡沫，但由于现有的"新共识"模型对于危机如何产生、如何应对和如何防止都无法进行解释，因此大家在危机应对政策上产生了激烈争论，同时也对现有的宏观经济学主流思潮——"新共识"——进行了重新评估。

（二）对"新共识"的强烈批评

首先是来自主流媒体的批评。《经济学人》杂志在 2009 年对危机中宏观经济学的无力性进行了探讨。现代宏观经济学家关注商品和服务的价格，但忽略了资产的价格。中央银行过分沉迷于控制通胀，而忽视了资产价格泡沫。这部分是由于他们对金融市场过于信任，部分则是由于他们对金融系统的内部运作毫无兴趣。因为，加入了金融系统的 DSGE 模型会非常复杂，而忽视金融系统的模型则可以给分析带来便利性，这种便利性使主流学界不可自拔，他们自我愚弄说这种模型的遗漏之处是无关紧要的，不会对结果产生影响。上述两个原因使得危机前的宏观经济学理论对于金融部门和资产价格的关注很少，因此当与资产泡沫有紧密关联的危机到来时，当前的主流宏观经济学理论就束手无策了（Economist，2009）。

　　其次是来自其他领域的经济学家。和危机前一样，Krugman 依然是对"新共识"批评最为激烈的学者之一。他首先严厉批评了过去几十年的宏观经济学发展，认为这些发展并没有吸取前人的研究成果，也没有真正了解宏观经济的运行，整个宏观经济学正处于一个"黑暗时代"（Krugman，2009a）。此后，他对自己的观点作了进一步阐述，认为经济学界迷失的重要原因是宏观经济学家们错误地把披着精妙数学外衣的理想主义理论误当作真理和现实。由于对数学和模型的迷信，他们甚至由此得出了一些如大萧条实际上是大放假之类的极端结论。他认为，在危机以后，经济学家们将不得不承认一些不可预知行为的重要性，不得不正视市场的各种摩擦和不完美，并更加谨慎地提出自己的政策建议（Krugman，2009b）。研究经济思想史的 Colander（2011）也持类似观点，认为宏观经济学家的问题不是其最新研究科学性的不足，而是他们对于这些模型不能直接应用于实践强调不足。同时，他认为"新共识"模型的部分改良并不足以解决这一问题。另一位一直对主流经济学研究持批判态度的著名经济学家 Kotz（2009）则认为，当前的危机是一次系统性危机，这样的危机不是在目前的宏观经济学共识基础上采取修修补补的手段所能解决的。除了政府救助和财政刺激计划以外，必须还有更多的重构措施，如重新采用第二次世界大战以后使用过的政府管制资本主义。

◇◇三　危机后主流宏观内部的争论和发展

　　面对新共识在金融危机中无能为力的现实，以及来自外界的批评，主流宏观经济学界内部进行了激烈的反思和争论。在这些争论议题中，部分已经取得了初步结论，而部分依然在探索之中。

（一）关于"新共识"框架的科学性

危机前，新共识的发展使得主流经济学家对于宏观经济学的科学性充满信心。危机的到来使得新共识基础框架的科学性也受到了质疑。

Caballero（2010）认为，宏观经济本身是一个复杂系统，在复杂系统中，个体之间的交互作用是难以预测的，因此个体行为的加总过程也是难以预测的。宏观经济学的现状之所以如此糟糕，是因为我们研究对象的巨大复杂性和我们追求的类似微观理论的精确性之间存在根本性冲突。Colander（2010）也持类似观点，他认为在一个复杂系统中，存在各种交互作用；只考虑孤立个体的微观行为，并不能得到很好的预测结果。关于复杂系统的一些模拟运算结果发现，宏观经济体系确实符合一个复杂系统的特征，在这个复杂系统中，类似的微观个体行为很可能会得到截然不同的结果。没有考虑到个体交互作用的复杂性，DSGE 模型所认为的微观基础充其量也只能算是一个先验（ad hoc）的微观基础。基于上面的分析，Howitt（2012）建议一个可选的发展方向是以模拟个体行为为基础的计算经济学。

除了对新共识基础框架科学性的质疑以外，还有很多不满来自对现代宏观研究方法越来越单一的担忧。比如，Page（2010）提议，对于像经济这样的复杂模型，不能用一个单一模型，而需要用很多多元化的模型来描述。Kozicki（2012）认为应该鼓励宏观经济学研究方法的多样化，Fair（2012）也持相似的看法。

面对上述质疑，新共识的拥护者也提出了自己的意见。如 Cochrane（2009）认为，上述质疑很大程度上误解了现代宏观经济学的发展。新共识所使用的基准模型所依赖的假设条件确实不能反映现实，但正是通过这些基准模型，我们才能够从纷繁复杂的现实世界中抽象出各种因素的具体影响和相互因果关系，从而加深我们对宏观经济运行的理解。Woodford

（2009）则坚持认为目前新凯恩斯主义者通过修改 DSGE 模型所得到的主流宏观模型已经足够进行宏观经济决策。

关于宏观经济学的科学性以及在危机中的表现，Bernanke（2010）进行了更为客观的评价。在 Mankiw（2006）把宏观经济划分为科学和工程学两部分的基础上，Bernanke 进一步把宏观经济划分为科学、工程学和管理学三个层次，即不仅要根据现有的宏观经济科学设计出更好的运行机制，而且还要有保证这个机制良好运行的管理方法。他认为，现代宏观经济学作为科学是没有问题的，但是在工程和管理这两个维度上都出现了问题。因此，他强调关键在于如何把科学应用到我们的经济实践中去。

（二）关于 DSGE 模型的适用性

关于新共识宏观研究方法的第一个重大争论来自动态随机一般均衡（DSGE）模型的适用性上。DSGE 模型是新共识宏观经济学的核心方法。在危机以后，对这一方法在现实研究中的适用性产生了激烈争论。

Solow 一直以来都对 DSGE 模型的过分应用持强烈批评态度。他认为，DSGE 模型失败的根源来自其方法的逻辑根源无法通过直觉测试（smell test）。他认为，尽管在基准模型上已经加入了很多改进，但该方法的核心假设依然是经济个体在给定的条件下最优化其行为，通过这些个体加总的宏观经济也只追求一个恒定的目标。正是在这个逻辑下，当经济陷入困境时，个体和整个经济都已经根据理性预期做到了最好，经济干预政策就没有存在的必要了。因此，这个方法难以提出一个好的抗衰退政策建议是其内部逻辑的必然。但是，这个逻辑跟现实经济中的个体和国民经济整体的行为显然是不一致的（Solow，2010）。

对于这种激烈的批评，Chari（2010）进行了积极回应。他认为，最近 20 年来现代宏观经济学已取得了长足进步，目前的模型已经引入了非常多的新要素，部分解决了前述问题。虽然以 DSGE 模型为基础的主流宏观研究方法没能预测出危机，但是其他宏观研究方法也同样没能做到这一点。

相比 Solow 针对 DSGE 模型内部逻辑的严厉批判，其他学者的观点相对温和得多，他们更多地从技术层面提出了现有 DSGE 模型的局限性。

Blanchard（2009）认为，目前出现的问题是我们并没有真正掌握好现在这个方法，或者说是目前的 DSGE 模型已经超前于我们的使用能力。这体现在如下两个方面：（1）当前宏观数据的信息量难以适用于这些方法。因为从系统方程参数到约简方程参数的映射是高度非线性的，使得很多方程无法识别；贝叶斯方法的引入虽然能够改善这个问题，但现有方法依然是高度程式化的，并不能很好地契合现实情况。正是因为这些模型的复杂性，很多研究者会使用相同或者相似的模型来应用于发达经济体和新兴经济体，而不管这两者之间在经济结构和宏观经济冲击上所存在的巨大差异。（2）现有的理论难以适用于这些方法。DSGE 模型中所有动态变化必须来自最优化决策的调整。但是在研究中往往会发现，实际经济中数量对于冲击的调整往往慢于标准模型的预测。为了解决这个问题，往往通过引入一些奇怪假定来解决问题，这就使得模型构建变成一个逆向工程。而且，这些性质一旦被引入以后，就被广泛应用于其他模型，而根本不考虑其是否符合现实。

持有类似看法的还包括 Fair（2012）。他认为，随着模型变量的增加，DSGE 方法的最优化问题就会变得非常复杂。当需要设定的参数数量增加后，参数选择的随意性就变大了，模型估计中的误差也就随之增大。他把这些问题归根于这一方法给自己所设定的过多限制。

（三）关于局部均衡模型应用

与 DSGE 模型的发展相伴随，新共识的一个重要发展是在方法上完全摒弃局部均衡模型的使用，而只认可把一般均衡模型作为分析基础的研究。而且在危机前，随着计算基数的进步和普及，宏观经济学研究中出现了从小模型转向较大规模模型的普遍发展趋势。

毋庸置疑，一般均衡方法确实极大地提高了研究的严谨性。但是，这样的一个发展方向也并不是毫无成本的。随着需要考虑的各种因素越来越多，DSGE 模型越来越复杂。而且当需要考虑的因素越来越多以后，很多因素被学者们以特定方式添加进模型中，这些新添加的因素往往并没有得到很好的验证，这就使得模型的结论可能会偏离现实（Blanchard，2009）。因此，在危机后，部分学者呼吁应该重新开始重视局部均衡模型的实用性。

如 Blanchard（2009）认为，对于简单和便捷的局部均衡模型要让其重新合法化，允许利用简单模型来渐进刻画复杂关系有助于形成直觉并便于与他人沟通。他还认为，因为今天我们可以在一个非常完备的模型中进行上面的局部均衡分析，所以我们可以检查一下，简单模型在什么时候和什么条件下会表现出跟完整模型接近的性质，从而既简化了方法，又能避免过去局部均衡模型的弊端。Solow（2008）也提出了同样的愿景，希望那些小而美的局部均衡模型能够被重新使用。

（四）关于金融摩擦与宏观经济稳定

危机后研究方法上的一个重要发展是对金融部门的重视。金融危机使得学者们意识到金融市场的摩擦已经成为宏观经济分析中不能忽视的部分。Bean（2010）认为，这次金融危机的发生和发展过程意味着我们在宏观经济模型中也应该更多地考虑金融中介机构的角色和作用，尤其是关注金融中介机构中的代理人问题。Brunnermeier（2009）则认为，中央银行所使用的那些忽略金融摩擦存在的模型是导致"流动性螺旋"乃至危机爆发的重要原因。

Woodford（2010）进一步指出，当前金融中介机构的行为跟传统意义上商业银行的行为已经有了很大不同。在当前的金融系统中，金融中介机构通过在竞争性市场中出售证券来为自己融资，而不是通过存款来融资。这使得我们需要在模型中建立一个以市场为基础的金融系统，并以此为基础，把金融中介机构和信贷摩擦等因素整合到宏观经济分析之中，才能更好地理解现在的宏观经济状况。

事实上，目前在宏观经济学领域，正有大量工作尝试把宏观经济学和金融市场结构结合在一起来刻画这场危机，已经被包含进宏观模型中的因素包括流动性蒸发、抵押品短缺、泡沫、危机、恐慌、低价甩卖（fire sale），风险转嫁和传染等，他们尤其强调了金融机构在这场危机中的核心地位。比如 Mandelman（2010）认为，在传统模型中加入垄断性的银行系统就可以大大改善模型对现实经济的解释力。对于金融摩擦所带来的冲击可能是持久并且高度非线性这一特征，Brunnermeier 和 Sannikov（2014）进行了研究。他们发现，在一个存在金融摩擦的经济中，因为存在高度非线性的放大效应，经济倾向于变得不稳定，并会偶尔进入动荡的危机时期。由资产缺乏流动性而导致的内生风险，即使在外部风险很低的情况下也会在危机中持续一段时间。这种现象，被作者称为"波动悖论"（Volitality Paradox）。

关于金融摩擦与宏观经济稳定之间的研究是危机以后宏观经济学中发展最快的领域之一，但是在这一领域目前也依然存在争议，那就是对于金融市场有效性假说的理解，即危机前过度承担风险的行为到底是体现了债务人对政府在危机中必须救援他们的理性认识（Chari，2010），还是"动物精神"（Akerlof and Shiller，2009）和有限理性呢？关于金融市场行为性质的讨论仍将持续下去。

（五）关于如何借鉴历史经验

在进行宏观经济分析和预测的时候，数据的可获得性也是制约其研究效果的重要因素。如 Chari（2010）就认为，"新共识"模型无法预测危机的根本原因在于其所依赖的数据基础。因为美国在第二次世界大战之后的经济表现非常平稳，这使得模型在建立的过程中把危机当成了例外而不是常态，因此难以预测到危机。数据和历史经验的缺乏，也被认为是"新共识"在危机中无所适从的重要原因。正如 Wren-Lewis（2012）所指出的那样，新共识理论形成于大缓和时期，还没有经历过大规模危机的洗礼和考验。于是在危机到来的时候，不同流派的经济学家对于应该采取什么对策就形成了很大分歧。

为了能够分析危机，一些学者认为需要在二战后的美国以外找到相关的危机样本。寻找样本的方向有两个，一个是向更长的历史时间段中去寻找，如 Reinhart 和 Rogoff（2009）认为，对于金融危机这样的低频事件，必须要站在更长的历史视角中来分析。另一个则是向在近年来发生过危机的其他经济体中去寻找。在这个过程中，英语世界的主流学者们也开始更加重视美国以外其他经济体的情况。其中，20 世纪 90 年代遇到类似危机的日本就成为很重要的借鉴。Hoshi 和 Kashyap（2010）、Hoshi（2011）等对日本在 20 世纪 90 年代处理危机的经验和教训进行了总结，这些分析对于后来美国宏观经济政策的完善也起到了一定的作用。而为了让已有的宏观分析框架在模型的建立过程中也能分析危机，不把危机当成例外，Chari（2010）认为，应该让以后建立的模型不仅要适合美国的历史数据，而且也要吻合其他经济体的历史表现。

（六）关于财政政策角色

财政政策和货币政策是政府干预经济的两大手段。在 20 世纪六七十年代，这两者被认为是宏观调控的两个地位均等的工具。在过去 20 年新共识的发展过程中，财政政策正逐步退位于货币政策。原因主要包括：（1）财政政策的真实效果受到李嘉图等价定理的质疑，财政乘数比原来预计的要小；（2）金融市场发展使得货币政策本身就足以达到稳定产出缺口的作用，财政政策变得不再必要；（3）财政政策实施往往受到政治约束，滞后性较强。（Blanchard 等，2010）总体来看，在危机前，西方主要经济体的宏观经济工具库中，财政政策的角色越来越有限。

在这次危机前后，财政政策的角色经历了比较戏剧性的变化。

在危机刚爆发时，理论界和政策界纷纷重新拥抱财政政策，比如一直并不支持使用积极财政政策来对抗衰退的 Feldstein 就认为，在这次危机的特定条件下，货币政策空间有限，同时国债增加并不会带来利率的明显上升，加上危机持续时间较长而不用担心公共支出项目的滞后性给经济波动带来的负面影响，因此应该实施积极财政政策来应对危机。（Feldstein，2009）在理论界和政策界对于财政政策的拥抱中，各国都推出了大规模财政刺激计划。

但是情况到了 2010 年欧债危机爆发以后就发生了较大转折。在部分发达经济体中，财政刺激计划带来的财政赤字问题使国债市场失去信心。随着 2011 年和 2012 年，美国和法国分别被主要评级机构调低主权信用评级，对于发达经济体财政刺激计划的看法发生了逆转。同时，随着对金融危机史的一些有影响力的研究显示，金融危机经常会导向财政危机（Reinhart and Rogoff，2009）。经济学家们纷纷担心在发达经济体中也会出现政府预算赤字超出控制的所谓"财政主导"（Fiscal Dominance）现象。于是大家转而关注财政主导性与货币政策之间的关系（Mishkin，2013）。大家对于财政政策应对危机的作用开始持更为谨慎的看法。

（七）关于金融监管和央行职责

在新共识中，由于对金融市场有效性的信任，理论界认为金融监管很大程度上是在宏观调节框架以外的。尽管在政策界，大家更加务实一点，但理论界的观点已经逐渐影响到了制度建设和政策制定中对于金融监管的定位（Blanchard 等，2010）。新共识理论框架下，央行货币政策的目标更多地指向了维持价格稳定。

但是金融危机的到来迅速改变了这一切。这次危机与金融系统崩溃之间的紧密联系，使得大家在危机后深入反思金融监管的作用，以及央行在维持金融稳定方面的职责。在政策界，2010 年 7 月，美国政府通过了名为《华尔街改革和消费者保护法》（即多德－弗兰克法案，Dodd－Frank Act）的金融改革法案，设立了新的金融监管机构——金融稳定监管委员会（FSOC），同时还加强了美联储等原有监管机构的监管职能。在学术界，包括 Mishkin、Rajan、Shiller、Cochrane 等在内的 15 位美国金融领域的学者酝酿了很长时间，出版了阐述学术界对金融监管体系改革一系列重要观点的"斯夸姆湖报告"（Squam Lake Report）［French，Baily 和 Campbell 等（2010）］。这一报告代表了很多主流学者对于金融监管改革的思考。报告中强调了以下两个要点：（1）需要成立一个监控金融系统整体健康程度的监管者，而不是像以前那样仅仅关注单个金融机构的健康状况；（2）监管者需要强制金融机构承担他们倒闭所带来的成本，而不是把这些成本转嫁给纳税人。

显然，金融危机后，不管是政策界还是学术界，都强调了金融监管，尤其是宏观审慎政策对于金融稳定的重要意义。跟危机前新共识认为央行应该集中关注价格稳定目标，采用政策利率作为唯一的货币政策工具不同，传统央行的另一个重要职能——保持金融稳定，在危机后重新得到了强调。（Bernanke，2011）因为货币政策本身并不能成为应付金融不平衡的手段，因此需要结合其他政策手段，如目标指向更明确的微观和宏观审慎工具来应对金融稳定性风险。一个正在逐渐达成的共识是，央行应该使用不同的工具组合来分别达到金融稳定和宏观经济稳定这两个目标。（Bernanke，2011）通过金融监管能够获得更为准确的信贷信息，并进而加强货币政策的效力。在新的金融环境下，金融监管和货币政策之间的联系将更为紧密。（Mishkin，2011）Farhi 和 Tirole（2009）也认同了这一点，即央行对于金融系统的宏观审慎监管是必要的。他们甚至认为，在私营部门可能会策略性选择杠杆率的情况下，中央银行的最优货币政策也应该随时间变化。这跟新共识中认为应该严格保持货币政策的一致性存在很大差异。

◇◇四　总结及对中国的启示

（一）西方宏观经济学思潮转变总结

2008 年以来的这场金融危机，不仅对发达经济体的社会经济生活产生了深远影响，也对学术界，尤其是宏观经济学界产生了巨大震动。金融危机后，大量在危机前认为不可撼动的共识正受到挑战，宏观经济学思潮发生了重大转变，宏观经济学界正进入一个创造性毁灭的重要时期。在宏观经济"大缓和"背景下形成的宏观经济学"新共识"，虽然取得了很多成就，但也一直处于内部反思和外部批评之中。随着金融危机到来以及主流宏观经济学界对于危机应对的无所适从，新共识受到了来自内部和外部的很多批评。尽管很多批评并不是在危机后才产生的，但是危机却实实在在地让这些声音迅速放大。这些批评促进了宏观经济学界内部更深刻的反思和改革。新共识宏观经济学在危机中的困境导致了大量的争论，也催生了大批新研究。

在这些研究中，关于金融摩擦对经济波动的意义，货币政策需要与金融监管紧密结合，应该在现有研究中更多借鉴历史和国际经验等，这已经达成了初步共识。很多主流经济学家认为，目前宏观经济学发展的迫切方向就是如何更好地跟其他经济学领域进行综合，引入一些在金融经济学等方面的最新发展来充实其分析框架。

但是在其他议题上，尤其是在基本研究方法、财政政策角色等方面依然存在很大的争论。尽管主流宏观经济学家依然认为，目前的 DSGE 模型框架依然具有强大的生命力，但是那些建议让宏观经济学研究方法更加多元化的声音正变得越来越响亮。

正如 Solow（2010）所说，我们不应该抛弃已经积累起来的经济学理论财富，宏观经济学并不需要从头重建。那么前进的方向在何处呢？Caballero（2010）的观点也许可以提供一些指引。他认为"新共识"宏观经济学最需要改进的是其对于模型本身的过度信任，如果主流宏观经济学继续对自己的内部逻辑过度沉迷，混淆了这一方法论在模型世界中的准确性和真实经济中的适用性，那么目前的这场融合运动最终可能都是无效的，只会带来新的未预见到的危机。宏观经济学的未来发展应该是找到那些即使在面对真实宏观经济运行这样一个复杂系统时也依然稳健的方法和政策建议。

（二）对中国宏观经济学研究的启示

西方宏观经济学思潮在金融危机前后的转变，对于中国的宏观经济学研究也一样具有重要的借鉴意义。

首先是在研究方法上，对于一个像宏观经济这样的复杂系统而言，任何方法都有其局限性，不应该让某个研究方法垄断，而应该支持研究方法的百花齐放。通过多种方法的比较和结合，更有利于得到稳健的研究结果和政策建议。

其次是在研究结论层面，我们既需要重视不同经济体的差异性，也要学会借鉴其他经济体的经验，即需要同时做到以下两点：（1）在借鉴其他国家理论研究成果时，必须注意到本国的特点。现有的宏观经济学研究理论结果很多都是基于特定国家的经济特征而得到的；即使从同一个模型出发，不同的假设条件也会使得预测结果大相径庭，因此要重视不同经济体之间差异性所带来的影响。（2）在强调差异性的同时也必须看到共性的存在。即使金融危机在本国有限的历史数据范围内没有发生过（或者没有大规模发生过），但并不意味着未来不会发生；已经发生在其他国家的金融危机，也可能以类似的机制发生在我们身上。因此也要更多借鉴其他经济体的历史发展经验，加强跨国研究。

　　最后是实践层面。一方面，要加强金融监管和货币政策的结合。西方主要经济体吸取了金融危机中监管分割的教训，正在建立健全其宏观审慎框架，随着我国金融市场的发展和金融体系的日益复杂化，这一点上尤其值得中国经济决策者借鉴。另一方面，应该让不同的政策工具用得其所，选择合适的政策工具来实现特定目标，并注意根据现实情况使用不同的政策组合来解决宏观调控难题。

第十一章

"新共识"货币政策框架的形成、内涵和实践原则

——基于中国视角的批判

◇◇ 一 引言

2008 年爆发的全球金融危机和经济危机对宏观经济政策与宏观经济学理论提出了空前严峻的挑战。一度被认为对大缓和（Great Moderation）功不可没的新共识（New Consensus）货币政策一夜之间成为众矢之的。[①] 经济学家对金融危机前的主流货币政策理论乃至近几十年宏观经济学的发展进行了深入反思与激烈争论。这场争论同样对中国国内的理论研究和政策实践产生影响。中国改革开放 30 多年来的经济理论研究和政策实践无不深受西方国家的影响。因此全面、客观地理解"新共识"模型框架及其存在缺陷及争议对我们自身的理论研究和政策实践大有裨益，有利于我国的经济学理论的发展。

"新共识"货币政策理论是西方发达国家特定经济发展阶段下宏观经济学理论与政策实践相结合的产物。在理论层面上，它植根于凯恩斯主义宏观经济学和新古典宏观经济学的融合，集中体现了近 40 年来主流宏观经济

---

① 在这些文献中，"新共识"货币政策理论也被称为新新古典综合（New Neoclassical Synthesis）或者新凯恩斯主义（New Keynesian Perspective）模型。

学在理论和技术方法上的成果。在实践层面上，"新共识"货币政策框架是对凯恩斯主义和货币主义政策框架的扬弃，是对近30年来货币政策实践中经验教训的总结。然而我们也应该看到当前宏观经济学理论确实存在诸多缺陷和不足，而且经济发展（特别是金融市场的发展）的速度又往往超过理论自身的发展，这正是导致金融危机期间"新共识"货币政策理论失败的原因。危机之后西方经济学家对"新共识"货币政策理论的批判着眼于三个方面：一是宏观经济学理论的缺陷；二是政策实践与经济发展阶段的脱节；三是货币政策操作过程中存在的技术性困难。

目前中国经济的发展阶段（特别是金融市场）与西方发达国家尚有较大差距，要想从中国的角度客观地批判"新共识"货币政策框架，必须要区分该政策体系所暴露出的问题中哪些是源于宏观经济学理论自身的缺陷，哪些是源于西方国家的政策失误。而要做好这项工作必须要梳理过去30年间西方国家货币政策理论和实践的发展过程，深入研究宏观经济学理论自身发展和货币政策实践在该理论框架形成过程中所发挥的作用。

下文分为如下几个部分：第二节梳理"新共识"货币政策框架的实践和理论基础。第三节总结"新共识"货币政策模型的主要内容。第四节介绍"新共识"政策框架的基本原则。第五节特别针对"新共识"政策框架中不包含金融市场和货币总量指标进行讨论。最后是论文的总结。

◇二　"新共识"货币政策框架的实践和理论基础

从20世纪70年代末到90年代初，货币政策在应对反复出现的经济波动和通货膨胀过程中逐渐形成了一套所谓的"新共识"政策框架，涉及货币政策的宏观经济学理论基础和政策执行原则。

（一）"新共识"货币政策框架的实践基础

在 20 世纪 70 年代之前，凯恩斯主义占据宏观经济学主流的位置，熨平经济波动的主要理论依据是菲利普斯曲线。政策工具以相机抉择的财政措施为主，即使在总需求过度膨胀的时期，各国也优先采用收入政策、汇率政策而非货币政策（Bean，2007）。然而从长期来看，相机抉择的政策非但没有取得预期的效果，反而加剧了产出与通胀的波动性。政策当局在通胀与就业目标之间的频繁摇摆引发通货膨胀和工资水平出现螺旋式上升。整个 20 世纪 70 年代各国通货膨胀率普遍呈现持续上升的局面。在这一时期，通胀普遍在理论上被认为是由非货币因素造成的，货币政策也非治理通胀的有力手段，甚至货币当局是否有能力独立抑制通货膨胀的能力也遭到质疑。

20 世纪 70 年代持续的通货膨胀和凯恩斯主义经济学在理论和政策上面临的困境导致其主流地位逐渐被货币主义所取代。在货币主义的推动下，通货膨胀在本质上开始被当作是一个货币现象，控制名义总需求因而成为控制通货膨胀的核心。货币主义还提供了大量证据表明中央银行有能力应对通货膨胀（Goodfriend，2007）。这些证据主要包括三大类：第一，持续性通货膨胀总是与过度货币供给联系在一起；第二，货币数量调控是控制通货膨胀趋势上升的充要条件；最后，即使货币需求函数易变且难以预测，中央银行也可以通过调控现金和银行准备金实现对货币总量的管控，最终控制通货膨胀。

货币主义的研究坚定了政策当局反通胀的信心和决心，拉开了 20 世纪 80 年代初发达国家通过货币政策抑制通货膨胀的序幕。在具体的政策实践中，随着宏观经济学理论研究的深化和政策经验的丰富，各国货币当局在一些具体的政策操作方面又对货币主义进行了扬弃，主要体现在理性预期、货币政策规则和货币政策工具等方面。在这一过程中，一些关于货币政策的基本理念逐渐成为经济学家和政策制定者的共识。首先，宏观经济学的理论研究和西方国家的反通胀经验表明独立的货币当局应该并且能够为价格稳定负最终责任。其次，货币当局应该更加关注最终目标（主要是通货膨胀）而非政策手段。最后，货币当局的独立性、政策承诺的可信性以及政策的透明性被认为是成功实施货币政策的必要条件（Rogoff，1985；Lucas等，1981；Meltzer，Allan，2003）。

表11—1　　　　　　　"新共识"框架形成过程中的一些标志性事件

时间	事件及其建立的实践原则
1979 年	美联储首次公开宣布将通过货币政策控制通胀，央行开始承担控制通胀和总需求的主要责任。
1981—1983 年	美联储通过坚决的紧缩政策成功应对 3 次通胀恐慌，显示了政策承诺可信性在稳定通胀预测中的重大作用。
20 世纪 80 年代末起	由于货币总量的易变性，多国中央银行（包括新西兰、加拿大、英国、芬兰、瑞典、澳大利亚等）放弃货币中间目标，货币政策框架开始从货币数量目标向通胀目标过渡。
1987—1993 年	在金融市场波动和通胀恐慌同时发生的情况下，货币政策表明通货膨胀目标制在实施过程中可以保持一定的弹性。
1994 年	美联储自当年 2 月起于每次公开市场委员会会议后公布联邦基金利率目标值，迈出了改善公众沟通的历史性步伐。
2001 年	美联储应对衰退的经验表明低通胀目标的可信性能够有效加强货币政策治理经济衰退的能力。

（二）"新共识"货币政策框架的理论源泉

"新共识"币政策框架的形成过程本身就是理论研究和政策实践相互促进的过程。货币主义、理性预测和动态不一致性的早期研究成果促使美联储采取紧缩的货币政策抑制通货膨胀；而美联储反通胀实践的成功又极大地促进了学术界对货币政策和经济周期理论的深入研究，特别是理性预期计量经济学、真实经济周期理论、利率政策以及通货膨胀和失业的动态关系等领域。这些领域的快速发展以及通过计算机求解动态随机宏观经济学模型方法的进步为后来"新共识"货币政策框架的诞生奠定了基础。

"新共识"货币政策框架被概括为新凯恩斯主义菲利普斯曲线、动态 IS 曲线和泰勒规则三个部分，详见方程（1）—（3）。早在 20 世纪 80 年代早期，"新共识"货币政策框架中的部分理论基础已具雏形，其中包括成本加成定价（主要是工资成本），预期会影响价格趋势以及产出缺口决定通胀走势等（Tobin，James，1980）。然而当时理论上面临的主要困难是如何同时将价格和工资的设定过程、理性预期、货币政策传导机制以及影响经济周期的实际因素纳入统一的动态货币分析框架中。随着新古典宏观经济学和凯恩斯主义宏观经济学的进一步融合以及由真实经济周期模型（RBC）发展起来的动态随机一般均衡（DSGE）分析框架的发展，上述问题得以解决。

20 世纪 80 年代开始兴起的真实经济周期模型对日后宏观经济学的研究方法产生了重要影响（Kydland 等，1982；King 等，1988）。与之前凯恩斯主义宏观经济学模型不同，RBC 模型是建立在包含微观主体最优化行为的一般均衡分析框架基础之上的。早期的 RBC 模型主要是在完全竞争、弹性价格和工资等新古典模型假设下研究真实要素（包括技术冲击、政府支出和贸易条件）对经济周期的影响，并将经济周期性波动解释为居民对外生冲击的最优反应。随着新凯恩斯主义的兴起，包括非完全竞争、粘性工资和粘性价格等凯恩斯主义理论的特征也慢慢渗透到 RBC 模型中去，并特别关注厂商逆周期的成本加成行为（Calvo，Guillermo，1983；Blanchard 等，1987；Rotemberg 等，1991；Rotemberg 等，1992）。在此基础之上，融合了新古典主义模型跨期最优化、理性预期与凯恩斯主义垄断竞争、粘性价格和货币政策干预等特征的"新共识"货币政策理论框架逐渐成型（Goodfriend 等，1997；Clarida 等，1999；Wood ford，2003）。

"新共识"货币政策框架的产生还得益于货币政策工具理论的发展。在货币主义早期的理论研究中,政策工具主要是货币数量。随着越来越多的央行放弃货币数量工具转而采用利率工具,宏观经济学理论上也展开了利率工具下货币政策传导机制的研究。然而一些早期的研究并不支持短期利率作为货币政策工具,例如一些经济学家(特别是货币主义)认为在实践中以利率作为工具可能导致通货膨胀上升并放大通胀及其预期的波动;而且在理性预期框架下央行以短期利率作为政策工具可能会导致价格水平未定性(indeterminate)现象(Goodfriend,2007)。这种状况一直持续到麦卡勒姆发现短期利率作为锚定名义总需求政策规则的组成部分,不仅可以被用作货币政策工具,而且价格水平也是可定的(determinate)(McCallum,Bennett T.,1981)。在此基础之上,许多学者开始对利率工具的政策实践问题进行研究,其中最著名的当属根据产出缺口和通货膨胀缺口调整名义利率的泰勒规则,该货币政策规则已经成为当前货币政策研究和政策实践最常用的模式(Taylor,1993;Orphanides,2007)。此外还有大量研究央行货币政策信息福利效应的文献发现,当央行试图通过可信的政策承诺实现低通胀政策目标时,公开透明的政策往往优于对政策保密的传统方式(Goodfriend,1986)。无论货币当局的政策目标是维持经济稳定还是保证通货膨胀目标制得以有效实施,货币当局的独立性和政策的透明性是保证政策目标顺利实现的必要条件(Blinder,1997;Wood ford,2005;Svensson,2009)。如今通过提升货币政策的透明性以及公众沟通来增强货币政策的效果已成为央行货币政策的重要组成部分和常规做法。

◇三 一个简化的"新共识"货币政策理论模型

自真实经济周期模型(RBC)之后,基于微观主体跨期优化的动态随机一般均衡模型(DSGE)已是宏观经济模型的主流。"新共识"理论模型体现了新古典理论和凯恩斯理论的融合，其中新古典模型的特征主要体现在给定价格下家庭的消费、投资和要素供给决策；而凯恩斯模型的主要特征则主要体现在垄断竞争下的价格和产出设定。

宏观经济学中最基本的分析框架是总供给和总需求模型。在凯恩斯主义传统中总需求模型通过产品市场静态均衡条件（IS）和货币市场均衡条件（LM）得到；短期总供给曲线则体现为菲利普斯曲线。"新共识"理论框架在经济主体最优化基础之上，结合理性预期和价格粘性，用新凯恩斯主义菲利普斯曲线（New Keynesian Phillips Curve，NKPC）取代传统的菲利普斯曲线；用反应总需求跨期替代的动态 IS 曲线代替传统的 IS 曲线；用以利率为工具的泰勒规则取代了以货币总量作为政策工具的货币市场均衡条件 LM 曲线。

在"新共识"框架中，总供给曲线用新凯恩斯主义菲利普斯曲线表示。为了得到新凯恩斯主义菲利普斯曲线，模型从以下两个方面着眼。首先，在存在价格粘性的垄断竞争市场上，厂商通过对当前和预期（名义）边际成本加权平均的方式进行定价，以最大化此价格在预期有效期内所产生的利润的现值（Calvo，1983）。厂商的自主定价行为决定了当前的通货膨胀水平，即模型中存在一条从厂商边际成本指向通货膨胀的传导渠道。给定厂商生产函数的具体形式，利用产品市场出清条件可以得到通货膨胀与实际边际成本之间的关系，$\pi_t = \beta E_t \{\pi_{t+1}\} + \lambda \widehat{mc}_t$，其中 π 是通货膨胀，λ 是参数，$\widehat{mc}_t$ 是实际边际成本对其稳态值的偏离。由于 $\beta < 1$，该方程前向求解可将通胀表示为当前和预期实际边际成本偏离其稳态值的贴现和 $\pi_t = \lambda \sum_{k=0}^{\infty} \beta^k E_t \{\widehat{mc}_{t+k}\}$。

其次，模型中还存在一条将边际成本和产出缺口联系起来的渠道。消费者的最优化决策将使消费与休闲的边际效用之比等于实际工资。市场均衡时消费等于产出，通过生产函数则可以将边际成本表示成就业和实际工资的函数。① 该函数表明当产品需求增加时，劳动需求增加会导致产出的边际成本随工资（劳动的负效用）上升而上升。由此可以得到边际成本和产出之间的正向函数关系，即产出越高边际成本越高。进一步定义 y_t^n 为不存在价格粘性时的产出水平，可以得到产出缺口和边际成本缺口的关系 $\widehat{mc_t} = \left[\sigma + \dfrac{\varphi + \alpha}{1 - \alpha} \right] \hat{y_t}$。② 结合上文中得到的通货膨胀和预期边际成本缺口的方程，可以得到所谓的新凯恩斯主义菲利普斯曲线 $\pi_t = \beta E_t \{ \pi_{t+1} \} + \kappa \hat{y_t}$。

从推导过程我们可以发现，虽然新凯恩斯主义菲利普斯曲线与附加预期的菲利普斯曲线都具有向上斜率的性质（即产出缺口的系数大于 0），但导致向上倾斜的原因却有重大差异。传统附加预期的菲利普斯曲线强调的是价格错觉造成短期的总供给效应，即未预期到的通货膨胀将导致产出增加。而新凯恩斯主义菲利普斯曲线则着重强调了当前和预期边际成本变化对当前通货膨胀的传导作用。除了供给冲击之外，在新凯恩斯主义菲利普斯曲线中，边际成本变化主要是由总需求变化导致要素成本变化造成的，并未特别强调未预期到的通货膨胀的供给效应。

就产品市场均衡而言，将产品市场出清条件代入消费者的跨期最优化方程，在剔除实际利率和产出的自然率水平之后可以得到"动态 IS 曲线" $\hat{y_t} = E_t \{ \hat{y}_{t+1} \} - \dfrac{1}{\sigma} \left[i_t - E_t \{ \pi_{t+1} \} - r_t^n \right]$，其中 r_t^n 是自然利率水平，动态 IS 曲线产出缺口随实际利率产生的跨期替代，可以看作是产品市场的动态出清条件。就货币市场均衡条件而言，由于货币政策规则在发达国家的普遍使用，"新共识"框架下货币市场均衡条件用泰勒规则 $i_t = \rho + \phi_\pi \pi_t + \phi_y \hat{y_t}$

---

① 为简便起见，此处假设没有资本，产出仅是劳动的函数。

② 由此可见，"新共识"货币政策框架中长期产出的均衡水平并非货币主义所定义的产出自然率水平。产出自然率水平是指不存在非预期通货膨胀时的产出水平，该产出水平可以包含技术冲击。而"新共识"货币政策框架中长期产出的均衡水平是指不存在价格粘性时的产出水平。

$+v_t$ 表示，其中 v_t 表示随机货币政策冲击。在泰勒规则中，货币政策要对通货膨胀率和产出缺口做出反应，这体现出货币政策双重目标，即维持就业和通货膨胀双重稳定。

新凯恩斯菲利普斯曲线、动态 IS 曲线和泰勒规则构成了"新共识"货币政策的核心框架。在严格理论模型的基础上，结合部分宏观变量所表现出来的惯性以及具体的政策实践，可以在封闭条件下将"新共识"货币政策框架扩展为方程（1）—（3）（Meyer，2001）。

$$\pi_t = \alpha_1 \hat{y}_t + \alpha_2 \pi_{t-1} + \alpha_3 E_t \left(\pi_{t+1} \right) + \varepsilon_t \tag{1}$$

$$\hat{y}_t = \beta_1 \hat{y}_{t-1} + \beta_2 E_t \left(\hat{y}_{t+1} \right) - \beta_3 \left[i_t - E_t \left(\pi_{t+1} \right) \right] + \epsilon_t \tag{2}$$

$$i_t = r_t^n + \gamma_1 E_t \left(\pi_{t+1} \right) + \gamma_2 \hat{y}_{t-1} + \gamma_3 \left(\pi_{t-1} - \pi^T \right) \tag{3}$$

其中方程中各 α_i，β_i 和 γ_i 是模型参数，ε_t 和 ϵ_t 代表随机冲击。在方程（1）中参数 α_2 和 α_3 之和为 1，ε_t 代表供给冲击因素。方程（2）中 r_t^n 是均衡实际利率，π^T 是货币当局的目标通货膨胀率。与理论模型相比，动态 IS 曲线和菲利普斯曲线分别增加了产出缺口和通货膨胀的惯性特征；货币政策规则体现了通货膨胀目标制的特征。

◇四　"新共识"框架下货币政策的操作原则

在"新共识"理论框架指导下，各国货币当局在政策实践中集中体现了四条共同原则，即维持低通胀水平，关注核心通胀率，保持低通胀政策目标的可信性以及施行主动、透明的利率政策（Goodfriend，2007）。

第一，维持稳定的低通胀是"新共识"货币政策框架下最优先的目标。在垄断竞争经济中，盯住并维持通货膨胀率稳定的货币政策能够最大可能地排除非实际冲击对就业和产出造成的冲击。西方国家的通胀目标值通常维持在 1%—2% 区间内，并尽量保持通胀水平稳定。"新共识"框架下货币政策并不试图直接抵消由实际冲击造成的产出和就业波动，而是在实际冲击发生后通过需求管理维持厂商的边际成本稳定，进而达到将通货膨胀率稳定在较低水平的目标。由于垄断竞争厂商通过成本加成定价方式设定价格，而且价格调整存在成本，因此只有当需求或成本冲击足够显著并且预期将持续较长时间时，厂商才会重新定价。因此在具体的政策操作上，货币当局在制定总需求管理政策时需要考虑到厂商成本的变化，尽量使厂商边际成本增速与货币当局目标通胀率一致。此时基于厂商加成定价形成的事后通货膨胀才会与目标通胀率匹配。

第二，通货膨胀盯住的对象应是核心通胀而非总体通胀。[①] 在该理论框架下，整个经济可以被划分为价格粘性较小的部门（如食品和石油等）和其他价格粘性较大的部门。在盯住总体通胀的情况下，如果石油价格出现快速上涨，以稳定总体通胀水平为目标的货币政策将会通过抑制价格粘性部门的总需求，压低对生产要素的需求和生产成本，并最终促使垄断竞争厂商削减产品价格，而这会造成不必要的效率损失。盯住核心通胀能够避免这种效率损失，当面价格波动性较大的商品价格快速上涨时，如果核心通胀率和就业还基本稳定，货币政策就不需做主动调整，而是让经济对相对价格的变化进行自发调整。此外，相对总体通胀水平而言，核心通胀率还是一个更为稳定的名义锚，更有利于锚定居民对未来通货膨胀的预期。

第三，低通胀目标应具有可信性。由于价格调整是有成本的，厂商会根据对未来成本变化的预期调整当前价格。当发生需求或供给冲击时，如果货币当局的低通胀承诺充分可信，厂商会将冲击造成的实际加成比例对最优水平的偏离当作暂时现象，不作价格调整。由此可见，对未来低通胀的信心可以使厂商的价格决策与当前冲击脱钩，有助于维持价格水平稳定。反之，如果政策承诺失信，高通胀预期将会推动当前通货膨胀率上升。高

---

① 核心通胀的定义和测算方法多种多样，此处的核心通胀是指排除诸如食品、石油等价格易变产品后的价格增长率。

通胀预期一旦形成，为阻止厂商通过提价将高通胀预期传递到当前物价水平中，货币当局不得不采取更加严厉的紧缩政策打压要素市场，以降低生产成本，稳定企业加成，结果导致就业大幅下降。这充分说明货币政策优先稳定通货膨胀及通胀预期的必要性。此外，当政策目标可信地锚定通胀预期后，预期收入与货币政策无关，货币当局可以通过名义利率政策更加有效地调控实际利率及总需求。

第四，货币当局应具有独立性，货币政策应具备透明性。政策透明性不仅包括政策目标透明，还包括决策程序透明。从 20 世纪 80 年代之后各国的货币政策实践来看，公开透明的货币政策往往优于传统对政策进行保密的方式。而且货币当局独立性越强的国家，通货膨胀率往往也越低。金融危机爆发之后，经济学家从多个方面对"新共识"框架进行了反思，但几乎没有对货币当局独立性和政策透明性提出质疑。通过提升货币政策透明性并通过加强与公众的沟通来增强货币政策可信度和稳定通货膨胀预期已经成为央行货币政策的重要组成部分。

◇五 金融市场、货币总量与"新共识"政策框架

通过对"新共识"框架模型的简要分析，我们发现该模型中并没有金融市场或者货币。这两个问题早在金融危机之前就曾引发学术界的普遍争论。金融危机之后，对金融市场的忽略已被认为是"新共识"框架的重大缺陷，而是否应该包含货币则仍是充满争议的问题。

（一）对金融市场的忽视成为"新共识"理论框架公认的缺陷

忽略金融市场和金融中介长期以来一直是主流宏观经济模型的通病。

即便是在包含金融中介的模型中，金融市场也往往被假定是完全的，金融中介的作用仅限于在实体经济层面将家庭部门的储蓄转化成企业部门的投资，完全忽略了金融市场的价值发现、风险分散以及金融中介的信息甄别和信用货币创造等功能。在"新共识"模型的推导过程中，尽管新凯恩斯菲利普斯曲线和动态 IS 曲线都是基于最优化模型得到的，但这些最优化条件隐含着经济中不存在信用风险和债务拖欠的假设前提（Arestis, 2009）。这些假设意味着所有理性的经济人都是完全守信的，私人债务（IOU）在交易中被完全接受，无论家庭还是厂商都不存在流动性约束。

事实上早在 20 世纪八九十年代期间，西方主流经济学家曾就金融市场与宏观经济的关系进行过一场深入的讨论。这场讨论以复兴"债务通缩"（Debt Deflation）理论为起点，重点关注金融摩擦对经济周期持续性和波动性的放大作用，并提出了货币政策的信贷渠道（包括银行贷款渠道和资产负债表渠道）以及金融加速器（Financial Accelerator）等概念（Bernanke 等，1999；Carlstrom, Fuerst, 1997；Kiyotaki, Moore, 1997）。

虽然经济学家对包含金融中介的理论模型进行了大量研究，但由于从"新共识"框架基本形成到金融危机爆发之间的近 20 年间，西方发达国家的金融体系和经济运行状况良好，这些关于金融中介的研究并没有真正被中央银行用于经济预测和政策分析实践（Mishkin, 2011）。在真正爆发金融危机的发展中国家，危机往往是源于债务危机或者货币需求方原因，导致经济学家忽视了从流动性供给方（商业银行）的角度对金融摩擦进行研究。危机之后，大量文献开始将研究的重点转向金融机构，通过在模型中加入货币和银行来研究商业银行体系对货币政策传导的影响，或者将金融部门引入新凯恩斯 DSGE 模型，试图对货币政策及其规则进行改进（Gertler, Kiyotaki, 2010；Goodfriend, McCallum, 2007；Goodhart 等，2009；Cúrdia, Woodford, 2009）。

（二）货币政策框架中是否应该包含货币依然存在激烈争议

货币政策理论中没有包含货币总量指标乍看起来是一件荒谬的事情，但是与没有包含金融市场和金融中介被公认为模型缺陷不同，"新共识"政策框架中是否应该包含货币在理论层面上仍存在争议。多数美国经济学家（特别是新凯恩斯主义经济学家）倾向于支持货币政策中不包含货币总量；而许多欧洲中央银行的经济学家则持相反的观点（Issing，2005；Issing，2012）。在政策实践上，美联储极少关注货币总量；而欧洲央行则把货币总量作为重要的参考指标，并将其作为货币政策的两大支柱之一。为了更好地理解这一争论，我们首先来考察"新共识"政策框架中不包含货币的原因。

概括起来，"新共识"货币政策框架中没有显性地包含货币主要是出于以下几方面的原因。首先，模型中不包含货币与模型中关于金融市场完美性的假设有关。"新共识"模型中金融市场被假定是没有摩擦的，个人或厂商均不受流动性约束，所有理性的经济主体都完全守信，私人债务（IOU）在交易中被完全接受。由于货币本质上是政府对私人的债务，既然经济中不存在信用风险和债务拖欠，那么私人债务可以完全替代政府债务，因此该模型中没有货币存在的空间（Arestis，2009）。其次，在泰勒规则下，特别是在以公开市场操作方式为主的利率调控模式中，基础货币是由央行政策利率决定的内生变量。从西方国家的实际情况下，在名义利率触及零下限之前，如果名义利率保持不变，货币总量对实际总需求的影响非常有限。而且日本十几年来宽松的货币政策也表明纯粹的央行资产负债表扩张未必对扩大总需求有效（Meyer，2001；Mishkin，2001；Kuttner，2004）。再次，从货币政策实践来看，20 世纪 70 年代确有国家根据货币主义原则将货币总量作为政策目标（如英国），但进入 80 年代之后由于金融创新所造成的货币需求的不稳定性，中央银行既无法精确控制货币数量又无法通过货币总量工具达成预期政策目标，货币数量工具已被大多数发达国家所抛弃。最后，在最新的"利率走廊"调控模式下，政策利率的变动甚至可以脱离基础货币的变化（Todd 等，2008）。从西方发达国家的现状来看，货币总量指标在政策框架中的作用确实日渐下降，因此"新共识"货币政策框架没有包含货币正是反映了这一变化趋势。但这并不意味着货币总量不包含有价值的经济信息。

◇◇六 对新共识货币政策的总结性评价：基于中国的视角

金融危机之后，众多研究对"新共识"货币政策框架进行了广泛而深入的反思与批判，并在许多方面提出了改进意见。然而时至今日，除了一些涉及金融监管的政策建议在实践中被采纳之外；多数关于货币政策自身改革的建议仍停留在理论研究的层面，真正被货币当局采纳的少之又少。随着美国经济复苏，并计划在 2015 年退出量化宽松政策下，一度对"新共识"理论如火如荼的批判渐渐归于平静，那么基于中国的视角，我们该如何客观地看待"新共识"货币政策框架呢？

概括起来，"新共识"货币政策框架在金融危机期间所暴露出来的问题可以归结为三个层次，一是宏观经济学理论的缺陷；二是政策实践与经济发展阶段脱节；三是货币政策操作过程中存在的技术性困难。对于不同层次的问题，我们应该采取不同的态度。对根源于宏观经济学理论缺陷的问题，我们应该充分认识到此类问题的严重性，但是在宏观经济学和其他相关理论获得重大突破之前，这类缺陷很难获得实质性的改进。这些问题在正常情况下可能不会导致政策出现严重失误，但在极端情况下则可能产生非常严重的后果。例如在经济学家找到能够定量描述"不确定性"的方法前,"风险"概念可能仍将作为替代品长期使用。又如现在主流的 DSGE 方法仅能对经济稳态值附近的动态特征展开线性近似研究,而对重大冲击造成的稳态改变及其动态变化过程无能为力。

对于政策实践与经济发展阶段脱节的问题,货币政策理论应随着经济发展阶段不断调整,做到与时俱进,更好地服务于经济稳定目标。政策理论超前或者滞后于经济发展阶段,都将导致政策产生不良后果。金融危机之后,经济学家认识到随着金融市场对宏观经济稳定影响力不断增强,传统的价格稳定即能保证经济稳定的教条将不再试用,将金融市场纳入货币政策框架已然成为货币政策理论未来改进的必然方向。20 世纪 80 年代货币政策理论根据经济发展实际情况,果断放弃货币主义的货币数量工具,转而采用利率工具规则就是一个成功的范例。在当前货币政策规则整体有效的前提下,解决货币政策操作过程中暴露出来的技术性问题是经济学家需要尽快完成的工作。例如金融危机之后,原有方法未能及时准确测算产出缺口被认为是导致货币政策未能及时调整的重要原因之一,因此对产出缺口测算方法的改进成为当前货币政策理论研究的重要方向之一。

"新共识"货币政策框架是在西方国家反通胀的实践中逐步诞生的,其主要目标是通过稳定通货膨胀来实现经济稳定。从近年来中国货币政策实践中我们不难发现"新共识"框架中的一些基本原则在中国得到了越来越多的认同。这其中包括:货币当局应该为通货膨胀负责;长期内不存在通货膨胀和经济增长之间的替代关系,持续性的货币扩张政策无法实现经济的持续稳定增长;预期在宏观经济中发挥重要作用;金融市场摩擦在经济周期中影响巨大,等等。不可否认"新共识"政策框架确实存在一些缺陷,但从其发展过程来看该货币政策框架也蕴含着西方国家在反通胀和维持经济稳定实践中积累的丰富经验以及宏观经济学理论的成果。结合中外货币政策体系的差异,本文认为在中国的利率市场化进程中,"新共识"框架至少有以下几个方面值得我们借鉴。

首先，尽管泰勒规则和通货膨胀目标制遭受了严厉批评，但几乎没有研究建议货币政策框架重回货币数量规则。金融创新导致货币供给的内生性不断增强，货币当局已经丧失了严格管控货币数量的能力。中国目前正在经历类似的过程，并有不断加速的倾向。放弃货币数量中间目标将是中国货币政策框架未来发展的趋势。但是由于货币、信贷等指标仍然反映大量相关信息，放弃货币数量作为中间目标并不意味着完全放弃对货币和信贷指标的关注。

其次，金融体系的摩擦对经济周期和货币政策传导可能产生的负面影响不容忽视。1997 年之后通货紧缩期间货币政策传导渠道阻滞很大程度上是由于实体经济"资产负债表"效应恶化造成的。然而近年来随着地方融资平台债务规模不断扩大、房地产价格泡沫积累等都对金融机构资产安全造成潜在威胁。资产泡沫业已形成，紧缩的货币政策未必是最优选择，如何通过加强宏观审慎监管，平稳化解资产泡沫是对包括货币政策当局在内的中国政策制定者的艰巨考验。

最后，货币政策工具从数量型转变为价格型并不会随着利率市场化一蹴而就。政策利率主要是短期利率，政策传导涉及利率在不同金融资产之间以及不同期限资产之间进行传导的问题。完善的金融市场应该是货币政策传导渠道中必不可少的中间环节，而这正是中国目前最欠缺的环节。完善的金融市场建立之前，货币数量中间目标将不断改进并长期使用。

第十二章

金融危机后西方货币政策理论的反思、探索及其对中国的启示

◇一 引言

2007 年以来，伴随着金融危机形势的不断变化和反危机政策的不断调整，政策当局和经济学家对危机之前的货币政策理论乃至最近 40 年宏观经济学的发展也进行了深入的反思和激烈的争论。争论的一方，如 Krugman（2009）认为金融危机暴露了此前 40 年宏观经济学和货币经济学理论的根本缺陷，需要对这些理论进行彻底的修正；而另一方，如 Lucas（2009）和 Cochrane（2009）则对宏观经济学理论进行了辩解。具体就货币政策而言，危机之后的反思和争论主要集中在以下几个方面：第一，如何看待金融摩擦对经济周期和货币政策传导的影响；第二，货币政策是否应该对潜在的资产泡沫采取预防性干预措施；第三，主流的货币政策规则（通货膨胀目标制和泰勒规则）如何进行改进。这些反思是对现有货币政策理论和执行框架的扬弃，必将对货币政策理论的发展和未来的货币政策实践产生重要影响。

中国的改革一直遵循着市场化方向。在货币政策方面，无论是理论研究还是政策实践都较多地借鉴西方国家的经验。例如发达国家流行的通货膨胀盯住制和泰勒规则多年来一直是中国理论研究和政策借鉴的热点对象。

危机之后西方国家经济学家的反思和批判使我们得以更加全面地理解发达国家现有的货币政策框架的优势和缺点。随着金融市场的发展和利率市场化进程加速，中国的货币政策框架正面临重大调整。一方面，金融创新的发展导致中央银行对货币数量的控制能力不断下降，数量型政策工具（例如货币数量）的作用不断被削弱；另一方面，完备的市场化利率体系和传导渠道尚未建立起来，价格型政策工具（政策利率）难堪大任。

金融危机之后，国内出现了一些对国外相关理论发展进行总结的文献。然而对货币政策理论新发展进行全面总结的研究尚不多见。本章试图在梳理金融危机之后发达国家货币政策理论最新变化的基础上，结合中国货币政策体系现状，考察最新的理论发展和实践经验如何为完善中国货币政策体系提供借鉴，对国内的相关研究则不再赘述。

下文分为几个部分：第二节介绍危机之前主流货币政策框架的理论基础，即货币政策理论"新共识"的相关内容及理论假设前提。第三节总结"新共识"货币政策框架在危机期间所面临的挑战、应对措施，以及经济学家对该政策框架的反思，特别是在将金融市场和货币（信贷）纳入政策分析框架方面的新进展。第四节总结经济学家对改进和完善现有货币政策规则的新主张，包括货币政策如何应对资产泡沫问题。第五节总结中国现有货币政策体系与西方发达国家之间的差异以及中国独特国情所造成的货币政策框架面临的困境。最后是对中国货币政策框架如何借鉴发达国家经验进行初步探讨。

◇二　危机前货币政策的理论基础——货币政策理论"新共识"

随着新古典宏观经济学和新凯恩斯主义宏观经济学这两大流派不断争论和

融合，从 20 世纪 90 年代起宏观经济学各流派在方法和政策主张等方面出现趋同现象，被称为宏观经济学的新共识（New Consensus in Macroeconomics）。这些共识还得到许多中央银行家的认同，对各国货币政策实践产生了重要影响。[①]

（一）次贷危机之前宏观经济学和货币政策理论的"新共识"

我们可以将宏观经济学中的新共识细分为纯理论和货币政策两个层面。在宏观经济理论层面，主要的共识包括货币中性、预期对政策敏感性以及短期内由名义或实际粘性导致的菲利普斯曲线存在等。这些共识又被称为"新新古典综合"（New Neo-Classical Synthesis）或者"新凯恩斯主义方法"（New Keynesian approach）。关于"新共识"货币政策框架的理论研究可参见 Clarida、Galí 和 Gertler（1999）和 Woodford（2003）。Woodford（2009）将理论层面的共识总结为五个方面，包括：宏观经济理论应该以跨期一般均衡模型为基础；政策分析应该以经过计量检验的结构模型为基础；预期应被当作内生变量，并在政策分析中考虑到政策对预期的影响；实际（real）冲击是经济波动的主要来源；货币政策有效，特别是在控制通货膨胀方面。[②]

---

① 与"新共识"相对应，20 世纪 50 年代随着菲利普斯曲线被发现，当时主流的观点认为政府可以通过容忍更高的通货膨胀以降低失业率；当过度需求导致通胀上升和国际收支失衡时，政府应该采取收入政策（而非货币政策）来应对经济过热；如果收入政策无效，政府应该考虑货币贬值。这就是所谓的经济政策"旧共识"（Old Consensus），参见 Bean（2007）。然而到了 20 世纪 70 年代，发达国家普遍发生的滞胀现象不仅宣告菲利普斯曲线消失，更导致"旧共识"的瓦解。

② Woodford（2009）还总结了经济理论上依然存在的严重分歧，在此不再赘述。同时一些经济学对所谓的共识持否定态度，如 Chari、McGrattan 和 Kehoe（2008）认为宏观经济学家表面上的共识仅限于方法、模型设计和政策建议，在如何实施政策方面存在巨大分歧，许多新共识模型不仅冲击结构可疑而且与微观证据不一致，还不足以为政策分析提供支持。

就货币政策层面而言，Bean（2007）将共识的内容总结为四个方面，包括：货币政策在总需求管理中发挥主导作用，财政政策主要关注中长期目标；中央银行应具备独立性；货币政策应关注最终目标而非中介目标；应该重视预期管理和政策可信度。Bean 等（2010）进一步对上述共识进行扩展，增加了货币政策对抑制资产泡沫无效以及价格稳定和金融稳定相伴共生等内容。Mishkin（2009）将次贷危机之前发达国家央行所普遍遵循的货币政策指导思想总结为 9 条原则，其中包括失业率和通货膨胀之间不存在长期替代关系；货币政策的动态不一致性导致政策规则优于相机抉择；严格的名义锚是货币政策取得良好效果的核心；金融摩擦在经济周期性波动中发挥重要作用等。Blanchard 等（2010）将次贷危机之前发达国家货币政策的主要特征概括为：单一目标（通货膨胀），单一工具（政策利率）；通过稳定通货膨胀将产出缺口稳定在较低水平；将金融监管排除在货币政策框架之外。尽管主流经济学家对所谓共识的表述各不相同，但基本内容大同小异。

（二）货币政策"新共识"的理论模型、隐含假设和争议

Meyer（2001）在封闭条件下将"新共识"货币政策框架概括为以下三个方程：

$$y_t = a_1 y_{t-1} + a_2 E_t\,(y_{t+1}) - a_3[\,i_t - E_t\,(\pi_{t+1})\,] + x_t \qquad (1)$$

$$\pi_t = b_1 y_t + b_2 \pi_{t-1} + b_3 E_t\,(\pi_{t+1}) + z_t,\ b_2 + b_3 = 1 \qquad (2)$$

$$i_t = r^* + c_1 E_t\,(\pi_{t+1}) + c_2 y_{t-1} + c_3\,(\pi_{t-1} - \pi^T) \qquad (3)$$

方程（1）为总需求方程，其中 y 为产出缺口；i 是名义利率，π 是通货膨胀率，x 和 z 是随机冲击。该方程表明从总需求角度看，产出缺口主要受自身滞后值、预期值和实际利率的影响。从这个方程看，该理论认为货币数量如果不通过实际利率，本身不会对总需求产生影响。方程（2）为菲

利普斯曲线，通货膨胀决定于产出缺口及其自身的滞后值和预期值。E_t (π_{t+1}) 反映了通货膨胀的前瞻属性，如果央行能够降低公众的膨胀预期，那么就可以以较小产出损失降低通胀水平，这个渠道被称为货币政策的预期管理渠道。方程（3）为泰勒规则：r^* 是实际均衡利率（即和零产出缺口相一致的利率）；π^T 是通货膨胀目标。由于 20 世纪 80 年代各国货币数量规则的失败以及 20 世纪 90 年代中期以来发达国家宏观经济的良好表现，泰勒规则已成为当前最主流的货币政策框架（Goodfriend，2007）。此外 Arestis (2009) 将该模型扩展到开放条件下，并考虑了实际货币政策操作中的利率平滑现象。

方程（3）集中体现了货币政策的"新共识"的特征。首先，政策工具是（短期）名义利率。在短期价格粘性前提下，中央银行可以通过调控名义利率改变实际利率，进而影响总需求。其次，通胀预期被明确地纳入货币政策框架中，Woodford（2003）强调预期管理已成为货币政策的核心内容之一。在通胀目标制下，央行对通货膨胀的预测（forecast）会对公众通胀预期（expectation）产生重大影响。由于利率传导存在时滞等原因导致央行无法完全控制通胀水平，因此在实际操作过程中货币政策的中介目标是央行对通胀的预测值（Svensson，1997、1999 和 Arestis，2009）。最后，央行的通胀目标及其对通胀的预测可以提升货币政策的透明度，有利于货币政策目标的实现。通胀目标制规则在次贷危机之前被普遍认为是迄今最完备的货币政策框架（Issing，2011）。[①]

尽管如此，"新共识"货币政策框架所隐含的基本假设长期以来也不断

---

① 严格地说，"新共识"货币政策框架主要被美、英等国所采用。欧洲央行（ECB）货币政策决策框架因同时包含了经济分析和货币分析而被称为"双支柱模式"（two pillars）。在金融危机之前，欧洲央行的货币政策决策模型由于被认为缺少理论基础而遭到美国主流经济学家的广泛批评。此外，国际清算银行（BIS）的大量研究历来支持货币政策应积极预防金融泡沫形成，这也与美联储货币政策存在较大差异有关。

受到质疑。首先，该模型假定金融市场是完美的，不存在货币和金融中介，利率也只有一个。虽然总需求方程（1）是建立在经济主体跨期优化基础之上，但 Arestis（2009）指出这些最优化隐含着经济中不存在信用风险和债务拖欠的假设前提。这意味着所有理性的经济人都是完全守信的，私人债务（IOU）在交易中被完全接受。由于货币本质上是政府对私人的债务，既然不存在信用风险和债务拖欠，那么私人债务可以完全替代政府债务，因此该模型中没有货币存在的空间。该模型还进一步假设所有金融资产都是相同的，因而仅需要一个利率。更重要的是，由于资本市场被假定是完美的，所有个人或厂商均不受流动性约束，因而既不需要金融中介机构（商业银行或者非银行金融中介机构），也不需要货币。Meltzer（2012）认为"新共识"货币政策框架虽然精巧，但其中没有中央银行资产负债表，没有货币和信贷，也没有资产价格等变量，无法刻画宏观传导机制，不适宜用作货币政策的指导框架。

　　货币政策模型不包含货币总量会造成重大误导么？一些主流经济学家对此进行了辩解。Galí 和 Gertler（2007）指出在新共识框架下货币的作用仅限于计价单位，总需求的决定因素是短期利率，与实际货币余额无关，加之货币在总财富中的比重较低，因此货币在模型中被忽略。Woodford（2007）也对未包含货币的货币政策框架进行了辩解：首先，从政策效果看，模型忽略货币并不必然导致类似 20 世纪 70 年代高通胀现象发生；其次，不包含货币的通胀模型不仅可以决定通胀水平，并且与经济学基本理论相符；再次，货币和通胀长期内的稳定关系不能为否定无货币政策框架提供有力支持；最后，作者还从单纯依赖基于菲利普斯曲线进行通胀预测的货币政策在反通胀方面不可靠的原因方面进行了反驳。Woodford（2009）认为在新共识货币政策框架下，中央银行可以实现与最优利率水平相匹配的任意货币存量，货币供给是内生决定的，因而不需要出现在模型中。同时应该注意到，虽然一些经济学家，特别是来自欧洲央行的经济学家对

"新共识"货币政策框架不包含货币和信贷信息进行了大量批评,但必须承认的是如何在货币政策规则中加入货币(信贷)指标仍然是项艰巨的工作(Issing,2011)。

◇三 危机后对"新共识"理论的反思和 货币政策理论的新发展

危机期间"新共识"货币政策面临的困境主要集中在三个方面(IMF,2013)。第一,泰勒规则遭遇非负利率约束,常规货币政策失效;第二,金融市场失灵导致政策利率无法向长期利率和私人资产收益率扩散;第三,金融市场稳定并非货币政策的目标,货币政策无法应对金融危机的自我强化。为了从政策角度尽可能避免金融危机再次发生,经济学家对"新共识"货币政策框架进行了系统性反思。

(一) 对"新共识"货币政策框架的反思

在政策实践层面上,Blanchard 等(2010)认为,首先,通胀稳定不应成为货币政策的唯一目标;其次,低通胀目标限制了货币政策的使用范围,当经济遭受重大冲击时极易面临非负利率限制,应适当调高通货膨胀目标值;再次,金融中介对货币政策乃至整个经济的影响重大,危机期间货币政策传导渠道阻塞在很大程度上是金融中介运转失灵造成的;最后,由于金融中介的重要性,金融监管对宏观经济和货币政策具有重大意义。Blan-chard 虽然对"货币政策应对潜在资产泡沫进行善意忽略的观点"提出了质疑,但是作者认为利率政策对抑制过度杠杆化和风险暴露以及资产泡沫作用不大,因此反对将这些目标纳入利率政策框架中,而主张运用所谓的周期性监管工具（cyclical regulatory tools）。

在更深入的理论方面上，Mishkin（2010）指出了"新共识"货币政策在宏观风险管理方面存在的问题。由于现有货币政策理论模型普遍采取线性二次（linear quadratic）模型，即模型的目标函数是二次函数，而经济动态变化方程是线性形式，这导致最优货币政策具有确定性等价（Certainty E-quivalence）特征。最优货币政策是对外生冲击的线性非时变反应函数，不依赖冲击的概率分布。这导致最优货币政策无法应对尾部风险（tail risk）。然而在遭受重大冲击时，宏观经济波动的非线性动态特征显著增强，而且二次目标函数也不能反映出投资者在面临潜在严重冲击时风险规避态度的变化，这使得确定性等价方法的缺陷在危机期间暴露无遗。尽管金融危机暴露了现有货币政策框架的种种缺陷，但 Mishin（2011，2012）认为这并不足以从根本上否定已有的货币政策框架，特别是通货膨胀目标制和泰勒规则。

Trichet（2013）总结了金融危机之前各国央行和国际监管机构的政策失误，其中包括各国央行对本国公私部门过度杠杆化现象视而不见，忽视对货币总量和信贷规模的分析，以及央行和国际机构对国内和国际金融市场疏于监管等。这些失误在一定程度上是由于货币政策框架与经济学理论研究脱节造成的，特别是 Knight（1921）的不确定性理论、Fisher（1933）的债务通缩理论以及 Minsky（1986）的金融不稳定理论。

（二）包含金融摩擦的货币传导机制研究新进展

金融危机之后完美金融市场假设遭到了空前质疑，更多经济学家将关注的焦点集中到如何将货币、信贷以及金融市场摩擦纳入货币政策模型中。事实上早在 20 世纪 80 至 20 世纪 90 年代，西方主流经济学家曾就金融市场与宏观经济的关系进行了一场深入的讨论。[①] 然而这些研究往往不包含货币，不便于进行政策分析（Goodfriend 和 McCallum，2007）。其次，这些研究并没有真正被中央银行用于经济预测和政策分析实践（Mishkin，2007）。此外，由于危机之前相当长的时间内发达国家金融体系运转相对良好，经济学家忽视了从流动性供给方（银行）的角度对金融摩擦进行研究（Gerterler 和 Kiyotaki，2010）。

危机之后大量研究开始将重点转向金融机构。Goodfriend 和 McCallum（2007）将货币和银行引入标准的新新古典综合模型，发现银行体系可能同时对货币政策传导存在加速和减速机制（accelerator and attenuator）；如果忽略了货币和银行体系，中央银行可能会在制定政策利率时出现较大失误；此外来自银行体系自身的冲击同样会对产出和通货膨胀产生影响，需要货币当局积极应对。Goodhart 等（2009）为了研究金融危机的形成和传导机制，将异质性银行以及货币和利率等因素引入 DSGE 模型中，比较有无金融摩擦的情况下各种冲击的不同效果。Cúrdia 和 Woodford（2010）将金融部门引入新凯恩斯 DSGE 模型。模型通过设定异质性消费者产生借贷需求；借贷行为必须通过金融中介完成，并产生具有边际递增性质的中介成本，以及由此造成存贷款利差出现。利差随着中介成本的变化而改变。在这样的模型设定下，作者证明包含利差修正的泰勒规则优于原始的泰勒规则。不足之处在于，模型中金融市场是完全竞争的，无法对金融机构资产负债表变化的影响进行分析。就反危机政策而言，Gerterler 和 Kiyotaki（2010）特别针对次贷危机期间美国货币和财政当局的非常规政策进行研究，包括美

---

① 这场讨论以复兴 Fisher（1933）的"债务通缩"（Debt Deflation）理论为起点，研究了金融摩擦在经济周期中的作用，提出了货币政策的信贷渠道，包括（银行贷款渠道和资产负债表渠道）以及金融加速器（Financial Accelerator）的概念。这一时期的代表性文献包括 Bernanke、Gertler（1989），Carlstrom、Fuerst（1997）主要解释了金融摩擦导致经济周期持续性（persistence）增强的原因；Kiyotaki 和 Moore（1997），Bernanke、Gertler 和 Gilchrist（1999）重点关注了金融摩擦对经济周期的动态放大机制。

联储直接为私人金融和非金融机构提供贷款，财政当局为银行注资等。通过在无摩擦经济周期模型中引入金融中介，作者重点考察了两方面的问题：第一，金融中介破产如何引发金融危机和经济动荡；第二，货币和财政当局所采取的各种信贷市场干预政策如何在应对危机中发挥作用。

上述研究尽管从不同的视角对原有货币政策理论进行了改进，但是在方法上均采用的是线性系统动态分析方法，即在对模型进行线性化之后研究内生变量在外生冲击作用下围绕原均衡点的动态调整机制。正如 Mishkin（2010）所指出的这种线性动态调整模型无法准确反映金融危机期间经济周期的真实情形。金融危机之后，一些研究开始致力于弥补这方面的不足，比较引人注目的研究包括 Brunnermeier 和 Sannikov（2012，2013）等。Brunnermeier 和 Sannikov（2013）最大的创新在于通过全局动态均衡模型摆脱了现有研究在均衡点附近进行局域分析的局限。模型发现当外生冲击较小时，经济系统尚可稳定在原均衡点附近；但当冲击足够严重时，经济系统内部的非线性冲击放大机制被启动，经济系统的波动性急剧增强，无法在原均衡点保持稳定。在经济下行状态下，非线性冲击放大机制之所以被启动根源在于由经济系统自身产生的内生性风险（endogenous risk），从而深化了对金融摩擦传导机制的理解。所谓内生性风险是指当经济当事人遭受外生冲击时，由于面临流动性约束或者出于预防性动机对自身行为进行调整而引发的资产价格变化。除此之外，在实践意义上，该研究还发现金融创新工具，包括资产证券化和金融衍生品等虽然能够较好地实现分散非系统性外生冲击的初衷，但却使整个系统更容易遭受内生性系统风险的破坏，这对理解金融创新的本质也有启发意义。在此基础上，Brunnermeier 和 Sannikov（2012）提出了货币的"I"理论，特别强调了货币的价值贮藏功能和货币政策的财富再分配渠道（即利率变化的收入效应）。在该模型中金融中介通过接受存款、发放贷款创造出"内在货币"，从而与货币当局发行的外资货币形成互补关系。金融机构的货币创造能力（货币乘数）依赖于金融机构资产负债表的状况及其风险承受能力。经济下行期间，货币乘数下降导致贷款和通货出现双紧缩，从而引发 Fisher 所定义的债务通缩现象。因此扩张性货币政策的直接目标应该是为面临资金约束的借款人融资而非单纯的增加货币供给。

(三) 货币政策是否应该用于抑制资产泡沫

对于货币政策应如何应对资产泡沫，经济学家长期以来存在"预防"和"救济"两种观点 (Lean Versus Clean)。两种观点的主要支持者分别来自国际清算银行 (BIS) 和英、美两国的中央银行。金融危机之前主流观点认为货币政策应在资产泡沫破灭后对其造成的负面影响进行救济 (Clean)。支持这一观点的主要依据有：资产泡沫难以识别；提高利率对抑制资产泡沫作用有限，反而可能压低合意的通胀水平，导致经济衰退并损害货币当局的信誉；利率政策无法针对特定的资产泡沫；主动刺穿泡沫有可能放大泡沫破灭的负面影响，从而加剧对经济的损害 (Mishkin, 2011)。

相反，支持货币政策应主动"预防"金融泡沫的观点则认为：利率政策针对的对象并非资产泡沫本身，而是泡沫背后的过度信贷扩张，而对信贷扩张的识别要容易得多；利率政策无须针对特定的资产，只要有资产价格存在严重偏离基本面的现象就可以采取干预措施；抑制政策绝非主动刺穿泡沫，而是要抑制泡沫形成，避免更大的损失；而且在信贷迅速扩张阶段，紧缩政策导致出现通货紧缩和经济衰退的可能性很小，因此货币政策应该而且能够对资产泡沫起到抑制作用，如 Rajan (2005) 和 White (2006)。

危机爆发之后，许多经济学家认为金融危机爆发的原因部分归结于货币政策失当，加之常规货币政策框架遭遇非负利率下限约束，原有主流观点面临更加严峻的挑战 (White, 2009；Borio, 2012、2014)。Borio 和 Zhu (2008) 认为危机之前发达国家长期偏低的利率与金融危机的产生密切相关，提出货币政策产生金融泡沫的风险承担渠道（risk taking channel）。宽松的货币政策可以从三个方面鼓励投资者过度承担风险，并最终导致资产泡沫出现。首先，安全资产收益率过低导致投资者转向收益率较高的风险资产并拉高风险资产的价格；其次，为了与债务成本匹配，一些机构投资者不得不转而投资风险和收益更高的资产；最后，金融机构以杠杆率为目标的经营策略本身可以放大宽松货币政策对高风险投资的刺激效应（具体参见 Adrian 和 Shin，2010 以及 Adrian、Moench 和 Shin，2010 等）。

既然过度宽松的货币政策可能导致资产泡沫，那么反过来货币政策是不是有能力抑制资产泡沫产生呢？Borio（2014）在总结已有研究的基础上，给出了肯定的回答。作者指出，首先，越来越多的证据支持金融失衡在形成阶段就可以被实时甚至提前发现;[①] 其次，理论和实证研究也发现货币政策影响信贷、资产价格以及风险承担的传导渠道；再次，货币政策不存在微观监管政策可能导致的监管套利问题，也不像宏观审慎监管政策那样容易受到政治压力的影响；最后，尽管短期内资产价格稳定和通胀稳定之间可能存在冲突，但从较长期来看为了避免泡沫破灭后价格更加剧烈的波动，还是应该运用货币政策来抑制资产泡沫形成。作者还说明金融危机之后的经济衰退具有"平衡表衰退"（balance sheet recession）性质，事后的经济性货币政策短期内难以奏效。

◇四 货币政策执行框架的新探索

除了在理论层面上对货币政策框架进行完善外，如何在执行层面上对

---

① 理论上货币当局无法识别金融泡沫的理论基础源于有效市场假说，这一假说在金融危机期间受到严峻挑战（Meltzer，2012）。而在实证上 Borio、Drehmann（2009）和 Drehmann 等（2012）发现信贷和资产价格联合对趋势值偏离可以作为识别资产泡沫和提示宏观风险的先导指标，这些指标已被巴塞尔协议Ⅲ所采纳。

现有货币政策规则进行改进是一项更加艰巨的工作。这一工作主要围绕两个方面展开：一是如何对现有的货币政策框架（特别是泰勒规则和通胀盯住制）进行改进；二是如何应对资产泡沫。

（一）货币政策操作规则可能的改进方向

由于危机之前泰勒规则和通胀目标制已为多数发达国家央行所采用，因此这项工作主要是针对泰勒规则展开。这些改进大致分为三个层次：一是在金融危机特殊时期对泰勒规则进行临时修正；二是在更加一般化的层面上在泰勒规则中加入新的变量或者永久性调整货币政策目标参数；三是在尝试新的货币政策规则，比如价格水平盯住和名义 GDP 盯住等。

1. 对通胀目标和泰勒规则的完善

金融危机爆发之后，代表风险因素的资产利差骤然升高。Taylor（2008）建议按照市场指标利率变化调低泰勒规则中的实际利率参数（r^*）。为了给经济遭受重大冲击时的货币政策预留空间，同时降低常规货币政策面临非负利率限制的概率，Blanchard 等（2010）建议调高泰勒规则中的通货膨胀目标值（π^T）。[①] 作为对货币政策规则的一般性改进，Cúrdia 和 Woodford（2010）着重考察了将存贷款利差（ω）和信贷规模（b）纳入货币政策规则后，经济体对不同冲击的反应以及由此造成的社会福利方面的差异，见表 12—1 中方程（4）和方程（5）。由于考虑了资金供需双方的异

---

① 许多研究者对该建议提出了批评意见。Bean 等（2010）列举了三条反对理由：首先，在较高的平均水平下精确预测通胀的难度增加，并且高通胀所导致的高波动性也会造成福利损失；其次，相对于低通胀水平而言，高通胀时形成和调整预期花费的成本更高；最后，在货币政策遭遇非负利率下限约束极其罕见且有非常规货币政策可用的情况下，持续维持高通胀目标的成本可能超过其收益。Mishin（2011）也认为调高通胀目标的收益仅在经济遭受重大冲击时才能显现，但高通胀的成本却是持续存在的，因此也反对该修改方案。

质性，在该框架下货币政策工具为存款利率（i）。然而数值模拟显示，新政策规则的有效性取决于外生冲击的性质。从综合应对各种冲击的稳健性角度看，作者认为这两种改变均要逊于 Cúrdia 和 Woodford（2009）所提到的弹性通货膨胀盯住方法。除此之外，Christiano 等（2008）发现经济波动与信贷增长密切相关，建议货币政策应该将信贷供给增长作为关注目标，并且通过数值模拟的方法证实该货币政策框架优于传统的泰勒规则。

表12—1 货币政策规则的改进建议

	代表性研究	改进的方向
改变泰勒规则的参数	Taylor（2008）	按照指标利差变化调整实际利率 r^*
	Blanchard 等（2010）	适当调高通胀目标 π^T
在泰勒规则中加入新的指标	Cúrdia 和 Woodford（2010）	$i_t = r + c_1\pi_t + c_2 y_t - c_3\omega_t$ (4)
		$i_t = r + c_1\pi_t + c_2 y_t + c_3 b_t$ (5)
新的货币政策规则	Frankel（2012）	名义 GDP 规则：$i_t = r_t + c_1\ (G_t - G)$ (6)
	Bean 等（2010）	价格水平盯住：$L_t = (p_t - p_t^*)^2 + \lambda(y_t - y^*)^2$ (7)

2. 新型货币政策规则——价格水平盯住和名义 GDP 盯住

由于通胀盯住制在危机中的表现不佳，一些经济学家提议用其他货币政策规则取代通胀盯住制，希望通过新的货币政策规则增强货币政策反映对宏观经济变化的敏感性，同时降低货币政策遭遇非负利率下限而失效的概率。例如 Issing（2011）认为通货膨胀本身既不能反映冲击来源的差异，也无法包含货币（信贷）和资产价格等重要信息，因而应该彻底放弃货币政策操作层面的通胀目标制。最热门的备选方案是价格水平盯住制和名义 GDP 盯住制。

在名义 GDP 盯住规则下，货币当局以名义 GDP 增长率作为货币政策的中间目标，见表12—1 中方程（6），其中不带时间下标的 G 为名义 GDP 增长率目标。该目标在设定时由实际 GDP 增长率目标加上目标通胀率构成。

除了经典形式外，Hall 和 Mankiw（1994）还讨论了广义名义 GDP 盯住规则的其他类型，包括名义产出水平盯住制与混合型盯住制，具体目标的选择根据这些目标的相对重要性以及实现这些目标的成本决定。货币政策规则的另一个热门备选对象是价格水平盯住规则（Bean 等，2010）。在该政策规则下，货币当局通过盯住一个预定的价格路径来实现价格长期稳定。剔除常数后的单期损失函数可以表示为表 12—1 中的方程（7），即用价格缺口（$p_t - p_t^*$）取代通胀目标制损失函数中的通胀缺口（$\pi_t - \pi_t^*$），而在价格盯住制下短期菲利普斯曲线的形式可以表示为 $y_t = \rho y_{t-1} + \sigma(p_t - E_{t-1} p_t) + \varepsilon_t$（Svensson，1999）。然而现有研究对于如何实现价格盯住并未进行深入讨论，甚至在 Svensson（1999）的经典文献中还讨论了通过相机抉择实现价格盯住的福利效应。因此价格水平盯住制更像央行的目标函数规则而非实际的政策操作规则。在政策实践上，通胀盯住和价格盯住的区别在于通胀盯住制下货币政策的目标仅是稳定当期通胀率，当期价格的异常变化不会影响下期的政策决策。在价格水平盯住制下，如果本期价格增长快于预先设定的水平，下一期货币政策必须进行相应的紧缩调整，使价格水平回到既定增长路径。

　　和通胀盯住规则相比，金融危机之后，名义 GDP 盯住规则和价格盯住规则最大的吸引力在于降低货币政策失效的概率。Sumner（2012）认为名义 GDP 规则有利于维持资产市场稳定从而降低金融危机和常规货币政策失效的可能性。由于资产泡沫的形成往往伴随着名义或者实际产出过快增长，因此与通胀盯住规则相比，名义 GDP 盯住制对抑制资产泡沫更加有利。而且名义 GDP 增长率实际上是通胀率与产出增长率之和，因此该政策规则还使货币政策的单一目标与双重任务得以兼容。价格盯住规则的优势则在于其自动稳定器效应，不仅可以降低利率政策遭遇非负限制的概率，而且即便在零利率下限处该规则仍能使政策当局实现预期管理（Eggertsson 和 Woodford，2003；Adam 和 Billi，2006；Kahn，2009）。在经济衰退和通胀率超预期降低时，价格盯住制可以使经济主体产生更高的通胀预期，实际利率进一步降低（Ambler，2009）。

除此之外，与通胀盯住制相比，名义 GDP 盯住制和价格水平盯住制都有各自的潜在优势，但在具体实施上也存在潜在风险和障碍。例如与通胀盯住制相比，名义 GDP 盯住制的优势还体现在：第一，有利于维持劳动市场稳定（Sumner，2012；Eagle，2012）；第二，可以更加稳健地应对供给冲击，在负面供给冲击下通过提高对通货膨胀的容忍度，避免过度紧缩政策对实体经济产生进一步的负面影响（Kahn，1988；Frankel，2012）；第三，名义 GDP 规则还具有较好的可控性和灵活性，既可以维持长期价格水平稳定，抑制货币政策中潜在的动态不一致性问题，又为决策者应对短期冲击预留操作空间。然而在该规则下，如何确定名义 GDP 目标成为实施该规则的主要阻碍。而且由于 GDP 统计数据公布频率较低且要经过不断修正，导致根据这些数据所实施的政策可能会恶化产出和通胀波动（Kahn，1988；Ragan，2011）。这些都成为可能阻碍名义 GDP 目标制实施的原因。

理论研究认为价格盯住制可以减少短期通货膨胀与产出的波动，并能降低长期物价水平的不确定性（Svensson，1999；Vestin，2006）。但同样该政策规则也存在一定的缺陷。首先，价格盯住优于通胀盯住的前提在于经济主体具有前瞻性预期（forward expectation）。现实经济中通货膨胀惯性越高或者经济中后顾型（backward-looking）定价厂商的比例越高，价格盯住相对于通胀盯住的优势越不明显。其次，价格盯住不像通胀盯住那样易于被公众理解，这可能导致货币当局和公众之间出现沟通困难（Kahn，2009）。由于政策沟通的困难与不确定性，价格盯住规则的可信性也容易遭到质疑，可能面临时间不一致问题（Hatcher，2011）。再次，价格盯住制和通胀盯住制的实际效果都与冲击的类型和结构息息相关。在需求冲击条件下，价格盯住比通胀盯住效果好；而在供给冲击下，价格盯住可能会对经济恢复产生负面效应（Amano，2009）。

（二）将宏观审慎监管纳入货币政策体系

尽管 Bean 等（2010）认为关于货币政策是否应该预防资产泡沫的争论开始逐渐向支持"预防"的观点倾斜，但由于该观点并未得到多数国家货币当局的支持，因此短期内难以付诸实践。同时利用货币政策抑制资产泡沫确实可能存在一些理论问题：首先，运用货币政策抑制信贷驱动型资产泡沫违反了"丁伯根法则"；其次，货币政策应对金融不稳定的有效性在很大程度上取决于冲击的性质，货币政策对市场面临的系统性冲击相对有效，监管政策对特定市场失灵相对有效；最后，经济稳定并不必然保证金融稳定，运用货币政策维持金融稳定意味着货币政策要在金融稳定和经济稳定目标之间做出权衡，多目标货币政策可能使公众混淆央行稳定价格的承诺，削弱名义锚的作用（Mishkin，2012）。

相反，通过加强宏观审慎监管来预防资产泡沫和金融危机的意见则几乎没有任何阻力。Mishkin（2011）借鉴 White（2009）将资产泡沫细分为"信贷驱动型"和"非理性繁荣型"。"信贷推动型"泡沫不仅对经济危害更大，而且比较容易识别，应该对这种泡沫采取措施。Mishkin（2012）认为，投资者过度冒险和信贷、资产泡沫主要应归咎于市场失灵，因而强化市场监管，特别是运用宏观审慎监管政策来阻断资产泡沫与信贷扩张之间的联系，预防市场系统性风险是自然的政策选择。Bean 等（2010）也认为除非能够对抵押品价值造成实质影响，货币政策对于抑制信贷和资产价格快速上涨的作用有限。在泡沫形成时期，银行资本金和杠杆率都是导致过度风险承担和过度信贷供给的主要因素，因此宏观审慎监管政策比逆风向操作的预防性货币政策更加有效。

金融危机使货币政策当局意识到经济稳定政策和金融稳定政策无法截然分开。特别是当货币当局同时肩负金融稳定和经济稳定任务时，需要通过宏观审慎监管和货币政策进行配合。当低利率政策可能导致市场产生过度冒险行为时，需要更加严格的宏观审慎监管；而如果宏观审慎监管造成总需求下降时，则需要相对宽松的货币政策予以配合。由于货币政策和监管政策协调的复杂性，Mishkin（2012）建议应由同一政府部门负责两项政策的实施，这已是美联储和欧洲央行共同的选择。

◇◇五　中国货币政策体系的独特性及其所面临的困境

（一）中国货币政策框架与"新共识"框架的异同

尽管尚未形成自身的货币政策理论指导体系，但根据近几年来中国货币政策实践，同时对照 Mishkin（2011）所总结的发达国家普遍接受的货币政策准则，我们发现以下几点在中国也越来越多地得到认同。第一，货币当局应该为通货膨胀负责，这在政策实践中意味着货币政策当局至少要在长期内为价格水平稳定负责。[①] 第二，长期内不存在通货膨胀和经济增长的替代关系，持续性的货币扩张政策无法实现经济的持续稳定增长。第三，预期在宏观经济中发挥重要作用。第四，金融市场摩擦在经济周期中影响巨大等。

---

① Mishkin（2011）总结的9条"科学原则"之一是"通货膨胀无论何时何地都是货币现象"，既然是货币现象，那么货币当局就应该为通货膨胀负责。弗里德曼的这句名言曾在主流经济学内部引发广泛争议，在中国国内引发的争议可能更多。但是只要被定义为一般价格水平持续性上升，通货膨胀的直接根源一定是宽松的货币政策（Mishkin, 1984）。即便理论上的争议可能仍将继续，但其在政策实践中的内涵（即"货币当局要为通货膨胀负责"）却日益成为普遍的共识。同时 Mishkin（2011）还强调指出，首先特定商品相对价格上升和短期内一般价格水平上涨都不可视为通货膨胀；其次，通货膨胀是货币现象并不意味着货币数量指标一定能为通胀提供最全面的信息；最后，宽松货币政策本身可能是由其他原因造成的，比如来自财政部门的压力。

尽管在一些政策目标和基本原则上存在一致，但在整个货币政策框架乃至背后的经济学指导理论层面上，中国与发达国家的差异仍然是主要的，以至于按照发达国家标准，中国的货币政策一直是"非常规"的（周小川，2014）。在指导理论层面上，尽管新古典宏观经济学和新凯恩斯主义宏观经济学早已成为时尚，但这绝不意味着这些理论已成为中国货币政策的主流指导思想。中国的宏观政策仍具有浓厚的凯恩斯主义干预色彩。在具体的货币政策框架层面，中国和西方发达国家之间的差异主要体现在以下几个方面（见表12—2）。[①] 首先，在货币当局层面上，中国尚未如许多西方国家那样明确或者隐性地采取货币政策规则；在货币政策中间目标上，采取通胀盯住制的国家以央行对通货膨胀的预测为中间目标，中国则长期以货币数量为中间目标；在货币政策操作的对象方面，西方国家主要是政策利率，而中国则以银行的超额准备金为主，兼顾银行间市场利率，同时还保留了存款基准利率管制。其次，在金融中介和金融市场层面上，西方发达国家的常规货币政策主要是通过利率期限结构将短期政策利率的变化传递到长期利率，而中国主要是通过影响商业银行贷款供给作为货币政策传导渠道；最后，在西方发达国家最终影响实体经济的变量是长期利率，而在中国则是贷款数量和存贷款利率。由此可见，中国在利率市场化完成之前还将长期混合使用价格型工具和数量型工具。一方面，货币和信贷数量长期作为中间目标，货币当局通过基础货币数量间接调控货币和信贷总量，最终影响总需求；另一方面，中央银行放弃贷款基准利率管制之后，开始尝试建立市场化的利率政策传导机制。

此外，中国货币政策体系的另一个特点是缺乏独立性。货币政策的独立性主要体现在两个方面：一是货币政策当局决策的独立性；二是货币政策与其他政策之间的独立性。在中国现行体制下，一方面，央行决策的独

---

① 表12—2近似反映出中国货币政策框架在利率市场化进程中的过渡性特征。

立性有待提高；另一方面，宏观经济政策政出多门，产业政策、财政政策和土地政策等都会导致货币政策被动调整。例如扩张性的财政政策和土地政策都会导致银行贷款和货币供给被动增长。因此中国货币政策的制定和执行环境比西方国家更加复杂。

表12—2　　　　西方发达国家和中国货币政策体系的主要差异

		西方发达国家	中国
货币当局层面	货币政策规则	通货膨胀盯住制	无
	中间目标	央行对通货膨胀的预测	货币数量
	货币政策操作的对象	政策利率	超额存款准备金、存款基准利率和银行间市场利率
金融市场层面	传导渠道	利率期限结构	银行信贷
	影响实体经济的中间变量	长期实际利率	贷款数量和存贷款利率

（二）中国的"非常规"货币政策体系及其所面临的困境

在利率尚未完全市场化之前，中国的货币政策工具包括数量型工具和价格型工具两类。我们发现这两类工具目前均处于困境之中。

首先，金融创新削弱中央银行对货币数量的控制能力。20世纪80年代之后英、美等国相继放弃货币数量中间目标，其主要原因在于货币数量指标不再符合中间目标的基本要求，中国正在面临相似的困境。[1] 抛开货币数量与最终目标的相关性是否下降不谈，近年来货币数量的可度量性和可控制性均出现下降现象。中国人民银行分别在2009年和2011年对金融机构会

---

[1]　按照 Svensson（1997）的观点，货币政策中间目标应满足四个标准，包括：与政策目标高度相关；易于被货币当局控制；具有较好的可测量性；易于被公众理解，便于货币当局和公众进行沟通。

计科目和广义货币统计口径进行调整，本身即显示出货币界定和统计的困难之处。① 另外，随着金融创新的不断深化，中央银行对货币数量的控制能力已在削弱。例如，2013 年货币市场两度上演所谓"钱荒"，很大程度上是由金融机构同业业务发展模式变异造成的。金融机构同业业务不仅对货币供给造成显著影响，同时也削弱了货币当局对货币数量的管控（中国人民银行，2013）。

其次，利率体系完善之前，利率市场化将削弱传统工具的作用。既然面临困境，中国货币政策当局为何依然抱残守缺地依赖数量工具渠道？在"新共识"框架下，政策利率变化沿利率期限结构向长期利率传导是货币政策顺畅的前提。而中国目前所欠缺的恰恰是这一市场化的利率传导渠道。虽然贷款利率已经实现市场化，但存款利率仍然处于管制状态；更重要的是由于债券市场不完善，金融市场上尚无法形成一条完善的利率期限结构曲线来实现短期利率向长期利率的传导。

◇◇六 货币政策理论新发展对中国的启示

通过对比，我们发现中外货币政策体系差异巨大，所面临的困难大相径庭。我们该如何批判性地借鉴西方国家最新的货币政策理论发展与实践经验呢？通过上文的分析以及中外经济管理体制的比较，我们认为至少有以下几个方面值得我们借鉴。

首先，尽管泰勒规则和通货膨胀目标制遭受了严厉批评，但几乎没有研究建议货币政策框架重回货币数量规则。金融创新导致货币供给的内生性不断增强，货币当局已经丧失了严格管控货币数量的能力。中国目前正

---

① 其中 2011 年 9 月人民银行将货币供应量统计中增加住房公积金中心存款和非存款类金融机构在存款类金融机构的存款。

在经历类似的过程，并有不断加速的倾向。由此可见，放弃货币数量中间目标将是中国货币政策框架未来发展的趋势。由于货币、信贷等指标仍然反映大量相关信息，因此放弃货币数量作为中间目标并不意味着完全放弃对货币和信贷指标的关注。

其次，金融体系的摩擦对经济周期和货币政策传导可能产生的负面影响不容忽视。1997年之后，通货紧缩期间货币政策传导渠道阻滞在很大程度上是由于实体经济"资产负债表"效应恶化造成的。然而近年来随着地方融资平台债务规模不断扩大、房地产价格泡沫积累等都对金融机构资产安全造成潜在威胁。资产泡沫业已形成，紧缩的货币政策未必是最优选择；如何通过加强宏观审慎监管、平稳化解资产泡沫是对包括货币政策当局在内的中国政策制定者的艰巨考验。

再次，政策利率将成为最重要的货币政策工具，但货币政策工具从数量型转变为价格型并不会随着利率市场化一蹴而就。政策利率主要是短期利率，政策传导涉及利率在不同金融资产之间以及不同期限资产之间进行传导的问题。完善的金融市场应该是货币政策传导渠道中必不可少的中间环节。完善的金融市场本是货币政策转型的应有之义，而这正是中国目前最欠缺的环节。完善的金融市场建立之前，货币数量中间目标将不断改进并长期使用。

最后，货币政策工具转型和利率市场化意味着货币当局不仅放弃了对利率的直接控制，并且货币政策也会面临因遭遇非负下限约束而失效的可能。因此一个适宜的货币政策规则应该能有助于降低货币政策失效的可能。尽管有经济学家提出用价格盯住制和名义GDP盯住制取代通胀盯住制，但这两种货币政策规则尚未经实践检验，是否适合中国国情还需进一步深入研究。

第十三章

非常规货币政策:理论和实践

◈一 危机前货币政策的理论基础——
货币政策理论"新共识"

相对微观经济学,宏观经济理论的发展历来充满了争议、批判以及否定之否定。随着新古典宏观经济学和新凯恩斯主义宏观经济学这两大流派的争论和各国中央银行货币政策的实践,在 20 世纪 90 年代至美国次贷危机之前的一时间内,宏观经济学以及货币政策指导理论一度出现相互融合的趋势。这些日趋一致的观点被称为宏观经济学中的新共识(New Consensus in Macroeconomics),这一融合趋势不仅得到了许多学者,还有中央银行家的认同,并对各国货币政策实践产生了重要影响。① 可以说,危机之前主要发达国家的"常规货币政策"正是建立在经济和货币政策理论"新共识"的基础之上的。

———————————

① 与"新共识"相对应,自然存在所谓的"旧共识"。自菲利普斯曲线被发现,当时的主流经济学家和政策制定者认为:政府可以通过容忍更高的通货膨胀以降低失业率;但是当过度需求导致通货膨胀上升和国际收支失衡时,政府应该采用收入政策而非货币政策来应对经济过热;如果收入政策无效,政府则应该考虑货币贬值,这就是所谓的经济政策"旧共识"(Old Consensus)(参见 Bean, 2007)。然而到了 20 世纪 70 年代,主要发达市场经济国家普遍发生的滞胀现象不仅宣告菲利普斯曲线消失,更导致"旧共识"的瓦解。

（一）宏观经济学和货币政策理论"新共识"

宏观经济学中的新共识又可以分为纯理论层面和货币政策两个层面。在宏观经济理论方面，主要的共识包括长期内货币中性、预期对政策的敏感性和由名义和实际粘性导致的短期内通货膨胀与失业之间的替代关系等。这些共识被一些经济学家称为"新新古典综合"（New Neo-Classical Synthesis）或者"新凯恩斯主义方法"（New Keynesian Approach），参见 Clarida、Gali、Gertler（1999）和 Woodford（2003）。Woodford（2009）将理论层面的新共识总结为五个方面：①宏观经济理论应该以跨期一般均衡模型为基础；②定量政策分析应该以经过计量检验的结构模型为基础；③预期应被当作内生变量，并在政策分析中考虑到政策本身对预期的影响；④实际（real）冲击而非名义冲击才是经济波动的重要来源；⑤货币政策是有效的，特别是在控制通货膨胀方面。[1]

就货币政策层面而言，"新共识"主要体现在四个方面：①货币政策在总需求管理中发挥主导作用，财政政策主要关注中长期目标；②中央银行要具备独立性；③货币政策应更关注最终目标（特别是通货膨胀）而非中介目标；④强调预期管理和政策可信度的重要性（Bean，2007）。在货币政策的具体执行上，King（2005）认为"新共识"的主要体现是：政策工具以短期利率为主、政策目标围绕"维持价格稳定"，以及通货膨胀目标制在各国得到日益广泛的应用。Mishkin（2010）将发达国家中央银行在金融危机之前所遵循的货币政策指导思想总结为 9 条"科学原则"（scientific principles），其中特别强调失业率和通货膨胀之间没有长期的替代关系（长期 Phillips 曲线是垂直的）；货币政策同样

---

① Woodford（2009）同时还总结了经济理论上依然存在的严重分歧，在此不再赘述。

面临动态不一致性问题，因此货币政策规则具有重要意义；严格的名义锚是货币政策取得良好效果的核心；金融摩擦在经济周期性波动中发挥重要作用。

Blanchard 等（2010）总结了次贷危机之前发达国家货币政策的主要特征：单一目标（通货膨胀），单一工具（利率）；货币政策只要维持通胀稳定，产出缺口就会稳定在较低水平；财政政策的作用有限；金融监管不属于货币政策的范畴，这些特征与"新共识"几乎一致。尽管政策制定者在实践中可能更加务实，但理论上的共识对政策制定和机制设计发挥了重要作用。

（二）货币政策"新共识"的理论模型

Arestis（2009）将 2007 年金融危机之前理论研究和货币政策实践中达成的"新共识"总结为包含以下 6 个方程的理论框架，其中模型中加入 w 上标的变量表示与国内变量相对性的国际变量：

$$Y_t = a_0 + a_1 Y_{t-1} + a_2 E_t(Y_{t+1}) + a_3 [R_t - E_t(\pi_{t+1})] + a_4 rer_t + s_1 \quad (1)$$

$$\pi_t = b_1 Y_t + b_2 \pi_{t-1} + b_3 E_t \pi_{t+1} + b_4 [E_t \pi_{t+1}^w - E_t \Delta er_{t+1}] + s_2 \quad (2)$$

$$R_t = (1 - c_3)[RR^* + E_t \pi_{t+1} + c_1 Y_{t-1} + c_2(\pi_{t-1} - \pi^T)] + c_3 R_{t-1} + s_3 \quad (3)$$

$$rer_t = d_0 + d_1 \{[R_t - E_t \pi_{t+1}] - [R_t^w - E_t \pi_{t+1}^w]\} + d_2 (CA)_t$$
$$+ d_3 E_t (rer)_{t+1} + s_4 \quad (4)$$

$$CA_t = e_0 + e_1 (rer)_t + e_2 Y_t + e_3 Y_t^w + s_5 \quad (5)$$

$$er_t = rer_t + P_t^w - P_t \quad (6)$$

方程（1）为总需求方程：a_0 是常数，表示财政政策，Y 为国内产出缺口，E_t 表示在时间 t 的预期，R 是名义利率，$E_t(\pi_{t+1})$ 是在 t 期对 $t+1$ 期通货膨胀率的预期，rer 表示实际汇率对数，s_i，$i = 1 \cdots 5$ 表示各方程中的随机冲击。该方程表明从总需求角度看，产出缺口主要受财政政策冲击、产出缺口滞后值及其预期值、实际利率、实际汇率以及随机冲击的影响。

方程（2）为 Phillips 曲线：通货膨胀决定于当前产出缺口、过去和未来通货膨胀、名义汇率预期变化率和预期世界通胀。π 是通货膨胀率，$E_t(\pi^w_{t+1})$ 是在 t 期对 $t+1$ 期的国际通货膨胀率的预期。er 为间接标价法名义汇率（对数值）。P^w 和 P 分别是世界和国内价格水平（对数）。因此，名义汇率、实际汇率和国内外价格之间的关系可以表示成方程（6），进而可推理出 $\Delta er_t = \Delta rer_t + \Delta P^w_t - \Delta P_t$。模型考虑了粘性价格、关系中的滞后价格水平和长期完全弹性。$E_t(\pi_{t+1})$ 反映了通货膨胀的前瞻性属性。如果中央银行可以向具有理性预期的公众传达实现并保持通货膨胀的可信信号，那么通货膨胀预期将会降低，进而可以以较小的产出损失降低当前通货膨胀水平。这一方法被称为货币政策的预期渠道。

方程（3）为货币政策规则方程：R^w 是世界名义利率，RR^* 是实际均衡利率（即和零产出缺口相一致的利率），π^T 是通货膨胀目标。名义利率政策由预期通胀、产出缺口滞后值、通货膨胀对目标偏离（或"通胀缺口"）的滞后值和"均衡"实际利率等因素决定。方程中还包含名义利率的滞后值，以体现货币当局在实际操作中存在的利率平滑现象。方程（4）、（5）和（6）为模型中涉及开放条件经济的方程：其中 CA 是国际收支平衡表中的经常账户余额，可以通过方程（5）来决定，Y^w 是世界产出缺口。方程（4）表明实际汇率是国内外实际利率之差、经常项目及其自身预期值的函数。方程（6）给出了名义汇率和实际汇率的关系。

经济学家对货币政策达成的"新共识"绝大多数在货币政策方程（3）中得到体现。首先，货币政策工具是（短期）名义利率。在短期名义粘性（工资、价格和信息）存在的假设前提下，中央银行可以通过调控名义利率进而影响实际利率，从而达到影响短期总需求的目的。Taylor 规则以通货膨胀缺口和产出缺口作为政策目标，并且已经成为货币政策模型最普遍的方法（Goodfriend，2007；Orphanides，2007）。而此之前的 20

世纪 70 年代，在货币主义的推动下，主流经济学观点认为通货膨胀在本质上是一个货币现象，因此需要适当的名义锚来稳定货币和名义总需求。在货币流通速度稳定和可预测假设下，货币供给增长率成为政策首选目标。然而政策实践中发现货币流通速度相当不稳定，导致各国逐渐放弃货币数量工具，转而采取利率工具。[①] 其次，在方程（3）中，通货膨胀预期被明确地纳入到货币政策框架中。在通货膨胀目标制下，央行对通货膨胀的预测（forecast）可以对公众通货膨胀预期（expectation）产生重大影响。由于利率政策传导存在时滞性以及央行无法实现对通货膨胀的完美控制，因此央行预测的通货膨胀成为货币政策的中间目标，而最终目标则是实际通货膨胀（Svensson，1997、1999；Arestis，2009）。央行通货膨胀目标和预测提升了货币政策的透明度，但是预测失误也将会严重影响央行的声誉和政策可信性。[②] 此外，Arestis（2009）还指出如果假设方程（2）中的系数 b_2、b_3 和 b_4 之和为 1，那么就意味着该 Phillips 曲线是垂直的。垂直的长期 Phillips 曲线意味着没有自愿性失业，但该假设尚存在争议（Blanchard，2008）。

---

① 例如在英国，货币数量目标于 1977 年由财政大臣丹尼斯·希利（Dennis Healey）首次采用，并在 1979 年后成为撒切尔政府宏观政策的核心。由于货币流通速度不稳定，到了 20 世纪 80 年代中期，货币政策名义锚逐渐由货币增长率转变为名义汇率稳定。进而在 1992 年开始采取通货膨胀目标制。在美国货币数量政策目标同样面临相同的问题，直至 1994 年美联储公开市场委员会宣布将货币政策目标由货币数量改为联邦基金利率。而经济学家关于联邦德国货币政策模式存在争议，Bean（2007）将其视为货币数量目标的成功范例，而 Bernanke 和 Ilian（1997）认为联邦德国执行的不是严格的货币数量目标而是通货膨胀盯住目标。

② 由于利率政策中包含央行的通货膨胀预测，Woodford（2007）认为通胀目标制事实上是一个货币政策规则和相机抉择政策的综合，因而是对货币总量目标和弱通胀目标制的改进。

◇二 "新共识"货币政策面临的挑战及 非常规货币政策实践

在美国次贷危机发生之前，基于"新共识"的常规货币政策之所以在实践中取得了相对的成功，很大程度上是由于这一政策体系可以通过比较透明的货币政策来引导金融市场对短期利率的预期，而套利活动可以确保短期利率变化（或者预期变化）沿着政府债券收益率曲线向长期利率传递，同时在私人资产收益率（包括银行贷款）之间扩散。当名义粘性存在时，名义利率变化影响实际利率，进而导致消费、投资等经济活动发生。实际利率对经济活动的影响渠道又包括信贷渠道、汇率渠道和财富通道等。上述完整的货币政策传导机制可以概括为图 13—1。

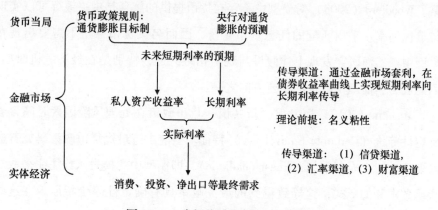

图 13—1 常规货币政策的传导途径

（一）"新共识"货币政策模型隐含的基本假设及批判

在"新共识"政策框架，特别是方程（3）中包含了货币政策理论的基本假设，可以简要概括为以下方面。

首先，该模型中的摩擦主要存在于实体经济（产品市场和劳动市场），金融市场摩擦却被抽象掉，导致整个分析框架中既不存在货币，也不存在金融中介，连利率也只有一个。虽然用于描述总需求的方程（1）建立在经济主体跨期优化的基础上，但 Arestis（2009）指出这些最优化隐含着经济中不存在信用风险和债务拖欠的假设前提。这些假设意味着所有理性预期的经济人都是完全守信的，私人债务（IOU）在交易中被完全接受，因此对货币资产无特定需要。① 该模型进一步假设所有固定利率金融资产都是相同的，因而仅需要一个利率。更重要的是，模型中所有个人或厂商均不受流动性约束，因而既不需要金融中介机构（商业银行或者非银行金融中介机构），也不需要货币。Gali 和 Gertler（2007）指出在新共识框架下货币的作用仅限于计价单位，货币政策工具总需求的决定因素是短期利率，与实际货币余额无关，加之货币在总财富中的比重较低，因此货币在模型中被忽略。Woodford（2008）对模型中不存在货币提供的解释是中央银行可以实现与最优利率水平相匹配的任意货币存量，因而名义货币存量不需要出现在模型中。然而研究发现上述假设与现实相距甚远，特别是在经济危机时期，因此成为当前理论改进的主要方向之一。

Mishkin（2010）还发现"新共识"货币政策在处理风险因素时隐含着确定性等价（Certainty Equivalence）特征。当前主流最优货币政策研究普遍采取线性二次模型框架（linear quadratic），即模型中的损失函数往往采取二次函数求和的形式，这导致得到的最优政策具有确定性等价特征。在这些模型中，最优政策是一个对冲击的线性、非时变反应函数，政策反应的大小既不依赖于冲击的概率分布，也不依赖于冲击的方差。因此最优货币政

---

① 货币本质上是政府（央行）对私人部门的债务，由于不存在信用风险和债务拖欠，在"新共识"框架下，私人债务可以完全替代政府债务，因此该模型中没有货币存在的空间。

策中无法包含风险管理来应对可能存在的尾部风险（tail risk）。当经济面临严重负面冲击风险时，确定性等价方法就表现出较大的局限性。一方面，在严重负面冲击下，经济很可能表现出非线性动态行为（Hamilton，1989；Kim and Nelson，1999）；另一方面，二次目标函数也不能反映出多数人在面临严重负面冲击风险时所表现出的强烈风险规避的程度。由于中央银行的终极目标是公共福利最大化，因此货币政策应该反映出公众避免异常不利后果的偏好。

（二）危机中"新共识"和常规货币政策实践面临的挑战

在正常情况下能正常运转的货币政策传导机制在金融危机期间出现失灵。IMF（2013）认为在危机期间"新共识"货币政策面临的挑战主要集中以下三个方面：第一，严重的经济衰退导致最优政策利率面临零下限（Zero Lower Bound，ZLB）限制，经济面临流动性陷阱，泰勒规则失效；第二，危机期间金融市场套利条件遭到破坏，导致政策利率的变化不仅无法沿着收益率曲线向长期利率传导，也无法有效影响私人资产的收益率和利差，常规货币政策传导机制失效；第三，危机期间，市场脆弱性提升，自我实现的理性挤兑加剧金融市场崩溃，而金融市场稳定并不在常规货币政策框架内。[①]

面对基于"新共识"框架常规货币政策的失效，经济学家开始重新审视宏观经济理论和货币政策，并发生了激烈的争论。一方面 Krugman（2009）认为金融危机暴露了此前 40 年间所发展起来的宏观和货币经济学理论的根本缺陷，需要对这些理论进行彻底的修正；另一方面 Krugman（2009）的观点又遭到了 Lucas（2009）和 Cochrane（2009）的激烈批评。

---

① 由于事前既无法识别也无法应对金融泡沫，常规货币政策更适宜对泡沫破灭进行救济，而非预防泡沫形成（Joyce 等，2012）。

在货币政策理论方面，Mishin（2010）认为金融危机并没有证实危机前货币政策理论存在根本性的错误，而是认识程度上的欠缺。① 例如作者总结发现，金融危机证实金融部门对经济活动的影响超出经济学家的预期，并且能够在危机期间导致经济呈现严重的非线性化现象；零利率下限对货币政策所造成的影响和针对经济危机进行救济的成本也都超出了预期；价格和产出稳定也并不能保证实现金融稳定等。在此基础上，作者对货币政策操作提出了四方面的改进意见：一是采取更加富有弹性的通货膨胀目标制；二是在货币政策模型中引进风险管理方法，政策制定者应该采取及时、果断和灵活的（timely, decisive and flexible）政策应对潜在的金融市场崩溃，摒弃传统最优货币理论所隐含的渐进式原则；三是对于信贷驱动型泡沫，货币政策应该采取"预防"措施而不能仅是事后救济②；四是在危机期间不可忽视财政政策的作用。

Blanchard（2010）也总结了对"新共识"货币政策框架的反思，更侧重操作方面：首先，稳定通胀不应成为货币政策的唯一目标，即便通胀和产出稳定，也不能保证实现合意的资产价格和信贷总量等目标。③ 其次，低通胀目标限制了货币政策的使用范围，特别是当经济遭受重大负面冲击需要较大幅度降低利率时，极易面临零利率下限限制，因此应当调高通货膨胀目标值。④ 再次，金融中介对货币政策乃至整个经济的影响重大，危机期

---

① 这些共识仅针对 Mishin（2010）所总结的 9 条所谓"科学原则"。

② 作者特别强调资产泡沫应区分为信贷驱动型（credit-driven）泡沫和非理性繁荣型（irrational exuberance）泡沫。货币政策的预防操作主要针对信贷驱动泡沫，但作者同时也强调了政策实践中可能面临的困难。

③ 尽管尚未有一致的结论，Blanchard 确实对此前货币政策对资产泡沫进行"善意忽略"的观点提出了质疑，但是由于利率政策对抑制过度杠杆化、过度风险暴露和资产泡沫作用不大，因此作者反对将这些目标纳入利率政策框架中，而是运用所谓的周期性监管工具（cyclical regulatory tools）。

④ 由于调高通胀目标值的收益仅在经济遭受重大负面冲击时才能显现，但高通胀的成本却是持续存在的，因此该建议遭到 Mishin（2010）的反对。

间货币政策传导渠道阻塞很大程度上是金融中介运转失灵造成的。最后，由于金融中介的重要性，金融监管也会对宏观经济和货币政策产生重大影响。除此之外，Woodford（2003）等还特别强调了公众预期的重要影响，并指出预期管理已经成为货币政策的核心内容之一。

（三）非常规货币政策实践

当前发达国家所采取的非常规货币政策实际上要解决两个层次上的问题：一是在零利率下限处降低各类资产收益率，从而降低私人部门的融资成本，扩大总需求，这可以理解为狭义的非常规货币政策；二是恢复金融市场和金融中介的正常运行，保证货币政策实现顺畅传递，这两个方面可以看作广义的非常规货币政策。

由于常规货币政策的目标仅在于宏观经济稳定；非常规货币政策的目标还包括恢复金融市场和金融中介的正常运行。根据丁伯根法则，非常规货币政策要包含更多的政策工具，特别是宏观审慎监管以及巴塞尔Ⅲ加强对资本充足率和流动性的监管（Joyce 等，2012）。就具体政策措施而言，非常规货币政策主要有四种形式：一是中央银行通过扩大对商业银行和其他金融机构贷款来为市场提供流动性，同时保障金融机构安全；二是通过购买政府和私人债券降低私人部门融资成本，刺激私人部门总需求；三是中央银行通过扩大其资产规模实现量化宽松政策，增加流动性供给；四是通过将政策利率长期保持在极低的水平来实现对私人部门预期的管理。

◇◇三　包含金融市场的货币政策理论新发展

金融危机之后，经济学家进一步认识到金融市场（机构）对实体经济和货币政策传导的影响；同时强化风险管理也是改善政策实践的另一个重要方面。在资产泡沫分类中，由过度信贷造成的资产泡沫对宏观经济造成的危害远远大于纯粹非理性繁荣泡沫；但这种泡沫客观上相对容易辨认，并且信贷供给和货币政策密切相关。因此货币政策理论有两个新的发展方向：一是如何将金融市场纳入到货币政策操作框架中；二是如何通过货币政策应对信贷驱动型资产泡沫。

（一）包含金融摩擦的货币传导机制

危机期间，金融市场崩溃之所以会对经济造成极其严重的破坏是因为金融市场崩溃存在自我强化机制。金融市场上的负面冲击导致由于信息不对称现象造成的金融摩擦急剧增加，金融体系无法将资金流向那些有效益的投资机会，其结果是经济可以经历一次严重的经济衰退（米什金，1997）。

金融机构之间信贷机制破坏意味着传统货币政策工具可能失效。首先，中央银行无法通过调节无风险的联邦基金利率来控制风险利率上升。即使降低联邦基金利率至零利率，也无法逆转突升的风险溢价带来的货币市场流动性紧缩。其次，降低再贴现率也不能改变货币市场流动性紧缩的局面。出于对资产状况的担忧，金融机构不可能通过再贴现融资来增加对其他金融机构的信贷，而会先用于应对自身的流动性危局。

私人部门外部融资额外成本骤增，中央银行不得不考虑如何减小"金融加速器机制"的破坏作用。次贷危机发生后，私人部门的外部融资额外成本（即外部融资成本与内部融资成本之差）大大增加。金融部门通过双渠道同时影响实体部门：一个是信贷渠道，金融机构可贷资金水平下降冲击实体部门；另一个是资产负债表渠道，资产价格下跌导致可担保资产的价值下降，同时贷款困难，现金流状况恶化，进一步提高外部融资的额外成本。

当信贷创造能力受破坏的金融体系和现金流困难的实体经济结合便产生"金融加速器机制"，包含着巨大的宏观经济风险。金融体系破坏、外部融资额外成本上升以及资产价格的暴跌，均使实体经济中的消费、投资、需求和产出、就业受到冲击。实体经济恶化将进一步增加金融机构不良资产，由此形成反馈效应。该反馈效应作用到金融体系，破坏金融体系功能，再作用到实体经济部门，加剧实体经济的恶化，如此循环放大了宏观经济的风险。

（二）兼容金融摩擦的货币政策与（宏观）审慎监管政策的分工框架

由于次贷危机源于地产价格泡沫，如果货币政策能成功阻止资产泡沫形成，是否就能够避免金融危机及后续经济衰退的出现，这一问题成为理论和政策实践讨论的焦点之一。对于货币政策应如何应对资产泡沫，经济学家长期以来存在"抑制"和"救济"两种观点（Lean Versus Clean）。前一种观点认为货币政策应主动抑制资产泡沫出现，由于资产泡沫破灭会造成强烈的负面冲击，一些经济学家早在次贷危机爆发之前就提出中央银行应该通过提高利率抑制资产泡沫产生，尽管提高利率可能对产出造成冲击，但总比资产泡沫破裂造成的影响要小，例如 Cecchetti 等（2000），Borio 和 Lowe（2002），Borio、English、Filardo（2003）和 White（2004）等。

与此相反的观点认为，货币政策应静等资产泡沫破灭，然后对其产出和通货膨胀所造成的负面影响进行救济。① 支持"救济"观点的依据主要包括：资产泡沫难以识别；提高利率对抑制资产泡沫作用有限；利率政策无法针对特定的资产泡沫而实施；利率提高可能放大资产泡沫破灭的负面影响，其中最后一条理由不仅得到一些理论研究认同，如 Bernanke、Gertler 和

---

① 由于这一观点得到时任美联储主席格林斯潘的支持，因此也被称为"格林斯潘信条"（Greenspan doctrine）。

Gilchrist（1999），Gruen、Plumb 和 Stone（2005），Kohn（2006）；同时也有实践案例支持，例如 1928—1929 年危机期间美国的货币紧缩和 1989 年日本资产泡沫破灭之后的货币紧缩都表明提高利率可能导致资产价格泡沫破裂更严重，从而加剧对经济的损害，例如 Cargill、Hutchison 和 Ito（2000），Jinushi、Kuroki 和 Miyao（2000），Posen（2003），Gruen、Plumb 和 Stone（2005）等。

与上述一般化的讨论不同，Mishkin（2010）将资产泡沫的类型细分为"信贷推动型"资产泡沫和纯粹"非理性繁荣"泡沫，相对于后者，"信贷推动型"资产泡沫不仅对宏观经济危害更大，而且比较容易识别，应该对这种泡沫采取预防性的措施。与是否应该相比，如何预防信贷（资产）泡沫是一个更加艰巨的问题。Mishkin（2012）认为市场失灵导致投资者采取过度的冒险行为（risk taking），从而造成信贷扩张和资产泡沫。既然信贷泡沫的根源在于市场失灵，审慎监管也就成为预防市场失灵和信贷泡沫的自然选择。审慎监管分为微观审慎监管和宏观审慎监管。微观审慎监管包括充分信息披露、资本金要求和流动性要求等，这些监管主要是确保单个金融机构的安全和正常运转。由于金融机构间相互作用具有外部性，即便每个机构都审慎经营，市场仍然存在过度冒险的可能，因此需要运用宏观审慎监管政策来阻断资产价格泡沫与信贷扩张之间的联系，预防信贷市场总体可能发生的系统性风险。例如，巴塞尔协议Ⅲ中通过动态调整资本充足率要求（即在信贷扩张时提高资本充足率，反之在信贷收缩时降低资本充足率要求）来抑制信贷周期就是宏观审慎监管政策的一个案例。

如果宏观审慎监管政策不能有效地抑制信贷泡沫，那么货币政策是否能有效抑制资产价格泡沫呢？[①] 利率政策、资产价格泡沫与信贷供给之间的相互关系如何呢？第一，研究发现低利率政策确有可能引发过度冒险行为，

---

① 本章所讨论货币政策工具是短期利率。

并导致信贷驱动型泡沫产生。① 低利率可能导致过度冒险行为有两个原因：一是低利率能够增加金融机构追求高收益率的动机；二是低利率的收入和估值效应也可以促进过度冒险行为。因此货币政策预防信贷驱动型泡沫确有必要，但当采用货币政策预防资产泡沫时也可能面临严峻的困难（Mishkin，2012）。首先，用货币政策来调控信贷驱动型泡沫直接违反了"丁伯根法则"；其次，Boivin、Lane 和 Meh（2010）发现货币政策应对金融不稳定的有效性在很大程度上取决于冲击的性质，货币政策对整个经济所面临的普遍性冲击相对有效，监管政策对特定市场失灵相对有效。再次，因为经济稳定并不必然保证金融稳定，因此运用货币政策维持金融稳定意味着货币政策可能要在金融稳定和经济稳定目标之间作出权衡。多目标货币政策有可能使公众混淆中央银行稳定价格的承诺，削弱名义锚的作用。最后，运用货币政策维持金融稳定可能产生误判，即在不需要抑制泡沫时作出紧缩性政策决策。

金融危机使货币政策当局意识到经济稳定政策和金融稳定政策无法截然分开。特别是当货币当局同时肩负金融稳定和经济稳定责任时，需要通过宏观审慎监管和货币政策相配合。当低利率政策可能导致市场产生过度冒险行为时，需要更加严格的宏观审慎监管；而如果宏观审慎监管造成总需求下降时，则需要相对宽松的货币政策予以配合。由于货币政策和监管政策协调的复杂性，Mishkin（2012）建议应由同一政府部门负责两项政策的实施，这已是美联储和欧洲央行共同的选择。

◇四 非常规货币政策的溢出效应

就非常规货币政策的经济效应而言，除去国内层面非常规货币政策实

---

① 这一渠道被称为货币政策的"风险承担渠道"（risk taking channel）。

施对金融体系稳定、降低融资成本继而促进产出增长所起的作用之外，在开放背景下，一国非常规货币政策的实施还会通过金融和贸易等渠道影响着其他国家宏观经济的运行，存在着国家间的政策溢出效应。

（一）非常规货币政策的溢出机制

在开放背景下，一国非常规货币政策的实施可能会在如下几个层面对其他国家的宏观经济变量产生影响。

首先，当非常规货币政策实施国在全球经济中的地位较为重要时，非常规货币政策的实施将会通过资产组合效应引起全球资本流动格局的变动。举例来说，鉴于美国国债在全球经济中的重要地位，其对外主权债务资产无论在国内还是在全球市场上都缺乏相应的资产替代品，因此，当非常规货币政策实施导致美国长期债券的收益率走低时，投资者将会重新选择资产工具，转向新兴市场国家资产。这在推高新兴市场国家资产价格的同时，有利于拉低长期利率，改善新兴市场国家的外部融资环境。

其次，非常规货币政策实施下的财富效应有利于改善其他国家的外部需求环境。非常规货币政策实施下的资产价格上升意味着居民财富水平的增加，这有利于居民消费水平继而进口需求水平的进一步增长，这一点，对于消费财富主导以及进口消费占据较大比重的美国经济而言尤其如此。因此，从这个角度上说，在进口的收入弹性较大的背景下，非常规货币政策实施所带来的需求增加会在贸易渠道下带动其他国家的出口扩张，继而对外部市场产出的增长产生进一步的推动力量。

再次，非常规货币政策的实施还会通过影响双边汇率间接地影响其他国家的宏观经济。从非常规货币政策实施的背景出发，由于早期非常规货币政策实施的核心在于稳定金融市场，因此，在危机发生的初期，非常规货币政策实施下的金融市场稳定将会在一定程度上形成本国货币的升值动力。但在长期来讲，非常规货币政策的实施意味着市场流动性环境的改善以及资产收益率的降低，这又会形成货币的贬值压力。与此同时，伴随着双边汇率水平的变动，其他国家对非常规货币政策实施国的出口以及投资也会进行相应调整，这形成了非常规货币政策溢出效应的间接渠道。

最后，对于价格变量而言，非常规货币政策的实施也会在供给和需求两个层面影响其他国家的整体价格水平。一方面，在国际大宗商品价格以非常规货币政策实施国货币定价的条件下，国际大宗商品价格的上涨意味着原材料进口国生产企业生产成本的增加，其会通过价格的传递效应，导致其他产品和服务价格的进一步上涨。另一方面，非常规货币政策实施下外部需求的增加还会形成产品出口国价格变动的需求冲击，以"输入型通胀"的形式抬高商品输出国国内的物价水平。

（二）美国非常规货币政策对中国宏观经济的影响

在上文就非常规货币政策的国际溢出效应的机制进行讨论的基础上，在这一部分，我们结合中国的具体实践，讨论美国非常规货币政策实施对中国宏观经济所产生的影响。限于篇幅，我们主要讨论美国非常规货币政策实施对中国国内产出、物价水平以及人民币汇率水平所产生的影响。

具体分析时，为了对美国非常规货币政策变量进行量化，我们参考Chen 等（2012）的研究，以美国 10 年期国债收益率和 3 个月期国债收益率的差值来表示。这样一种表征非常规货币政策的逻辑在于：非常规货币政策实施的目的在于在短期利率水平接近于零的条件下进一步拉低长期资产收益率。当收益率的差值减小时，意味着美国非常规货币政策实施规模的增加。

接下来，我们首先就美国非常规货币政策与中国主要宏观经济政策变量的简单关系进行考察，具体结果见图 13—2 至图 13—4。

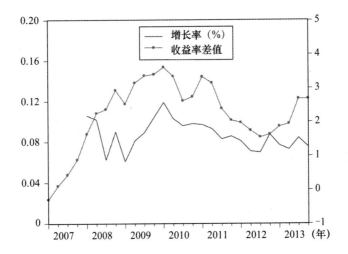

图13—2 美国非常规货币政策与中国的产出增长率

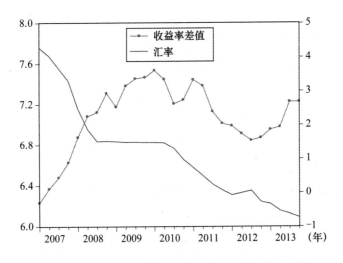

图13—3 美国非常规货币政策与人民币兑美元汇率

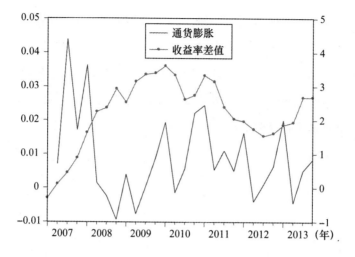

图13—4　美国非常规货币政策与中国通货膨胀水平

资料来源：美国非常规货币政策及美元兑人民币汇率的数据来源于美联储圣路易斯网站，中国宏观经济变量的数据来源于国家统计局。

　　结合图 13—2 至图 13—4，我们可以看出，就美国非常规货币政策与中国主要宏观经济变量的简单关系而言，伴随着美国非常规货币政策的实施，长期国债收益率与短期国债收益率之间差值的变动与中国实际产出的增长率呈现正相关的关系，与中美两国双边汇率的变动关系也在整体上保持了一致的变动趋势。相对而言，美国非常规货币政策实施与中国国内物价水平的变动趋势之间的相关性并不直接。因此，就初步结论而言，我们认为伴随着美国非常规货币政策的实施，人民币兑美元汇率水平向升值的趋势变动，而中国国内实际产出的增长率则在不断下降。因此，从这个角度来说，美国非常规货币政策实施所带来的消费需求增长并未完全转换为中国对外出口的增加，整体上美国非常规货币政策实施对中国宏观经济的溢出效应为负。接下来，为了对这一结论进行进一步的验证，我们构建了一个包含美国非常规货币政策、中美双边汇率、中国实际国内生产总值增长率以及通货膨胀率在内的误差修正模型来对美国非常规货币政策实施对中国宏观经济变量的影响进行模拟冲击。具体分析时，我们还纳入了美国金融市场压力指数以及美国实际产出增长率两个变量作为外生变量，样本的时间跨度为2009年第一季度到2013年第四季度。图13—5至图13—7给出了一个标准差的长期国债和短期国债收益率的差值增加所引起的中国主要宏观经济变量的脉冲响应结果。

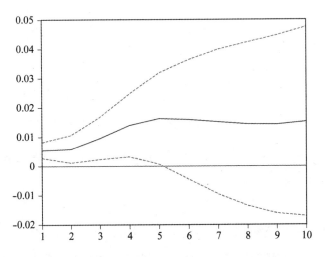

图13—5 中国实际国内产出增长率的脉冲响应结果

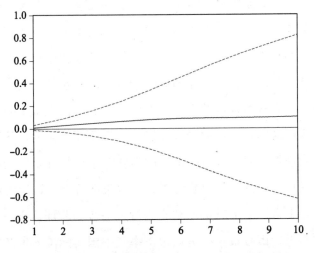

图13—6 中国实际国内产出增长率的脉冲响应结果

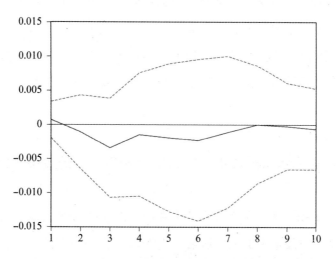

图13—7　中国实际国内产出增长率的脉冲响应结果

　　结合图13—5至图13—7，我们可以看出，在基于误差修正模型，采用脉冲响应冲击的方法就美国非常规货币政策对中国宏观经济变量产生的冲击进行表征之后，上文简单图形分析的结论仍然成立，美国非常规货币政策实施对中国整体物价水平上涨的推动效应也进一步得到了确认。具体来说，伴随着美国非常规货币政策的实施，在美国国内流动性充裕以及资产收益率逐渐走低的背景下，美元出现贬值趋势，人民币兑美元汇率水平进一步提高（图13—6）。与此同时，美国国内流动性环境的改善也通过贸易或者金融的渠道影响了中国国内的物价水平，成为危机后中国国内物价水平持续上涨的重要外部因素（图13—7）。最后，就美国非常规货币政策实施的整体产出效应而言，与上文分析的结论相一致，我们发现伴随着美国非常规货币政策的实施，中国的实际国内产出增长率却有所下调（图13—5）。究其缘由，这可能与中国经济增长的外向型特征有关。也就是说，在美国非常规货币政策实施的大背景下，人民币兑美元汇率出现大幅升值的趋势，而伴随着人民币对美元的升值，无论是中国产品对美国的出口还是来自美国的外商直接投资势必会受到不同程度的影响。在中国宏观经济对外商直接投资和出口贸易仍然存在较大依赖的大背景下，中国国内产出受到美国非常规货币政策实施的负向冲击也就不足为奇。从这个角度也可以看出，在美国非常规货币政策实施的整体产出溢出效应为负的前提下，美国非常规货币政策对中国出口贸易增长的收入效应要小于美元贬值所带来的价格效应。

（三） 美国非常规货币政策退出背景下中国的政策选择

伴随着金融市场的逐渐调整以及政府经济刺激政策的实施，在 2010 年之后，美国经济逐渐走上复苏轨道。从 2010 年第一季度开始，美国实际国内生产总值的同比增长速度连续 14 个季度在 1.3% 以上，2011—2013 年产出的季度平均增长率（2.2%）也已经非常接近金融危机发生前产出水平的平均增长速度（2.4%）。[①] 更为重要的是，在美国经济增长数据整体改善的同时，私人部门投资和私人部门消费在产出中的比重快速增长，劳动力市场、房地产市场和金融市场也呈现积极的向好趋势。因此，伴随着"失业型复苏"局面的逐渐好转以及经济增长动力从政府部门向私人部门的转移，美国经济已经呈现整体复苏的迹象。在这样的背景下，尽管有关美国定量宽松货币政策的退出时点还存在争论，但美国货币政策的逐步趋紧将成为一种必然。

对于美国非常规货币政策退出对中国经济的影响，在中国的资本流动特别是间接资本流动仍然受到较大管制的大背景下，中国应该不会出现类似其他新兴市场国家资金大规模抽逃的现象，美国非常规货币政策退出对中国宏观经济的影响也主要集中在贸易渠道。结合前文的分析，就有利的因素而言，美国非常规货币政策退出必然伴随着美元的大幅升值，这在减

---

① 作者根据美国经济分析局数据计算得出。

轻当前人民币汇率升值压力、缓解国内通货膨胀的同时，也为中国产品的对外出口创造了货币条件。因此，在美国经济复苏趋势较为明朗的背景下，短期内外部市场需求增加和美元的升值将在双重意义上改善当前中国的对外出口环境。然而，就美国非常规货币政策退出的不利影响而言，最大的不确定性仍然来自全球的流动性环境的变化。世界银行（2010）曾指出，相比于 20 世纪 90 年代，本轮金融危机发生前发展中国家经济增长的动力主要得益于流动性繁荣下的融资便利，而非发达国家国内需求的增长。如果这一逻辑成立的话，伴随着美国非常规货币政策的退出以及金融监管体系的完善，发展中国家的外部融资环境将有所恶化，外部资金供给的短缺以及借贷成本的不断上升将在很长一段时间内加以维持。对于中国而言，国内经济增长所面临的冲击可能是多方面的。一方面，在外部融资约束趋紧的情况下，流动性繁荣时期的融资便利对经济增长的促进效应将无从体现，在当前中国的金融发展水平尚不足以完全满足企业外部融资需求的背景下，国际融资条件的恶化必将会对国内的生产型企业形成较大的流动性冲击。另一方面，随着美国非常规货币政策的退出，危机后的美国经济必须借助技术创新来激发新的经济增长点，而在当前美国国内新的技术和制度创新的迹象并不明显的背景下，美国经济很难出现可靠的增长点，美国长期内进口需求水平的维持带有较大的不确定性，未来中国经济的发展仍然可能面临着较大的外部需求冲击。

在这样的背景下，中国政府未来的政策选择应在如下两个层面有所侧重。

第一，在短期内，政府应对全球流动性环境加以关注的同时，进一步加强货币政策和汇率政策的协调，提升货币政策的操作空间。而在长期内则要致力于推动国内金融体制改革，进一步提升国内金融市场发展水平。一方面，在美国非常规货币政策退出后，国内金融市场的健康发展可以有效缓解企业不断趋紧的融资约束，提供必要的生产性资金，为国内产业的发展以至整体的产业竞争力的提升提供必要的支撑。另一方面，从减少预防性储蓄、提高储蓄向投资转化效率的角度讲，国内金融部门的发展也是国内需求替代外部需求继而实现经济增长方式顺利转变的关键。因此，我国应在积极促进金融监管体系改革，确保交易监管的全面性，强调对金融机构的稳定性监管的同时，进一步加强信用体制建设，加快推动金融中介和资本市场发展，提高金融系统的整体运行效率。

第二，在当前美国非常规货币政策退出的效应尚未体现、世界经济格局的变动趋势尚不明朗的背景下，中国经济发展的短期定位仍然在于现有国际分工体系下制造业大国地位的维护和巩固。这既是短期内中国经济外向型发展模式的必然要求，也是长期内经济结构调整和增长方式转变的基础所在。只有在维持一定的出口增速的背景下，中国国际分工地位的维持和国内改革的顺利开展才存在可能。但在长期内，在中国经济发展所面临的外部需求约束逐渐显现的背景下，中国经济的持续发展必然要立足于国内需求的扩张，超越小国经济发展的外向型模式。因此，在这个角度上说，中国未来的政策选择要协调处理制造业短期增长与长期结构改革之间的关系。既要确保出口规模增长和市场扩张的总量要求，也要突出制造业技术结构和区域结构的调整优化。同时，注重将制造业的改革发展纳入对外开放战略的整体框架，统筹考虑制造业发展、对外直接投资以及汇率形成机制改革等相关议题，增强开放战略调整的主动性和全局性，实现依附性开放向自主性开放的转变。

第十四章

含有金融摩擦的 DSGE 模型

◈ 一　从 RBC 到新新古典综合：DSGE 模型演进的早期脉络

20世纪70年代，传统凯恩斯主义的发展受到了前所未有的挑战。在实体经济领域，传统凯恩斯主义所强调的通货膨胀和失业率之间的短期权衡很难对"滞胀"加以解释。而在理论层面，微观基础的缺乏更是受到了货币主义和理性预期学派的诸多诘责。在"卢卡斯批判"成立的条件下，政策变动所导致的参数变动将使得经济主体的最优决策存在动态不一致问题，而这直接弱化了传统凯恩斯模型的预测能力和逻辑合理性。

在这样的背景下，动态随机一般均衡模型（以下简称 DSGE 模型）的发展成为应对"卢卡斯"批判的主要工具。从模型的核心架构来看，尽管 Lucas、Prescott（1971）和 Lucas（1972）的早期研究已经包含了部分 DSGE 模型的特征，但现代意义上 DSGE 模型的应用仍然最早源于 Kyland、Prescott（1982）的开创性工作。在完全竞争市场的框架下，基于消费者和生产厂商等微观个体的最优化行为，Kyland、Prescott（1982）通过引入外生技术的随机冲击以及对深度不变参数（deep parameters）的校准，模拟了技术冲击对实体经济的影响。在为宏观的政策分析提供了坚实的微观基础的同时，很好地拟合了现实的宏观经济数据，也为后来有关实际经济周期理论的研究奠定了一个基本的分析范式。事实上，尽管研究的目的和假定有所不同，但随后有关实际经济周期理论的研究基本都保留了 Kyland、Prescott（1982）所强调的完全竞争、价格和工资弹性、实际技术冲击等模型特征（Prescott，1986；Long、Plosser，1983；King、Rebelo，1999 等）。

作为早期 DSGE 模型的代表，有关实际经济周期模型的研究较好地解决了微观基础缺乏以及"卢卡斯批判"的问题，对实际经济数据的拟合也相对较好。但是，其有关市场出清的假设以及对实体技术因素在宏观经济波动中的过度强调仍然引起了诸多批评。由于在实际经济周期模型中，技术冲击是宏观经济波动的主要因素，而经济衰退则成为经济个体面临负向技术冲击时进行最优资源配置的结果。在这个意义上，反危机的政府措施反而成为降低资源配置效率的政策选择。同时，由于价格和工资完全弹性，在实际经济周期模型中，货币政策的变动并不会导致经济的短期波动。但事实上，越来越多的经验研究却表明货币在短期内是非中性的（Friedman、Schwartz，1963；Christiano 等，1998）。

有关实际经济周期模型的这些批判促成了新凯恩斯主义模型的出现，而这构成了 DSGE 模型发展的第二个阶段。在含有 DSGE 模型的新凯恩斯主义的框架下，不完全竞争以及价格和工资粘性成为这些模型的关键特征，货币非中性的属性也自然成为这些模型的主要结论。具体而言，在存在菜单成本、协调失败以及价格信号的情况下（Stiglitz，1987；Ball、Romer，1991；Mankiw，1985；Blanchard、Kiyotaki，1987），企业并不会立即根据市场条件的变化调整价格。同时，在劳动市场上，效率工资等劳动市场不完全现象也使得工资的调整缺乏弹性（Solow，1979；Bardhan，1993）。而从工资和价格粘性引入模型的方式来看，含有 DSGE 模型的新凯恩斯模型又可以分为两类。一类研究以 Calvo（1983），Erceg 等（2000），Gali、Gertler（1999）为代表，通过引入异质性主体的方式来引入价格粘性，认为一部分的企业和工人可以立即调整价格和工资，而另一部分经济主体所面临的工资和价格却保持固定。另一类以 Rotemberg（1982）为代表的研究则认为调整成本是价格变动部分的二次函数，在存在价格和工资调整成本的情况下，价格和工资的变动将具有典型的粘性特征。

　　新凯恩斯 DSGE 模型下价格和工资粘性的引入不但修正了实际经济周期模型货币中性的假定，也为传统凯恩斯主义价格粘性的来源提供了必要的微观基础。在此之后，伴随着极大似然估计和贝叶斯估计技术的发展以及多种外生冲击变量的引入，以 Smets、Wouters（2003，2007）的研究为标志，DSGE 模型的基本框架构建完成。其兼具新古典和凯恩斯主义的"新新古典综合"特性不但使得新凯恩斯 DSGE 模型在很长一段时间内成为宏观经济理论分析的主流的基准模型，也成为众多国家中央银行经济分析、政策决策甚至是经济预测的重要工具。

◇二　金融加速器效应下 DSGE 模型中有关金融摩擦的初始讨论

　　尽管 DSGE 模型在很长一段时间内都得到了主流宏观经济学研究的推崇，但到 20 世纪 90 年代，这些模型在用于解释现实中的一些宏观经济现象时仍然存在着一定的缺陷。举例来说，在短期内技术和政策的变化往往不大，但由此导致的经济波动不但巨大，持续时间也相对较长。对于这一经济波动的放大机制和持续机制，早期的新凯恩斯 DSGE 模型是难以解释的。

　　事实上，在传统的新凯恩斯模型中，金融市场往往被认为是完全有效的。在不存在金融摩擦的背景下，金融部分的引入便是多余的。而金融危机的不断发生以及对经济波动放大和持续机制加以解释的内在需求使得金融要素在宏观经济中的重要地位开始受到重视。如何在宏观经济建模特别是经济周期理论分析中加入金融因素，考虑金融变量与其他宏观经济变量的相互作用，探讨经济波动新的源泉成为 20 世纪 90 年代以后 DSGE 模型发展的主要方向。

在这样的背景下，金融摩擦被进一步引入传统新凯恩斯模型的分析框架（Bernanke、Gertler、Gilchrist，1999；Kiyotaki、Moore，1997 等）。根据金融摩擦的引入方式，大体上我们可以将这类文献分为两类。

（一）外部融资溢价机制下的金融摩擦

第一类文献主要从价格角度出发，强调存在金融摩擦下外部融资的溢价机制。在这些研究中，金融摩擦机制的引入主要是通过企业的资产负债表效应加以实现，认为金融市场不完全下的代理成本和不完全信息将会带来贷款的识别成本，这导致了企业内部融资和外部融资成本的差异。在实体经济衰退导致企业资产缩水继而内部融资困难后，企业不得不借助成本较高的外部融资，而这又进一步导致了企业资产的下降，使得初始的外部冲击在这一顺周期的内在机制下被进一步放大。因此，金融摩擦的存在对宏观经济变量的影响主要是通过价格机制加以实现。

这类研究的最初思想起源于 Bernanke 和 Gertler（1989），但真正对整个宏观经济学产生重要影响的却源于 Bernanke、Gertler 和 Gilchrist（1998）（以下简称 BGG 模型）的分析。BGG 模型在吸纳 Bernanke、Gertler（1989）和 Carlstrom、Fuerst（1997）研究的思想上，基于 Townsend（1979）的债务契约框架，将金融要素引入新凯恩斯的分析框架，探讨了"金融加速器效应"存在的情况下，宏观经济波动特征的差异，并为之后的相关研究奠定了一个基本的分析范式。

Christiano、Motto 和 Rostagno（2003）在 BGG 模型分析的基础上，进一步引入银行部门，建立起一个更为完整的反映资金流动的一般均衡模型。同时，在 Christiano、Motto 和 Rostagno（2003）的模型中，债务契约以名义借款合同的形式加以引入，这使得模型的构建更加符合现实条件的同时，也进一步丰富了 BGG 模型中的金融加速器机制。Christiano、Motto 和 Rostagno（2003）认为，除去 BGG 模型所强调的初始冲击通过企业资产渠道所产生的加速器效应之外，金融摩擦的加速器效应还体现在另外两个层面：一方面，负向的外部冲击不但导致了企业财富的缩水，在整体经济活力下滑的同时，也导致企业资本租赁价格的下滑，这引起了企业收入的进一步萎缩。另一方面，更为重要的是，由于契约签订的基准是名义收益率，负向的需求冲击会带来一般物价水平的下降，在 Fisher 通缩效应下，这增加了债务人的实际支付水平，导致财富从债务人向债权人转移。虽然一般的宏观模型都认为财富分配是中性的，但在债务人面临更多投资机会的前提下，资金的分配将变得缺乏效率。因此，非中性的财富分配效应也会导致投资和产出的进一步萎缩。

与 Christiano、Motto、Rostagno（2003）的分析相类似，Freedman 等（2010）、Christensen 和 Dib（2008）以 及 Christiano、Motto、Rostagno（2010）也采用基于名义契约的 BGG 模型分别就财政刺激和货币政策的经济效应进行了讨论，也都证实了 BGG 模型中金融加速器效应和 Fisher 通缩效应的存在。只不过 Christensen、Dib（2008）以及 Christiano、Motto、Rostagno（2003）更为明确地讨论了 BGG 模型中金融加速器和 Fisher 通缩效应的相互作用，认为金融加速器效应的存在与否与冲击的性质有关。对于需求冲击而言，由于其引起产出和价格的同向变动，因此，BGG 模型金融加速器效应和 Fisher 通缩效应相互加强，使得初始的需求冲击进一步放大。而对于供给冲击而言，由于产出和价格的变动方向截然相反，Fisher 通缩效应的存在反而弱化了金融加速器的放大效应，使得供给冲击对宏观经济变量的影响减弱。

相对于以上文献对生产性企业所面临的金融摩擦的讨论，Aoki、Proudman 和 Vlieghe（2004）重点考察了来自居民层面的融资约束问题，并将 BGG 模型的分析方式拓宽到房地产市场，从而在考虑消费者外部融资约束条件下建立了一种新的外部融资溢价机制。在 Aoki、Proudman 和 Vlieghe（2004）的模型假定中，消费者在购买住房时面临着融资约束，自身资产并不足以支付房产价值，其必须以住房为抵押在外部市场上进行融资。与 BGG 模型相类似，在不对称信息和识别成本存在的情况下，相对于内部融资，外部融资也存在一定的风险溢价。而当居民的财富净值提高时，居民的违约概率降低，外部融资的风险溢价也相应下降。但与 BGG 模型的分析方式不同，居民净财富的变动不但取决于租赁收入和资产价格的变动，还取决于不同消费群体的转移支付，而转移支付的引入成为 BGG 模型金融加速器机制改变的关键。实体经济变量的正向冲击导致房地产价格上升，这在增加居民房产财富的同时，进一步降低了外部融资的风险溢价，导致房产消费需求和转移支付水平上升，金融加速器效应得以形成。这一点，是与 BGG 模型的金融加速器机制基本一致的。不同之处在于，Aoki、Proudman 和 Vlieghe（2004）认为，在房地产价格上升的过程中，消费者面临着增加当前消费和未来廉价融资之间的权衡取舍。一方面，转移支付的增加可以带来消费者当前效用水平的提升。另一方面，如果维持当前的转移支付不变，居民的净财富将会增加，这又会有利于降低外部融资的风险溢价。而跨期替代弹性、未来收入的不确定性以及交易成本的大小则成为影响消费者权衡取舍的重要因素。当交易成本的降低使得居民更加倾向于当前消费时，初始正向冲击所带来的房地产价格上涨会在加速器效应下带来消费水平较大幅度的增长。同时，由于居民更多地选择了当前消费，未来外部融资的风险溢价在房地产价格上涨的过程中下降并不明显，这弱化了传统的金融加速器机制，使得投资和产出变动对初始冲击的敏感性有所降低。

在上面的讨论中，对于金融摩擦和金融加速器效应关系的研究具有明显的定性分析的特征。也就是说，以上文献讨论的主要是在金融摩擦存在的条件下，金融加速器效应存在与否的问题。而对于金融加速器效应的大小，特别是金融摩擦程度的不同与金融加速器效应大小之间的关系却缺乏一个数量关系的判断。在这样的背景下，Cavalcanti（2010）将 BGG 模型完全契约的分析框架拓展到不完全契约的情形，以识别成本和法律对债务人违约惩罚力度的大小对金融摩擦的大小加以衡量，在此基础上，进一步分析了金融摩擦的大小对金融放大器效应的影响。Cavalcanti（2010）认为，金融加速器效应的大小不但取决于金融摩擦的程度，还与金融摩擦的来源有关。识别成本增加所带来的金融摩擦加剧会进一步放大初始的外部冲击，呈现出更为明显的加速器效应。而对于来源于法律执行不完全的金融摩擦而言，由于法律不能对债务人违约进行完全的惩罚，这意味着在所有情形下租金支付都会从债权人向债务人转移，① 导致信贷供给相对不足，在稳态时存在着相对较多低借贷杠杆率的企业。因此，对债务人违约惩罚力度减弱下的金融摩擦增加并没有带来金融加速器效应的增大。

（二）抵押约束机制下的金融摩擦

第二类文献主要从数量角度出发，强调外部融资约束的重要性。这类研究认为，企业在获得外部融资的过程中，出于对借款人还贷义务的考虑，借款人的借贷能力受到金融市场发展水平的限制，其必须以一定数量的资产作为抵押才能获得相应的贷款数量，而金融市场越不发达，借款人相同抵押资产所能得到的外部融资数量也就越少。一个外部的负向冲击使得企业的可抵押资产缩水，这进一步恶化了企业的借贷能力。在这一相互加强的反馈机制下，初始冲击的放大性和持续性得以形成。

这类文献的开创性研究源于 Kiyotaki、Moore（1997），在一个含有信贷约束的动态一般随机模型中，Kiyotaki、Moore（1997）分析了资产价格波动对企业净资产以及居民消费的影响，认为资产价格的降低会导致抵押资产

---

① 识别成本的增加只有在企业违约时才会影响债权人的收益。

的缩水，这进一步限制了企业的借贷空间并继而形成了消费和生产的波动特征。之后，Iacoviello（2005）在两个层面上拓展了 Kiyotaki、Moore（1997）的研究。一是引入房产价值作为抵押品以刻画房产财富的影响，二是将抵押约束条件以名义借款合同的形式加以引入。从而使得模型的构建更加符合现实条件的同时，也引入了新的放大机制。Iacoviello（2005）认为，在面临正的需求冲击时，需求的增加带来了资产价格的上升，这又带来了企业借贷能力的上升，使得支出和投资水平进一步提高。此外，物价水平的上升还减轻了实际的企业负债，这也在事实上降低了企业的净财富。但是与 Christiano、Motto、Rostagno（2003）不同的是，非中性的财富分配效应不是来源于投资机会的差异，而是消费倾向的不同。伴随着物价水平的上升，财富从债权人向债务人转移，在债务人的消费倾向更高的条件下，实际的净需求也得以扩张。在这些因素的共同作用下，初始的负向冲击进一步得到放大。因此，从这个角度来说，在面临需求冲击时，传统的金融加速器效应依然存在。但与 Kiyotaki、Moore（1997）不同，Iacoviello（2005）认为，如果冲击来源于供给层面价格的变化，在面临正向的价格冲击时，虽然此时债务人相对较高的消费倾向可以在财富转移效应下带来更多的产出增长，但在原有既定价格水平下的供给却有所下降。在供给下降力量为主的情况下，整体产出水平会进一步萎缩，产出和通胀之间呈现负相关性，而这样一种负相关性的存在事实上起到了减小经济波动的作用。Iacoviello、Neri（2010）基于 Iacoviello（2005）建立的抵押约束机制，通过多种冲击变量的引入，建立了一个中等规模的新凯恩斯模型以重点分析房地产部门和整个实体经济的相互作用机制，也发现了抵押约束机制下冲击放大效应和传染效应的存在，认为房地产市场的波动是引起美国1989—2006年消费波动的最重要因素。

与 Iacoviello（2005）和 Iacoviello、Neri（2010）的研究逻辑相类似，Monacelli（2009）也通过抵押品属性以及价格的变化发展了 Kiyotaki、Moore

（1997）建立的抵押约束机制。不同的是，在 Monacelli（2009）的模型中，耐用消费品成为企业借贷的抵押物，而借贷上限则与耐用消费品的数量以及其与非耐用消费品的相对价格有关。Monacelli（2009）认为，由于耐用消费品可以作为外部融资的抵押品，其影子价值高于非耐用品。在面临收缩的货币政策冲击时，由于非对称价格刚性的存在，耐用品价格的变化快于非耐用品价格的变化，这导致耐用品的相对价格下降，抵押约束条件趋于收紧。而当抵押约束条件收紧时，由于获取一单位资金所带来的边际效用上升，耐用品的影子价值上升，这增加了耐用品消费的实际成本。在替代效应的作用下，耐用品的存量下降，这使得抵押约束条件进一步收紧，冲击的放大机制得以形成。

在以上的分析中，抵押贷款率都是给定的，这意味着外部金融市场融资环境的相对稳定，此时融资上限的变动主要源于抵押资产价值的变动，金融市场对初始冲击的放大是类似的。而在现实世界中，不但不同国家的金融市场发展水平存在差异，同一国家在不同时期的金融发展状况也有所不同。基于这一事实，Calza、Monacelli 和 Stracca（2013）进一步将抵押约束机制拓宽到了抵押贷款比例可变的情形，以讨论不同金融市场结构下冲击放大效应的差异。在模型中，Calza、Monacelli 和 Stracca（2013）根据抵押资产比率和借款合同到期时间的不同，将抵押市场的融资环境进行了区分，发现虽然抵押约束机制的放大器效应几乎在所有的情形下都存在，但当抵押市场相对更为发达时，初始货币冲击对实体经济变量的影响更为明显。Brzoza-Brzezina 和 Makarski（2011）将确定性的抵押资产比率进一步拓展到了随机可变的情形，认为抵押约束条件的存在不但放大了初始的外部冲击，同时，其自身条件的恶化也是引起波兰实体经济恶化的重要因素。

金融危机以后，伴随着借贷约束的主体从生产者向金融部门的转换，信贷约束也逐渐被引入金融部门，抵押借贷约束的形式也更为丰富，后文我们会对此详加讨论。

（三） 对含有金融摩擦的 DSGE 模型的实证研究

以上文献主要是在理论层面就金融摩擦的引入机制以及加速器效应的形成原因进行的讨论，除此之外，在实证层面，也有大量文献对金融摩擦的来源和金融加速器效应的存在进行了检验。

第一类文献主要围绕金融加速器效应的存在性进行了实证的检验。从结论上来看，尽管在理论层面金融加速器效应的存在已经基本达成共识，但在实证层面，金融加速器效应的存在性仍然存在着一定的争论。这其中，Christensen、Dib（2008）以及 Gilchrist、Zakrajsek（2012）在 BGG 模型的框架下对外部融资溢价所形成的金融加速器效应进行了实证检验。他们发现，含有金融加速器机制的一般均衡模型所得出的模拟结果能够更好地拟合现实经济数据，在 1973—2008 年美国经济波动的过程中，金融加速器机制起到了非常明显的作用，外部融资溢价下的传染和放大效应是美国经济波动的主要来源。而与之相对应，Meier、Muller（2006）比较了含有金融加速器与简单的含有资本调整成本的一般均衡模型在拟合经济数据上的优劣。结果发现，两类模型基本都能对现实中投资的波动作出反应，但相对于简单的资本调整成本模型，含有外部融资溢价机制的金融加速器模型在拟合实际数据时并没有体现出明显的优势。除此之外，Cordoba 和 Ripoll（2004）还就抵押约束机制下的金融加速器效应进行了检验，结果也发现，在标准的生产和偏好参数下，抵押信贷约束机制的传播放大效应几乎是零。

第二轮文献主要是在肯定金融加速器效应存在的条件下，对不同金融加速器机制的适用性加以比较。Brzoza-Brzezina 和 Kolasa（2013）基于美国 1973—2008 年的季度宏观数据，使用贝叶斯估计方法对基准的 Smets 和 Wouters（2007）模型、含有外部融资溢价的 Smets 和 Wouters（2007）模型以及含有信贷抵押约束的 Smets 和 Wouters（2007）模型进行了估计。结果发现，无论是含有外部融资溢价还是含有抵押约束的 DSGE 模型，其对数据的拟合结果都要优于基准的 Smets 和 Wouters 模型，而与此同时，相对于抵押约束模型，含有外部融资溢价的金融加速器模型的拟合结果相对更好。Villa（2013）也基于 Smets 和 Wouters（2007）的模型和美国 1980—2008 年的实际数据对不同的金融加速器机制进行了检验，只不过 Villa（2013）比较的是含有识别成本的 BGG 模型与融合了外部融资溢价机制和信贷抵押约束机制的 Gertler 和 Karadi（2011）模型的拟合结果。从结果上来看，相对于 BGG 模型，Gertler 和 Karadi（2011）模型的拟合结果相对更为准确。

◇三　金融危机后包含金融中介的 DSGE 模型

美国金融危机的发生在极大地影响了实体宏观经济的同时，也对 DSGE 模型乃至整个宏观经济学的发展提出了前所未有的挑战。除去对 DSGE 模型预测能力的质疑外（Eeghen，2014；Refet 等，2011；Herbst 和 Schorfheide，2012；Kolasa 等，2012），众多学者也开始对于 DSGE 模型的缺陷加以反思和改进。代理人假定的合理性、非自愿失业的存在、金融市场功能考察的片面性、线性化求解技术的缺陷是对 DSGE 模型最为集中的质疑（Meeusen，2010；Blanchard 和 Gali，2010；Woodford，2000；Lim 和 McNelis，2008等）。鉴于金融部门在 DSGE 模型构建以及在本轮美国金融危机中的重要作用，对于金融机构所面临的金融摩擦的关注尤为集中。

传统金融摩擦的引入虽然在引入机制上存在差异，但强调的主要是需求层面生产者在外部融资过程中所面临的市场不完全，而较少关注供给层面金融机构所面临的市场不完全现象。美国金融危机后，金融机构信贷条件的恶化对实体经济的巨大冲击促使大量学者将视角逐渐从需求层面的金融摩擦逐渐转向供给层面，金融机构所面临的金融摩擦作为一种新的波动机制被进一步引入 DSGE 模型的分析框架。从金融机构金融摩擦的引入机制来看，虽然价格机制和数量机制仍然是金融摩擦引入的最为主要的方式（Gertler 和 Kiyotaki，2010；Davis 和 Huang，2012；Curdia 和 Woodford，2009），但相对于之前，金融危机后的 DSGE 模型仍然出现了一些较大的发展。

（一）从金融摩擦的间接效应到金融冲击的直接影响

在金融危机前的 DSGE 模型中，外生的冲击主要来源于技术、偏好等实体经济变量，金融变量在整个模型中都是作为一个参数存在，其作用是对初始外部冲击的放大性和持续性的间接影响，而并不作为直接的冲击来源。而在金融危机后，与之前研究只强调实体经济变量和货币政策的冲击不同，大量研究开始将金融冲击引入到模型的分析中。

Goodfriend 和 McCallum（2007）最早在 DSGE 模型中引入了来自资金供给层面的金融摩擦，同时，他们在分析金融部门的间接效应的同时，也引入了两类直接的金融冲击变量：资本抵押品的生产率和贷款管理能力，认为银行部门的存在不但会改变实体经济变量的冲击属性，其自身经营状况的变化也是影响宏观经济波动的重要力量。与 Goodfriend 和 McCallum（2007）的研究类似，Gerali 等（2010）在考察金融部门的间接作用的基础上，也对金融冲击对宏观经济的直接影响进行了讨论。从结论来看，Gerali 等（2010）更为直接地讨论了 2008 年经济衰退的源泉，认为实体经济条件的变化对 2008 年的经济萧条解释有限，而银行部门经营条件特别是银行资本状况的恶化才是经济衰退的主要原因。

从研究重点来看，Goodfriend 和 McCallum（2007）以及 Gerali 等（2010）的研究更多是在考察金融部门的间接作用的基础上，对金融冲击对宏观经济的直接影响加以兼顾，而 Jerman 和 Quadrini（2009）则专注于直接的金融冲击的影响。通过微观描述公司投融资行为，以及对公司股票与债务流总水平的实证考察，Jerman 和 Quadrini（2009）建立了一个反映公司股票和债务融资行为的商业周期模型，着重就公司融资行为对于经济周期波动的影响加以讨论。结果发现，在单纯生产性冲击下，模型并不能很好地模拟实际周期波动和公司股票与债务周期行为，但引入直接影响公司借贷行为的信贷冲击后，模型预测结果更为接近现实。此后，Christiano、Motto 和 Rostagno（2010）更为具体地量化了直接的金融冲击的影响，他们实证模拟的结果表明，金融财富风险冲击几乎可以解释信贷市场波动的全部，风险冲击可以分别解释欧洲和美国投资波动的 1/3 以上和 60% 以上，对产出波动的解释则可以分别达到 35% 和 47%。

（二）银行资本的作用给予了较多关注

就模型建立的逻辑而言，无论是外部融资溢价的价格机制还是信贷抵押约束的数量机制，企业自身的资产状况都是影响企业融资能力的关键因素。这样的一种分析逻辑被进一步保留到供给层面对金融中介面临摩擦的分析，只不过伴随着金融危机后实践层面对银行资本充足率的关注，分析的主体更为明确。这其中，以 Dellas 等（2012）、Angeloni 等（2011）为代表的文献较早关注了银行资本在经济波动放大中的作用。认为银行资本作为银行间市场的抵押物，不但减轻了银行和债权人之间存在的不对称信息问题，也会影响企业获得可贷资金的能力。当经济受到某种冲击进入衰退阶段时，银行预期利润的下降将导致银行自有资本的减少，为了应对挤兑风险，银行会减少其对外借款量。这不但带来了信贷供给的收缩，也进一步恶化了银行市场间的金融摩擦现象。

相对于以上文献对银行资本作用的简单关注，Meh 和 Moran（2010）为银行资本的作用的发挥提供了相对更为完整的微观基础。他们认为，在存在委托代理问题的情况下，企业家有动力将借贷资本投资于较低成功概率的项目以获取私人收益。同时，由于出资人没有办法对企业家的投资项目进行识别，他们只能将识别企业家项目的任务交由银行部门。但由于识别成本的存在，银行可能并不会完全地对企业家的项目进行识别，此时投资风险仍然主要由投资人来承担。在这一条件下，如果银行部门将自身的资本也投入到企业家的项目中，那么在企业家违约时，银行也将会面临违约损失。因此，银行自有资本的存在可以有效地解决信息不对称问题所导致的借贷和投资的不足。而与之相对应，当银行资本状况面临负向冲击时，急剧减少的银行资本也会导致银行借贷以及投资和产出的大幅下滑。与此同时，Meh 和 Moran（2010）也分析了银行资本机制下的金融加速器效应。他们认为，当经济面临负向的实体经济变量冲击时，银行贷款的盈利能力下降，银行很难获取外部资金，此时银行将较多地依赖自有资本状况来进行借贷。但在银行资本主要来源于留存盈余（retained earning）的情况下，银行资本并不能完全地进行调整，这导致银行贷款以及投资水平有所下降，而投资水平的下降又压低了将来的银行利润和资本水平，引起银行部门和实体经济变量的进一步收缩。

Kiley、Sim（2014）也讨论了银行资本在宏观经济波动中的重要作用。与 Meh、Moran（2010）的研究不同，在 Kiley 和 Sim（2014）的模型中，银行资本不再是解决道德风险问题的关键，而是单纯地满足银行部门可贷资金的内部融资方式。由于银行部门的收益面临着事后的个体特质性（idiosyncratic）冲击[①]，在事先承诺了借款金额的条件下，银行资本和外部融资共同成为解决借贷需要的融资方式。当银行资本出现负向冲击时，企业不得不更多地借助于外部融资。在存在金融摩擦的情况下，这会导致外部融资成本的上升，并继而带来投资和产出的萎缩。同时，当金融摩擦的状况

---

① 冲击只有在银行部门签订完借贷合同以后才会被观测到。

进一步恶化时①，银行的自有资本将变得更具价值，银行部门将会收缩对外贷款规模或提高贷款利率，这又形成了对实体经济变量的负向冲击。

上述文献虽然丰富了银行资本在整个宏观经济波动中作用的研究，但在建模逻辑上仍然属于早期信贷抵押约束机制从资金需求层面向资金供给层面的一个自然的延伸。相对而言，Gertler、Karadi（2011）对于银行资本作用的认定具有相对更大的意义。

在早期的文献中，私人部门以资产抵押形式进行借贷的杠杆率一直是外生给定的，其通常是以参数或者外生冲击变量的形式存在于整个模型中，同时，外部融资溢价机制和信贷抵押约束机制作为两类独立的金融摩擦的来源在不同的文献中被独立使用。而 Gertler、Karadi（2011）则通过一个含有道德风险的契约模型不但将抵押杠杆率这一参数内生化，还将外部融资溢价机制和信贷抵押约束机制通过银行资本的作用加以统一，从而建立起一个不同于早期研究的金融加速器机制。Gertler、Karadi（2011）认为，在存在道德风险的情况下，银行部门有动机将所吸纳的存款向外转移，当银行破产时，储蓄者只能得到银行部门没有转移的剩余资产。因此，在市场不完全的情况下，银行部门吸纳存款的能力以及向外借贷的水平都与银行部门的自身资产状况以及期望收益有关，这带来了银行部门融资的内生约束问题。当银行的自身财富面临负向冲击时，其借贷能力会进一步下降，这不但进一步放大了初始的资产冲击，也通过借贷成本的提高冲击了实体经济。此时，虽然中央银行在中介职能上相对缺乏效率，但其良好的还贷信誉避免了道德风险问题的出现，其并不受资金约束的限制。因此，在当银行部门的资产受到冲击时，中央银行的信贷支持对于缓解金融和实体经济的冲击是非常有效的。

---

① 外部融资成本和收益不确定性的增加。

(三) 金融加速器效应还是金融减速器效应

在存在金融加速器效应的条件下，宏观政策的刺激作用应该是非常明显的。但从实践来看，宏观经济政策的弱产出效应又对金融加速器效应的存在提出了挑战。事实上，在金融危机发生之前，Iacoviello（2005）便从名义价格变动的角度就供给冲击的减速器效应进行了分析，但绝大多数研究强调更多的仍然是金融部门的加速器效应，对于金融减速器效应的研究也更多的是从供给冲击下 Fisher 通缩效应的角度加以考虑。而在金融危机之后，不但有关金融减速器效应的研究趋于增大，减速器的发生机制也与危机前相比出现了较大的差异。

Goodfriend 和 McCallum（2007）最早在新古典综合的一般框架下引入了银行部分和货币因素，强调来自银行部门的金融摩擦和居民交易的货币需求在宏观经济波动和货币政策管理中的作用。在他们的模型中，银行贷款的形成需要投入资本抵押品和劳动力，在存在贷款的生产成本的情况下，外部融资溢价下的"金融加速器"机制仍然在资金的供给层面成立。经济活动的负向冲击压低了资产价格和抵押品的资产价值，并继而导致外部融资溢价上升，这增加了既定数量下存款需求的成本，使得经济衰退加速下滑。但与此同时，在资金的需求层面，在存在着货币交易约束的条件下，经济的萧条又伴随着贷款需求的下降，这压低了资金的外部融资溢价，缓解了最初的负向冲击，形成经济波动的"金融减速器"（Financial attenuator）。

相对于 Goodfriend、McCallum（2007）在完全竞争框架下就银行部门的引入，Gerali 等（2010）将银行部门的分析进一步拓展到垄断竞争的情形，而银行部门加速器和减速器效应的存在也被同时强调。只不过相对于 Goodfriend、McCallum（2007），在 Gerali 等（2010）的模型中，金融部门在经济波动中的作用与初始冲击的性质有关。一方面，对于实体经济变量的冲击而言，在存在 Iacoviello（2005）强调的借贷抵押约束机制的情况下，抵押品价值和外部融资条件的相互作用仍然会进一步强化实体供给变量的初始冲击，放大技术冲击对宏观经济的影响。另一方面，对于货币政策变量冲击而言，由于调整成本的存在，银行利率的调整表现出很强的粘性，这带来了货币政策的不完全传递，使得货币政策冲击对实体经济的影响有所弱化，银行部门又起到了缓存经济波动的作用。

与 Gerali 等（2010）对利率刚性的讨论不同，Andres、Arce（2012）引入了完全的利率弹性，通过将金融摩擦的外部融资溢价机制和信贷抵押约束机制加以融合，他们建立了一个含有内生利率差异的垄断竞争框架，以重点关注银行市场竞争程度对经济波动的影响。Andres、Arce（2010）认为，虽然银行竞争加剧所带来的利差下降能够在长期内成为产出增加的直接动力，但对于短期经济波动的动态属性而言，银行竞争的加速器效应和减速器效应同时存在。同时，与 Gerali 等（2010）的观点相类似，Andres 和 Arce（2010）也认为，由于面临的冲击属性不同，加速器效应和减速器效应的相对大小也有所差异。只不过，无论从理论机制还是从最终的结论来看，Andres 和 Arce（2010）与 Gerali 等（2010）的研究都存在根本的差异。对于货币政策冲击而言，Andres 和 Arce（2010）认为，当经济面临负向的货币政策冲击时，房产价格和产出都会有所下滑，此时银行竞争加剧所带来的杠杆率的提升会进一步放大资产价格下滑所引起的债务通缩效应和资产抵押效应，从而引起经济波动的进一步加剧。但与此同时，银行竞争的加剧也会导致较低的贷款利率加成（lending margin），这又为投资者净财富的增长创造了条件，有助于提高投资者的借贷和生产能力。但相对而言，在面临货币政策冲击时，由于后一种效应相对较小，整体上仍然呈现出金融加速器效应。这一点，无疑是与 Gerali 等（2010）的结论完全相反的。

（四）偶然收紧的金融约束与内生的金融风险

虽然以上的文献都对含有金融要素的 DSGE 模型进行了拓展研究，但危机后最引人注意的贡献仍然来自以 Mendoza（2010）、Brunnermeier 和 Sannikov（2012）以及 He 和 Krishnamurthy（2014）等在偶然收紧的金融约束下对内生金融风险的考察。这类研究除去在模型求解技术上对现有 DSGE 模型的构建提供了贡献之外，更重要的是在理论层面和实际层面的突出意义。

传统的研究分析的都是外生冲击对实体经济的影响以及金融部门的放大器效应，在模型分析时，由于冲击来源于稳态时的均衡变量，虽然冲击会对系统均衡产生一定的短期影响，但在长期内仍然会归于稳态。因此，正如 Kocherlakota（2000）和 Cordoba、Ripoll（2004）所指出的，这样的一种外生冲击对经济的扰动应当是相对有限的，只有大的未预期到的冲击才能带来实体经济的巨大波动。事实上，传统分析的着眼点在于系统稳态附近扰动的分析，而对于稳态移动的分析或者非稳态下外生冲击的讨论都是无能为力的。也就是说，无论是金融加速器效应还是减速器效应，其分析的都是同一个状态下宏观经济变量变化的程度大小，而难以回答经济体在不同状态下的切换，特别是难以回答经济体为何从一个相对较好的状态过渡到危机状态。

此类研究最早起源于 Mendoza（2010）对偶然存在的金融摩擦的讨论。Mendoza（2010）探讨了偶然存在的信贷约束在危机形成中的重要作用，认为经济中偶然存在的信贷约束会产生显著的放大器效应，微小的负向冲击也可以使得本来向好的宏观经济变量出现急剧的恶化。在 Mendoza（2010）的模型中，由于抵押约束条件的限制，① 经济扩张时期借贷杠杆率的上升很

---

① 在 Mendoza（2010）的模型中，并不存在银行部门，信贷约束机制只限于企业层面。Akinci、Queralto（2013）进一步将偶然存在的信贷约束引入银行部门的分析，也得出了与 Mendoza（2010）相类似的结论。

容易使得企业的债务约束变成紧约束，而在债务约束变成紧约束的条件下，外部融资溢价的上升和债务通缩效应的存在会使得原本扩张的实体经济快速地陷入衰退。一方面，当约束条件变成紧约束时，外部资金融资溢价的提高使得企业实际的有效融资成本上升，这带来了消费、投资和产出水平的进一步下降；另一方面，当企业面临收紧的债务约束时，其不得不在资本市场上变现资产，这在引起了资产价格下降的同时，也进一步收紧了未来的债务约束，使得初始的债务约束在未来逐步加强，并最终在费舍尔通缩效应下引起了实体经济的大幅衰退。

在此之后，Brunnermeier、Sannikov（2012）将 Mendoza（2010）的分析从离散时间状态拓展到连续时间状态，并进一步讨论了经济从繁荣向危机的转换机制，以及危机持续的时间、强度和频率等诸多问题。在模型中，Brunnermeier、Sannikov（2012）区分了两种不同的状态：正常状态和危机状态。在正常状态下，系统在随机稳态附近，在经历中小程度的冲击后有效率的生产者可以通过调整支出使系统回归均衡。而在危机状态下，生产者需要出售资产以降低风险敞口，由于过度的利润支付，此时相对较小的外部冲击也可能形成相对较大的风险。在对这两种状态的不同特征进行分析之后，Brunnermeier、Sannikov（2012）讨论了这两种状态的转换机制，认为由于非线性的放大效应的存在[①]，经济系统会偶然地进入不稳定的危机状态。与 BGG 模型相类似，外生实体经济变量的负向冲击引起了初始的资产价格下降和资产损失，这在降低了资产需求的同时，又进一步引起了资产价格的下降，而价格下降预期的存在则进一步放大了这样一种影响，初始的外生风险逐渐演变成为内生风险。不同之处在于，Brunnermeier、Sanni-

---

① 这里所说的非线性特征主要表现在两个方面：一方面，在经济稳态时，尽管正的冲击并不会带来明显的放大效应，但是相对较大的负向冲击却可能会使系统进入危机状态，使得投资效率以及产出水平出现下降。另一方面，相对于经济稳态时，在危机状态下，外部冲击所产生的经济效应更为明显。

kov（2012）强调，内生风险的大小与杠杆率以及价格对冲击的敏感程度有关，而与初始外生冲击的大小之间的关系并不密切，较高的杠杆率以及价格对冲击的高敏感性是放大初始外生风险的最重要的因素。当外生风险很小时，有效率的生产者有动力提高借贷杠杆率，这反而导致了相对较大的内生风险。因此，从这个角度来说，低风险的环境反而有助于系统性金融危机的形成。与之相对应，金融创新虽然能够有效地解决个体风险，但在个体风险规避后，企业预防风险的动机以及应对风险的资产都有所下降，这带来了杠杆率的提升，并进一步形成了系统性的内生风险。

Brunnermeier、Sannikov（2012）主要是在资金的需求层面对偶然收紧的资金约束加以关注，与之相对应，He、Krishnamurthy（2014）在一个声誉模型的基础上，通过纳入一个面临偶然收紧的资金约束的金融中介部门，从供给角度对系统性风险的形成机制加以分析。与 Brunnermeier、Sannikov（2012）的分析相类似，He、Krishnamurthy（2014）也通过引入两种不同状态的分析，来讨论冲击的非线性效应。He、Krishnamurthy（2014）认为，在正常状态下，金融中介并不存在资金的声誉约束，此时资本质量的负向冲击虽然会引起财富等同比例的下降，但并不会改变资产的风险结构。由于均衡时的夏普率（Sharpe ratio）几乎不变，外生冲击只会引起投资、消费和资产价格等变量同方向同幅度的变动。而在系统性风险的状态下，金融中介的声誉不足以支持其获取所需的全部股权资本，金融约束条件变为紧条件。此时，负向的冲击在引起财富水平下降的同时，也在杠杆效应下带来了金融中介声誉的更大比例的下降，这不但使得风险性资产的份额上升，也引起了资产价格的进一步下降，从而使得金融中介面临更紧的金融约束。在这样一种不断加强的放大机制下，投资和资产价格等经济变量出现了大幅的下滑，系统性危机得以形成。因此，从结论来看，He、Krishnamurthy（2014）对非线性效应的讨论与 Brunnermeier、Sannikov（2012）结论较为相似，不同之处主要体现在正常状态向危机状态的转换机制上。在 Brunnermeier、Sannikov（2012）

的模型中，内生杠杆率的上升是融资条件收紧的重要源泉，而在 He、Krish-namurthy（2014）的模型中，融资约束的收紧则主要与资本质量负向冲击以及贴现率上升所带来的融资声誉下降有关。

◇四　DSGE 模型在发展中国家的应用问题

从 DSGE 发展演绎的逻辑来看，对现实经济特征的关注和刻画，保持理论和实证逻辑的内在一致性，既是 DSGE 模型修正发展的原始动力，也是 DSGE 模型区别于其他分析工具的最大优势。因此，对中国现实经济特征的充分反映是 DSGE 模型在中国宏观经济研究中的一个最基本要求。作为西方宏观经济学主流分析工具的 DSGE 模型，背后的逻辑和基础更多的与西方市场经济体制的一般运行规律所对应，而中国经济既具有市场经济的部分属性，也具有诸如利率管制、市场分割等典型转型经济的非市场性特征，[①] 这就决定了如果不考虑中国经济中的非市场性因素，就很难为相关问题的分析提供一个相对准确的理论架构。

在一方面，当前国内很多学者已经做了许多有益的尝试。举例来说，一些学者注意到了中国的货币政策特征并不完全与主流货币政策分析的泰勒规则一致，因此在货币政策规则构建的过程中，以王彬、马文涛和刘胜会（2014），袁申国、陈平和刘兰凤（2011）以及梅东川和龚六堂（2012）为代表的研究都是在传统包含产出和通胀目标的泰勒规则之外，还引入了货币供应量和汇率稳定性的考虑。而王彬、马文涛和刘胜会（2014）则通过引入资本项目开放程度变量，对资本管制下的利率与汇率之间的关系进

---

① 举例来说，虽然利率在西方主流经济学分析中是影响居民跨期消费和企业投资的最为重要的因素，但蒋瑛琨等（2005）、Laurens 和 Maino（2007）等研究却发现中国的主要经济变量几乎不对市场利率做出显著反应。

行了修正，梅东川和龚六堂（2012）在应用 KM 的研究框架时，还纳入了不同国家杠杆率的差异，资本开放程度的大小以及加工贸易占比等变量。除此之外，张勇、李政军和龚六堂（2014）以及林仁文和杨熠（2014）更是对中国利率市场分割下不同企业融资条件的差异给予了充分讨论。但尽管如此，在刻画中国经济的特有特征时，一些关键因素仍然需要加以考虑。这一点，至少表现在如下三个层面。

首先，在需求层面，应该较多地关注中国居民消费的特殊性。在西方主流宏观经济学建模的过程中，相对于在企业层面和金融部门对金融摩擦的考察，在需求层面对金融摩擦的考察其实是相对不足的。绝大多数研究其实都假定在需求层面居民消费跨期选择的过程中并不存在外部资金约束，居民可以自由地根据终生财富水平、利率大小和效用偏好进行平滑的消费。而这一逻辑也被引入对中国居民消费决策的分析，但相对于发达经济体，抛去居民消费对利率变化的敏感性不提（Ogaki 等，1996；Carroll，1997），在居民消费跨期平滑的过程中，由于外部金融市场发展水平的限制，外部融资约束的存在会导致部分消费者不能够进行消费的平滑选择，而只能根据当前财富水平进行简单的拇指决策。事实上，即便在西方宏观经济学的研究中，拇指决策法则消费者的存在也引起了众多研究的关注（Mankiw，2000；Bosca，2011；Calciago，2011 等）。但是，在国内研究中，尽管我国消费层面的融资约束问题相较于发达国家要严重许多，但在相关研究中，却几乎没有学者对这一问题加以关注。与此同时，在消费者的消费选择中，虽然西方主流研究已经逐渐意识到房地产服务消费在居民消费和经济增长中的作用，但国内绝大多数研究仍然只是将一般商品的消费纳入到了居民的效用函数中，而缺少对房地产消费服务的考虑。事实上，在中国经济发展的过程中，住房消费不但是影响居民消费水平高低的因素和整个实体经济发展的关键，也是居民外部融资最为重要的抵押资产。

其次，在供给层面，企业外部融资条件异质性应该给予较多关注。相对于发达国家市场化的融资体制，在中国企业外部融资的过程中，由于中国的金融改革相对滞后，金融资源大多向低效的国有企业倾斜（Allen 等，2005；Hericourt、Poncet，2009；黄玖立、冼国明，2010 等），私人企业尽管收益和企业成长状况都要优于国有企业，但在扭曲的金融市场环境下，私有企业在外部融资上仍然存在一定限制。也就是说，在中国企业融资的过程中，国有企业面临的是管制利率下的融资特权，而私有企业不但受到行业准入的限制，相对于国有企业非市场利率贷款的获得，其只能按照更高的市场化利率进行贷款。在这样一种"选择性压抑"的金融体制下，单纯依赖西方主流经济学企业层面统一的外部融资约束机制，显然很难完全刻画中国企业的外部融资状况。可喜的是，针对这一点，国内的部分学者已经对此加以关注，并进行了相应的分析，张勇、李政军和龚六堂（2014）以及林仁文和杨熠（2014）对不同企业异质性融资环境的考察便是其中的例证。

最后，在资金由需求向供给的转换层面，对中国金融部门特殊性的关注应该有所加强。与供给层面企业外部融资的异质性相类似，在中国的金融体系中，也存在着金融机构外部融资条件的异质性。虽然私有中介市场在外部融资的过程中面临着融资约束的限制，但国有银行由于有国家信用担保，盈亏也会通过税收来加以平衡，自有资产的充裕程度并不是影响其信用担保能力和外部融资条件的重要因素。因此，与金融危机后西方主流经济学所强调的金融机构的金融摩擦主要来源于资产充足状况的条件不同，即便银行自有资产会对银行的融资条件和宏观经济的运行产生影响，其对冲击的影响机制和传递机制也存在着差异。与此同时，在国有商业银行经营权和控制权分离的条件下，不但西方主流经济学分析中对于银行部门利润最大化的假定不再成立，传统的金融加速器效应可能也不再存在。由于商业银行经营权和控制权的分离，不对称信息的来源不再单单存在于银行和存款人，以及银行与借款人这些不同的代表性主体之间，还存在于银行部门内部不同的个体之间。而这样一种内部不对称信息的存在，使得银行部门的经营者在外部借款的过程中并不会完全根据借款人的资产条件对借款人的风险状况评估，并据此要求相关的风险溢价，从而使得金融加速器效应下的正反馈机制不再成立（Coric，2014），导致金融摩擦放大效应的缺失。而这一点，也可能是国内学者基于相似的参数却得出迥异的结论的一个深层的原因。

第十五章

金融危机后产出缺口理论的
回顾、反思与最新进展

◇一 引言

金融危机之前，宏观理论研究与政策制定主要依赖以动态 IS 曲线、新凯恩斯主义菲利普斯曲线、泰勒规则三大方程为主要内容的新共识框架（Goodfriend，1997、2007），而产出缺口是该框架的关键，政策当局借助产出缺口可以衡量整个社会的资源使用情况（Svante，2010），判断经济的供求失衡状况（Bouis，2012），进而按照新凯恩斯主义菲利普斯曲线预测价格水平的走势，再利用泰勒等式得出对应的利率水平并借助不同市场间的套利机制改变整个经济的流量水平，最终实现低通胀、稳增长的目标（Galí，2009）。鉴于产出缺口的重要性，近年来各大政策制定机构（如 ECB、OECD、IMF、CBO 等）纷纷开展了产出缺口的定期测量研究。

然而，此次危机中，大稳健时期得到多番成功验证的传统产出缺口研究遭遇巨大挑战：建立在原有测算方法基础上的宏观模型没能成功预测危机，立足于传统理论的政策调整模式也都普遍失效了（Galbraith，2008；Krugman，2009 等）。而危机后，在传统产出缺口研究失灵的情况下，理论界对于经济增速下降中周期性和结构性因素的判断一直不甚明晰，这直接导致宏观调控中政策类型、幅度控制与时点选择上的不确定，对全球经济的复苏产生了极大的影响（Teulings、Baldwin 等，2014）。大危机导致大反思，面对传统产出缺口研究暴露出的问题，我们不仅要对以往的理论进行反思，更需在反思的基础上汲取经验，对原有的缺口测算方法及基于产出缺口的政策框架进行调整与改进。

本章的研究框架如下：第二节梳理传统产出缺口理论在危机中的表现异常，第三、四节致力于解释这些异常，第三节反思原有理论在危机前就已存在，并被危机放大了的潜在问题，第四节分析引发此次危机的金融因素对传统理论的冲击，第五节结合前文对传统理论失灵的原因分析，探讨政策应对的方向调整。

◇二 传统产出缺口理论在危机中的
表现异常

此次危机对于传统理论造成了多方面冲击，要对原有理论进行反思与改进，首先要梳理清楚传统研究在危机中出现的问题。

（一）产出缺口的直接测算不准

危机初期许多经济体的应对失误很大程度上源于产出缺口测算结果的不准确，当时的测算不仅没有及时预测出经济的下行趋势，更未能准确预测出缺口的深度及持续长度。正因为产出缺口测算的失灵，危机出现后，多数学者并未意识到问题的严重性，认为这场由次级债所引发的金融波动对总体经济的影响必将很快过去（林毅夫，2013）。而政策当局的反应迟缓也耽误了应对危机的最初时机，在危机开始的前半年中各国基本都处于观望状态，不仅未启动危机预警机制，更没出台任何救市措施；到 2007 年的下半年随着次债问题引发的资金紧张，各国虽然开始注资缓解市场的流动性，但此阶段的救市举措依然没有充分估计到危机的严重性，不仅参与国家有限，救市的及时性和力度也远远不够。应对政策的延误不仅导致危机的进一步深化，更使得之后的救市措施基本处于被动形式，对重树市场信息的作用有限（朱民、边卫红，2009）。

（二）产出缺口的间接标示失灵

在标准的新凯恩斯主义模型中，维持在目标通胀率上的价格水平恰好对应着为零的产出缺口，因此政策当局只需盯住通胀这一个变量，就能同时了解就业和产出距离其潜在值的波动情况，这一巧合也意味着平稳化通胀的措施将促使实际产出回归到其潜在水平（Arestis，2008；Hlédik 等，2011）。然而，此次危机中，尽管产出和就业长期萎缩，但主要发达经济体的通胀水平却并未出现传统理论预测的下滑（Williams，2010；Ball、Mazumder，2011 等）。因此危机初期，当产出实际已经出现剧烈下滑时，由于央行关注的主要目标——通货膨胀——没有表现出大幅紧缩的趋势，执政者按照以往惯例不会出台大幅的经济刺激计划，这就造成了央行在危机初期的应对不力。

（三）产出缺口的政策应对乏力

在产出缺口的调节上各大央行主要使用的是利率这一工具，但此次危机表明传统货币政策比理论及政策界普遍认为的更容易遭到零利率下限的制约，危机爆发之初，面对总需求的大幅萎缩，各大央行均大幅下调基础利率水平，但是按照泰勒规则估算的结果，利率水平还应再下调几个百分点（Blanchard，2010），然而名义利率已经为零的事实阻碍了实际利率的继续下调，也即在应对此次危机中幅度较大的产出缺口时，传统应对政策在危机中因为零利率下限而难以发挥更大的力度，导致实际产出与潜在产出间的长期偏离。

◇◇三 对产出缺口理论的重新回顾与反思

此次危机对传统研究的影响体现在两方面：一是传统理论在过去形成的一些潜在问题经危机凸显出来，二是危机中经济形势的新变化、新因素对原有理论提出了新的挑战。本部分探讨产出缺口理论在危机前就已经逐渐出现、对政策制定的负面影响在危机中被放大、需要得到更多关注的因素，下一部分研究危机对产出缺口研究提出的新挑战。

（一）产出缺口测算方法的反思

表 15—1 总结了现有的产出缺口测算方法。由于缺口测量的最终目标是为政策制定提供信息，不顾政策适用标准而进行的缺口测量无论在意义还是适用性上都要大打折扣，因此对产出缺口直接测算的反思应着眼于这些方法是否符合以下几条核心政策标准：估计结果是否具有较好的端点表现，能否为相关政策的重点关注对象提供有用信息，事前估计与事后估计是否具有较强相似度，方法的基本假设是否与经济的实际表现一致，测算过程是否透明、可解释等（Cotis、Elmeskov，2004）。

表15—1 　　　　　　　　　　　**产出缺口/潜在产出的测算方法①**

方法	简介	代表文献
趋势法		
线性趋势法	将产出的趋势（潜在产出）看作是一个关于时间的线性函数	Okun（1963）
分段趋势法	在每一个经济周期内根据线性趋势法计算产出趋势，其中经济增长相邻峰值间的时段为一个周期	White（1974）
单变量滤波法		
HP滤波法	将实际产出分解成趋势部分和周期循环部分，在两大部分间设定一个替代参数，通过损失函数最小化来求解	Hodrick、Prescott（1980）
BK滤波法	通过线性滤波的方法去掉实际产出中变动非常缓慢的部分（趋势部分）以及不规则的波动部分，剩下的介于这两者中间的即为代表经济周期的产出缺口	Baxter、King（1999）
BN分解法	同样是将实际产出分解成趋势部分和周期部分，但不同于其他统计方法的是假定产出的这两部分相关	Beveridge、Nelson（1981）
卡尔曼滤波法	假定宏观时间序列由不可直接观测的趋势、周期和干扰项三部分组成，对趋势和周期序列施加充分限制，并通过一系列的递归还原出这三大部分	Harvey（1985）
不可观测成分模型	也是将实际产出分解为不可观测的趋势成分和周期成分，再结合贝叶斯或最大似然法进行估计	Clark（1987）
小波降噪法	将对产出没有长期影响的周期性扰动看作"噪声"，将潜在产出序列看成一个信号，通过小波变换抑制噪声，进而从实际产出中提取出潜在产出序列	Conway、Frame（2000）
CF滤波	在BK滤波基础上进行改进而提出的一种新的滤波法，考虑了目标序列的平稳性特征	Christiano、Fitzgerald（2003）

---

　　①　表格中不同方法的分类边界并非十分严格，有些方法在一定限定下可视为其他方法的特殊形式，如Harvey（1985）证明HP滤波测算中的损失函数可以分解成能够用卡尔曼滤波进行测算的状态空间模型，Morley（2003）证明在一定条件下BN分解的结果与卡尔曼滤波非常相似。

续表

方法	简介	代表文献
多变量经济结构关系法		
多变量 HP 滤波法	在基本的 HP 滤波系统内加入以菲利普斯曲线、奥肯定律等将产出缺口与其他经济变量联系起来的关系等式，然后在产出的趋势项、周期项及经济关系项三大部分间设定两个比例系数，通过最小化包含三部分残差的损失函数来计算产出缺口	Laxton、Tetlow（1992）
多变量 BN 分解法	产出的趋势部分服从随机游走过程，但影响该趋势部分的随机冲击是包含实际产出及其他对长期产出具有决定性因素的经济变量的一个线性组合，由此计算出潜在产出	Stock、Watson（1988）
多变量卡尔曼滤波法	在单变量滤波的基础上考虑由以菲利普斯曲线为代表的经济关系等式来估计潜在产出和产出缺口	Kuttner（1994）
多变量不可观测模型法	也是在单变量模型的基础上包含进一些著名的经济结构等式	Gerlach、Smets（1997）
结构向量自回归法	通过可以反映经济周期波动情况的一些指标，例如通胀率、失业率、要素利用率等的变动，将实际产出分解为由需求冲击决定的周期性波动部分和由供给冲击决定的趋势部分	Blandchard、Quah（1989）
生产函数法		
全结构模型	所有加入生产函数的投入要素都是通过某种模型内生计算出来的	Fagan、Henry（2001）
外生趋势模型	先通过某种滤波方法外生求解出投入要素的趋势值，再将其加入特定的生产函数求解潜在产出	Elmeskov（1993）

续表

方法	简介	代表文献
DSGE 法		
条件模型	潜在产出和产出缺口不仅是测算当期及未来期间外生冲击的函数，还要过去货币政策的函数，即测算结果要受到测算开始时点由过去冲击决定了的状态变量的影响，这类模型考虑了实际经济中的价格粘性	Woodford（2003）
非条件模型	测算开始时点的状态变量不会影响测算结果，潜在产出/产出缺口的计算只和当期及未来时期的冲击有关，这类模型认为价格一直都是充分调整的	Neiss、Nelson（2003）

　　线性趋势法的优点在于简洁的原理及较低的数据要求，其在早期曾获得较为广泛的应用。但是，在随后的研究中，经济学家们发现实际产出的时间序列数据并不具有很好的平稳性，也即线性趋势法的测算依据与实际情况不符，单纯依靠产出与时间之间的简单关联估计得出的潜在产出序列存在非常大的统计误差，因此这类方法逐渐被理论假设更为完善的滤波法代替。

　　统计滤波法使用变量少，操作简单，但由于忽略了产出缺口的经济关系基础，难以有效估量经济的结构变化，且其测算结果准确来讲只是经济的趋势值而非潜在值，加上计算过程中存在着难以消解的端点问题（Mise，2005；Svante，2010；Hlédik，2011）以及较大程度的事后修正（Orphanides、van Norden，2002；Nelson、Nikolov，2003），因而不被各大官方机构作为缺口测量的主要方法，但鉴于学术研究上经常将此类方法的结果作为研究结果的对照项，且其余几大类方法在本质上都离不开线性滤波理论（Michal，2013），因而本书将这类方法单独列出。

　　多变量经济结构关系法借助于产出缺口与其他经济变量间的经济关系，

将通胀、失业等变量加入估计系统对产出缺口进行测算，经济关系等式的加入赋予了测算过程明确的经济内涵，更多解释因素的增加也使得这类方法在端点表现、估计结果的精确性、时间—致性等问题上较单变量滤波法有了较大提升（Camba-Mendez 和 Rodriguez-Palenzuela，2003；Borio，2013、2014 等）。这类方法存在的问题主要有：（1）测算过程采用的关系等式与实际经济表现的相符性上值得质疑，虽然此类方法所使用的变量关系都是经济学的一些著名定律（如菲利普斯曲线、奥肯定律等），然而在经济发展的不同时期，尤其是就业市场或生产力增长发生波动的危机时期，以这些著名定律代表的产出和就业、通胀等变量间的关系可能都会发生变异（如此次危机中通胀与产出缺口间的关系就发生了变异），从而造成测算结果的不确定（Koske 和 Pain，2008）；（2）测算系统中周期频率的设定、经济等式的具体形式、赋予结构等式的权重系数等没有一个统一的标准，对这些参数的不同设定会显著影响同一种方法的结果（Claus，2000；Döpke，2001等），这就使得多变量经济关系法在透明性这一点上不太符合政策借鉴的要求；同时，参数设定的无标准也使得模型的很多具体假设与经济的实际表现间存在差异，如很多方法所设定的模型周期长度通常要大于实际状况（Saint-Amant 和 van Norden，1997；Dupasquier，1999 等）。

生产函数法是国际上大型官方机构使用最为广泛的测算方法，其从经济供给面出发，根据某一固定的函数形式 [如 C-D（D'Auria 和 Havik，2010）、CES（Bolt 和 van Els，2000）生产函数] 将产出各基本要素的情况都纳入测算过程，这种处理不仅有效减少了测算结果的波动性（Chagny 和 Döpke，2001），也使得该种方法能够具体分析就业、投资等各部门的情况，从而较好反映出某些时期经济的结构性变化，给出更具针对性的政策建议（Mishkin，2007）。生产函数法得到广泛应用的另一原因是政策对话和协调的需要，同一测算框架下的结果不仅利于国别比较，也有助于同一经济体内不同部门间的政策协调。生产函数法的问题主要有：（1）测算过程不仅需要较高的数据质量，更要求生产函数形式保持稳定，因而对于数据质量不高或是经济结构处于变革期的发展中国家的适用性就不强（Koske、Pain，2008）。（2）该类方法多用滤波处理各投入要素的时间序列，这不仅导致测算结果存在较为严重的端点偏误（Cotis、Elmeskov，2004），也极大地削弱了以周期频率影响经济供给面的冲击因素对潜在产出的影响（Hlédik、Jonsson，2011），更忽视了这些投入要素与产出缺口间的互动。（3）即使对于经济发展比较成熟的发达国家，在经济发生结构性变迁的危机时期，采用与稳定时期一样的生产函数也容易导致测算结果的不确定性增大，在各要素市场面临不均衡发展的情况时，若依然按照历史贡献率计算潜在产出，不仅难以捕捉到真实的经济增长状况，还容易错误地将某一要素市场的变化归类到其他要素的变化中去，如当大规模失业开始的初期，生产函数法的计算很可能将统计上还未体现出来的长期失业增加造成的产出下滑归结到全要素生产率下降上（Reifschneider、Wilcox，2013）。

动态随机一般均衡法（DSGE）建立在微观主体跨期最优化基础上，将宏观的周期性现象与微观个体的行为决策联系了起来。相对于其他三类方法，DSGE法在模型设定上更为精细，经济含义也更丰富。但是，这也使得整个测算过程太过依赖模型的具体设定，导致对经济内生结构、外生冲击、参数初始值刻画不同的DSGE模型会得出差异非常大的结果（Neiss、Nelson，2005；Edge、Kiley，2008等），难以有效保证测算的稳健性；同时，模型设定的精细化也造成能够影响潜在产出的冲击来源多样化，使得最终的测算结果相对于传统方法具有更大的波动性与更弱的时间一致性（Vetlov、Hlédik，2011）；此外，DSGE模型的具体设定太过依赖其内部逻辑，以至于混淆了测算结果在模型逻辑判断下的准确性与真实经济运行的适用性，使得在此模型结论指导下的政策调整反而恶化政策者对危机的预测失灵问题（Caballero，2010）。

综上，没有哪种方法具有绝对优势，但按照政策标准衡量可以得出以下结论：（1）附加经济信息的多变量方法在理论与实际的相符性、方法的透明性上较单纯的统计方法表现更优，具有显著解释能力的其他变量的加入也有效提高了测算结果的端点表现、精确性与时间一致性；（2）测算模型的具体设定对结果有重要影响，对于不同的研究对象和时期，测算开始前要将实际情况与标准模型相对照，考虑是否对模型进行调整；（3）明白每一类方法的缺陷与长处，在应用测算结果时注意结合方法的基本假设进行判断，若条件允许，可以多用几种其他方法对结果进行辅助判断。

（二）菲利普斯曲线的平缓化

产出缺口间接标示法失效的一个重要原因在于十多年来菲利普斯曲线适用性的改变。Schleer、Kappler（2014），Koop、Onorante（2012），Nason、Smith（2008）等对通胀与产出缺口间关系的实证检验均呈现出不显著或相关性递减的结果，ECB（2013），IMF（2013），Kleibergen、Mavroeidis（2008），Bean（2007），Enrique Alberola、Estrada（2013）等的研究也表明菲利普斯曲线的斜率较20世纪表现出了明显的平缓化趋势。

针对菲利普斯曲线适用性的下降，学者们提出了不同的解释：原因之一在于央行实施低通胀目标的可信度增加，低通胀承诺的可信度巩固了公众的通胀预期，因此厂商就不会因短期的边际成本波动而改变价格加成比例，劳动者也不会要求工资的频繁调整，这减少了通胀相对于产出的波动（Roberts，2006；Mishkin，2007）。原因之二在于名义粘性相对通胀率的趋势递减效应，当通胀率下降到接近于零的水平时，工资等的名义粘性将进一步强化（Akerlof，1996；Benigno、Ricci，2010），使得一般价格水平的波动趋缓，这就解释了在通胀一直处于较低水平的大稳健时期为何物价水平的波动如此平稳。原因之三在于过去十多年间全球化的快速发展，随着产品和要素国际流通及竞争的加剧，通胀对于一国内部产能变化的敏感性自然降低，与此同时，来源于新兴经济体的更为廉价的进口也促进了全球通胀的结构性下降（IMF，2006；Borio、Filardo，2007）。

菲利普斯曲线适用性的改变在危机之前就已经显现出来，但由于大缓和时期产出的变化一直较为平稳，政策当局对这一变化才未给予足够重视。此次危机中通胀间接标示作用的失灵则促使理论界对此展开重新探讨，针对危机中大幅下降的产出与平稳运行的通胀间的表现不一致，Williams（2010）明确提出了"消失的通胀之谜"（missing deflation puzzle），Ball、Mazumder（2011），Stock、Watson（2010）等则从不同角度对传统的菲利普斯曲线进行调整以试图解释这一现象。

（三）均衡利率的持续下降问题

此次危机表明利率较传统经验所认为的更易达到下限，而造成这一情况的关键原因在于过去几十年间全球利率水平一直呈下降趋势，使得自然利率在危机前的相当一段时间就已经处于较低水平。Blanchard、Furceri 和 Pescatori（2014），Krugman（2014）等对全球及主要经济体的研究都证实了利率水平的这一变化趋势，实际利率水平从 20 世纪 80 年代的 5% 左右下降到危机前 1%—2% 的水平。持续走低的利率在应对大稳健时期的小幅产出波动时并不影响货币政策的效力，因此危机之前全球许多国家在享受着低廉资金成本带来的经济繁荣时并未过于担忧持续低利率可能造成的流动性陷阱，直到此次危机暴露出利率政策的应对失效。

针对均衡利率在过去几十年的下降趋势，理论界主要从以下方面进行了解释（Furceri、Pescatori，2014；Teulings、Baldwin，2014）：（1）可贷资金供给（全球储蓄）的变化。2000 年以后，新兴市场国家的高速增长使得储蓄占其 GDP 的比重上升了 10% 以上，这带来了全球储蓄规模的迅速增长，到 2007 年全球储蓄率较 2000 年已经上升了 1.7%（IMF，2014）。（2）可贷资金需求（全球投资）的变化。工业化国家（尤其是日本和一些欧洲国家）人口增长率的下降使得为新增人口配备资本的需求降低，资本品价格的降低也使得等量资金可以较过去进行更多投资，这在过去十多年间占社会投资总量相当大部分的信息技术产业投资上表现得尤为明显［Summers，2014（a）］。（3）安全资产相对于风险资产的需求上涨。过去几十年间，全球外汇储备总量显著增加，在保守的投资策略下，外汇储备主要投资于政府发行或担保的固定收益类证券，而养老基金及保险公司相似的投资策略进一步加强了对无风险资产的需求，这些都对实际利率的下降产生了显著影响（Bernanke，2004；Warnock、Warnock，2009；Beltran，2013）。以上因素解释了危机前全球利率的下降趋势，而危机中金融中介的破产、收益不确定性的增加、宏观监管的增加等加强了经济个体的风险规避倾向，进一步导致了储蓄的增加、投资的减少及对安全资产相对需求的增加，这导致了危机期间均衡利率的进一步下降。

◇◇四　新因素、新形势对产出缺口理论的影响

理论界对此次危机的反思与认识是多样的，但却一致认同金融因素已成为政策制定中极为重要的影响因素，因此在研究危机对产出缺口研究提出的新挑战时，本章主要落脚于金融因素对传统理论的冲击。

（一）　金融因素对产出缺口测量的影响

产出缺口这一概念最初由奥肯于 20 世纪 60 年代初提出（Okun，1962），在之后的经济学发展中，随着不同学派理论基础的逐渐细化，产出缺口的具体内涵也开始多样化（Congdon，2008；Hlédik、Jonsson，2011等），这些不同内涵不仅造成不同经济因素与产出缺口间联系的多样化，更增加了建立在不同缺口定义上的测算方法结果的差异性。

1. 产出缺口的不同内涵

直观意义上的产出缺口等于实际产出与潜在产出间的距离，实际产出可以直接观测，因此对产出缺口的内涵讨论可以回归到潜在产出的界定上来。根据不同的经济假设，潜在产出的具体值可以分为以下三种：趋势值（trend output）、自然值（natural output）和有效值（efficient output）。

趋势值由永久性的要素、生产力增长以及随机性的技术冲击共同决定（Kiley，2013），通常被用来指代经济体的实际产出及其增长率在长期的预测值，更极端地可以将经济达到稳态后的产出相应地定义为该经济体的潜在产出（Basu、Fernald，2009），趋势值对应的产出缺口衡量的是产出的周期成分。古典主义导向的学者更多采用潜在产出的趋势值概念（Gerlach，2011），在理性预期与市场有效的假设前提下，短期内非预期的需求冲击不会影响经济的长期供给能力，尤其当没有技术冲击，经济的潜在增长率固定时，产出缺口与实际产出间便存在一一对应关系，经济低迷时期，实际产出的增长趋势会处于其长期值之下，也即经济会出现负向的产出缺口，反之，经济繁荣时期就会出现正向的产出缺口。这类定义所对应的产出缺口测量方法主要包括趋势法和单变量滤波法。

自然值指的是在现有的经济结构下，价格和工资充分调整后的产出水平（Smets、Wouters，2003；Kiley，2013），除了技术冲击的影响外，在价格粘性、市场存在失灵的假设前提下，短期需求冲击带来的摩擦也会改变就业、投资等市场的均衡状态，也即经济体的供给面会内生性地受到需求冲击的影响（Fernald，2014），造成经济的潜在产出暂时偏离其长期趋势。自然值对应的产出缺口来源于工资及价格的缓慢调整导致的要素非充分使用。考虑到一个长期或稳态下的潜在产出概念对短期的逆周期政策平滑不具明显的实际效力，凯恩斯主义学者在实际研究中较多采用潜在产出的自然值概念（Basu、Fernald，2009；Gerlach，2011）。在这一定义下的许多模型中，产出缺口是决定物价走向的关键指标（Basu、Fernald，2009），多变量经济结构法和 DSGE 法主要立足于这类定义进行测算。

潜在产出的有效值代表的是物价充分调整，且产品和劳动市场达到完全竞争条件下的产出水平。这一类定义立足于制度结构主义，将潜在产出与经济效率对应起来，认为潜在产出是在市场完美的情况下经济体对应的产出水平（Justiniano、Primiceri，2008），在存在扭曲性税收、垄断等市场不完美的情况下，无论是长期稳态值还是价格灵活调整下的均衡值都不是经济的最优产出，有效值对应的产出缺口衡量的是市场不完美所导致的实际产出与经济最优产出间的差值。虽然这一类产出缺口的出现不与经济周期一一相关，且并无对应的较为成熟的实证测算方法，但此次危机所引发的众多国家经济的结构性变化使得这种产出缺口定义有必要得到更多关注。

2. 金融因素对潜在产出与产出缺口的影响

虽然古典主义导向的由要素增长率和技术进步率决定的潜在产出在中长期具有恒定的增长率，但是从周期性波动中提炼出的短期潜在增长率却并非平滑的（ECB，2011），因为实际中有效市场的假设很难得到满足，价格粘性调整、资源流动的受阻都会对经济供给面造成影响，使得短期的潜在产出内生性地受到实际产出波动的影响。

危机前的金融扩张时期，国内外信贷环境的宽松、资产价格的高企等共同将短期潜在产出的自然值提高到其长期值以上。正向的信贷冲击除了直接造成社会总需求的上升外，还会促进金融创新的增加与资产价格的上升，而更加多元的金融创新通过降低资金成本会引发需求的进一步增加，资产价格的高企也会通过财富效应促进居民的消费需求。在一个宽松的国际信贷环境下，对可贸易品需求的增长可以通过进口的增加、经常项目赤字的扩大化来实现，对非贸易品需求的增长则可以通过国内资源由可贸易部门向非贸易部门的重新配置来满足，如果非贸易部门的生产率高于进口替代部门，那么在信贷驱动下的资源转移将提高总的劳动生产率，进而提高短期潜在产出。金融扩张对于短期潜在产出的这一促进作用在 20 世纪 90

年代的美国经济中得到了很好的验证（Biggs、Mayer，2010）。

危机爆发后，金融因素通过影响实际需求，使得短期潜在产出落到了其长期趋势的下方。危机中，金融监管的加强、信贷的紧缩、经常项目赤字和债务危机的恶化以及随之而来的资产价格下跌、资金成本上升都大幅压缩了全社会的实际需求，需求萎缩导致的库存增加、产能过剩不仅直接引发了实际生产的显著衰减，更通过资本、劳动、全要素生产率这三大渠道对潜在产出造成影响（Reifschneider、Wilcox，2013；Bouis、Cournède，2012；Anderton、Aranki，2014）：对于资本来说，由于资本存量是一个逐渐积累的过程，即使危机过后投资的增长率恢复到危机前的水平，危机中资本深化的减少也会导致新的均衡资本量低于危机前的水平；对于就业来说，在资源从金融支撑的高收益部门向低风险部门、从非贸易部门向可贸易部门的转移过程中，长期失业者数量的增加、相关工人就业意愿的下降等都会对劳动力市场造成实质影响；对于劳动生产率来说，需求衰减引发的利润率降低将显著减少企业的研发投入，金融收缩导致的资金紧缺也会降低资源配置效率，这些因素都会对全要素生产率造成显著的负面冲击。除了理论上的推导外，很多学者还从实证角度证实了金融危机对潜在产出自然值的负面影响：如 Robert（2014）认为危机后快速下降的失业率与缓慢变化的实际产出增长率间的不一致反映了潜在产出增长的低迷；ECB（2013）在其出版的月度报告中称，金融危机导致欧元区的潜在产出增长率由 2000—2007 年的平均 2.2% 下降到 2008—2012 年的平均 0.9%。

3. 产出缺口界定模糊导致的估量偏误

以上分析表明，短期的需求冲击会使得潜在产出偏离其长期趋势，[①] 且这种偏离在金融危机前后表现得尤为明显。因此，在需求受到较大冲击的

---

① 关于需求影响潜在产出的具体论证可以参看 Cornwall（1970），Ball（1999），Arestis、Mariscal（2000），Sawyer（2002），Palacio-Vera（2006）等，关于这一研究更为具体的计量结果可以参看 De Grauwe、Costa Storti（2005），Furceri、Mourougane（2009）等。

短期，若依然以长期的潜在产出值计算产出缺口，就会误判经济形势。如图 15—1 所示，① 在经济的下行期间，短期潜在产出受之前繁荣期的影响而处于长期序列的上方，此时按照短期潜在产出的计算能较长期潜在产出更早得出负向的产出缺口，也更易在危机伊始判断出经济形势的恶化状况；而当经济从最低点开始缓慢复苏后，短期潜在产出由于受到之前经济衰退的影响而居于长期潜在产出的下方，此时根据短期潜在产出计算得出的产出缺口相较而言更能表现出经济的周期性复苏状况。这就解释了为何许多缺口测算方法在金融危机初期未能有效估计出经济形式的严峻性，在之后的经济好转时期又多次对先前的预测进行乐观化调整。

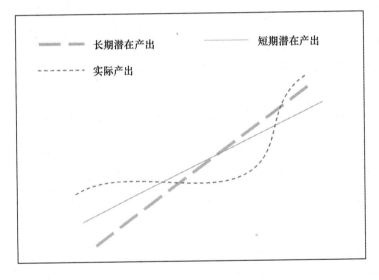

图 15—1

因此，单纯基于新古典的测算方法在经济平稳发展时期，或许能够因其对于供给面的重视而得到较为出色的结果，但在产出处于剧烈波动的短

---

① 考虑到分析的简化，本章在此只考虑一个经济周期内的情况，并以直线代表潜在产出的变化趋势，但实际中，短期潜在产出绝不可能是一个平滑的序列。

期则难免应对乏力，建立在凯恩斯主义基础上的、考虑需求对供给面内生性影响的测算方法在原理上更适用于危机期间的缺口估计。上文归纳的五大类产出缺口测算方法中，趋势法和单变量滤波法本质上是基于古典主义的缺口定义，多变量经济结构法和 DSGE 法可以归结到凯恩斯主义的范畴，生产函数法在原理上主要考虑的是经济供给面，并在较长时期假定函数具体结构不变，因此更倾向于通过潜在产出的中长期值测算产出缺口，但在要素序列的具体处理过程中，有些生产函数法也考虑了短期需求面的影响因素［如联系通胀变化测算就业情况（Richardson，2000）等］，这使得此类方法的某些具体测算也能部分反映短期潜在产出的情况。若测算前不了解各类方法的理论依据，不区分研究目标对于经济长期增长和短期波动的具体侧重，不考虑测算结果所服务的政策领域（如货币政策较财政政策更偏向于经济的短期调控），就容易造成测算方法的选择不当，引发测算结果的偏误与经济预测的失灵。

除了产出缺口的界定模糊外，金融摩擦的引入机制缺失也是传统方法在此次危机中表现欠佳的重要原因，即使设定最为复杂的 DSGE 法，也被认为由于对金融摩擦的忽略而未能成功预测出危机（Brázdik、Hlaváek、Marsal，2012）。因此，对传统方法进行改进的一个重要方向是寻找一种好的金融因素引入机制，目前已有一些学者在这方面开展了有效尝试，如 Borio（2013、2014）通过一种新的多变量滤波法将信贷、资产价格等因素添加进测量过程中；Furlanetto、Gelain 和 Sanjani（2014）则通过一种扩展的 DSGE 模型将金融摩擦纳入产出缺口的测算中。

（二）金融因素对通胀盯住制的削弱

除了本章第三节第二部分提及的几大因素外，此次危机表明金融因素也是造成通胀与产出缺口间传统对应关系失效的重要原因，随着金融创新的发展，通胀的稳定已经不再是金融稳定的充分条件（Blanchard，2010；Borio、Disyatat，2013）：（1）剧烈的金融膨胀通常伴随着正向的供给冲击（Drehmann、Borio，2012），① 而正向的供给冲击会对物价造成下降趋势，这就使得资产价格上升的同时通胀水平能够保持稳定，尤其当央行的政策重点在于稳定短期通胀时就更是如此；（2）经济活动扩张本身会弱化产能限制，深入且稳健的扩张往往会通过促进劳动参与率的提高、移民等方式增加劳动供给，② 劳动供给的增长又会带动资本存量的增加，要素增长对原有产能限制的突破相当于正向的供给冲击，这能在金融扩张的同时将价格水平维持在低位；（3）金融繁荣通常与货币的升值相联系，因为一国经济形势的向好往往引发外资的流入及国内资产的升值，增加国际层面对于该国货币的需求，这种升值效应也会削弱通胀压力；（4）金融繁荣有时来源于不同部门间资源的错配，通常发生资源错配的这些部门对于信贷非常敏感（如房地产），当这些部门的发展不触及经济总体的产能限制时就不会造成较大的物价波动。

在通胀与产出缺口间的对应关系遭到破坏且金融业发展日益复杂的背景下，单纯坚持低通胀率的政策目标会导致经济波动的加剧：在金融扩张时期，虽然资产价格、信贷规模及产出缺口都出现了不同程度的变化，但由于物价并没有高涨的趋势，以低通胀率为主要目标的央行很难主动采取紧缩性的政策，也即容忍了金融泡沫的产生与发展，这就给日后的泡沫破灭埋下了伏笔；而当金融扩张结束后，由于预期收入的减少及失业的增加，经济会面临总需求下滑与通货紧缩的风险，此时，以稳定通胀为单一目标的央行会立即施行大范围的刺激政策阻止资产价格的

---

① 如金融危机前，资产价格快速上涨的同时，全球一体化程度的加深及世界贸易体系中新兴经济体的加入都给实体经济带来了正向的供给冲击。

② 在本次危机前的金融繁荣时期，西班牙和爱尔兰等经济体都曾迎来显著的移民增长。

下滑。政策的这种不对称性会增大金融市场的道德风险，使得以投机为目的的金融个体/机构利用这种不对称性制造更大的泡沫，造成金融体系整体不稳定性的加剧。

（三）金融因素对利率调节有效性的影响

除了利率水平的持续降低外，金融业的快速发展也使得传统利率工具的局限性日渐凸显：（1）利率难以有效预防金融膨胀引发的经济危机。根据原有理论，央行只需控制短期利率就可同时调节资产价格，因为决定资产价格的长期利率的走势取决于短期利率的变化，但金融深化的日渐复杂破坏了短期利率与资产价格间的对应关系，即使央行货币政策并不宽松，金融中介也可以通过品类繁多的证券化行为提高杠杆率，推动资产价格的大幅上升，通过各类金融监管缺位渠道进入的国际游资也会强化这一进程，造成金融稳定与经济稳定间的非同步性。而央行即使意识到泡沫的存在，也会由于使用政策利率对资产价格进行干涉的成本太高而放弃利率调节，因为金融冲击下的资产价格变动通常只是局部性的，而利率是一种全面性的调整工具，利率一旦为抑制资产价格泡沫而大幅提高，就必然导致全社会融资成本的提高，扭曲合理的生产活动，波及整体经济活动（Bank of England，2009；Mishkin，2011）。（2）利率难以有效刺激金融危机后的经济复苏。因为随着金融业的发展，市场分割更加强化，投资者在不同资产间的流动愈发受限（Blanchard，2010）。危机之后，由于资产的缩水、负债的增加和流动性的不足，一部分专业投资者退出了特定的市场，使得对应市场的定价机制出现很大问题，政策利率的大幅下调并不能完全解决这些退出投资者面临的问题，促使他们重回市场，而其他投资者在市场分割的前提下又不能顺利投资于这些价格下跌的资产，这就造成相应市场资产价格的持续低迷，导致需求和就业的持续萧条。

◇◇五 产出缺口应对政策的改进方向

前文所述，金融危机不仅引发了负向产出缺口的出现，还造成了短期潜在产出与其长期序列间的偏离，两者共同导致了危机后实际产出增速的放缓（Summers，2014；Fernald，2014）。在此背景下的政策调整应分为两方面：一是在凯恩斯主义逆周期操作的框架内讨论如何改良原有的政策目标与工具，以尽可能有效、迅速地减少资源非充分利用下实际产出对于其潜在值的偏离；二是超越单纯的凯恩斯主义，从制度结构主义的视角探究经济供给面的问题，解决需求冲击引发的短期潜在产出的结构性变化。

（一）凯恩斯主义框架下的政策改进

传统的凯恩斯主义逆周期操作在政策目标上只关注通胀这一个指标，在政策工具上只采用利率作为主要工具（Blanchard，2010），但此次危机证明，低通胀加低利率的组合不仅容易诱发金融危机的产生，更难以有效刺激总体经济的复苏。因此，危机开始后，学术界就原有政策目标与工具进行了很多讨论，并尝试提出了一些改进措施。

1. 政策目标的调整

对于政策目标，危机后学术界的讨论可以归纳为两点：一是改变原有的政策标的，二是调整传统的通胀盯住制。

目前理论界提出的针对通货膨胀盯住制的热门替代方案包括名义 GDP 盯住制（Frankel，2012）和价格水平盯住制（Bean，2010），这两大指标都因更好地包含了资产价格变动的信息而被认为较传统的通胀目标能有效降低货币政策失效的概率（Kahn，2009；Ambler，2009；Sumner，2012）。然而这些替代方案在实际执行中仍然面临许多不足（Amano，2009；Ragan，2011；Hatcher，2011）：比如名义 GDP 和价格水平的目标值都难以确定；名义 GDP 和价格水平指标在具体执行中都更难被央行控制；在经济波动时期名义 GDP 和价格水平盯住制在目标设定上还需细化经济所受冲击的来源及经济变化的结构性。

由于目前还没有哪种新的政策标的可以完全代替通胀指标，因此相当一部分研究主要还是集中于通胀盯住制的改进上：一些学者倡导提高通胀率的目标值以扩展货币政策的应对空间，另一些学者则建议增加政策指标，用多指标的政策目标解决产出缺口与通胀间对应关系的失衡。

对于通货膨胀的目标水平，大稳健时期达成的一个共识是：通胀不仅应保持稳定，还要维持低位。危机后，为了不让低水平的通胀限制实际利率的下调空间，一些学者提出应提高目标通胀率，比如由目前 2% 的普遍水平提高到 4% 左右（Blanchard，2013；Krugman，2014）。但相当一部分学者质疑了这一提法，认为简单的通胀目标调整会使央行的信誉受到较大挑战，且高通胀目标可能引发预期的快速上升从而造成高物价，使得新通胀目标失去锚效应，此外，高通胀目标可能引发的经济结构调整（如工资的指数化的普及）还会扩大通胀冲击，造成更大的宏观冲击。

鉴于短期提高通胀目标的不可行性，一些研究建议将政策标的由单目标扩展为多目标，用其他新增指标衡量经济活动中通胀所不能有效标示出的波动，以充分了解经济运行的全貌。如为了有效预测资产价格泡沫所造成的金融冲击，Ghristiano 等（2008）建议将信贷供给增长纳入货币政策的关注目标；Drehmann 等（2012）提倡将信贷和资产价格与其趋势值的联合偏离作为宏观风险的先行指标；Blanchard（2013）在总结理论界关于央行从单目标向多目标转换的讨论时，重点探讨了货币政策是否应明确盯住实体活动、金融稳定和汇率的问题。

2. 政策工具的调整

关于政策工具改进的讨论主要集中于两点：一是对传统利率调整所依据的主要准则——泰勒规则的改进上，二是在利率的基础之上扩充一些新的政策工具。

对于泰勒规则的调整，一些学者建议在危机时期对泰勒等式中的参数进行特别调整，如 Blanchard（2010、2013）等提出适当提高等式中的目标通胀水平，Taylor（2008）等建议按照市场利率的实际变化调整等式中的实际利率水平；另一些学者提出在泰勒规则的一般形式中增加新的变量，如 Blanchard、Gali（2007、2010）认为在工资调整粘性的情况下，一个追求福利最大化的央行应将失业变动包含进其货币政策规则中，Cúrdia、Woodford（2008）尝试将信贷规模和存贷款利差纳入泰勒等式以考察社会福利的变化。

政策工具的扩充主要是为了解决利率在危机中遇到的两大问题——零利率下限和市场分割。传统货币政策空间受限的情况下，量化宽松、定向宽松等非常规工具不仅能增加货币供应量，还能通过预期指引影响长期利率和经济活动；针对特定市场的大规模资产购买计划能够在特定投资者退出而局外人又无有效进入的情况下防止资产价格的崩溃，改善私人部门的资产负债表和外部融资条件（Borio、Disyatat，2010；Cecioni，2011；Williams，2012；Woodford，2012）。危机以来，各国央行使用了包括量化宽松、短期证券贷款便利、定期拍卖工具、商业票据融资便利等一系列非常规货币政策工具，事后研究证明这些工具对经济具有相当显著的调节作用（Hancock、Passmore，2011；Yellen，2011；Swanson、Williams，2012等）。

另外，鉴于危机中金融波动对实体经济的剧烈影响，理论界开始倾向于支持资产泡沫的提前预防（Bean，2010），鉴于利率在抑制金融膨胀上存在波及范围过广、成本过高的问题，很多学者建议将宏观审慎工具纳入政策调控的整体框架内，这些工具因其特定性与专用性可以更好地遏制局部的资产泡沫（Mishkin，2011、2012）。如周期性资本要求、杠杆比率、动态拨备等工具可以限制金融繁荣时期过度的借贷行为，贷款价值比、债务收入比等工具能防止借款者的风险积累，资本流动管理工具可以控制国际资本流动对一国经济的冲击，减少金融系统性风险。

（二）结构主义框架下的政策改进

结构改革旨在正向刺激经济供给，促进短期潜在产出向其长期趋势的回归。由于潜在产出的演变依赖于供给面各基础要素（资本、劳动及劳动生产率）的发展，而要素和技术的增长与协作又受制于一定时期的制度和经济法规，因此致力于提高经济总体产能的结构改革应从各项基本经济制度的改善着手（ECB，2011；Bouis、Duval，2011；Mello、Padoan，2010）。

因为市场失灵时期，资源的配置方式某种程度上比资源的总量更为重要，因此结构改革的目的不仅要刺激资源总量的增加，更要从结构上有效、合理地配置这些资源。所以虽然具体的改革措施因各国国情的不同会略有差异，但是在大方向上基本一致，如旨在促进投资的改革措施应包括：增加公共投资、减少特定领域对私人投资的限制、增加对小微企业的税收减免和投资补贴、引导市场资金从金融领域向实体经济的投入等；在减少失业的措施中，对于面临较高结构性失业、长期失业率的国家（如意大利、西班牙、爱尔兰等），除了从总体上减少劳动力市场的就业障碍，加强失业人员的救助并增加他们重回工作岗位的激励外，还应对特定行业的产品市场进行扶持，以实现就业市场的快速出清，如对于房地产市场低迷所导致的相关产业长期性失业的增加，在劳动力难以实现跨部门有效流动且相关行业持续不景气的情况下，政府可以通过增加基础设施等公共品的建设来缓解建筑业相关部门的就业压力；促进创新和生产率提高的措施除了从政府角度加大对基础科研的投入外，更要注重增加产品市场的竞争，因为市场主体相比政府更具创新活力，在经济效率上也占有绝对优势，因此，反垄断、减少管制与审批、放松行业进入门槛等措施都能有效提升经济效率（OECD，2009—2014）。

第十六章

如何理解世界经济新常态？

理解世界经济新常态，首先要从经济"新常态"的历史渊源进行把握。2009 年，美国太平洋投资管理公司最早提出"新常态"（New Normal）这一概念，以描述国际金融危机后的欧美发达经济体很难回到之前经济稳定增长的状态，其主要含义是：低增长率、高失业率或将长期持续；企业利润缩减、资本回报率将降低，通常被西方经济学者和媒体用来形容危机之后经济复苏所经历的缓慢而痛苦的过程。

但是经过了 5 年的时间，世界经济波诡云谲，世界经济的发展态势已经偏离了美国太平洋公司最初对于经济"新常态"特征的描述，以美国和英国经济为例：美国 2014 年以来经济持续向好，第三季度经济增速达到十几年来最高水平，业界预计美联储在 2015 年上半年进行加息操作，向着完全退出非常规货币政策的方向迈进；英国在欧盟区中"一枝独秀"，其国内失业率和经济增长率在 2013 年下半年已经呈现出复苏企稳的态势，到目前为止，英国经济已经基本逃脱了经济危机的"阴霾"。

可见，危机后的世界经济主要表现出以"分化"为主的新特征。但是理解世界经济新常态，要注意以下三个方面的问题：（1）"新"：世界经济的新特征主要表现为哪些方面，其驱动要素主要是什么。（2）"常态"：常态意味着经济在一定时期内表现出相对稳定、具有持续性的特征，也即单个事件的发生对于经济产生剧烈波动的概率较小。所以，世界经济新常态不仅要表现出"新"，更要表现出稳定、可持续。（3）"交错"：如果世界经济新常态的这一判定成立，那么中国经济就面临着内外交织的"新常态"

局面。从中国的角度出发，世界经济新特征将对中国经济产生怎样的影响也将构成理解和把握世界经济新常态的一个重要组成部分。

◇一　世界经济新常态的表现特征

（一）世界经济复苏局势分化，经济增长不均衡性加剧

经济复苏的分化不仅表现在发达国家之间的分化，也表现为新兴市场经济体的分化。首先，欧美国家的经济增速呈现出两种不同的发展态势，一种是美国和英国经济在经济危机后的强劲复苏；另一种是欧元区和日本经济的缓慢回升。对于美国来说，美联储和 IMF 的多位专家将 2014 年下半年和 2015 年美国经济增速预期调至 3%。此外，2014 年新增就业人数达 230 万，失业率降至 6 年来最低。与美国类似，英国 2014 年以来失业率不断降低，第三季度同样创造了 6% 的新低水平，通胀率保持稳定，同时包括 IMF 的多家智库认为 2015 年英国经济增速将超过 3%。

而与美国和英国相比，欧元区和日本经济的表现则要弱得多。欧元区制造业 PMI 指数持续低迷，法国、德国、意大利制造业疲软，尽管 2014 年 12 月欧元区经济景气指数由 20.8 上升至 31.8，但是欧元区经济增长的前景仍不明朗。欧元区失业率居高不下，并长期陷入通缩陷阱，欧元区经济的可持续需要进一步检验。日本的经济形势更为严峻。2014 年第三季度日本经济增速为负，IMF 预计 2014 年全年日本经济增速为 0.9%，而由于年初提高消费税的影响，摩根大通和瑞士银行给出了 0.5% 或更低的较为悲观的预测。而事实上，以大规模货币刺激的安倍经济学也未能带领日本摆脱通缩的"经济梦魇"。

以上这种分化不仅表现在发达经济体之间，新兴经济体之间的分化也

日渐明显。在新兴经济体中，中国和印度经济仍充当着"领头羊"的角色，经济增速尽管有所放缓，但是仍然维持在7%以上的水平，同时国际收支变动、汇率波动幅度仍在可接受的范围内。而巴西、俄罗斯和土耳其这几大新兴经济体的局面却不容乐观。自2014年5月美联储宣布退出量化宽松政策以来，巴西和土耳其的货币大幅贬值，资本外流严重，极大破坏了国内经济的企稳复苏进程。对于俄罗斯来讲，地缘政治风险和国内通胀风险的互相交织使俄罗斯经济面临着前所未有的困境，卢布大幅贬值和投资基本停滞的局面令"全能选手"普京也束手无策。IMF预计2014年俄罗斯经济增速仅为0.2%。

综上，危机后全球经济呈现的最主要特征是"分化"和"脱耦化"（Decoupling），发达国家之间、新兴市场经济体之间的发展趋势呈现二元化，分别表现为强劲复苏和缓慢回升，与经济危机前相比，各个国家之间的经济周期关联性变弱。

（二）宏观经济政策的分化

经典的凯恩斯主义经济理论认为在经济萧条时期，政府这只"看得见的手"将发挥主要作用。在此次经济危机中，被称为"萧条经济学"的凯恩斯主义理论得到了充分运用。2008—2011年，无论是以欧美国家为代表的非常规货币政策、日本的质量和数量宽松政策（QQE）抑或是中国的"4万亿"刺激政策，都从不同程度、不同渠道对经济进行了刺激以对冲经济危机的影响。在这4年间，宽松的政策调控令全球各个国家、各个部门均享受着了"资本盛宴"。但是到了2012年，全球经济政策调控方向开始出现分化。由于经济的迅速复苏以及通胀的威胁，中国、印度等少数国家开始加息，逐步恢复至政策常态；到2014年，这一分化趋势进一步加剧，如2014年1月，美联储开始缩减其每月债券购买量，并于10月停止购买债券。而 2013 年 6 月，英国也提出了失业率、通胀率"双挂钩"原则，预计美、英在 2015 年会纷纷启动加息政策。欧元区和日本的政策宽松到目前为止仍然没有结束的迹象。欧元区的"负利率"政策以及预期于 2015 年祭出的"欧洲版 QE"都意味着欧元区的政策刺激措施尚未至尽头。日本安倍经济学提倡的不断加码的货币宽松也未能引领日本走出"疲软泥潭"，可能出现的第二轮"失去的十年"正引起日本官员和民众的广泛担忧。

全球经济发展趋势的分化决定了各个经济体宏观经济政策的分化，这也意味着经济危机后世界经济政策的协调和合作将变得越来越困难。

（三）大宗商品价格走低

2014 年 10 月至 2015 年年初，OPEC 原油一揽子平均价由 90 美元跌破每桶 60 美元。根据路透社预测，2015 年，世界石油价格有可能继续下跌。同时，自 2014 年年初开始，国际铁矿石价格持续下跌，跌幅达到 50%，依据摩根大通预测，2015 年价格可能在每吨 67 美元左右。而黄金价格在 2014 年年末虽略有上升，但全年来看仍呈下跌之势，目前价格在一盎司 1200 多美元。

2014 年欧元区经济低迷、中国的产业结构调整和增速下降，均导致全球大宗商品需求增长放缓。同时，国际投资者关于美联储退出量化宽松政策的预期和美联储逐步缩减资产购买的举措，使得国际资本市场充裕的流动性并没有大规模涌入大宗商品市场，二者的共同作用致使大宗商品价格指数在 2014 年出现下跌。值得注意的是，原油价格下降的原因则包含着供求关系以及地缘政治因素的双重作用，下文会对此进行详细论述。

依据中国社会科学院发布的《2015 年世界经济形势分析与预测》，2015 年世界经济增长率的缓慢回升，虽会促进全球大宗商品需求的增长，但大宗商品价格指数并不会随着需求的回升而上涨。这是危机后世界经济表现

出的又一个新特征，与此相关，预计贸易结构属于能源输入型国家的通缩
压力将进一步加大。

（四）相对于全球一体化，区域经济一体化逐渐占据主导地位

2001 年启动的多哈回合谈判持续了十几年一直未有进展，而近年来自
贸区协定却进行得如火如荼。欧盟与 80 多个国家商谈自贸区协议，美国也
已建成了 20 多个自贸区。2009 年以来，美国希望通过建立《跨大西洋贸易
和投资伙伴协定》（TIPP）和《跨太平洋伙伴关系协定》（TPP）布局其在
全球贸易领域推进的"两洋战略"。与此同时，中国也积极参与区域合作进
程。于 2014 年 11 月在北京召开的 APEC 会议，为中国主导的亚太经济一体
化进程提供了良好的平台。"一带一路"战略构想，中韩、中澳自贸区协定
的成功签订使亚太区域合作既具备了制度设计又具备了可操作性。同时，
中美、中欧的双边投资协定也在持续跟进，预计未来能够为中国企业"走
出去"提供良好的制度保障。

与停滞不前的 WTO 多哈回合谈判相比，危机后各国政府为了促进贸易
和投资，纷纷参与区域合作谈判，区域性的经济合作逐渐成为各国对外经
济政策贯彻和落实的主要平台。

◇二　世界经济新常态的可持续问题

正如前文所述，新常态意味着经济在一定时期内表现出相对稳定、具
有可持续性的新特征。那么分析这些新特征是不是能够可持续，就需要从
经济新特征的驱动要素着手，这构成了理解世界经济新常态的第二方面
内容。

（一）经济复苏局势分化的持续性分析

就发达经济体来讲，美国经济的企稳回升有其合理性和必然性。金融危机后，为了限制和监管广受诟病的资产证券化产品，美国出台了多德—弗兰克法案，被认为是"大萧条"以来最全面、最严厉的金融改革法案，旨在保护金融系统中的消费者。其规定的扩大监管机构权利、设立消费者金融保护局和"沃尔克规则"三大核心内容对控制和监管金融部门发生系统性风险起到了防御性作用。金融危机后，不但美国对金融部门的监管更加严格，而且其居民、企业的去杠杆也取得了一定成就，资产证券化产品的比例有所下降。此外，环保、医药等新兴产业在美国的发展也较迅速，以新兴产业为代表的"工业化4.0"预期将成为美国新一轮经济周期的增长点。这些因素都保证了危机后美国经济的强劲复苏趋势具有可持续性，世界经济"领头羊"的地位仍然不可撼动。

欧洲和日本经济尽管在缓慢复苏，但是要完全从"泥潭"中挣扎出来，尚需时日。

首先，地缘政治因素导致欧洲一方面面临着与俄罗斯之间的博弈和胶着，其天然气和原油进口都会受到影响；另一方面，欧洲内部成员国间也存在诸多分歧。欧盟和欧元区自成立以来，经济发展水平的千差万别导致成员国之间具有经济利益分歧，这一点在经济危机期间表现得更为突出：由于各个国家经济特征不同，公共财政情况更是差别巨大，对于一些国家来说，要重新达到欧元区的"收敛原则"难度很大。此外，由于"单一市场"要求高度一体化，一国的货币、金融市场的波动很容易影响到欧元区其他国家，各个国家在政策制定、改革方面不得不互相协调，否则政策外溢效应可能会导致完全相悖的效果。其次，尽管欧央行能够统一制定货币政策，但是各国对货币政策的判断也会体现出矛盾。如在2013年6月，德国立宪法院对于欧央行的 OMT 提出了严重质疑。所以，欧洲的复苏需要财政制度、银行体系的改革以及各国之间政策的共同协调，而这其中的任何一项制度推进都绝非短期内能够完成。

与欧元区相比，日本经济复苏拖累因素较少，但同样面临通缩压力。2014 年第二、三季度，GDP 环比增速分别为 – 6. 70% 和 – 1. 90%。为了拯救接连两个季度发生萎缩的日本经济，2014 年 12 月 26 日日本内阁批准 3. 5 万亿日元的额外经济刺激方案。尽管经济危机以来，安倍政府不断出台货币政策刺激，连续出台"QQE1"和"QQE2"，但是日本国内的问题也不是仅仅通过增加流动性就可以解决的。面对持续的通缩，日本实际利率高企，企业缺乏投资动机，人口老龄化也从根本上制约了日本经济增长的源泉，这些因素的共同作用意味着日本经济的微弱复苏局面在长期内几乎不会逆转。

所以，发达经济体经济基本面的最主要表现仍是"分化"，并且这种分化局面将成为未来一段时期内的常态。

再看新兴经济体。中国经济已经进入了以高速增长向中高速增长换挡为主要特征的新常态时期，预计未来中国经济发展将以质量为导向，充分吸收"改革红利"。总体来看，中国经济增速将保持在合理的区间内运行。

印度也是新兴经济体中较有潜力的国家之一。在过去 10 年，印度取得了不错的经济成绩，在 2003—2007 年平均增速达到 8% 以上，仅次于中国，明显好于巴西和俄罗斯这两个"金砖"国家。在金融危机之后，印度经济增速明显下滑，但是仍然保持在 4%—5%。尽管印度的人均 GDP 仍然较低，仍然有较大的后发优势，技术上仍然有较大的空间进行追赶。另外，印度的人口结构仍然比较年轻，而且人口增速在"金砖四国"中居首，未来的人口结构有利于发挥在劳动力密集型产业方面的优势。此外，莫迪政府的强力改革措施将为印度未来经济带来新的活力。

巴西和俄罗斯的未来经济走向值得质疑。近期巴西和俄罗斯经济表现出一定的类似性，一方面是国内货币贬值导致大量资本外逃，另一方面两国作为矿产资源和原油的主要出口国，纷纷受到了大宗商品价格下跌的严重打击。巴西毗邻美国，制造业投入部分依赖于美国，随着美元走强，巴西生产成本将会增加。同时，美国加息预期将导致资本外流，这都将为巴西未来经济蒙上"阴云"。短期内，巴西尚没有应对货币贬值、资本外流的有效措施。

俄罗斯的局势更为复杂。西方制裁、卢布贬值、资本外逃、通胀高企、原油收入缩减等因素互相交织，为俄罗斯经济结成了一张无形的"衰退之网"。俄罗斯已经对严峻的外围环境束手无策，而其国内单一的产业结构束缚了消费和投资对经济的拉动作用。要改善这一局面，需要相当长的时期，对于俄罗斯来说，其漫长的衰退之路尚未看到终点。

综上，美国和欧日经济的分化、主要新兴经济体之间的分化这一特征将成为未来相当长时期内的常态：美英经济持续向好，欧日经济缓慢复苏；中国和印度将充当新兴经济体的"领跑者"，印度机遇更大，巴西和俄罗斯局势复杂，短期内无有效解决措施。

（二）大宗商品价格走低的持续性分析

从供求因素进行分析。从供给角度，首先，2003—2008 年以石油为主的大宗资源类商品价格高企，导致企业对资源类的投资热情高涨，矿产资源和原油的开采都达到了较高水平。美国页岩油储量丰富，可采量位居世界第二，目前已经超过沙特阿拉伯成为世界第一大石油出口国。从需求角度看，中国经济增速进入中高度换挡区间，国内的主要任务在于化解产能过剩，同时欧洲经济低迷，二者都导致对于大宗商品的需求较为疲软。综合来看，未来一段时间内中欧经济增速的下降将导致矿产资源价格持续走低。对于石油来说，未来情况更加复杂，一方面欧佩克的临时减产决定以及地缘政治因素可能会导致原油价格上升；另一方面科技进步又决定了绿色可替代能源的兴起和页岩油开采的提速，因此，未来石油价格尽管会出现回升区间，但是长期内的下降走势或将构成新常态。

（三）区域经济一体化优于全球经济一体化的持续性分析

与WTO多边谈判的步履维艰相比，自贸协定和双边投资谈判却相当活跃。在2013年12月的WTO巴厘岛部长级会议上，各成员国达成了"巴厘一揽子协定"，结束了WTO在贸易规则制定方面停滞不前的局面。按照相关条款，2014年7月31日要对协议文本进行法律审查，WTO全体成员国需在一致同意的基础上通过该协议议定书，将其正式纳入WTO规则体系。之后由WTO成员国履行国内批准加入程序，在2015年7月31日前，只要2/3成员国核准接受，该协议就生效实施。但事与愿违，在原本只被看作是例行程序的第一个环节，协议就遭到印度等几个成员国的突然"反水"，只能搁浅。

这一插曲说明了旨在推动全球经济一体化的WTO机制存在固有的弊端，正如WTO总干事罗伯特·阿泽维多所说的那样："我们没能找到一个消除分歧的方法。"首先，WTO框架下的多边谈判旨在达成所有成员国的一致意见。但是考虑到经济实力、经济体量以及发展阶段的巨大差异，要达到160个成员国的意见的协调统一，难度可想而知，对于农业、劳工等敏感条款的商定更是需要成员国之间极大的理解与包容。2013年年底巴厘岛谈判的破产也昭示了多哈回合谈判的又一次破裂，WTO这一组织的未来前景令人担忧。

而与全球性的多边谈判相比，区域和双边经济合作具有更大的灵活性，谈判效率要高得多。经济危机后，世界经济格局基本固化，中国和美国形成了"双寡头经济"局面。中国和美国在亚太和欧洲的战略布局催生了

TPP、TIPP 以及"一带一路"战略的实施，纷纷抢占危机后贸易和投资规则的"制高点"。而中国提出的亚洲基础设施投资银行以及丝路基金也改善了世界银行对于发展中国家基础设施建设支持不足的困境，为区域经济合作增添了新的动力。此外，危机后多数国家都在漫长的复苏道路上苦苦挣扎，复苏之路任重而道远。从欧洲国家和亚太区域国家的角度出发，其纷纷想借力中国和美国的"经济东风"，想在贸易和投资方面打破国内经济困难的局面。因此，就亚太国家和欧洲国家来讲，他们也有兴趣、有动力参与以中美为主导的区域性经济合作。

从以上分析可知，经济危机后大国政治和经济战略布局引领着区域化合作进一步加强，有取代 WTO 的趋势，正在成为推进贸易投资自由化和规则制定的新平台。

◇三　世界经济与中国经济"双重新常态"的交织

面对危机后国内经济和外围环境的"双重新常态"，中国如何在此种环境中充分利用机遇、应对挑战将是未来需要把握的重要议题之一。世界经济新常态的任何一方面，对中国经济的影响都是多重的，其中既包含机遇，也面临挑战。

（一）"分化"对人民币汇率和中国国际收支账户的影响

首先，从人民币汇率的角度来看，美国的加息预期以及美国经济的强劲复苏令美元的升值趋势势不可当，人民币兑美元的小幅贬值也几乎成为常态。而人民币兑欧元和日元汇率，却表现出升值趋势。一方面，随着美国经济复苏，中国对美国出口有望回升，而欧洲经济的相对疲软以及欧元兑人民币的弱势可能拖累中国贸易顺差的恢复。另一方面，未来人民币直接境外投资和人民币贸易结算额的扩大以及人民币国际化步骤的加快，人民币需求会出现上升，未来人民币汇率仍会呈现较平稳的升值趋势，而中国经常项目的状况则取决于主要贸易伙伴的经济分化程度以及国内结构调整和产业升级的战略要求。

其次，从中国资本流动的角度来看，与国内货币政策松紧程度和人民币汇率走势相关联，不排除美国加息后会出现资本外流的可能，但是人民币汇率相对稳定以及资本账户的相对可控性不会对中国的资本流动产生明显的影响，大规模的"套汇"或"套利"现象出现的可能性较小。

（二）大宗商品价格对消费和投资的影响

从消费需求看，随着大宗商品国际价格的持续走低，国内居民的生活成本降低，消费支出更具灵活性，有利于培养个性化、多样化的消费方式。从企业走出去以及"一带一路"战略的角度看，大宗商品价格的低迷为我国能源资源类企业到国外进行矿产类、石油的并购，绿地建厂等多方面的投资方式提供了契机，有利于"低价抄底"。资源类价格的走低令"一带一路"战略中的基建成本下降，使得我国对于"一带一路"战略投资盈利的可能性大大提升。从投资角度看，与美国页岩油革命的情况类似，走低的石油和矿产价格使得企业开发可替代绿色新能源的动机减弱。中国经济新常态要求鼓励对于新技术、新产品、新业态、新商业模式的投资，传统生产原料的成本降低实际上打击了经济主体对于新型能源、新材料的投资意愿。此外，目前中国经济已经步入中高速发展的合理区间，相对于"旧常态"而言，总需求下降，呈现通缩压力。作为石油和铁矿石的主要进口国，这类商品价格下降引致的输入型通缩对于国内价格指数继续下降可谓"雪上加霜"。

(三) 区域性经济合作的占优对中国对外经济政策的影响

经济危机后，世界经济和政治的"两极化"格局有重新兴起的趋势，全球的政治和经济布局多围绕着中国和美国两大经济体的利益展开。尽管乌克兰危机部分牵制了美国的注意力，但是美国并没有放弃其在亚太地区、整个欧洲大陆的利益，而中国也紧随其后，以"一带一路"为主线，串联了沿线 65 国。在这种背景下，一方面，中国能够有所作为。2014 年 11 月在北京召开的 APEC 会议谈判成果丰硕，就充分说明了这一点。此外，以欧洲为代表的国家，经济增长缺乏动力，亟须中国"助力"，中国可以充分利用世界经济新常态的外围环境，多在自贸区、双边投资协定的谈判上下功夫，创造有利的贸易投资环境。另一方面，美国力推的 TPP、TIPP 显现的"排华性"为中国参与世界主要国家的贸易、投资规则制定制造了障碍。区域性经济合作实质上意味着"在区域内合作，对区域外封闭"，这与 WTO 机制提倡的自由、公平原则在一定程度上是相违背的。中国对这一局面的处理既需要技巧也需要智慧。

◇四　结论和政策建议

本章依据对目前典型事实的分析以及前瞻性的预判，得到世界经济进入新常态的结论，并表现为以下四个特征：（1）全球经济复苏局势分化，经济增长将表现出不均衡性；（2）各国宏观经济政策长期分化；（3）大宗商品价格持续走低；（4）未来一段时间内，区域经济一体化占优于全球经济一体化。对于中国来说，国内经济新常态与世界经济新常态相互交织，国内外环境错综复杂，中国既收获着机遇，同时也面临着诸多挑战。如何处理这一复杂局面，考验着中国政策决策者的智慧。

　　本章提出以下建议，试图为中国经济在"双重新常态"的局势下提供一种政策思路：

　　（1）在世界经济基本面和宏观经济政策分化的背景下，中国要把握好货币政策和财政政策的力度。对于人民币汇率波动幅度以及资本流量波动要有一定的容忍度，不可"顾此失彼"，否则就会破坏与中国经济新常态相适应的金融改革进程和经济开放度提高的目标。

　　（2）依据前文分析，大宗商品价格的走低对绿色可替代能源的投资算是不小的打击。对此，财政应对清洁资源的开采、开发给予更强的补贴支撑，培养经济的新型增长点。通过此种措施刺激的新增投资，不仅符合中国经济新常态的要求，而且间接缓解了国内通缩压力，既是"防御之道"，也是"破解之道"。

　　（3）在新型全球经济格局下，中国对于贸易和投资规则制定的参与对于中国未来的对外经济发展至关重要。目前在世界经济合作中，区域性经济合作组织明显占据主导地位。而美国引领的区域合作组织表现出的"排华性"限制了中国的参与度。事实上中国已就如何摆脱这一束缚有所行动。"一带一路"布局、丝路基金、亚投行战略、自贸区建设等都在一定程度上增加了中国在对外贸易和投资中的影响力。对于中国而言，要化解这一困局，最重要的是应是创造自由、便捷的国内外贸易投资环境，扩大全球经济合作国别范围。目前中国的贸易额已经占据世界前列，但对外投资偏弱。试想若中国贸易和投资的覆盖范围、规模均占有相当大的市场份额，那么无论是对于美国或是 TPP、TIPP 的其他成员国而言，主动吸收中国加入将是一个必然的选择。因此，建议中国在利用自身优势布局区域性合作的同时，要谨慎把握加入美国主导的 TPP、TIPP 的可能性。

第十七章

"新常态"下中国经济增速下滑问题研究评述

——基于结构性和周期性的视角

◇◇ 一 引言

2014 年中国经济同比增长 7.4%，创 24 年来新低。[①] 2008 年金融危机以来，中国经济增速已呈明显下滑态势，2012—2014 年连续三年"破八"，由高速增长向中高速增长转变的"新常态"特征开始显现。随着增速"破八"成为"新常态"，中央政府的政策目标也从之前的"保八"变为 7.5% 左右的"区间管理"。与此同时，国内外很多机构也对中国 GDP 增速进行了预测。国际货币基金组织（IMF）预测的 2014 年和 2015 年的增长率分别为7.5% 和 7.3%（IMF，2014）。世界银行（World Bank）测算的中国经济的增长潜力 2011—2015 年为 8.6%，2015—2020 年为 7.0%，2020—2025 年为 5.9%，2025—2030 年则将进一步下降到 5.0%（World Bank，2013）。亚洲开发银行（ADB）和北京大学的合作研究则预测中国经济 2010—2030 年将保持在 7% 的水平（庄巨忠、Paul、黄益平，2012）。Lionel Fontagné 等（2012，2013）的一系列研究预测中国经济增长率将在 2010—2025 年呈下滑

---

① 本章数据如无特殊说明，均来自国家统计局和世界银行数据库。

趋势，在 2025 年将下降到 6% 左右。

中国经济的下滑趋势一度引发了甚嚣尘上的"中国经济崩溃论"，这种悲观主义的论调认为中国经济的基本面将加速恶化，并在 2013 年左右"硬着陆"，随后将陷入长期低迷（Roubini，2011）。然而，从各项指标参数及实际发展情况来看，中国经济并未发生"硬着陆"，而是从高速增长变为"次高速"增长，进入一个相对稳定的"新常态"（黄益平、苟琴、蔡昉，2013）。

对于"新常态"下中国经济增速下滑的性质和原因等问题，国内外学术界展开了广泛的讨论。这些研究从不同层面和不同角度分析了中国经济增速下滑的核心特征、主要性质、深层次原因以及理论基础，并提出了相应的政策主张。由于理论出发点和政策落脚点的差异，不同的观点之间也引发了一系列的争论，争论的焦点集中在经济增速下滑的性质和原因方面，相应的政策主张也产生了较大的分歧。本章将这些研究进行了梳理，从"结构性—周期性"的相对视角，结合对宏观经济理论基础的反思，对"新常态"下中国经济增速下滑的性质、原因和对策等研究进行了分析和评述，并提出了相应建议。

◇◇二　"结构性"视角下中国经济增速下滑的性质、原因和对策研究评述

"结构性"视角的观点认为金融危机之后中国经济由高速增长进入减速阶段主要是长期的结构性矛盾所致，趋势性下滑将在中长期持续。其原因主要在于供给层面的结构性扭曲和趋势性变化。因此，在政策上就要从供给层面出发，改变过去主要依靠需求管理的取向，注重于供给调整和结构性改革。

（一） 中国经济增速下滑的"结构性"性质解释

"结构性"一派的代表性观点认为"新常态"下中国经济增速下滑的性质是结构性的，而非周期性的，结构性的失衡和风险加剧是当前和今后一段时期经济的主要表现。

一些学者判断 2008 年金融危机之后中国经济开始步入调整期，但金融危机的周期性冲击并非经济下滑的主要原因，当前和未来一段时期结构性因素都占主导。李扬（2012）将金融危机之后中国经济的放缓称为"增速递减期"，认为这种递减不是周期性的，更非政策性的，而是根源于生产要素和产业结构的变化，是结构性减速，当前的宏观经济是一个"挤水分"的良机。张平（2012）指出中国经济在"十二五"期间已开始进入减速发展阶段，未来 10 年将进入由结构性因素引起的中长期减速通道。结构性减速将使通货紧缩的风险增大，当前不能仅靠常规的总量宏观政策，而要推进结构性改革，转变经济发展方式，从而走向"减速增效"的均衡发展道路。袁富华（2014）将 1985—2007 年的经济高速增长称为"结构性加速"，而 2008—2012 年以来的增速下滑则处于"结构性减速"的增长转型中。他从产业结构理论的视角将不同产业部门劳动生产率的差异归结为"结构双重性"问题。当规模化扩张结束、经济面临结构调整，即以效率改善驱动可持续增长的要求变得迫切时，"结构双重性"的累积风险将会暴露，从而使劳动生产率和经济增速同时回落。樊纲等人（樊纲、贺力平、魏晓云、韩立岩，2013）指出近期中国经济放缓有两个维度的解释，一个是长期的结构性因素，是前期高增长向减速增长的转换，主要是因为出口减速、工资上涨和能源进口依赖加强；另一个是短期的周期性因素，是之前经济过热的一个调整和纠错过程。而导致经济增速放缓的原因主要是结构性因素，增长的势头在全球金融危机爆发之前就已达峰值，趋势性的下滑调整也从那时就开始了。

也有学者明确指出长期的结构失衡导致的红利递减和风险加剧是经济增速下滑的内在机制,当前的调整是这种内在矛盾的外部表现。刘伟和蔡志洲(2012)强调长期的经济高速增长积累了很多的矛盾和失衡,反映在经济结构上,就是地区经济结构、最终需求结构、产业结构、收入分配结构等各个方面的矛盾和失衡,而这些结构性的失衡问题很难通过总量需求政策来解决。沈坤荣和滕永乐(2013)认为中国经济经过30多年的高速增长,已经到了一个"减速拐点",旧制度红利逐渐消失,潜在增长率已经开始下降,经济发展中的体制性、结构性和时效性问题日益凸显,结构性减速的风险正在加大。应当通过技术创新、产业结构升级和制度改革重构中国经济增长的动力。许小年(2013)则明确表示中国经济在快速发展过程中出现了结构性的失衡和扭曲,从而导致了结构性衰退,并将持续较长时间。而结构失衡主要是投资和消费的失衡,其原因则在于国民收入分配的失衡。要解决这种失衡的问题,需要政府主动推进全面减税、土地制度改革和资本市场开放等举措,但是改革的动力并不强,长期的结构性衰退不可避免。

(二)供给层面的原因分析和政策建议评述

中国经济增速下滑的"结构性"性质判断必然对应供给层面的原因分析和政策选择。原因在于中国经济经历了30多年的高速增长,从长期趋势来看已经积累了较为严重的结构性失衡风险,而其变化主要体现在生产要素、产业结构和收入分配结构等方面,这些都是供给层面的因素,并且风险的加剧在一定程度上还是不当的需求管理的政策所导致的。因此,在供给层面,很多学者认为劳动力成本、社会风险、资源环境成本、产能过剩、通货膨胀以及全要素生产率等因素的长期性变化是经济增速下滑的主要原因。

一些研究机构从长期生产要素的变化和产能过剩的角度分析了中国经济结构失衡的风险。世界银行在报告《中国 2030》中指出，长期的高速增长给中国的经济、社会和环境带来了持续的压力，过度依赖投资和出口以及人力资本投入偏低，将导致人口红利逐渐消失的情况下人力成本的上升。收入差距不断扩大也导致了社会风险的累积，从而会增加社会成本。高污染、高耗能的工业化发展导致环境污染和自然资源的衰竭，环境和资源成本也被抬高。总之，供给方的各种要素成本的升高是导致经济下滑的主要原因（World Bank，2013）。中国社会科学院在报告《中国宏观经济运行报告（2013—2014）》中则认为产能过剩是中国当前经济运行中的基本矛盾，产能结构性过剩造成了资源的闲置和浪费，抬高了经济运行的成本，增加了经济下滑的风险。其中关键在于抑制了企业的盈利能力，2013 年 1—9 月全国规模以上工业企业 41 个行业中仍有 15 个行业主营业务利润总额出现下降。企业经营困难进一步影响科技创新投入，从而限制了全要素生产率的提高（中国社会科学院财经战略研究院课题组，2014）。

很多国内外学者则基于计量分析和数据测算，分析了通货膨胀和劳动生产率等因素对经济下滑的影响。黄仁德和吴家明（2011）通过对中国各省的时序数据分析，发现通货膨胀是影响经济下滑的一个关键因素。通货膨胀率存在一个临界值，在高于 2.5% 的临界值的情况下，通货膨胀率每增加一个百分点，经济增长率则下降 0.61 个百分点，因此高通胀损害了经济增长。Nakamura 等人（Emi Nakamura、Jón Steinsson、Miao Liu，2014）则认为中国过去几年的实际通货膨胀率被低估了，而价格的上升却并未对供给面产生积极的影响，原因在于要素价格的上升对产出的负面影响。蔡昉和陆洋（2013）对中国劳动力参与程度和经济增长的关系进行了测算，结论表明中国在"十二五"期间的年平均增长率为 7.2%，而"十三五"期间仅为 6.3%，正是人口红利的消失和全要素生产率的下降导致了中国经济的下滑。

近年来，也有一些国内学者基于供给层面的原因进行了总结和创新，提出了"新供给主义"的理论观点和政策主张。滕泰（2013、2014）从供给的角度提出了"新供给主义经济学"，他认为凯恩斯的需求管理理论的假设基础在中国并不成立，因此用其总需求的分析框架来分析中国经济增长问题是不合理的，基于短期刺激的财政政策和货币政策也存在问题，而货币主义紧盯通货膨胀的理论和政策建议也是站不住脚的。应当从供给角度重新定义经济周期和经济增长，因为"新供给创造新需求"，所以经济放缓的主要原因在于供给层面，而应对增速下滑的政策应当主要在更新供给结构、放松供给约束、解除供给抑制和增加有效供给等方面。贾康等人（2013）则提出了"新供给经济学"，强调中国经济增速下滑的原因在于供给端的长期性变化，传统意义上的货币和财政政策已难以适应中国经济步入新发展阶段后的新要求，应当以推动机制创新为切入点，以结构优化为侧重点，着力从供给端入手推动中国的新一轮改革，从而有效化解"滞胀""中等收入陷阱"等潜在风险。

（三）"结构性"视角和供给层面的分析不能完全解释中国经济增速下滑的性质和原因

"结构性"的观点全部或部分地否定了中国经济增速下滑的周期性因素，对应的主要是长期的供给层面的原因，政策的侧重点也主要在供给管理和结构性改革方面，对于需求层面的影响和需求管理的政策也持否定态度。

供给层面的原因是从长期的供给视角来解释中国经济的下滑。经历了近30年的高速增长之后，中国经济要素供给方面的成本已经逼近临界值，这体现在劳动力成本、社会风险成本、资源环境成本等产生了结构性的变化。这几种变化综合在一起，衍生出更加严峻的现实问题，如产能过剩、通货膨胀、中等收入陷阱、全要素生产率下降等，从而不可避免地导致经济增长的动力缺乏，经济增速的下降也就成为一个必然的结果。

但是本研究认为，将经济增速下滑完全归因于长期的供给层面的原因是不完全的。虽然潜在增长率的下降可以在很大程度上解释长期的下滑趋势，但短期波动因素带来的冲击同样不能忽视。如果将供给层面的逻辑极端化，主张完全的供给调整和"无为而治"，而放弃必要的需求管理和正常刺激手段，也将会使经济下滑的风险加大，产生"硬着陆"的不确定性。因此，在政策层面，要坚持"底线管理"的思维，一方面要守住失业底线和通胀底线，另一方面要守住风险底线。同时，在趋势性回落过程中，强调"区间调控"，采取必要的"微刺激"，及时"预调""微调"。这也是"新常态"下宏观经济管理的题中应有之义。

◇◇三 "周期性"视角下中国经济增速下滑的性质、原因和对策研究评述

"周期性"视角的观点认为金融危机后中国经济增速下滑的主要原因并非内部的结构性因素，而是周期性的下滑，外部冲击的特征更为明显，而长期的增长动力较为乐观。原因主要在于需求层面和政策层面的变化带来的冲击，政策上则应当需求管理与供给调整并重，并侧重于对需求冲击的应对。

(一) 中国经济增速下滑的"周期性"性质解释

"周期性"一派的观点与"结构性"视角的解释形成了鲜明的对比。

一些学者通过内部和外部因素的对比，更倾向于认为当前导致经济增速下滑的核心性质是外部冲击造成的周期性减速，结构性因素也存在，但不是主要表现。林毅夫（2014）一直强调2010年以来中国经济增长的放缓是由外部的周期性原因造成的，而非内部的结构性因素所致。其他金砖国家在国际金融危机后经济下滑更为严重。这种周期性的力量取决于中国自己的抵抗能力，而中国目前仍然存在很多经济和社会回报高的投资机会，在未来十年或更长的时间里中国有潜力把增速维持在7%—8%。巴曙松等（2012）指出中国经济已在事实上经历了一段较长的减速期，这种减速具有长期和短期的双重性质，但就当前来看，周期性因素更为突出。因此，政策选项也应当是周期应对与促进转型并重。

也有学者从产业发展和技术变迁的视角分析，论证当前中国经济更多的是周期性下滑。李稻葵（2014）认为中国经济处于一个新旧增长点的交替时期，新增长点在城镇化、居民消费、产业升级等方面的红利需要经过新的改革才能够释放，而旧的增长点包括出口以及房地产和投资的快速增长已经乏力，因此短期中国经济出现了一个增长动力的断档期，属于周期性的下滑。方福前（2014）从大改革的背景下分析了我国宏观调控多重性目标的冲突，核心观点是经济增速的放缓并非由于结构性因素导致，而是技术性衰退。当前要着力进行宏观调控体系的重构，通过需求管理和供给管理并重，解决周期性问题。

（二）需求层面的原因分析和政策建议评述

在需求层面，外需冲击、内需不足和投资需求的影响等均被认为是导致经济下滑的主要因素，而这些因素都与外部的周期性冲击密切相关。

在研究外需冲击方面，联合国经济与社会事务部在其发布的《2014年世界经济形势与展望》报告中指出，正是外部冲击的积累导致中国经济下滑甚至有"硬着陆"的风险。数据方面也可看到,受出口下滑的影响,2013 年 1—10 月,中国规模以上工业增加值同比增长 9.7%,增速比 2012 年同期减少 0.3 个百分点。2007 年以来,由于世界主要经济体饱受危机之苦,美国、欧元区、日本等中国主要贸易伙伴的贸易需求大幅下降,中国对外出口增速锐减,2008—2011 年贸易顺差持续下降,导致相关投资需求也持续低迷,对经济增速产生了较大的负面影响。全球贸易分析项目(Global Trade Analysis Project,GTAP)的 Ianchovichina 等人(Elena Ianchovichina、Thomas Hertel 和 Terrie Walmsley,2014)通过数据分析也得出相似的结论:外国直接投资的下降和跨国资本流动的萎缩是导致中国经济放缓的直接原因。

消费需求的影响也一直是很多学者关注的焦点,Eichengreen 等人(Eichengreen、Park、Shin,2012)的研究表明,消费(特别是国内消费)占 GDP 比重过低是高速增长经济体增速下降的主要原因,而汇率被低估的中等收入国家发生减速的可能性更大,中国可能会在 2015 年前后发生这样的过程。在其后续的研究中(Eichengreen、Park、Shin,2013),Eichengreen 等通过更多的数据分析和实证研究,认为高速增长的中等收入国家会经历多个减速周期,同时,科技发展程度较高和高科技产品出口份额较高的国家发生减速的可能性更小,中国的出口结构则与此条件不符,因此发生下滑和陷入"中等收入陷阱"的风险就更大。斯蒂格利茨(Stiglitz,2012)也认为中国的居民消费占 GDP 的比重过低以及社会福利方面的投入偏低是影响经济持续增长的重要因素,工资的提高将有助于刺激消费从而促进增长。而摩根士丹利(亚洲)的研究则指出,增长模式由外需向内需驱动转变导致的需求下降是导致中国经济下滑的重要原因。

另外,投资需求的下滑也被认为是需求下滑的一个关键因素。王一鸣(2013)通过测算发现,2001—2012 年中国固定资产投资总体保持了一个较高的增速,年均名义增长 23.6%,实际增长 20.3%,而其中在 2009 年,政府大规模经济刺激计划的实施使当年固定资产投资实际增速大幅上升到

33.2%，之后的 2010 年和 2011 年，投资增速明显回落，实际增速分别下降到 19.5% 和 16.1% 的低位。固定资产投资需求的下降给其后的经济快速下滑带来了极大影响。蔡洪滨（2013）也认为投资需求不足是经济下行的主要原因，特别是制造业面临巨大的投资风险和不确定性，表现为持续低迷。2013 年 1 月到 5 月制造业投资仅增长 17.8%，比 2012 年同期放缓近 7 个百分点，1—2 月更是创出了投资增长十年新低。摩根大通的经济学家 Michael Cembalest（2014）则强调私营经济的活动逐步下滑是造成中国经济增长放缓的主要原因，一个关键的指标就是私营企业固定资产投资减少。从趋势上来看，虽然中国政府已出台扶持企业的政策，但私营企业的增长还在走下坡路，这对经济增速下滑的趋势将形成长期不利影响。

（三）政府政策层面的原因分析和政策建议评述

在政府政策层面，一些学者和研究机构倾向于认为中央政府对经济增长预期的下调、对经济增长模式的主动调控和一系列抑制性的经济政策以及在应对下滑过程中的政策不当等是促使经济放缓的重要因素。

一些研究机构重点分析了政府的政策重点由"稳增长"转向"调结构"所带来的负面冲击。OECD 的研究报告《经济政策改革》（2013）指出中国新一届政府采取的市场化改革举措，如放开市场准入、减少政府干预、改革审批制度、弱化政府投资等，降低了政府直接刺激经济的力度，对于经济减速产生了明显的影响。亚洲开发银行和北京大学的联合研究报告《超越低成本优势的增长》（2012）则认为中国要避免落入中等收入陷阱必须依靠政府正确的政策选择和强有力的政策推动，要在推动产业升级、促进经济结构调整和保持经济社会环境稳定等方面采取积极的政策。而这些政策的实施在促进增长模式转变的同时也必定在短期内带来增速下降的风险，这可以看做政策选择的成本。

国内外一些学者基于对经济增速的测算，分析了在需求供给因素产生逆转的同时，政府的政策转向也是中国经济增速下滑的关键因素。刘元春和陈彦斌等（刘元春、陈彦斌，2013；陈彦斌、姚一旻，2012）对中国经济到 2020 年的潜在增长率进行了预测，指出未来我国经济增长的总体趋势是逐步放缓的。在没有出现重大经济波动的基准情形下，"十二五"和"十三五"时期的潜在经济增速较 2000—2010 年分别下滑 2.3 个百分点和 4 个百分点，即使是在较为乐观的情形下，"十二五"和"十三五"期间的潜在经济增速也将分别下滑 1.1 个百分点和 2.7 个百分点；而如果在较为悲观的情形下，则下滑幅度将分别高达 3.1 个百分点和 5.2 个百分点。对于经济增速趋势性放缓的原因，除了出口投资需求和供给面的因素外，政府在未来对经济增长的推动作用将有所减弱也是一个关键因素。Perkins 等人（Perkins、Rawski，2008）也用类似的方法测算了到 2025 年的中国潜在经济增速，主要从 TFP、消费、技术等角度进行了分析，结论表明政府的经济政策对潜在增长率的下降也具有重要影响。

也有很多学者从政府主动调控和降低增速预期的角度分析了政策层面的影响。易纲（2012）就强调中国经济放缓不仅是全球复苏乏力导致的外部需求疲软，也是中国政府主动调控的结果。裴长洪（2012）具体指出刺激性政策逐步退出、严厉的房地产调控政策以及其他调控性的产业政策在很大程度上加速了经济增长的放缓。魏捷、李勇（2013）发现不论是产业结构发展滞后于经济增长，还是公共服务供给不足或供给失衡，诸多现阶段的问题都与没有使经济增长机制内生于市场有莫大的关系。而市场化机制不足的原因正是在于政府在政策选择方面改革的力度不够大。袁钢明（2013）从电量、铁路货运量、煤炭产量等指标出发对经济下滑的程度和冲击进行了分析，结论表明下滑幅度要比统计数据公布的更为严重，对企业经营、财政收入、居民收入和就业造成了较大冲击，而下滑的原因并不在于基数升高和潜在增长率，而是政府减速调整的政策失误和宏观调控不当所致。

（四）"周期性"的视角和需求、政策层面的分析也不能完全解释中国经济增速下滑的性质和原因

需求层面的原因主要是从短期的视角来解释中国经济的下滑。首先，外部冲击导致的出口下降以及由此带来的相关投资下降是短期全球经济的调整所导致的。其次，内需不足以及由于外需向内需驱动模式转变带来的需求下降是国内经济结构大调整的一部分。最后，投资需求的下滑也与宏观经济政策的短期调整有极大关系。

需求层面的解释延续了凯恩斯主义需求管理的视角。从凯恩斯的理论出发，有效需求不足应该导致物价水平（CPI）和就业水平跟随性的下滑。但从中国经济实际表现来看，真实情况并非如此。CPI 同比增幅从 2008 年逐步走低，到 2009 年 7 月后开始回升，在 2011 年 7 月达到 6.5%，随后逐步回落至 2012 年 5 月的 3%，从 2012 年 6 月至 2014 年 8 月，基本在 2%—3%区间内上下浮动。就业方面，2009—2013 年全年城镇新增就业分别为 1102 万、1168 万、1221 万、1266 万和 1310 万，国务院总理李克强 2014 年 9 月 10 日在第八届夏季达沃斯论坛致辞中说，在增速放缓的情况下，2014 年 1—8 月我国大中城市调查失业率保持在 5%左右[①]，就业水平并未出现跟随性的下滑。在这种"新常态"下，如果继续采取逆周期的需求管理手段，不仅不能防止经济增速的持续回落，反而会成为经济波动和扭曲的新源泉。因此，我们认为中国经济增速下滑并非简单由于短期的需求因素所导致，其他层面的因素可能更为重要。

同时，上述从政府政策角度分析中国经济下滑的原因的很多文献，并

---

① 参见"中国首次公布调查失业率：5%左右"，http：//news. cnfol. com/guoneicai-jing/20140912/18956135. shtml。

不否认中国经济自身在需求和供给方面的原因，他们只是更加强调了政府的主动调控，认为政府在强刺激政策退出过程中的调控不当和改革举措带来的短期冲击是导致经济增速下滑的重要因素，一定意义上，这也是"前期刺激政策消化期"的一种解释。2009年中央政府推出"4万亿"的大规模刺激计划之后，经济增速确实在2010年有了短暂的反弹。但是在大规模刺激计划退出之后，中国GDP便陷入从2010年第一季度开始连续20个季度的趋势性下滑，由此可见政策调整的负面冲击还是存在的。这种政策调整建立在对政府主动放弃刚性增长目标的认识的基础之上，属于主动调控而非被动应对的宏观逻辑，也使市场产生了经济放缓的理性预期，对经济结构调整和转型升级充满了期待。

长期以来，由于错误的政策定位导致"出口—投资驱动型经济增长模式"不仅未得到矫正，反而走向了更加扭曲的"信贷—投资驱动型经济增长模式"，很多深层次的宏观问题不仅没有缓解，反而愈加恶化。而一系列改革举措带来的短期"创造性破坏效应"使得传统高增长模式必然受到冲击，增速下滑在一定程度上就成为"路径依赖"下的必然调整成本。中长期来看，本章认为政府政策层面的主动调整和大改革的全面推进将逐渐化解大调整带来的负面效应，从而带来中国经济增长源泉的重构，为经济在"新常态"下维持动态稳定创造新的动力。

◇四 现有研究在理论基础、研究视角和政策建议方面存在不足

现有研究从需求、供给、政策层面解释了中国经济增速下滑的具体原因，各种解释在理论依据、研究结论和政策主张等方面的侧重点各不相同。从不同原因的侧重及结合出发，围绕增速下滑宏观性质"结构性"和"周

期性"的问题也引发了广泛的争论，并且远未达成共识。本章认为，现有
对中国经济增速下滑性质和原因的研究存在三个方面的不足。

第一，在理论基础方面还未能完全突破旧有的教条思维。需求层面、
政策层面的解释和周期性因素的认识在很大程度上还延续了凯恩斯主义的
观念，供给层面的解释和结构性因素的认识则一定程度上延续了新古典主
义和供给主义的观念。同时，对于当前增速下滑阶段的理解，还受到传统
的经济增长和经济周期理论关于发达国家后危机治理理论和政策框架的影
响。在理论基础方面，缺少基于中国经济发展改革的历史经验和新常态下
理论变革的新要求，未能完全突破和超越旧有的理论框架。

第二，在研究视角方面还缺乏中国经济与世界经济同构的超宏观视野。
研究中国经济增长问题，不能单独分析中国自己的情况，也不能过分强调
中国的特殊性。在中国经济与世界经济同构的超宏观视野下，中国经济的
下滑过程不仅与其他新兴经济体相一致，更与世界经济的变化具有高度的
同步性。2004—2013 年的 10 年间，特别是 2007 年金融危机爆发以来，中
国 GDP 和世界以及主要发达经济体的 GDP 增长率变化趋势高度同步，世界
和主要发达经济体在 2010 年之后也进入了下滑趋势，世界银行等机构也进
一步调低了全球经济增长预期（World Bank，2014）。中国经济增速下滑是
在世界经济进入一个新的深度调整期的大背景下发生的现象，而不仅是中
国经济自身结构性和周期性的问题。

第三，在政策建议方面还未能充分结合全面深化改革的要求和可能出
现的超预期风险。在中国经济进入趋势性下滑的过程中，中国政府也开启
了全面深化改革的进程，提出了健全宏观调控体系的总体要求，对保持经
济增长和减缓经济周期波动影响明确了政策目标和手段。同时，中国经济
"新常态"也进入新的阶段，超预期的系统性风险在不断累积，给政策制定
和实施带来新的挑战。现有的研究和政策建议还未能充分结合上述的新要
求和新挑战，对宏观政策的超前性把握不足。

◇五 结论和建议

本章认为，无论是"结构性"还是"周期性"均不能完整地描述中国经济增速下滑的性质，不能简单地将其归结为某一种性质。而增速下滑的原因也并非供给层面或需求层面以及政策层面可以简单解释的。中国经济增速下滑既有长期的结构性的失衡，也有短期的周期性的矛盾，主要性质是结构性因素，但也不能忽视短期因素和周期性因素。在政策上要避免先验的教条思维，简单地用某一种理论去生搬硬套，而要立足于中国经济的实践，既要考虑中国经济长期高速发展过程中的结构扭曲和内部正在发生的结构性变革，也要认识到短期的外部风险和周期性调整。既要着力推进供给管理和结构性改革，也要采取必要的需求管理和刺激政策，同时也要强化宏观审慎监管。

因此，本文建议对中国经济增速下滑问题的研究可从以下几个方面进行创新。

一是突破先验理论教条思维的束缚，超越传统的宏观调控理论与政策框架和发达国家流行的后危机治理理论与政策框架，避免陷入旧有的理论误区，以中国经济实践为基础，构建符合中国经济增长和经济周期特征的理论基础和宏观逻辑。

二是在中国经济与世界经济同构的超宏观视野下，结合全球经济大调整和主要发达经济体和新兴经济体趋势性下滑的背景，深入分析与中国经济增速下滑相互影响的内在联系，构建中国经济与世界经济逻辑一致的分析框架，探求中国经济增速下滑的深层次原因和性质。

三是结合全面深化改革的新要求和可能出现的超预期风险的新挑战，将全面改革与宏观调控相结合，在政策的针对性、有效性、综合性和超前性方面加强研究，对"底线管理""区间调控""定向调控""微刺激"和"宏观审慎监管"等宏观政策的逻辑和效果进行研究和评价，为中国经济在"新常态"进入新阶段可能面临的新风险设计合理的政策储备和应对预案。

参 考 文 献

戴根有主编：《中国货币政策传导机制研究》，中国金融出版社 2005 年版。

厉以宁：《中国经济双重转型之路》，中国人民大学出版社 2013 年版。

徐滇庆：《房价与泡沫经济》，机械工业出版社 2006 年版。

BWCHINESE 中文网：《中国经济增速下滑"杀手"之谜浮现》（http：//www. bwchinese. com/article/1062257. html）。

巴曙松、华中炜、杨现领：《中国经济减速的性质与政策选项》，《中国市场》2012 年第 37 期。

蔡昉：《人口转变、人口红利与刘易斯转折点》，《经济研究》2010 年第 4 期。

蔡洪滨：《投资需求不足是中国经济增长率放缓主因》，2013 年 7 月，第一财经网（http：//www. yicai. com/news/2013/07/2865065. html）。

车维汉、贾利军：《国际贸易冲击效应与中国宏观经济波动：1978—2005》，《世界经济》2008 年第 4 期。

陈昆亭、龚六堂、邹恒甫：《基本 RBC 方法模拟中国经济的数值试验》，《世界经济文汇》2004 年第 2 期。

陈昆亭、龚六堂、邹恒甫：《什么造成了经济增长的波动，供给还是需求：中国经济的 RBC 分析》，《世界经济》2004 年第 4 期。

陈师、赵磊：《中国的实际经济周期与投资专有技术变迁》，《管理世界》2009 年第 4 期。

陈晓光、张宇麟：《信贷约束、政府消费与中国实际经济周期》，《经济研究》2010年第 12 期。

陈彦斌、马莉莉：《中国通货膨胀的福利成本研究》，《经济研究》2007 年第 4 期。

陈彦斌、邱哲圣、李方星：《宏观经济学新发展：Bewley 模型》，《经济研究》2010年第 7 期。

陈彦斌、邱哲圣：《高房价如何影响居民储蓄率和财产不平等》，《经济研究》2011年第 10 期。

陈彦斌、姚一旻：《中国经济增速放缓的原因、挑战与对策》，《中国人民大学学报》2012 年第 5 期。

陈彦斌、姚一旻：《中国经济增长的源泉：1978—2007 年》，《经济理论与经济管理》2010 年第 5 期。

陈彦斌：《中国新凯恩斯菲利普斯曲线研究》，《经济研究》2008 年第 12 期。

陈玉宇、谭松涛：《稳态通货膨胀下经济增长率的估计》，《经济研究》2005 年第4 期。

单豪杰：《中国资本存量 K 的再估算：1952—2006 年》，《数量经济技术经济研究》2008 年第 10 期。

丁守海：《劳动剩余条件下的供给不足与工资上涨——基于家庭分工的视角》，《中国社会科学》2011 年第 5 期。

丁守海：《中国产出缺口价格效应的转变趋势——基于劳动力条件变化的视角》，《经济研究》2012 年第 11 期。

丁守海：《中国就业弹性究竟有多大？——兼论金融危机的滞后影响》，《管理世界》2009 年第 5 期。

方福前：《大改革视野下中国宏观调控体系的重构》，《经济理论与经济管理》2014年第 5 期。

冯永琦：《中美经济波动的国际贸易传导机制实证分析》，《当代财经》2009 年第4 期。

高士成：《中国经济波动的机构分析及其政策含义：兼论中国短期总供给和总需求曲线特征》，《世界经济》2010 年第 9 期。

龚敏、李文溥：《中国经济波动的总供给与总需求冲击作用分析》，《经济研究》

2007 年第 11 期。

郭庆旺、贾俊雪:《中国全要素生产率的估算:1979—2004》,《经济研究》2005 年第 6 期。

国际货币基金组织:《全球经济经历不均衡复苏》,《世界经济展望》2014 年第 3 期。

何枫、陈荣、何林:《我国资本存量的估算及其相关分析》,《经济学家》2003 年第 5 期。

贺力平、樊纲、胡嘉妮:《消费者价格指数与生产者价格指数:谁带动谁?》,《经济研究》2008 年第 11 期。

黄义平、苟琴、蔡昉:《增长趋势放缓将是中国经济新常态》,《决策探索》2013 年第 7 期。

黄赜琳:《中国经济周期特征与财政政策效应——一个基于三部门 RBC 模型的实证分析》,《经济研究》2005 年第 6 期。

贾康、徐林、李万寿等:《中国需要构建和发展以改革为核心的新供给经济学》,《财政研究》2013 年第 1 期。

李宾、曾志雄:《中国全要素生产率变动的再测算:1978—2007 年》,《数量经济技术经济研究》2009 年第 3 期。

李春吉、范从来:《中国经济波动分析——基于传统凯恩斯主义 IS – LM – PC 模型的 SVAR 估计》,《山西财经大学学报》2010 年第 11 期。

李春吉、孟晓宏:《中国经济波动——基于新凯恩斯主义垄断竞争模型的分析》,《经济研究》2006 年第 10 期。

李稻葵:《中国经济增速为何下滑?》,2014 年 4 月,共识网(http://www. 21ccom. net/articles/dlpl/cjpl/2014/0402/103591. html)。

李浩、胡永刚、马知遥:《国际贸易与中国的实际经济周期——基于封闭与开放经济的 RBC 模型比较分析》,《经济研究》2007 年第 5 期。

李浩、钟昌标:《贸易顺差与中国的实际经济周期分析:基于开放的 RBC 模型的研究》,《世界经济》2008 年第 9 期。

李克强:《在改革开放进程中深入实施扩大内需战略》,《改革》2012 年第 4 期。

李世美、韩庆兰、曾昭志:《房地产价格的货币沉淀效应研究》,《管理评论》2012

年第 4 期。

李扬：《中国经济的结构性诊断》，《经济导刊》2012 年第 9 期。

厉以宁：《中国经济双重转型之路》，中国人民大学出版社 2013 年版。

栗亮、刘元春：《经济波动的变异与中国宏观经济政策框架的重构》，《管理世界》2014 年第 12 期。

林毅夫：《回顾金融危机：多数经济学家都没意识到》（http：//blog. sina. com. cn/s/blog_ 60f5a9be0101j7hn. html）。

林毅夫：《投资依然是中国经济增长的动力》，《财经界》2014 年第 7 期。

林毅夫：《中国 GDP 下滑的原因》，《资本市场》2014 年第 4 期。

刘斌：《我国 DSGE 模型的开发及在货币政策分析中的应用》，《金融研究》2008 年第 10 期。

刘斌：《最优货币政策规则的选择及在我国的应用》，《经济研究》2003 年第 9 期。

刘斌：《最优简单货币政策规则在我国应用的可行性》，《金融研究》2003 年第 9 期。

刘斌：《最优前瞻性货币政策规则的设计与应用》，《世界经济》2004 年第 4 期。

刘丹鹤、唐诗磊、李杜：《技术进步与中国经济增长质量分析（1978—2007）》，《经济问题》2009 年第 3 期。

刘明志：《中国的 M2/GDP（1980—2000）：趋势、水平和影响因素》，《经济研究》2001 年第 2 期。

刘伟、蔡志洲：《经济增长放缓与提高经济增长质量》，《经济导刊》2012 年第 12 期。

刘元春、陈彦斌：《我国经济增长趋势和政策选择》，《中国高校社会科学》2013 年第 2 期。

刘元春、栗亮：《欧洲中央银行非常规货币政策的退出策略》，《国际经济评论》2014 年第 4 期。

刘元春：《"新常态"需除"旧教条"》，《光明日报》2014 年 6 月 23 日第 11 版。

吕江林：《我国城市住房市场泡沫水平的度量》，《经济研究》2010 年第 6 期。

马骏：《研究新常态要搞清楚三件事》，2014 年 8 月 6 日，新浪财经（http：//finance. sina. com. cn/zl/china/20140806/072819925932. shtml）。

马文涛、魏福成：《基于新凯恩斯动态随机一般均衡模型的季度产出缺口测度》，《管理世界》2011 年第 5 期。

茅于轼：《房地产泡沫破裂后的危机》，《长三角》2008 年第 10 期。

欧阳志刚、王世杰：《我国货币政策对通货膨胀与产出的非对称反应》，《经济研究》2009 年第 9 期。

裴长洪：《全球格局下的中国经济走势》，《中国流通经济》2012 年第 7 期。

彭方平、连玉君、胡新明、赵慧敏：《规模经济、卡甘效应与微观货币需求——兼论我国高货币化之谜》，《经济研究》2013 年第 4 期。

乔虹、朱元德、何泓哲：《关于中国当前经济下滑和长期潜在增长的评估》，《金融发展评论》2012 年第 9 期。

人民日报评论员：《新常态下的中国经济（上）》，《人民日报》2014 年 8 月 5 日第 1 版。

人民日报评论员：《新常态下的中国经济（中）》，《人民日报》2014 年 8 月 6 日第 1 版。

人民日报评论员：《新常态下的中国经济（下）》，《人民日报》2014 年 8 月 7 日第 1 版。

沈坤荣、滕永乐：《"结构性"减速下的中国经济增长》，《经济学家》2013 年第 8 期。

孙工声：《中国宏观经济波动：内部调整还是外部冲击?》，《金融研究》2009 年第 11 期。

孙天琦：《储蓄资本化、金融企业和工商企业资本金增加和宏观经济增长——从资产负债表角度的一个解析》，《金融研究》2008 年第 9 期。

孙稳存：《货币政策与中国经济波动缓和化》，《金融研究》2007 年第 7 期。

滕泰、冯磊：《新供给主义经济理论和改革思想》，《经济研究参考》2014 年第 1 期。

滕泰：《更新供给结构，放松供给约束，解除供给抑制——新供给主义经济学的理论创新》，《世界经济研究》2013 年第 12 期。

滕泰：《新供给主义宣言》，《中国经济报告》2013 年第 1 期。

王彬：《财政政策、货币政策调控与宏观经济稳定——基于新凯恩斯主义垄断竞争模型的分析》，《数量经济技术经济研究》2010 年第 11 期。

王建国：《泰勒规则与我国货币政策反应函数的实证研究》，《数量经济技术经济研究》2006 年第 1 期。

王君斌、郭新强、蔡建波：《扩张性货币政策下的产出超调、消费抑制和通货膨胀惯性》，《管理世界》2011 年第 3 期。

王君斌、王文甫：《非完全竞争市场、技术冲击和中国劳动就业——动态新凯恩斯主义视角》，《管理世界》2010 年第 1 期。

王立勇、李富强：《我国相机抉择财政政策效应非对称性的实证研究》，《数量经济技术经济研究》2009 年第 1 期。

王胜、邹恒甫：《开放经济中的泰勒规则——对中国货币政策的检验》，《统计研究》2006 年第 3 期。

王曦、叶茂：《我国通货膨胀压力估计与实际通货膨胀表现》，《中山大学学报》（社会科学版）2011 年第 5 期。

王小鲁、樊纲：《中国经济增长的可持续性》，经济科学出版社 2000 年版。

王燕武、王俊海：《中国经济波动来源于供给还是需求——基于新凯恩斯模型的研究》，《南开经济研究》2011 年第 1 期。

王一鸣：《中国经济增长的中期趋势和经济转型》，《宏观经济研究》2013 年第 11 期。

王义中、金雪军：《中国经济波动的外部因素：1992—2008》，《统计研究》2009 年第 8 期。

魏加宁：《地方政府投融资平台的风险何在》，《中国金融》2010 年第 16 期。

魏婕、李勇：《中国经济增长的新机制：基于文献综述的思考》，《经济与管理评论》2013 年第 1 期。

吴汉洪：《美国宏观经济调控的新动向》，《宏观经济管理》2001 年第 2 期。

伍志文：《货币供应量与物价反常规关系：理论及基于中国的经验分析——传统货币数量论面临的挑战及其修正》，《管理世界》2002 年第 12 期。

谢平、张怀清：《融资结构、不良资产与中国 M2/GDP》，《经济研究》2007 年第 2 期。

徐滇庆：《房价与泡沫经济》，机械工业出版社 2006 年版。

许伟、陈斌开：《银行信贷与中国经济波动》，《经济学》（季刊）2009 年第 3 期。

许小年：《结构性衰退将持续较长时间》，《IT 时代周刊》2013 年第 23 期。

杨向阳、童馨乐：《FDI 对中国全要素生产率增长影响研究的实证分析》，《统计与决策》2013 年第 3 期。

姚晓东、孙钰：《人民币跨境流通的影响与人民币区域化进程研究》，《经济社会体制比较》2010 年第 3 期。

易纲、王召：《货币政策与金融资产》，《经济研究》2002 年第 3 期。

易纲：《近期中国经济增长放缓是主动调控的结果》（http://money.163.com/12/1013/19/8DNHBCVV00253B0H.html）。

易纲：《中国改革开放三十年的利率市场化进程》，《金融研究》2009 年第 1 期。

于泽：《我国 M2 顺周期性的原因分析》，《管理世界》2008 年第 12 期。

袁富华：《中国经济"结构双重性"问题分析》，《经济与管理评论》2014 年第 3 期。

袁钢明：《当前中国经济增速下滑估测与调控难点分析》，《价格理论与实践》2013 年第 9 期。

袁申国、陈平、刘兰凤：《汇率制度、金融加速器和经济波动》，《经济研究》2011 年第 1 期。

张春生、吴超林：《中国 M2/GDP 畸高原因的再考察——基于商业银行资产负债表的分析》，《数量经济技术经济研究》2008 年第 5 期。

张军、章元：《对中国资本存量 K 的再估计》，《经济研究》2003 年第 7 期。

张平：《"结构性"减速下的中国宏观政策和制度机制选择》，《经济学动态》2012 年第 10 期。

张延：《扩张性财政政策的中长期后果：通货膨胀——凯恩斯主义模型对 1992—2009 年中国数据的检验》，《经济学动态》2010 年第 1 期。

张延群、娄峰：《中国经济中长期增长潜力分析与预测：2008—2020 年》，《数量经济技术经济研究》2009 年第 12 期。

张燕生：《结构调整新常态的特征和前景》，《中国金融》2014 年第 14 期。

张屹山、张代强：《包含货币因素的利率规则及其在我国的实证检验》，《经济研究》2008 年第 12 期。

张屹山、张代强：《前瞻性利率规则在我国的实证研究——基于分位数回归方法的变参数检验》，《数量经济技术经济研究》2008 年第 10 期。

赵振全、于震、刘淼：《金融加速器效应在中国存在吗？》，《经济研究》2007 年第

6 期。

郑超愚、赵旸:《中国经济波动的需求驱动力与国际耦合性》,《金融研究》2010 年第 10 期。

中国人民银行营业管理部课题组:《基于生产函数法的潜在产出估计、产出缺口及与通货膨胀的关系:1978—2009》,《金融研究》2011 年第 3 期。

中国社会科学院财经战略研究院课题组:《中国宏观经济运行报告(2013—2014)》,《经济研究参考》2014 年第 3 期。

周小川:《中国货币政策一直是非常规的》(http://news. xinhuanet. com/fortune/2014-04/12/c_ 1110211987. htm)。

朱民、边卫红:《危机挑战政府——全球金融危机中的政府救市措施批判》,《国际金融研究》2009 年第 2 期。

Akerlof, G. A. and R. J. Shiller, *Animal Spirits*: *How Human Psychology Drives the Economy and Why It Matters for Global Capitalism*, Princeton: Princeton University Press, 2009.

Blanchard O. J. , Dell' Ariccia M. G. , Mauro M. P. , *Rethinking Macro Policy II*: *Getting Granular*, International Monetary Fund, 2013.

Claus I. , Conway P. , Scott A. , *The Output Gap*: *Measurement, Comparisons and Assessment*, Reserve Bank of New Zealand, 2000.

Department of Economic, Social affairs. *World Economic Situation and Prospects*. United Nations Publications, 2014.

Fernald J. , "*Productivity and Potential Output Before, During, and after the Great Recession*", NBER Macroeconomics Annual 2014, Volume 29, 2014.

French, K. R. , Baily, M. N. , Campbell, J. Y. , et al. (2010), *The Squam Lake Report*: *Fixing the Financial System*, Princeton, New Jersey: Princeton University Press, 2010.

Furlanetto F. , Gelain P. , Sanjani M. T. , *Output Gap in Presence of Financial Frictions and Monetary Policy Trade-offs*, International Monetary Fund, 2014.

Galí J. , Monetary Policy, *Inflation, and the Business Cycle*: *An Introduction to the New Keynesian Framework*, Princeton, New Jersey: Princeton University Press, 2009.

Goodfriend, Marvin, and Robert G. King, "*The New Neoclassical Synthesis and the Role of Monetary Policy*", NBER Macroeconomics Annual 1997, 1997, pp. 231 – 283.

Hsueh, T. T. & Q. Li, *China's National Income*, Boulder: Westview Press, 1999.

Lucas, Robert E. , Jr. , and Thomas J. Sargent, ed. , *Rational Expectations and Econometric Practice*, Minneapolis: University of Minnesota Press, 1981.

Maddison A. , *Contours of the World Economy 1—2030 AD.* New York: Oxford University Press, 2007.

Meltzer, Allan H. , *A History of the Federal Reserve. Vol. 1, 1913 – 1951*, Chicago: University of Chicago Press, 2003.

Meyer L. H. , *"Does Money Matter?"*, Review-Federal Reserve Bank of Saint Louis, Vol. 83, No. 5, 2001, pp. 1 – 16.

Mishkin, *The Economics of Money, Banking and Financial Market, 9th edition*, Boston: Addison Wesley, 2010.

Okun, Arthur M. , *"Potential GNP: Its Measurement and Significance"*, Proceedings of the Business and Economic Statistics Section of the American Statistical Association, Vol. 7, 1962.

Perkins, D. H. and E. Rawski, *"Forecasting China's Economic Growth to 2025"*, *China's Great Economic Transformation*, 2008.

Reinhart, C. M. , and Rogoff K. , *This Time Is Different: Eight Centuries of Financial Folly*, Princeton: Princeton University Press, 2009.

Rotemberg, Julio J. , and Michael Woodford, *"Markups and the Business Cycle"*, NBER Macroeconomics Annual 1991, 1991, pp. 63 – 129.

Sargent, Thomas J. , *"The ends of four big inflations. " Inflation: Causes and effects"* . University of Chicago Press, 1982, pp. 41 – 98.

Smets F. , Wouters R. , *An Estimated Stochastic Dynamic General Equilibrium Model of the Euro area: International Seminar on Macroeconomics*, Europe Central Bank, 2002.

St-Amant P. , Van Norden S. , *Measurement of the Output Gap: A Discussion of Recent Research at the Bank of Canada*, Bank of Canada, 1997.

Teulings, C. , and Baldwin, R. (eds.), *Secular Stagnation: Facts, Causes, and Cures*, Centre for Economic Policy Research, 2014.

Woodford, M. , *Interest and Prices: Foundations of a Theory of Monetary Policy*, Princeton: Princeton University Press, 2003.

Acemoglu, D. and V. Guerrieri, "Capital Deepening and Nonbalanced Economic Growth", *Journal of Political Economy*, Vol. 116, No. 3, 2008.

Adam, K. and Billi, R. , "Optimal Monetary Policy under Commitment with a Zero Bound on Nominal Interest Rates", *Journal of Money, Credit and Banking*, Vol. 38, No. 7, 2006.

Adrian, T. and Shin, H. , "Liquidity and Leverage", *Journal of Financial Intermediation*, No. 19, 2010, pp. 418 – 437.

Adrian, T. ; Moench, E. and Shin, H. , "Macro Risk Premium and Intermediary Balance Sheet Quantities", *Federal Reserve Bank of New York Staff Reports*, No. 428, 2010.

Akerlof G. A. , Dickens W. T. , Perry G. L. , et al. , "The Macroeconomics of Low Inflation", *Brookings Papers on Economic Activity*, 1996, pp. 1 – 76.

Akinci, O. and A. Queralto, "Financial Intermediaries, Credit Booms and Sudden Stops" *Mimeo*, 2013.

Alberola E. , Estrada ? , Santabárbara D. , "Growth Beyond Imbalances", *Sustainable Growth Rates and Output Gap Reassessment*, 2013.

Amano, R. ;, Carter, T. and Coletti, D. , "Next Steps for Canadian Monetary Policy", *Bank of Canada Review*, 2009, spring, pp. 7 – 20.

Ambler, S. , "Price-Level Targeting and Stabilisation Policy: A Survey", *Journal of Economic Surveys*, 2009, pp. 974 – 997.

Anderton R. , Aranki T. , Dieppe A. , et al. , "Potential Output from a Euro Area Perspective", *ECB Occasional Paper*, 2014.

Andres, J. and O. Arce. "Banking Compitition, Housing Prices and Macroeconomic Stability", *The Economic Journal*, 2012, pp. 1346 – 1372.

Andres, J. , O. Arce, et al. , "Banking Competition, Collateral Constraints and Optimal Monetary Policy", *Money, Credit and Banking*, Vol. 45, No. 2, 2013, pp. 87 – 125.

Angeriz, A. , and Arestis, P. , "Monetary policy in the UK", *Cambridge Journal of Economics*, No. 31, 2007, pp. 863 – 884.

Angeriz, Alvaro, and Philip Arestis, "Assessing Inflation Targeting through Intervention

Analysis", *Oxford Economic Papers*, 2008.

Aoki, K. , J. Proudman, et al. , "House Prices, Consumption, and Monetary Policy: a Financial Accelerator Approach", *Financial Intermediation*, No. 13, 2004, pp. 414 – 435.

Arce, O. J. and D. López-Salido, "Housing Bubbles", *American Economic Journal: Macroeconomics*, Vol. 3, No. 1, 2001, pp. 212 – 241.

Arestis P. , Sawyer M. , "A Critical Reconsideration of the Foundations of Monetary Policy in the New Consensus Macroeconomics Framework", *Cambridge Journal of Economics*, Vol. 32, No. 5, 2008, pp. 761 – 779.

Arestis Philip, and Sawyer Malcolm, "New Consensus Macroeconomics and Inflation Targeting: Keynesian Critique", *Economia e Sociedade*, *Campinas*, Vol. 17, 2008, pp. 629 – 653.

Arestis, P. , "New Consensus Macroeconomics: A Critical Appraisal", *The Levy Economics Institute of University of Cambridge Working Paper*, No. 564, 2009.

Arestis, P. , ed. , *Is There a New Consensus in Macroconomics?*, London: Palgrave Macmillan, 2007.

Ariel Burstein, Christopher Kurz, Linda Tesar, "Trade, Production Sharing, and the International Transmission of Business Cycles", *NBER Working Paper*, 2008.

Ball L. M. , Mazumder S. , "Inflation Dynamics and the Great Recession", *National Bureau of Economic Research*, 2011.

Basu S. , Fernald J G. . , "What Do We Nnow (and Not Know) about Potential Output?", *Federal Reserve Bank of St. Louis Review*, 2009.

Bean C. R. , "Globalisation and inflation", *Bank of England Quarterly Bulletin*, Winter, 2006.

Bean C. , Paustian M. , Penalver A. , et al. , "Monetary Policy after the Fall", *Macroeconomic Challenges: The Decade Ahead*, 2010, pp. 26 – 28.

Bean, C. , "Joseph Schumpeter Lecture: The Great Moderation, the Great Panic, and the Great Contraction", *Journal of the European Economic Association*, No. 8, 2010, pp. 289 – 325.

Bean, C. , "Is There a New Consensus in Monetary Policy?", *Is There a New Consensus in*

Macroeconomics, 2007.

Bean, C. , Paustian, M. , Penalver, A. and Taylor, T. , "Monetary Policy after the Fall", *FRB of Kansas City Annual Conference*, August, 2010.

Benigno P. , Ricci L. A. , "The inflation-output Trade-off with Downward Wage Rigidities", *National Bureau of Economic Research*, 2010.

Berentsen, A. and Waller, J. , "Price-Level Targeting and Stabilization Policy", *Federal Reserve Bank of St. Louis Review*, No. 95, 2013, pp. 145 – 164.

Bernanke B. , Reinhart V. , Sack B. , "Monetary Policy Alternatives at the zero Bound: An Empirical Assessment", *Brookings papers on economic activity*, No. 2, 2004, pp. 1 – 100.

Bernanke, B. and Gertler, M. , "Agency Costs, Net Worth, and Business Fluctuations", *American Economic Review*, No. 79, 1989, pp. 14 – 31.

Bernanke, B. ; Gertler, M. and Gilchrist, S. , "The Financial Accelerator in a Quantitative Business Cycle Framework", *Handbook of Macroeconomics*, 1999.

Bernanke, Ben S. , "Implications of the Financial Crisis for Economics", *Speech at the Conference Co-sponsored by the Center for Economic Policy Studies and the Bendheim Center for Finance*, September 24, 2010.

Bernanke, Ben S. , "The Effects of the Great Recession on Central Bank Doctrine and Practice", *Speech at the Federal Reserve Bank of Boston 56th Economic Conference*, October 18, 2011.

Bernanke, Ben S. , and Ilian Mihov, "What does the Bundesbank Target?", *European Economic Review*, Vol. 41, No. 6, June, 1997, pp. 1025 – 1054.

Biggs M. , Mayer T. , "The Output Gap Conundrum", *Intereconomics/Review of European Economic Policy*, Vol. 45, No. 1, 2010, pp. 11 – 16.

Blanchard O. J. , D. Quah. , "The Dynamic Effects of Aggregate and Supply Disturbance", *American Economic Review*, 1989.

Blanchard O. J. , Furceri D. , Pescatori A. , "A Prolonged Period of Low Real Interest Rates?", *Secular Stagnation: Facts, Causes and Cures*, 2014.

Blanchard O. , Dell, Ariccia G. , Mauro P. , "Rethinking Macroeconomic Policy", *Journal of Money, Credit and Banking*, Vol. 42, No. 1, 2010, pp. 199 – 215.

Blanchard O. , Gali J. , "Labor Markets and Monetary Policy: a New-keynesian Model with Unemployment" , *National Bureau of Economic Research*, 2008.

Blanchard O. , Galí J. , "Real Wage Rigidities and the New Keynesian Model" , *Journal of Money, Credit and Banking*, Vol. 39, No. 1, 2007, pp. 35 – 65.

Blanchard, "Monetary Policy: Science or Art?" , *Monetary Policy: A Journey from Theory to Practice*, March 2006.

Blanchard, O. J. , "The State of Macro" , *Working Paper Series No. 08 – 17*, 2008.

Blanchard, Olivier Jean, and Nobuhiro Kiyotaki, "Monopolistic Competition and the Effects of Aggregate Demand" , *American Economic Review*, Vol. 77, No. 4, 1987, pp. 647 – 666.

Blinder A. S. , "Distinguished Lecture on Economics in Government: What Central Bankers Could Learn from Academics – And Vice Versa" , *The Journal of Economic Perspectives*, 1997, pp. 3 – 19.

Boivin, J. , Lane, T. and Meh, C. , "Should Monetary Policy Be Used to Counteract Financial Imbalances?" , *Bank of Canada Review (Summer)* , 2010, pp. 23 – 36.

Bolt W. , Van Els P. J. A. , "Output Gap and Inflation in the EU" , *Netherlands Central Bank*, 2000.

Borio C. E. V. , Disyatat P. , Juselius M. , "A Parsimonious Approach to Incorporating Economic Information in Measures of Potential Output" , BIS Working Paper, No. 442, 2014.

Borio C. E. V. , Filardo A. J. , "Globalisation and Inflation: New Cross-country Evidence on the Global Determinants of Domestic Inflation" , *BIS Working Paper*, No. 227, 2007.

Borio C. , Disyatat P. , Juselius M. , "Rethinking Potential Output: Embedding Information about the Financial Cycle" , BIS Working Paper, No. 404, 2013.

Borio, C. and Drehmann, M. , "Assessing the Risk of BNanking Crises-revisited" , *BIS Quarterly Review*, March, 2009, pp. 29 – 46.

Borio, C. and Zhu, H. , "Capital Regulation, Risk Taking and Monetary Policy: A Missing Link in the Transmission Mechanism" , *BIS Working Paper*, No. 268, 2008.

Borio, C. , "Monetary Policy and Financial Stability: What Role in Prevention and Recovery?" , *BIS Working Papers*, No. 440, 2014.

Borio, C. , "The Financial Cycle and Macroeconomics: What Have We Learnt?", *BIS Working Papers*, No. 395, 2012.

Borio, C. , Disyatat, P. , "Unconventional Monetary Policies: an Appraisal", *The Manchester School*, *University of Manchester*, No. 78, 2010, pp. 53 – 89.

Borio, Claudio, "Monetary and Prudential Policies at a Crossroads? New Challenges in the New Century", *BIS Working Papers*, No. 216, 2006.

Bouis R. , Cournède B. , Christensen A. K. , "Implications of Output Gap Uncertainty in Times of Crisis", *OECD Publishing*, 2012.

Bouis R. , Duval R. , "Raising Potential Growth After the Crisis", *OECD Economics Department Working Papers*, 2011.

Brázdik F. , Hlavá Ček M. , Marsal A. , "Survey of Research on Financial Sector Modeling within DSGE Models: What Central Banks Can Learn from It", *Czech Journal of Economics and Finance*, Vol. 62, No. 3, 2012, pp. 252 – 277.

Brian M. Doyle, Jon Faust, "Breaks in the Variability and Co-Movements of G-7 Economic Growth", *International Finance Discussion Papers*, 2003.

Brunnermeier, M. K. and Y. Sannikov, "A Macroeconomic Model with a Financial Sector", *The American Economic Review*, Vol. 104, No. 2, 2013, pp. 379 – 421.

Brunnermeier, M. K. , and Y. Sannikov, "The I Theory of Money", *Unpublished Working Paper*, *Princeton University*, 2011.

Brunnermeier, Markus, "Deciphering the Liquidity and Credit Crunch 2007 – 2008", *Journal of Economic Perspectives* (*American Economic Association*), Vol. 23, No. 1, 2009, pp. 77 – 100.

Brzoza-Brzezina, M. and K. Makarski, "Credit Crunch in a Small Open Economy", *International Money and Finance*, Vol. 30, 2011, pp. 1406 – 1428.

Caballero, Ricardo J. , "Macroeconomics after the Crisis: Time to Deal with the Pretense-of-Knowledge Syndrome", *Journal of Economic Perspectives*, Vol. 24, No. 4, 2010, pp. 85 – 102.

Calvo, Guillermo A. , "Staggered Prices in a Utility-Maximizing Framework", *Journal of*

Monetary Economics, Vol. 12, No. 3, pp. 383 – 398.

Calza, A., "Housing Finance And Monetary Policy", *The European Economic Association*, Vol. 11, No. 1, 2013, pp. 101 – 122.

Camba-Mendez G., Rodriguez-Palenzuela D., "Assessment Criteria for Output Gap Estimates", *Economic Modelling*, Vol. 20, No. 3, 2003, pp. 529 – 562.

Carlstrom, C. and Fuerst, T., "Agency Costs, Net worth, and Business Fluctuations: A Computable General Equilibrium Analysis", *American Economic Review*, Vol. 87, 1997, pp. 893 – 910.

Cavalcanti, M. A. F. H., "Credit Market Imperfections and the Power of the Financial Accelerator: A Theoretical and Empirical Investigation", *Journal of Macroeconomics*, Vol. 32, 2010, pp. 118 – 144.

Cecioni, M., Ferrero, G., Secchi, A., "Unconventional Monetary Policy in Theory and in Practice", *Bank of Italy Occasional Papers*, Vol. 102, 2011, pp. 1 – 40.

Chagny O., Döpke J., "Measures of the Output Gap in the Euro-zone: An Empirical Assessment of Selected Methods", *Vierteljahrshefte zur Wirtschaftsforschung*, Vol. 70, No. 3, 2001, pp. 310 – 330.

Chari, V. V., "Building a Science of Economics for the Real World", *House Committee on Science and Technology Subcommittee on Investigations and Oversight*, 20 July 2010, Retrieved 24 May 2011.

Chari, V. V., and P. Kehoe, "Modern Macroeconomics in Practice: How Theory is Shaping Policy", *Journal of Economic Perspectives*, Vol. 20, No. 4, 2006, pp. 3 – 28.

Chari, V., McGrattan, E. and Kehoe, P., "New Keynesian Models Are Not Yet Useful for Policy Analysis", *FRB of Minneapolis Research Department Staff Report*, April, 2008.

Chen Qianying, Filardo Andrew, He Dong and Zhu Feng, "International Spillovers of Central Bank Balance Sheet Policies", *BIS Working Paper*, No. 66, 2012

Christensen, I. and A. DIB, "The Financial Accelerator in an Estimated New Keynesian model", *Review of Economic Dynamics*, No. 11, 2007, pp. 155 – 178.

Christiano, L., II ut, C., Motto, R. and Rostagno, M., "Monetary Policy and Stock Market Boom Bust Cycles", *European Central Bank Working paper*, No. 955, 2008.

Christiano, L. , R. Motto, et al. , "FIinancial Factors in Economic Fluctuations", *European Bank Working Paper*, 2010.

Christiano, L. , R. Motto, et al. , "The Great Depression and the Friedman-Schwartz Hypothesis", *Money, Credit, and Banking*, Vol. 35, No. 6, 2003, pp. 1119 – 1197.

Clarida, R. ; , Gali, J. and Gertler, M. , "The Science of Monetary Policy: A New Keynesian Perspective ", *Journal of Economic Literature*, Vol. 37, No. 4, 1999, pp. 1661 – 1707.

Cochrane, J. H. , "How Did Paul Krugman Get It So Wrong?", *University of Chicago Manuscript, Economic Papers*, Vol. 60, No. 2, September 2009, pp. 293 – 317.

Colander, David, "Building a Science of Economics for the Real World", *House Committee on Science and Technology Subcommittee on Investigations and Oversight*, 20 July 2010, Retrieved 24 May 2011.

Congdon T. , "Two Concepts of the Output Gap", *World Economics*, Vol. 9, No. 1, 2008, pp. 147.

Cooley, T. F. and G. D. Hansen, "The Inflation Tax in a Real Business Cycle Model", *American Economic Review*, Vol. 79, No. 4, 1989, pp. 733 – 748.

Cordoba, J. C. and M. Ripoll, "Credit Cycles Redux", *International Conomic Review*, Vol. 45, No. 4, 2004, pp. 1011 – 1046.

Coric, B. , "The Financial Accelerator Effect: Concept and Challenges", *Financial Theory and Practice*, Vol. 35, No. 2, 2011, pp. 171 – 196.

Cotis J. P. , Elmeskov J. , Mourougane A. , "Estimates of Potential Output: Benefits and Pitfalls from a Policy Perspective", *The Euro Area Business Cycle: Stylized Facts and Measurement Issues*, 2004, pp. 35 – 60.

Cúrdia V. , Woodford M. , "Credit Frictions and Optimal Monetary Policy", *National Bank of Belgium Working Paper*, No. 146, 2008.

D. Filiz Unsal, "Capital Flows and Financial Stability: Monetary Policy and Macro prudential Responses", *IMF working Paper*, 2011.

DAuria F. , Havik K. , Mc Morrow K. , et al. , "The Production Function methodology for Calculating Potential Growth Rates and Output Gaps", *Directorate General Economic and Mone-*

tary Affairs (*DG ECFIN*), *European Commission*, 2010.

de Mello L. , Padoan P. C. , "Promoting Potential Growth", *OECD Economics Department Working Papers*, 2010.

Dewachter, H. and R. Wouters, "Endogenous Risk in a DSGE Model with Capital-constrained Financial Intermediaries", *Economic Dynamics & Control*, No. 43, 2014, pp. 241 – 268.

Diamond, P. A. , "National Debt in a Neoclassical Growth Model", *American Economic Review*, Vol. 55, No. 5, 1965, pp. 1126 –1150.

Dittmar, R. and Gavin, T. , "What Do New-Keynesian Phillips Curves Imply for Price-Level Targeting?", *Federal Reserve Bank of St. Louis Review*, No. 82, 2000.

Döpke J. , Chagny O. , "Measures of the Output Gap in the Euro-zone: An Empirical Assessment of Selected Methods", *Kieler Arbeitspapiere*, 2001.

Drehmann M. , Borio C. E. V. , Tsatsaronis K. , "Characterising the Financial Cycle: Don't Lose Sight of the Medium Term!", *BIS Working Paper*, No. 380, 2012.

Drehmann, M. and Juselius, M. , "Measuring Liquidity Constraints in the Economy: the Debt Service Ratio and Financial Crises", *BIS Quarterly Review*, September 2012, pp. 21 –35.

Dupasquier C. , Guay A. , St-Amant P. , "A Survey of Alternative Methodologies for Estimating Potential Output and the Output Gap", *Journal of Macroeconomics*, Vol. 21, No. 3, 1999, pp. 577 –595.

ECB, "Potential Output, Economic Slack and the Link to Nominal Developments Since the Start of the Crisis", *Monthly Bulletin*, November 2013.

ECB, "Trends in potential output", *Monthly Bulletin*, January 2011.

Economist, "The State of Economics: The Other-worldly Philosophers", *The Economist*, July 16, 2009, Retrieved August 16, 2009.

Edge R. M. , Kiley M. T. , Laforte J. P. , "Natural Rate Measures in an Estimated DSGE Model of the US economy", *Journal of Economic Dynamics and Control*, Vol. 32, No. 8, 2008, pp. 2512 –2535.

Eggertsson, G. and Woodford, M. , "The Zero Bound on Interest Rates and Optimal Monetary Policy", *Brookings Papers on Economic Activity*, No. 1, 2003, pp. 139 – 211.

Eichengreen, B., D. Park and K. Shin, "When Fast Growing Economies Slow Down: International Evidence and Implications for China", *NBER Working Paper*, No. 16919, 2011.

Eichengreen, Barry, Donghyun Park, and Kwanho Shin, "Growth Slowdowns Redox: New Evidence on the Middle-Income Trap", *NBER Working Paper*, No. 18673, January 2013.

Eichengreen, Barry, Donghyun Park, and Kwanho Shin, "When Fast-Growing Economies Slow Down: International Evidence and Implications for China", *Asian Economic Papers*, Vol. 11, 2012.

Elekdag, S., A. Justiniano, et al., "An Estimated Small Open Economy Model of the Financial Accelerator", *International Monetary Fund*, Vol. 53, No. 2, 2006, pp. 219 – 241.

Emi Nakamura, Jón Steinsson, Miao Liu, "Are Chinese Growth and Inflation Too Smooth? Evidence from Engel Curves", *NBER Working Paper*, No. 19893, February 2014.

ENGLAND B. O. F., "The Role of Macroprudential Policy", *Bank of England Discussion Paper*, 2009.

EsterFaia, "Finace and International Business Cycles", *Journal of Monetary Economics*, 2007.

Fair, Ray C., "Has macro progressed?", *Journal of Macroeconomics*, Vol. 34, No. 1, 2012, pp. 2 – 10.

Fan G., He L., Wei X., Han L., "China's Growth Adjustment: Moderation and Structural Changes", *Economic Change And Restructuring*, Vol. 46, No. 1, March 2013, pp. 9 – 24.

Fan, J., Rui, O., and Zhao, M., "Rent Seeking and Corporate Finance: Evidence from Corruption cases", *Corporate Finance and Intermediation*, 2006, pp. 253 – 303.

Fang Cai, Yang Lu., "Population Change and Resulting Slowdown in Potential GDP Growth in China", *China & World Economy*, Vol. 21, No. 2, 2013, pp. 1 – 14.

Farhi, E., and Tirole, J., "Leverage and the Central Banker's Put", *American Economic Review*, Vol. 99, No. 2, 2009, pp. 589 – 593.

Federal Reserve, "Minutes of the Federal Open Market Committee", June 2008 (http://www.federalreserve.gov/monetarypolicy/fomcminutes20080625ep.htm).

Feldstein, Martin, "Rethinking the Role of Fiscal Policy", *American Economic Review*, Vol. 99, No. 2, 2009, pp. 556 – 559.

Fisher, Irving, "The Debt-Deflation Theory of Great Depressions", *Econometrica*, Vol. 1, 1933, pp. 337 – 357.

Fisman, R., "Estimating the Value of Political Connections", *American Economic Review*, Vol. 91, No. 4, 2001, pp. 1095 – 1102.

Frankel J., "The Death of Inflation Targeting", 2012 (http: //www. jeffrey-frankel. com/2012/05/23) .

Frankel, J., "International Nominal Targeting (INT): A Proposal for Monetary Policy Coordination in the 1990s", *The World Economy*, Vol. 13, No. 2, 1990, pp. 263 – 273.

Freedman, C., Michaelkumhof, et al., "Global Effects of Fiscal Stimulus During the Crisis", *Journal of Monetary Economics*, Vo. 57, 2010, pp. 506 – 526.

Friedman, Milton, "The Role of Monetary Policy", *American Economic Review*, Vol. 58, No. 1, March 1968, pp. 1 – 17.

Galbraith J. K., "The collapse of Monetarism and the Irrelevance of the New Monetary Consensus", *Policy Note*, *The Levy Institute of Bard College*, 2008.

Galí Jordi and Gertler Mark., "Macroeconomic Modeling for Monetary Policy Evaluation", *NBER Working Paper*, No. 13542, 2007.

Gali. J., M. Gertler, "Inflation Dynamics: A Structural Econometric Approach", *Journal of Monetary Economics*, Vol. 44, 1999, pp. 195 – 222.

Gambacorta, L. and F. M. Signoretti, "Should Monetary Policy Lean against the Wind? An Analysis Based on a DSGE Model with Banking", *Journal of Economic Dynamics and Control*, 43: 146 – 174, 2014.

Gerali, A., S. Neri, et al., "Credit and Banking in a DSGE Model of the Euro Area", *Journal of Money, Credit and Banking*, 42 (s1): 107 – 141, 2010.

Gerlach P., "The Global Output Gap: Measurement Issues and Regional Disparities", *BIS Quarterly Review*, June 2011.

Gertler M., Gilchrist S., Natalucci F. M., "External Constraints on Monetary Policy and the Financial Accelerator", *Journal of Money, Credit and Banking*, 39 (2 – 3): 295 –

330, 2007.

Gertler, M. and Kiyotaki, N. , "Financial Intermediation and Credit Policy in Business Cycle Analysis", *Handbook of Monetary Economics*, 3 (3): 547 – 599, 2010.

Gertler, M. And Karadi P. , "A Model of Unconventional Monetary Policy", *Journal of monetary Economics*, 58 (1): 17 – 34, 2011.

Gertlera, M. and P. Karadib, "QE 1 vs. 2 vs. 3...: A Framework for Analyzing Large-Scale Asset Purchases as a Monetary Policy Tool", *International Journal of Central Banking*, 9 (1): 5 – 53, 2013.

Goodfriend Marvin and Bennett T. McCallum, "Banking and Interest Rates in Monetary Policy Analysis: A Quantitative Exploration", *Journal of Monetary Economics*, Volume 54, Issue 5, pp. 1480 – 1507, 2007.

Goodfriend, M. , "How the World Achieved Consensus on Monetary Policy", *Journal of Economic Perspective*, 21 (4), pp. 47 – 68, 2007.

Goodfriend, Marvin, "Monetary Mystique: Secrecy and Central Banking", *Journal of Monetary Economics*, 17 (1): 63 – 92, 1986.

Goodhart, C. , Carolina, O. and Dimitrios, T. , "Analysis of Monetary Policy and Financial Stability: A New Paradigm", *CESIFO Working Paper*, No. 2885, 2009.

Gordon. R. J. , "The Time Varying NAIRU and Its Implications for Economic Policy", *NBER Working Paper*, No. 5735, 1996.

Habermeier K. , Jacome L. , Mancini-Griffoli T. , "Unconventional Monetary Policies – Recent Experience and Prospects", *IMF, Washington DC*, April, 18, 2013.

Haider A. , ud Din M. , Ghani E. , "Monetary Policy, Informality and Business Cycle Fluctuations in a Developing Economy Vulnerable to External Shocks", *The Pakistan Development Review*, 609 – 681, 2012.

Hall, E. and Mankiw, G. , "Nominal Income Targeting", *NBER working paper*, No. 4439, 1994.

Hancock, D. , Passmore, W. , "Did the Federal Reserve's MBS Purchase Program Lower Mortgage Rates?", *Journal of Monetary Economics*, 58 (5): 498 – 514, 2011.

Harun Alp, Selim Elekdag, "The Role of Monetary Policy in Turkey during the Global Financial Crisis", *IMF Working Paper*, 1 – 74, 2011.

　　Hasan, M. and M. Taghavi, "Money, Output, Price, and Causality in Mainland China", *Applied Economics Letters*, Vol. 3, No. 2, pp: 101 – 105, 1996.

　　Hatcher M. C. , "Comparing Inflation and Price-level Targeting: A Comprehensive Review of The Literature", *Cardiff Economics Working Papers*, No. E2011/22, 2011.

　　He Z. , Krishnamurthy A. , " A Macroeconomic Framework For Quantifying Systemic Risk", *National Bureau of Economic Research*, No. w19885, 2014.

　　He Z. , Krishnamurthy A. , "A Model of Capital and Crises", *Review of Economic Studies*, 79: 735 – 777, 2012.

　　He, L. and Q. Liu, "Causes of Inflation in China: Inflation Expectations", *China and World Economy*, Vol. 19, No. 3, pp. 18 – 32, 2011.

　　Helbling T. , Jaumotte F. , Sommer M. , "How Has Globalization Affected Inflation?" *IMF World Economic Outlook*, 97 – 134, 2006.

　　Hlédik T. , Jonsson M. , Kucsera H. , et al. , "Potential Output in DSGE Models", *European Central Bank*, 2011.

　　Hollander H. , G. Liu , "The Equity Price Channel in a New-Keynesian DSGE Model with Financial Frictions and Banking", *Economic Modelling*, 52: 375 – 389, 2016.

　　Holz C. A. , "New Capital Estimates for China", *China Economic Review*, 17 (2): 142 – 185, 2006.

　　Hoshi, T. , &Kashyap, A. K. , "Will the U. S. bank Recapitalization Succeed? Eight Lessons from Japan", *Journal of Financial Economics*, 97 (3): 398 – 417, 2010.

　　Hoshi, T. , "Financial Regulation: Lessons from the Recent Financial Crises", *Journal of Economic Literature*, 49 (1): 120 – 128, 2011.

　　Howitt, Peter, "What Have Central Bankers Learned from Modern Macroeconomic Theory?" *Journal of Macroeconomics*, 34 (1): 11 – 22, 2012.

　　Iacoviello, M. and S. Neri, " Housing Market Spillovers: Evidence from an Estimated DSGE Model", *American Economic Journal*, 1 – 44, 2010.

　　Iacoviello, M. , "Financial Business Cycles", *Review of Economic Dynamics*, 1094 – 2025, 2014.

Iacoviello, M. , "House Prices, Borrowing Constraints, and Monetary Policy in the Business Cycle", *The American Economic Review*, 739 – 764, 2005.

Ianchovichina E. , Hertel T. , Walmsley T. , "Understanding the Slowdown in Foreign Investment in China", *Center for Global Trade Analysis*, *Department of Agricultural Economics*, *Purdue University*, No. 4329, 2014.

IMF. World Economic Outlook. Washington: International Monetary Fund, April, 2014.

Issing O. , "Communication, Transparency, Accountability: Monetary Policy in the Twenty-first Century", *Federal Reserve Bank of St. Louis Review*, 87 (2): 65 – 83, 2005.

Issing O. , "The Mayekawa Lecture: Central Banks-Paradise Lost", *Monetary and Economic Studies*, 30: 55 – 74, 2012.

Issing, O. , "Lessons for Monetary Policy: What Should the Consensus Be?" *IMF Working Paper*, No. 11 – 97, 2011.

Jean Fouré & Agnès Bénassy-Quéré & Lionel Fontagné, "Modeling the world economy at the 2050 Horizon", *The Economics of Transition*, *The European Bank for Reconstruction and Development*, Vol. 21 (4), pp. 617 – 654, October 2013.

Jean Fouré & Agnès Bénassy-Quéré & Lionel Fontagné, "The Great Shift: Macroeconomic Projections for the World Economy at the 2050 Horizon", *Working Papers 2012 – 03*, *CEP II research center*, 2012.

Jen-Te Hwang, Ming-Jia Wu, "Inflation and Economic Growth in China: An Empirical Analysis", *China & World Economy*, 19 (5): 67 – 84, 2011.

Jermann, U. and V. Quadrini, "Macroeconomic Effects of Financial Shocks", *American Economic Review*, 102 (1): 238 – 271, 2009.

Jiang, Ting, and Huihua Nie, "The Stained China Miracle: Corruption, Regulation, and Firm Performance", *Economics Letters*, 123 (3): 366 – 369, 2014.

Joyce Michael, Miles David, Scott Andrew and Vayanos Dimitri, "Quantitative Easing and Unconventional Monetary Policy-An Introduction", *The Economic Journal*, 122, pp. 271 – 288, 2012.

Justiniano A. , Primiceri G. , "Potential and Natural Output", *Manuscript*, *Northwestern University*, 2008.

Juzhong Zhuang, Paul Vandenberg, Yiping Huang, "Growing beyond the Low-Cost Advantage: How the People's Republic of China can Avoid the Middle-Income Trap", October 2012.

Kahn, G., "Beyond Inflation Targeting: Should Central Banks Target the Price Level?" *Economic Review-Federal Reserve Bank of Kansas City*, 94 (3): 37, 2009.

Kahn, G., "Nominal GNP: An Anchor for Monetary Policy?" *Federal Reserve Bank of Kansas City*, *Economic Review*, November 1988.

Keefer, P., & Knack, S., "Why don't Poor Countries Catch Up? A Cross-national Test of an Institutional Explanation", *Economic Inquiry*, 35 (3): 590 – 602, 1997.

Kiley, M. T. and JaeW. Sim, "Bank Capital and the Macroeconomy: Policy Considerations", *Economic Dynamics & Control*, 43: 175 – 198, 2014.

Kiley, Michael T., "Output gaps", *Journal of Macroeconomics*, *Elsevier*, Vol. 37 (C), pp. 1 – 18, 2013.

King, Robert G., Charles I. Plosser, and Sergio T. Rebelo., "Production, Growth and Business Cycles: I. The Basic Neoclassical Model" *Journal of Monetary Economics*, 21 (2 – 3): 195 – 232, 1988.

Kiyotaki N., Moore J., "Credit Chains", *Journal of Political Economy*, 105 (21): 211 – 248, 1997.

Kleibergen, F. and S. Mavroeidis, "Weak Instrument Robust Tests in GMM and the New Keynesian Phillips Curve", *Journal of Business and Economic Statistics*, 27 (3): 293 – 311, 2009.

Knight F. H., "Risk, Uncertainty and Profit", *Courier Corporation*, 2012.

Koop G., Onorante L, Estimating Phillips Curves in Turbulent Times Using the ECB's Survey of Professional Forecasters, 2012.

Koske I., Pain N., "The Usefulness of Output Gaps for Policy Analysis", *OECD Publishing*, 2008.

Kotz, D. M., "The Financial and Economic Crisis of 2008: A Systemic Crisis of Neoliberal Capitalism", *Review of Radical Political Economics*, 41 (3): 305 – 317, 2009.

Kozicki, Sharon, "Macro Has Progressed", *Journal of Macroeconomics*, 34 (1): 23 –

28, 2012.

Krugman P. , "A Dark Age of Macroeconomics (Wonkish)", *New York Times*, January 27, 2009.

Krugman P. , "Four Observations on Secular Stagnation", *Secular Stagnation: Facts, Causes and Cures*, 61, 2014.

Krugman P. , "Inflation Targets Reconsidered", *Draft Paper for ECB Sintra Conference*, May 2014.

Krugman, P. , "How Did Economists Get it So Wrong?", *New York Times Magazine*, 2 (9), 2009.

Krugman, Paul, "How Complicated Does the Model Have to Be?" *Oxford Review of Economic Policy 16*, No. 4, pp. 33 – 42, 2000.

Kuijs, L. , "Investment and Saving in China", *World Bank China Office Research Working Paper*, No. 1, 2005.

Kydland, Finn E. , and Edward C. Prescott, "Time to Build and Aggregate Fluctuations", *Econometrica Journal of the Econometric Society*, 50 (6): 1345 – 1370, 1982.

Lagos, R. , "Moneyspots: Extraneous Attributes and the Coexistence of Money and Interest-Bearing Nominal Bonds", *Journal of Political Economy*, Vol. 121, No. 1, pp. 127 – 185, 2013.

Lawrence Chrictinano, Roberto Motto, Massimo Rostagno, "Financial Factors In Economic Fluctuations", *IMF paper*, 2010.

Lee, J. & K. Hong, "Economic Growth in Asia: Determinants and Prospects", *Asian Development Bank Working Paper Series*, No. 220, 2010.

Lewis. A. , "Development with Unlimited Supplies of Labor", *The Manchester School*, 22: 1 – 32, 1954.

Lucas, R. , "In Defense of the Dismal Science", *Economist*, August, 2009.

Lucas, R. E. , Jr. , "Two Illustrations of the Quantity Theory of Money", *American Economic Review*, Vol. 70, No. 5, pp. 1005 – 1014, 1980.

Mandelman, F. S. , "Business Cycles and Monetary Regimes in Emerging Economies: A Role for a Monopolistic Banking Sector", *Journal of International Economics*, 81 (1): 122 –

138, 2010.

Mankiw, N. Gregory, "The Macroeconomist as Scientist and Engineer", *Journal of Economic Perspectives*, 20 (4): 29 – 46, 2006.

Matheson T., Sandri D., Simon J., "The Dog that Didn't Bark: Has Inflation been Muzzled or Was It Just Sleeping", *IMF World Economic Outlook*, 1 – 17, 2013.

MatteoIacoviello, Raoul Minetti, "International Business Cycles with Domestic and Foreign Lenders", *Journal of Monetary Economics*, 53 (8): 2267 – 2282, 2006.

Mauro, P., "Corruption and Growth", *Quarterly Journal of Economics*, 681 – 712, 1995.

McCallum, Bennett T., "Price Level Determinacy with an Interest Rate Policy Rule and Rational Expectations", *Journal of Monetary Economics*, 8 (3): 319 – 329, 1981.

Meh, C. and K. Moran, "The Role of Bank Capital in the Propagation of Shocks", *Economic Dynamics & Control*, 34: 555 – 576, 2010.

Meltzer, A., "What's Wrong with The Fed: What Would Restore Independence?", *Cato Journal*, Vol. 33, No. 3, pp. 401 – 416, 2013.

Mendoza, E. G., "Sudden Stops, Financial Crises, and Leverage", *The American Economic Review*, 1941 – 1966, 2010.

Mian, Atif, & Sufi, Amir, "The Effects of Fiscal Stimulus: Evidence from the 2009 Cash for Clunkers Program", *Quarterly Journal of Economics*, 127 (3): 1107 – 1142, 2012.

MichalAndrle, "What Is in Your Output Gap? Unified Framework & Decomposition into Observables", *IMF Working Paper*, WP/13/105, 2013.

Minsky H., "Stabilizing an Unstable Economy", *New York: McGrow-Hill*, 1986.

Mise E., Kim T. H., Newbold P., "On Suboptimality of the Hodrick – Prescott Filter at Time Series Endpoints", *Journal of Macroeconomics*, 27 (1): 53 – 67, 2005.

Mishikin, Frederic S., "Is Monetary Policy Effective during Financial Crisis?", *NBER Working Paper*, No. w14678, 2009.

Mishkin F. S., "Estimating Potential Output", *Speech at the Conference on Price Measurement for Monetary Policy, Federal Reserve Bank of Dallas, Dallas, Texas*, 2007.

Mishkin F. S., "Inflation Dynamics", *International Finance*, 10 (3): 317 –

334, 2007.

Mishkin, F. , "Central Banking after the Crisis", *Paper for the 16th Annual Conference of the Central Bank of Chile*, *Santiago*, *Chile*, November 2012.

Mishkin, F. , "Monetary Policy Flexibility, Risk Management, and Financial Disruptions", *Journal of Asian Economics*, No. 23, pp. 242 – 246, June 2010.

Mishkin, F. , "Monetary Policy Strategy: Lessons From the Crisis", *in Jarocinski, M. ; Smets, F. and Thimann, C. , eds. , Monetary Policy Revisited: Lessons from the Crisis, Sixth ECB Central Banking Conference, European Central Bank: Frankfurt*, pp. 67 – 118, 2011.

Mishkin, Frederic S. , "How Should We Respond to Asset Price Bubbles?" *Financial Stability Review*, 12: 65 – 74, 2008.

Mishkin, Frederic S. , "Outlook and Risks for the US Economy", *Speech presented at National Association of Business Economics Washington Policy Conference, Washington DC*, March 2008.

Mishkin, Frederic S. , "Will Monetary Policy Become More of a Science?" *in Deutsche Bundesbank, ed , Monetary Policy Over Fifty Years: Experiences and Lessons (Routledge: London)*, pp. 81 – 107, 2009.

Monacelli, T. , "New Keynesian Models, Durable goods, and Collateral Constraints", *Monetary Economics*, 56: 242 – 254, 2009.

Mundial, Banco, "China 2030: Building a Modern, Harmonious and Creative Society", *Genebra: Banco Mundial*, 2013.

Nason, J. M. and G. W. Smith, "The New Keynesian Phillips Curve: Lessons from Single-Equation Econometric Estimation", *Federal Reserve Bank of Richmond Economic Quarterly*, 94 (4): 361 – 395, 2008.

Neiss K. S. , Nelson E. , "Inflation Dynamics, Marginal Cost, and the Output Gap: Evidence from Three Countries", *Journal of Money, Credit and Banking*, 1019 – 1045, 2005.

Nelson E. , Nikolov K. , "UK Inflation in the 1970s and 1980s: the Role of Output Gap Mismeasurement", *Journal of Economics and Business*, 55 (4): 353 – 370, 2003.

Nunn, N. & Qian, N. , "The Potato's Contribution to Population and Urbanization: Evidence from A Historical Experiment", *Quarterly Journal of Economics*, 126 (2): 593 –

650, 2011.

OECD, "Economic Policy Reforms 2013 Going for Growth", *OECD Publishing*, 2013. 02.

OECD, "Economic Policy Reforms: Going for Growth", *OECD*, *Paris*, 2009 – 2014.

Orphanides A. , Van Norden S. , "The unreliability of output-gap estimates in real time", *Review of Economics and Statistics*, 84 (4): 569 – 583, 2002.

Orphanides, A. , "Taylor Rules", *in L. Blum and S. Durlauf* (*eds.*), *The New Palgrave: A Dictionary of Economics. Houndmills, Basingstoke: Palgrave Macmillan*, 2007.

Palivos, T. , P. Wang, and J. Zhang, "On the Existence of Balanced Growth Equilibrium", *International Economic Review*, Vol. 38, No. 1, pp. 205 – 224, 1997.

Ragan, C. , "The Roads Not Taken: Why the Bank of Canada Stayed With Inflation Targeting?", *C. D. Howe Institute*, 2011.

Rajan, R. , "Has Financial Development Made the World Riskier?", *NBER Working Paper*, No. 11728, 2005.

Reifschneider D. , Wascher W. , Wilcox D. , "Aggregate Supply in the United States: Recent Developments and Implications for the Conduct of Monetary Policy", *IMF Economic Review*, 63 (1): 71 – 109, 2015.

Robert J. Gordon, "A New Method of Estimating Potential Real GDP Growth: Implications for the labor market and the debt/GDP ratio", *NBER Working Paper*, No. w20423, 2014.

Roberts J. M. , "Monetary Policy and Inflation Dynamics", 2004.

Rogoff K. , "The Optimal Degree of Commitment to an Intermediate Monetary Target", *The Quarterly Journal of Economics*, 1169 – 1189, 1985.

Rotemberg, Julio J. , and Michael Woodford, "Oligopolistic Pricing and the Effects of Aggregate Demand on Economic Activity", *Journal of Political Economy*, 100 (6): 1153 – 1207, 1992.

Roubini N. , "China's Unsustainable Growth Model: The Rising Risk of a Hard Landing After 2013", *Roubini Global Economics*, 2011.

Samuelson, P. A. , "An Exact Consumption-Loan Model of Interest with or without the Social Contrivance of Money", *Journal of Political Economy*, Vol. 66, No. 6, pp. 467 – 482, 1958.

Sargent, T. J. and P. Surico, "Two Illustrations of the Quantity Theory of Money: Breakdowns and Revivals", *American Economic Review*, Vol. 101, No. 1, pp: 109 – 128, 2011.

Sargent, Thomas J. , and Neil Wallace, " 'Rational' Expectations, the Optimal Monetary Instrument, and the Optimal Money Supply Rule", *Journal of Political Economy*, 83 (2): 241 – 254, 1975.

Schleer F. , Kappler M. , "The Phillips Curve: (In) stability, the Role of Credit, and Implications for Potential Output Measurement", *ZEW-Centre for European Economic Research Discussion Paper*, 14 – 067, 2014.

Shleifer A. & Vishny R. W. , "Corruption", *Quarterly Journal of Economics*, 108 (3): 599 – 617, 1993.

Solow, R. M. , "Comments: The State of Macroeconomics", *Journal of Economic Perspectives*, 22 (1): 243 – 246, 2008.

Solow, Robert, "Building a Science of Economics for the Real World", *House Committee on Science and Technology Subcommittee on Investigations and Oversight*, 20, 2010.

Steve Ambler, Emanuela Cardia, Christian Zimmermann, "International Transmission of the Business Cycle in a Multi-sector Model", *European Economic Review*, 46 (2): 273 – 300, 2002.

Stiglitz J. E. , "Is Mercantilism Doomed to Fail? China, Germany, and Japan, and the Exhaustion of Debtor Countries", *Institute for New Economic Thinking*, Berlin, April 13, 2012.

Stock J. H. , Watson M. W. , "Modeling Inflation after the Crisis", *National Bureau of Economic Research*, 2010.

Summers L. H. , "Reflections on the 'New Secular Stagnation Hypothesis'", *Secular Stagnation: Facts, Causes and Cures*, 27 – 40, 2014.

Summers L. H. , "US Economic Prospects: Secular Stagnation, Hysteresis, and the Zero Lower Bound", *Business Economics*, 49 (2): 65 – 73, 2014.

Sumner S. , "The Case for Nominal GDP Targeting", *Mercatus Research*, 2012.

Svante Öberg, "Potential GDP", *Resource Utilisation and Monetary Policy Speech by Mr Svante Öberg, First Deputy Governor of the Sveriges Riksbank, at the Statistics Sweden's Annual*

Conference, *Saltsjöbaden*, October 7, 2010.

Svensson, L., "Flexible Inflation Targeting-Lessons from the Financial Crisis", *Speech at the Workshop "Towards a New Framework for Monetary Policy? Lessons from the Crisis"*, *organized by the Netherlands Bank*, *Amsterdam*, 2009.

Svensson, L., "Inflation Forecast Targeting: Implementing and Monitoring Inflation Targets", *European Economic Review*, 41 (6), pp. 1111 – 1146, 1997.

Svensson, L., "Inflation Targeting as a Monetary Policy Rule", *Journal of Monetary Economics*, 43 (3), pp. 607 – 654, 1999.

Svensson, L., "Price-Level Targeting versus Inflation Targeting: A Free Lunch?" *Journal of Money*, *Credit and Banking*, Vol. 31, No. 3, Part 1, pp. 277 – 295, 1999.

Swanson, Eric T., and John C. Williams, "Measuring the Effect of the zero Lower Bound on Medium-and Longer-term Interest Rates", *National Bureau of Economic Research*, No. w20486, 2014.

Taylor, J., "Monetary Policy and the State of the Economy", *Testimony before the Committee on Financial Services U. S. House of Representatives*, 2008.

Taylor, John B., "Discretion Versus Policy Rules in Practice", *Carnegie-Rochester Conference Series on Public Policy*, *ed. Allan H. Meltzer and Charles I. Plosser*, 39 (December): 195 – 214, 1993.

Tereanu E., Tuladhar A., Simone A., "Structural Balance Targeting and Output Gap Uncertainty", *International Monetary Fund*, No. 14 – 107, 2014.

Tirole J., "Asset Bubbles and Overlapping Generations", *Econometrica: Journal of the Econometric Society*, 1071 – 1100, 1985.

Tobin, James, "Stabilization Policy Ten Years After", *Brookings Papers on Economic Activity*, No. 1, pp 19 – 71, 1980.

Trichet J. C., "Central banking in the Crisis: Conceptual Convergence and Open Questions on Unconventional Monetary Policy", *Business Economics*, 49 (2): 74 – 84, 2014.

Vestin D., "Price-level Versus Inflation Targeting", *Journal of Monetary Economics*, 53 (7), pp. 1361 – 1376, 2006.

W. Jos Jansen, AD C. J. Stokman, "Foreign Direct Investment and International Business

Cycle Comovement", *IMF Working Paper*, 2011.

Warnock F. E. , Warnock V. C. , "International Capital Flows and US Interest Rates", *Journal of International Money and Finance*, 28 (6): 903 – 919, 2009.

Wen Yao, "International Business Cycles and Financial Frictions", *Bank of Canada Working Paper*, 2012.

White, W. , "Is Price Stability Enough?", *BIS Working Paper*, No. 205, 2006.

White, W. , "Should Monetary Policy 'Lean or Clean'?", *Federal Reserve Bank of Dallas Globalization and Monetary Policy Institute Working Paper*, No. 34, 2009.

Whiteman, C. H. , "Lucas on the Quantity Theory: Hypothesis Testing without Theory", *American Economic Review*, Vol. 74, No. 4, pp. 742 – 749, 1984.

Williams J. , "Sailing into Headwinds: the Uncertain Outlook for the US Economy", *Presentation to Joint Meeting of the San Francisco and Salt Lake City Branch Boards of Directors, Salt Lake City, UT*, 2010.

Williams, J. C. , "The Federal Reserve's Unconventional Policies", *FRBSF Economic Letter*, (34): 1 – 9, 2012.

Wilson, D. & A. Stupnytska, "The N-11: More Than an Acronym", *Global Economics Paper No. 153, Goldman Sachs Economic Research, New York*, 2007.

Woodford, M. , "Convergence in Macroeconomics: Elements of the New Synthesis", *American Economic Journal: Macroeconomics*, 1 (1): 267 – 279, 2009.

Woodford, M. , "Financial Intermediation and Macroeconomic Analysis", *Journal of Economic Perspectives*, 24 (4): 21 – 44, 2010.

Woodford, M. , "How Important Is Money In The Conduct of Monetary Policy?", *NBER working paper*, No. 13325, 2007.

Woodford, M. , "Methods of Policy Accommodation at the Interest-Rate Lower Bound", *Presented at "The Changing Policy Landscape", 2012 FRB Kansas City Economic Policy Symposium, Jackson Hole, WY*, 2012.

Woodford, Michael, "Central Bank Communication and Policy Effectiveness", *In The Greenspan Era: Lessons for the Future, ed. Federal Reserve Bank of Kansas City*, 399 – 474, 2005.

World Bank, "Crisis, Finance, and Growth", *Global Economic Prospects*, 2010.

World Bank, "Shifting Priorities: Building for the Future", *Global Economic Prospects*, June 2014.

Wren-Lewis, Simon, "The Return of Schools of Thought in Macroeconomics", *VoxEU*, 24 February 2012.

Yellen, J., "The Federal Reserve's Asset Purchase Program", *Speech at the Brimmer Policy Forum, Allied Social Science Associations Annual Meeting, Denver, Colorado*, January 2011.